华 炜　何爱临◎著

韩信
年谱

中国文史出版社
CHINA CULTURAL AND HISTORICAL PRESS

图书在版编目（CIP）数据

韩信年谱 / 华炜，何爱临著. —北京：中国文史出版社，
2023.3

ISBN 978-7-5205-3840-4

Ⅰ.①韩… Ⅱ.①华… ②何… Ⅲ.①韩信（？－前 196）—
年谱 Ⅳ.①K825.2

中国版本图书馆 CIP 数据核字（2022）第 187917 号

责任编辑：刘华夏

出版发行：**中国文史出版社**

社　　址：北京市海淀区西八里庄路 69 号　　邮编：100142

电　　话：010 － 81136606　81136602　81136603（发行部）

传　　真：010 － 81136655

印　　装：廊坊市海涛印刷有限公司

经　　销：全国新华书店

开　　本：787mm × 1092mm　1/16

印　　张：24.75　　　插页：12

字　　数：353 千字

版　　次：2023 年 3 月北京第 1 版

印　　次：2023 年 3 月第 1 次印刷

定　　价：78.00 元

韩信画像

淮阴侯庙

韩侯钓台

"淮阴侯印"，西汉王朝侯印首次面世

"韩信玉印覆斗钮"载于《四库全书》

韩母墓

漂母祠

古淮河淮安段

甘罗城遗址

胯下桥

垓下遗址碑

项羽画像   刘邦画像

山东菏泽官堌堆，刘邦在此登基称帝

"寒溪夜涨"石碑（清嘉庆十年）

古陈仓道黑水河浅滩一段

背水阵古战场遗址

山东诸城韩信坝

（明）徐渭行书"淮阴侯祠"局部

萧何画像

元青花"萧何月下追韩信图"梅瓶
（现藏于南京博物馆）

目 录

谱 前

正 谱

谱　后

谱

前

生平简述

　　韩信（约前 230—前 196），秦末汉初淮阴（今江苏淮安）人，西汉开国元勋，战略家，军事理论家，中国军事思想谋战派主要代表人物。因"连百万之军，战必胜，攻必取"，佐汉灭楚定天下，著名史学家司马迁称其"勋可比周（公）、召（公）、太公之徒"。《史记》《汉书》《资治通鉴》《淮安府志》《山阳县志》《清河县志》均有传记。

　　据史载，韩信为平民时，不得推择为吏，又不屑于经商，生活困顿，但他勤奋读书，胸怀大志，熟演兵法，历经磨难。留下了"亭长之客""漂母饭信""胯下之辱"等许多家喻户晓的故事。

　　秦二世元年（前 209）七月，陈胜、吴广领导农民起义，项梁、项羽叔侄在会稽（今江苏苏州）起兵响应，北上抗击秦军主力。在渡过淮水时，韩信"仗剑"参加了他们的军队。不久，项梁战死，韩信归属项羽，任执戟郎中。他多次献策，均不被项羽采纳，于是弃楚归汉，改投汉王刘邦。

　　初到汉营，韩信也没有受到重用，只当个管理粮仓的小官。有一次，韩信犯了军法罪当斩首，同罪十三人都已被执行，轮到他时，抬头看见了滕公夏侯婴，大声喊道："汉王不是想夺取天下吗？为什么要斩壮士？"夏侯婴"奇其言，壮其貌"，就把他释放，并把他介绍给了刘邦。刘邦任命其为治粟都尉，还没有真正得到重用。这时因工作关系，韩信与丞相萧何结识，经常在一起谈论，颇为萧何所赏识，虽经萧何多次推荐，刘邦仍没有重用。韩信遂从南郑（今陕西汉中）只身逃离。萧何得知后大惊失色，来不及向刘邦禀告，策马赶紧把他追了回来，故历史上有"萧何月下追韩信"故事流传。再经萧何力荐，这才说服刘邦。

刘邦下令选择吉日，斋戒设坛，拜韩信为汉大将。刘邦亲自向他请教争锋天下的大计。韩信全面分析了楚汉之争的客观形势，提出了打败项羽的方略，史称"汉中对"或"汉中策"。刘邦大喜，便按照韩信的建议，立即部署各路将领准备东征。

汉高帝元年（前206）八月，刘邦、韩信率军出其不意从故道出，倒攻散关，一举还定了三秦地，实现了韩信"指日可定"的诺言。这是中国战争史上，唯一一次从汉中出兵攻占关中的成功战例。第二年初，刘邦东出函谷关，率诸侯联军五十六万进至楚都彭城（今江苏徐州）后，被西楚霸王项羽打败。韩信收拢败兵，与刘邦会师荥阳。他利用荥阳以南山区有利地形，以汉军步兵之长，制楚军前锋骑兵之短，多次打退楚军进攻，先后夺回了雍丘、外黄、叶县等地。仅用了三个月时间，就构筑了一个较为强大的正面防守体系，扭转乾坤，结束了自彭城大败以来汉军大逃亡的局面。由此，楚汉两大军事集团形成对峙局面。

这时，原先降服的魏、代、赵、燕、齐等诸侯国重新倒向项羽，形势对汉军十分不利。为扭转局面，刘邦于汉高帝二年（前205）八月，任命韩信为左丞相，让他率军一部攻打魏国。韩信声东击西用奇兵偷渡黄河，袭击了魏重镇安邑，俘虏了魏王豹，平定了魏地。

为了巩固和发展胜利的形势，开辟北方战场，韩信及时提出了对楚作战新建议："北举赵、燕，东击齐，南绝楚之粮道，西与大王会于荥阳！"刘邦同意并增兵三万。他取下代国后，由于荥阳战事紧迫，刘邦又从这里调走了一部分精锐。韩信只得率数万新征之卒会同张耳进攻赵国。成安君陈馀便集结二十万大军于太行山井陉口，欲与韩信决战。一日深夜，韩信选派二千轻骑各带一面赤帜，从小道上山，埋伏赵营附近，另派一万士兵在绵蔓水东岸背水列阵。天亮后，陈馀见汉军把自己放到无路可走的"死地"上，大笑韩信无知。他立即指挥赵军倾巢出动，汉军无路退却，人人拼死力战，赵军虽众，但一时不能取胜。埋伏在赵营附近的轻骑见赵营空虚，便乘虚而入，拔去赵旗帜插上汉赤帜。赵军见身后一片赤帜，以为汉军占领了赵营，顿时大乱。韩信主力和埋伏的骑兵趁势夹击，大获全胜，陈馀被杀，赵王歇被俘。战后，将士们向韩信请教，背水布阵乃兵家大忌，将军逆兵法行事，却取得了空前的胜利，这是何道理？韩信说："诸君常读《孙子兵法》，我的计谋就在上面写着，只是你们没有在意罢了。兵法云：'陷之死地而后生，置之亡地而后存。'我军战士大都为新征调之人，未曾与我亲历战阵，同生共死，对他们来说，我没有什么恩德可言，在此关键时刻，必不能为我所用。这有如率领素不相识的市井之徒去作战，若有退路，敌方势大，将不战自溃，唯有置之死地，人人才会死里求生。所以，赵军虽众，奈何我军以一当十，岂有不胜之理！"大家十分佩服韩信灵活用兵之道。破赵后，韩信按赵国谋士李左车的建议，陈兵于燕、赵边境，然后派人带一封书信去见燕王臧荼，宣扬汉军威武和强大，燕国果然从风而降。

就在韩信节节胜利之际，刘邦与项羽战于荥阳、成皋，屡屡败北。刘邦逃往赵地修武，"夺其印符"，收取了韩信与张耳的军队，又拜韩信为相国，令他征发赵地新兵，继续向东攻打齐国。

汉高帝三年（前204）九月，当韩信军至平原津渡口，听说刘邦已派说客郦食其劝降了齐国，就打算停止前进。谋士蒯彻力劝韩信："汉军已兵临齐境，岂能不战无功而回？"于是引兵破齐，占齐国都城临淄。齐王田广认为郦食其欺骗了自己，便立刻烹杀了他，并派人向项羽求援。项羽派龙且率二十万人马来救援齐国。楚齐联军同韩信的军队对峙于山东高密境内的潍水一线。韩信深知龙且是一劲敌，现在汉军处于联军夹击之中，不可硬拼。他命令士兵在潍水上游狭窄处用沙袋截流，使下游河水变浅，亲自涉过潍水向楚军挑战。龙且领兵迎战，交战不久，汉军伴装力不能支而败退。龙且挥军渡河追击韩信，刚刚渡了一半，韩信已派人拆去上游阻水沙袋，潍水奔腾而下，联军被淹死和自己踏死者无数。他还军反击，大破联军，杀死了龙且，一举平定齐国，并使楚军在军事上完全丧失了优势和主动地位。

击齐的胜利，宣告分进合击计划的基本完成。韩信前后用了一年零四个月，东进二千里，先后战胜了秦、魏、赵、代、燕、齐等诸国，无一败绩。为镇抚齐地，此时韩信请求代理齐王，刘邦不得不封其为齐王。这给刘韩关系蒙上了一层阴影。

韩信灭齐之后，天下的形势已出现了楚、汉、齐三大势力中心。项羽和刘邦相持于成皋、荥阳，难分胜负，而韩信手握重兵，具有举足轻重的作用，很多有识之士看到了这种局面。武涉、蒯彻等人知"天下权在韩信"，劝其背汉独立，鼎足而三。道义报答信任，忠贞报答恩惠，韩信认为自己的一切都是刘邦给的，刘邦正处于危难之际，岂能趋利背义，拒不听从。

汉高帝四年（前203）九月，刘邦撕毁了与项羽订下的和约，在项羽撤军途中向楚军发起进攻。在垓下会战中，刘邦为吸取彭城之战被打败的教训，他不亲自指挥战斗，把决战的指挥权交给韩信，许以非常之权，统一调度兵马。韩信根据楚军善于正面突破，又根据汉军人数绝对占优，直接参战可达六十万的情况，制定了"以正合，以奇胜"的战术，部署了堂堂正正的五军阵，打一场前所未有的阵地战和歼灭战，这大概就是元代人称道的"十面埋伏"。韩信同时以直辖军队担当攻坚主力，此举对最终打败楚军发挥了决定性的作用。项羽在逃亡中被迫自刎，楚国遂亡。可以说，垓下之战，是楚汉相争中决定性的战役，既是楚汉战争的终结点，又是汉王朝繁荣强盛的起点。没有韩信，中国历史上就不一定会出现一个大汉王朝。

天下已定，韩信已没有什么利用价值，但他帅印在手，重兵在握，功高震主，对刘氏新政权的建立和巩固构成了莫大威胁。蓄谋已久的刘邦立即收取了韩信的兵权，并将韩信由齐王徙封楚王。刘邦控制了军队后，重新安排了人事，调整和分封了黥布、彭越、韩王信、吴芮、张敖、臧荼等一批异姓诸侯王。

汉初，巩固中央政权的政治斗争复杂而激烈，分封并不是高帝刘邦的本意，只是暂时稳定天下的一个缓冲措施。刘邦亲身经历推翻秦王朝的战争，作为项羽分封的十八路诸侯之一，亲见项羽分封诸侯，结果导致了天下大乱，他要牢记项羽的失败教训，绝不能让诸侯们拥兵自重，独占一方，不仅要削弱他们，而且要逐步消灭他们。这个政策性方案，刘邦早已胸有成竹。

不久，刘邦又以有人告韩信谋反为借口，用陈平"伪游云梦"之计，抓捕韩信于陈地。韩信这才明白，刘邦过去所谓的情意，都是利用自己去打败项羽，内心却无比忌恨！他高呼："狡兔死，走狗烹；高鸟尽，良弓藏；敌国破，谋臣亡！天下已定，我固当烹！"经过三个月的审查，处治韩信的方案出来了，收回他的封国，铲除他的势力，将楚地一分为二，东北部划给弟弟刘交，仍为楚王，东南部划给堂兄刘贾，为荆王。同时，赦免的谕旨也下来了，韩信为开国元勋，累有欺君之心，罪当斩首，但念其立国有功，免除死罪，废其楚王封号，贬为淮阴侯。韩信获得了一个新的爵位——淮阴侯。

韩信闭门居家，过着苦闷而忧伤的日子。这个"淮阴侯"只是一个名义上的侯，他只是被刘邦软禁的一个高级政治犯。有一次，韩信路过刘邦连襟、舞阳侯樊哙家门口，顺便进去坐了坐。樊哙对韩信的到来深感荣幸，立即前来跪拜迎接，临别时再次跪拜。离开樊哙家门后，他却大笑起来："竟与此等人为伍，实在是可悲！"曾经位高权重、叱咤风云的韩信竟说出这样的话，人性的本真一览无余。一次刘邦与韩信闲聊，刘邦问道："以反将陈豨之能，可将多少兵马？"韩信回答："二十万。"刘邦又问："依你看，朕可将多少兵马？"他回答："最多十万！""十万？还不及陈豨？"刘邦当然不认可韩信的说法，"与你比之如何？"他坦然作答："臣之将兵，多多益善。""你既多多益善，为何屡为朕所擒！"韩信知刘邦恶其能，但也不想过于刺激刘邦："陛下不善统兵，却善驭将。"他接着又补上一句，"陛下是天命神授，非人力所为！"刘邦留下了韩信的性命，韩信却没有一点感激的意思。他看不透人性虚伪，也看不清现实的残酷。

就在韩信哀怨不止的时候，更大的灾祸已经从天降临。在平定陈豨的叛乱中，刘邦、吕后已不顾君臣大义，有意扩大事态，借机除掉一批异姓诸侯王，先后牵连到韩信、彭越、卢绾，逼反了黥布。他们首要的目标，自然就是认为威胁最大的韩信。可以说，韩信在世一天，刘邦、吕后就多一块心病。

汉高帝十一年（前196）正月，为了剪除韩信，吕后精心设谋，并利用刘邦征讨叛将陈豨之机，再以人告韩信"谋反"之名，使萧何将韩信诓骗入长乐宫钟室。吕后给出的罪名是：和陈豨勾结，欲乘皇帝陛下亲征，与陈豨里应外合来对付朝廷，且举报人栾说已供出韩信和陈豨来往的事情。栾说原是韩信准备处死的一个门客罪徒的弟弟。仅凭栾说的一面之词，就能确定一个开国元勋谋反了？当年，韩信在垓下手握雄兵数十万，没有谋反，今闲居长安，既无兵柄，又无武装，却谋起反来？这一刻，韩信喊出了一句深藏在心底的话："早知如此，悔不听蒯彻之言，鼎足而三夺天下，以致今日落入吕雉和萧何设下的圈套，看来这是天意啊！"韩信被斩，三族被夷。

天理昭彰，道义永存。司马迁不便明写韩信冤枉，只能用曲笔在《史记·韩信卢绾列传》所附的陈豨传中，借卢绾之口："往年春，汉族淮阴，夏，诛彭越，皆吕后计。"应该说韩信的悲剧，是由刘邦、吕后一手造成的。他的"谋反"，不论是出自有意罗织和诬陷，还是被逼无奈死中求生存，其实质都是由于刘邦、吕雉的嫉贤妒能，残杀功臣。它揭示了古代君主专制制度下，君臣关系中最黑暗、最冷酷的一面。

纵观韩信一生，除去后期政治行动不说，其在军事领域绝对是成功的，可谓功勋卓著，为华夏的统一和汉民族的形成奠定了军事基础。在淮安"汉韩侯祠"内，明人撰写的一副楹联对他的业绩作了深情且恰如其分的概括：奠数千里长淮神留桑梓，开四百年帝业功冠萧曹。

地望人文
——泗口、末口与淮阴

开到桃花百草菲，草湖水满鲫鱼肥；

故乡风景年年好，惟问王孙归不归。

〔清〕刘鹗《题画二绝》（其二）

江苏淮安，秦汉时称淮阴，地处苏北平原中部，淮河南岸，是江淮流域古文化发祥地之一。而使淮安最早著称于世的却因它是淮阴侯韩信的故乡，提起韩信就会自然联想到当时的淮阴。

《史记·淮阴侯列传》记载："淮阴侯韩信者，淮阴人也。""信钓于城下，诸母漂，有一母见信饥，饭信，竟漂数十日。"这里告诉人们，韩信不仅出生在淮阴，秦时还有一座淮阴城，那些家喻户晓、耳熟能详的"亭长之客""漂母饭信""胯下之辱"的故事，正是发生在淮阴或淮阴城，韩信在此度过了窘迫的青少年时光。秦末农民起义爆发后，他仗剑渡淮，投奔义军崭露头角，凭借卓绝的军事才能和为刘邦夺得政权的功绩，名载史册。

淮阴古为"淮夷"聚居地，春秋、战国时期，先后属吴、越、楚国，秦时为泗水郡淮阴县。泗水郡，江苏旧淮安、徐州、邳州、安徽凤阳、宿州、泗州，都在其境内。汉灭楚后，韩信却因功高震主，被刘邦由楚王贬为淮阴侯，淮阴为其封邑。汉高帝十一年（前196）韩信死后，封邑取消。然而，千秋兴替，世事沧桑，如同韩信身世一样，远去的淮阴似乎变得扑朔迷离。让我们从泗口、末口的历史变迁中，先来了解、认识一下淮阴和淮阴故城。

一

早在先秦时期，淮水和泗水即是江淮地区通往中原的主要水运路线。《尚书·禹贡》在记述九州贡道时，将淮、泗交汇的"泗口"作为徐州贡道和扬州贡道的重要交通节点。公元前486年，吴王夫差为北上争霸中原，利于运送军队和粮草，开凿了邗沟，从邗城（今江苏扬州东南）引长江水，至末口入淮，再经泗口沿泗水北进中原。从此，淮水段末口与泗口就成了南下北上的国之通道。由此，在淮水南岸呈现出泗口和末口两个东西相隔约五十里的聚落，也相继发展起来。

泗口又称清口、大清口。泗水，源出山东泗水县陪尾山，分四源流而得名。西经曲阜，中至济宁，东南流邳州，南又东经泗阳北，达淮安西北。泗口遗址在今淮安袁集桂塘一带。在南北军事纷争中，泗口更是"据淮南之源，关中原之门户"的军事要冲，周亚夫、谢玄、吴明彻、杨行密、刘崎等历史人物，都曾在此发动过大规模全局性战争。元泰定初年（1324），黄河大决口，泗口逐渐淤塞，明朝嘉靖前已被马头小清口取而代之。

在泗口大约十里范围内，历史上先后出现过荀羡淮阴城、甘罗城、角城、韩信城和新城等十余座城，并一直以南北交通要津、军事要地和抗洪城堡呈现在世人面前。

荀羡淮阴城，在泗口南十里的马头镇，为古代黄淮运（河）交汇之处。现存有漂母墓、韩信湖、漂母岸、惠济祠碑等。东晋永和八年（352），北中郎将、徐州刺史荀羡镇守淮阴。"淮阴旧镇地形都要，水陆交通，易以观衅，沃野有开殖之利，方舟运漕"，却"无地屯兵"，因而荀羡在甘罗城南一里许营造新的城池，自此，淮阴城便成为东晋南北朝时期的淮上要塞。隋初开了通济渠，运河从末口经盱眙对岸的淮河直接通向都城洛阳，泗口交通地位不复重要。正是在这种地理变迁的历史背景下，淮阴曾数度并入末口处的山阳县，成为山阳西乡。隋炀帝大业元年（605），并入山阳，至唐武德初年，恢复淮阴县；武德七年（624）至乾封二年

（667），又并入山阳；宋高宗绍兴五年（1135），再度并入山阳；至元二十年（1283），第四次并入山阳，此后淮阴显性地名消失。

甘罗城，在苟羡淮阴城北一里，扼泗水入淮的小清口要冲，以传说中的秦国上卿甘罗为名。这座千年城堡后世多作为防汛要塞而存在，并在一次次洪水冲击下被荡平。清初谈迁《北游录》载，甘罗城"周可四里，积沙与城平，四门塞其北"。此外，南宋咸淳九年（1273），在泗水入淮处始置清河县，属清河军，后及淮水南岸。明末崇祯元年（1628）至清初顺治三年（1646），因水患和战乱并起，清河县治还一度迁至甘罗城。

清河即泗水，在淮北。今天的淮安市淮阴区承属清河县，民国初年清河县与河北省清河县重名，遂改称淮阴县，但主体部分仍在淮河以北，和韩信时的淮阴县并不是一回事。

韩信城遗址，距马头镇东约十里，在今清江浦境内。北宋《太平寰宇记》称："信本此县人，其冢宅处所并存，后受为侯，因筑此城。"《史记》和《汉书》等早期文献并没有韩信筑城的记载。近年来考古发掘证实，此城为宋元所筑，民间传为韩信城。

"落木萧萧雁度河，西风袅袅水增波。甘罗营里秋声急，韩信城头月色多。"（元·陈基《淮阴杂兴》）泗口聚落在隋以前早期淮安发展史上占有重要地位，磨盘口、鱼脊街、大坝、水乡泽国给人留下了难忘印象。由于历史的变幻，洪涛泛起，泥沙俱落，泗口和泗口附近的城池、城堡多数已被悄然掩埋。

二

末口与泗口是淮安东西两个门户，临淮守险，互为依托。末口为长江（通过邗沟）与淮河交汇点，连通了南北方，所造就的千年漕运，为国脉所在。魏晋南北朝开始，中国经济重心逐渐南移，隋唐时期开凿全国性大运河，位于南北向的山阳渎和东西向的淮河交汇处的末口，成为大运河在长江以北的最东点。城市中心也由淮阴向淮安东移，淮安一直为路、府、州、县的治所。末口处的淮安城、河下镇、板闸及清江浦等地获得了较为长期稳定的发展，承接并延续了韩信时"淮阴故城"政治命脉的正统。

末口，在老淮安城北。邗沟开凿后，到东汉时，广陵太守陈登又开凿了邗沟西道，末口的地位更加举足轻重，直至明末，在黄淮水冲击之下才渐渐淤塞。

淮安（山阳）城，祈淮水安澜。汉武帝元狩六年（前117）在淮阴东南置射阳县，东晋义熙七年（411）修筑山阳城。隋唐五代以后，迎来了新的发展时期。白居易在《赠楚州郭使君》一诗中，称楚州（淮安）为"淮水东南第一州"。到了宋代，楚州（淮安）成为运河线上"四大都市"之一。明清两朝，这里是中央政府的漕运指挥中心、河道治理中心、漕运转运中心、漕船制造中心、粮食储备中心和淮北食盐集散中心。境内还有著名的"青莲岗"文化遗址、文通塔、镇淮楼、漕运总督部院、淮安府署等。元明以后韩信、漂母相关故迹，如"汉韩侯祠""漂母祠""钓鱼台""胯下桥""淮阴市碑"等在县境也得到修葺和重建。对于地处偏僻，又常遭水患冲击的山阳西乡，无疑是极大地保护了淮阴侯韩信的文脉。城西北隅的河下镇，北依河险，西握运道。明代平江伯陈瑄穿湖开凿了直达马头小清口的里运河，运道改从淮安城西经过，河下作为集散之地，盐商骈至，百业兴旺。鼎盛时有一百零八条街巷，一百零六座园林，数十处牌坊、寺庙和桥梁。明清这里还曾出过六十七名进士、一百二十三名举人、十二名翰林，有"进士之乡"之称。

当今的老淮安承属山阳县。淮阴、淮安同出一源，明清时"淮阴驿"就设在山阳城西。"淮安秦汉时本淮阴县地"，客寓乃至定居山阳之人，均认为此地为韩信时淮阴县。当时山阳西乡，包含山阳城向西的黄码、盐河、和平、武墩、清江浦等地。

清江浦，明永乐十三年（1415）因开凿清江河而得名。从清江浦和山阳的关系上看，清江浦原是山阳六大镇之一。因河工的需要，居于清口和末口中间位置的清江浦，"昔日濒淮旷土，转瞬为漕运中枢，由运渠之名而为通埠之称"，全局性战略地位随之上升。康熙年间河道总督移驻清江浦，雍正七年（1729）在此基础上专设江南河道总督。乾隆二十六年（1761），又因清河县城（小清口西北，今马头镇旧县村）被水冲毁，江苏巡抚陈宏谋上疏请求将清河县移治，淮水南的清江浦被划入清河县，并割山阳县西近浦十一乡。清江浦成为清河县的新县治（当时清河已得大半古淮阴故地，也因此才有民国初改称淮阴县的可行性）。同治年间，漕运总督吴棠将其衙署迁至清江浦的河道总督署，并在运河南岸修筑城池。

由于泗口和末口淤塞等原因，明清之际，分处淮河南北的清江浦和王家营，逐渐成为黄淮下游重要的津渡。至清末，清江浦的地位超越了淮安府城，成为地区新的政治中心，并延续下来。

三

发源于河南桐柏山的淮水，带着远古气息，从安徽五河入境江苏，经盱眙城西，斜穿洪泽凹陷区，到达淮阴西境。当时的淮阴，除沿淮一线呈弯月形陆地外，多被浩渺的古淮水、泗水、中渎水及射陂、富陵湖、破釜涧等湖群包夹。泗口、末口及运河的兴衰变化，关乎着区域命运和走向，泗口与末口共同构筑了淮阴、淮阴故城和今天意义上的淮安。特别是隋唐以后，随着持续的经济发展和社会繁荣，淮安逐渐成为漕运中心，奠定了淮安"运河之都"的特殊地位。

一方水土养育一方人。淮安因水而兴，因人而旺，人杰地灵，全国还没有哪个地方像淮安出了这么多历史文化名人。除了淮阴侯韩信外，汉赋大家，名满天下的枚乘、枚皋父子，汉末名将臧旻、臧洪父子，"建安七子"之一陈琳，三国名人步骘，唐代著名诗人赵嘏，巾帼英雄梁红玉，《西游记》作者吴承恩，抗倭状元沈坤，清代"扬州八怪"之一画家边寿民，抗英民族英雄关天培，大医吴菊通，京剧宗师王瑶卿，一代开国总理周恩来都诞生在这一块土地上。

淮安东近黄海，南临洪泽，西接淮水，北连泗水，是黄淮运的汇流处。运口、运道、坝口为其一大特点。泗口与末口是淮阴弯月形弧线两边端点上重要的名胜，也一定会是青少年时韩信观芦花、看风帆、研究战争的好去处。韩信用兵行云流水，最大特点是善于用水，其智慧根植于他的故乡。在楚汉战争中，他先后演绎了一系列经典战例，震古烁今。值得一提的是，历史文化名人多故乡之争，韩信也不例外。韩信时淮阴故城到底在今江苏淮安哪个地方，迄今仍是个令人感兴趣的话题。

古人常以水南为阴，淮阴故名。淮河是"四渎"之一，东流入海，是中国南北重要的地理分界，也是行政区划的分界，风土人情、民间习俗南北差异很大。纵观历史，河流山川相应变化较小，朝代更替、行政区划的调整却是常有之事。同一区域，不同时期不同区划，这是造成认识古淮阴误区的关键所在。

根据《史记》《汉书》《水经注》《太平寰宇记》及明清《淮安府志》《山阳县志》《清河县》等历史文献判断，古淮阴当在淮水以南、泗口与末口之间，主体应为今天的江苏淮安的淮安区、清江浦区、洪泽区及淮阴区马头镇附近。换句话说，这片区域就是清乾隆以前的山阳县。而韩信时淮阴城，以淮安府城（山阳）为起点，宋以后不同时期的《元丰九域志》《太平寰宇记》《舆地纪胜》《大明一统志》，乾隆十四年《山阳县志》和乾隆四十三年刻本《淮关统志》等古籍，多将其圈定在治西三十至六十里范围内。现代的一里是五百米，古代的一里自隋唐起都是五百多米。由此，大概率推断在清江浦区城南、武墩向西至淮阴区马头镇一带（详见"始皇三十四年条下考释'淮阴故城辨析'"）。且在城南高庄还挖掘出战国墓葬，出土了大型马车铜饰件等重要文物，墓主人生前地位很高。这不是一偶然现象。这说明附近在战国时期就有相当宽阔的马车驰道，这里应是重要都会。

事实上，在两千多年的历史上，淮安区域内分分合合，变化沧桑，泗口与末口，山阳与清江浦，淮安与清河，淮安与淮阴，完全密不可分，且保存了与韩信相关的大量历史遗迹，处处尽显丰厚的历史传承和文化积淀。让我们携手新时代，拂去历史的尘埃，重新拥抱那个记忆中的古淮阴和属于韩信的淮阴城。

正

谱

卷一　垂钓城下

始皇十七年（辛未，前230）　一岁

时　事

秦国内史胜灭韩，虏韩王安，以韩国土地设置颍川郡。[1]

韩人张良因年少，未及仕韩国已亡，其家资丰厚，有童仆三百人，弟死不厚葬，以全部家产结豪侠，谋刺秦始皇，以图复仇。[2]

行　状

韩信生年，推定在公元前230年，[3]楚国淮阴人，出身没落之家，贫。

这一年，以秦国的年历计算，是秦始皇十七年；以楚国的年历计算，是楚幽王八年。韩信出生时，淮阴是楚国的国土，秦始皇统一天下后，编制成了秦帝国的泗水郡淮阴县。[4]

案：推论考据只是一种假定，便于系年提供一个思维点。由于文献缺失，这里生年事项虽不能作为最终定论，但与事实不会有多大出入。

韩信的身世，接近的正式记录见于《史记》卷九十二《淮阴侯列传》："淮阴侯韩信者，淮阴人也。始为布衣时，贫无行，不得推择为吏，又不能治生商贾……"其余具有重要价值的资料还有班固的《汉书·韩信传》、司马光的《资治通鉴》等；此后晚出的历代《淮安府志》《山阳

县志》《清河县志》亦有类似传记。不过，他的身世说法不一，至今仍为谜团。[5]

考 释

[1] 秦国（前770—前207），是周朝时在中国西北地区建立的诸侯国。始祖秦非子是商名将飞廉之子恶来之后。秦人先祖嬴姓部族，早在殷商时期就是镇守西戎的得力助手。公元前905年，秦非子因养马有功被周天子封为附庸国。公元前770年，秦襄公派兵护送周平王东迁，被封为诸侯。自此，秦国正式成为周朝的诸侯国。

秦穆公时称霸西戎，位列"春秋五霸"。战国初，经过百年的衰落期，魏国夺取了河西之地。秦孝公时，任用商鞅变法，富国强兵，逐渐成为战国中后期最强大的国家。公元前325年秦惠文王称王。公元前316年兼并巴国和蜀国。公元前230年，秦王嬴政派内史腾攻韩，俘虏了韩王安，于韩地建置颍川郡，韩国灭亡，其后加快了统一进程。到公元前221年，共计十年时间，先后消灭了韩、赵、魏、楚、燕、齐六国，建立了秦帝国。公元前207年，面对农民起义大潮，秦国灭亡。

事见《史记》卷五《秦本纪》、卷六十八《商君列传》。

[2] 张良（？—前186），字子房，战国末年韩国人，秦末汉初杰出谋臣，西汉开国元勋、政治家，与韩信、萧何并称"汉初三杰"。

张良祖父、父亲均为韩国贵族。《汉书·张陈王周传》载："良少，未宦事韩。韩破，良家僮三百人，弟死不葬，悉以家财求客刺秦王，为韩报仇，以五世相韩故。"秦灭韩后，张良当时还年轻，没有在韩国朝廷任职，韩国破灭后，张良还有私家仆从三百人，他在弟弟死后没有办理葬礼，而是将全部家财都投入反秦事业，征求刺客行刺秦王政，为韩国报仇。张良曾经在淮阳学礼，到东方拜见仓海君，共同制订谋杀行动计划。后来终于找到一名大力士，铸造了一把一百二十斤重的铁锤。秦始皇二十九年（前218），秦始皇东巡，张良很快得知，秦始皇的巡游车队即将到达阳武县（今河南原阳县东），于是，张良指挥大力士埋伏在阳武的必经之地博浪沙阻击，可惜误中副车，谋刺未遂。秦始皇幸免于难，但秦始皇对此事十分恼怒，下令全国缉捕刺客，但因无从查起，张良得以"逍遥法外"，后来不了了之。

［3］韩信的生年未见正式文献记载，向来有不同说法：

1. 生年不详。《辞海（第六版）》（中华书局辞海编辑所编，上海辞书出版社 2009 年版）、《中国大百科全书·中国历史》（中国大百科全书总编辑委员会《中国历史》编辑委员会、中国大百科全书出版社编辑部编，中国大百科全书出版社 1992 年版）、《中国历史大辞典》（中国历史大辞典编纂委员会编纂，上海辞书出版社 2000 年版）等书中介绍韩信时，在没有历史文献记载的情况下，都以"？"标识其生年不详。

2. 战国说。韩信生于战国末年。战国是中国历史上一个特定时期，上起公元前 475 年，下至公元前 221 年。这一时期，各国混战不休，所以后人称之为战国。所谓战国末年，是指战国时代最后的一段时期，按常理计算，有二十至三十年时间。韩信生于战国末年之说比较笼统。

3. 生年为公元前 230 年左右。史实推论与民间传说的结合，应是韩信生年假说的依据。霍印章的《韩信》，张大可、徐日辉的《张良萧何韩信评传》，华炜、何爱临的《韩信大传》等，推断韩信生年为公元前 230 年左右。本谱从之，理由如下：

其一，韩信大约出生在秦始皇统一中原的战争开始之后不久，他在整个秦王朝统治时期（前 221—前 207）处于青少年时代，直到秦末农民起义爆发（前 209），还没有达到服正卒兵役的年龄。正卒，秦代兵役制度，成年男子自二十岁起服兵役两年。第一年在本郡服役，根据不同情况分别为材官（步兵）、轻车（车兵）、骑士（骑兵）、楼船（水兵），统称为正卒。第二年有的去戍守边防，称为戍卒；有的去戍守京师，称为卫士，然后转为预备役，待命应征。显见韩信的年龄不可能太大。

其二，韩信是后来楚汉战争中一位非常年轻的将军和统帅。韩信从戎投入项梁军中，不久转投项羽，为执戟郎中，即警卫侍从人员。项羽叱咤风云，公元前 209 年起兵时年二十四岁。他的随护人员，必当是精选的青年，则韩信的年龄应当与项羽相当或小于项羽。

其三，民间传说，韩信享年三十五岁。淮安民间有韩信"触触（聪明过了，寿短），过不到三十六"的俗语。南宋文天祥《读史》亦有"自古英雄士，还为薄命人。孔明登四十，韩信过三旬"的说法。韩信被杀在高帝十一年，公元前196年，上推三十五年，当生于公元前230年。与楚汉时期一些重要的代表人物相比较，姑且认定刘邦生于公元前256年，项羽生于公元前232年，张良生于公元前251年，萧何生于公元前248年，本谱主韩信约比刘邦小二十六岁，比项羽小两岁，比张良小二十一岁，比萧何小十八岁。

[4]淮阴设县。秦并六国后，于秦王政二十四年（前223）始设淮阴县。《咸丰清河县志》在其二卷"疆域"中的表述是"秦并天下，始设淮阴县，属泗水郡"。秦并天下（统一六国）的时间是公元前221年，而灭楚时间是公元前223年。就是说，原来隶属于楚的"淮阴"在"秦并天下"前两年就随着楚国的灭亡而归属于秦国。

另据北宋《舆地广记》载，淮阴县汉属临淮部，东汉属下邳国，晋为广陵郡治，后魏置淮阴郡，东魏改为淮州，北齐置怀恩县，后周改曰寿张，隋开皇初改曰淮阴，大业初州废省县入山阳。唐乾封二年（667）复置属楚州。

[5]关于韩信的身世，归纳起来主要有平民和贵族两种说法。

平民说认为，著名史学家司马迁在《史记》中已经讲得很明确，韩信为"布衣"，布衣即平民，而且十分穷困，与贵族身份没有一点关系。只是"乱世"到来时，韩信经过贫穷和战争的洗礼，实现了从一介贫民到一代战神的华丽转身。而贵族说则认为，韩信一生性格孤傲，待人接物拘谨矜持，完全不是游侠社会中的人，其行为举止，活生生一副落魄贵族子弟形象，是没落贵族平民化了。

本谱认同贵族之说，并做以下分析：

1. 就韩信的出生地来说，韩信是当时战国七雄之一的楚国人。不过从姓氏来看，在那个六国崩塌的年代，其姓氏还保留着血缘和身份的记录，为官者以官为姓氏，士大夫以封地为姓氏，诸侯王族以国为姓氏。韩信姓韩，应该和战国时韩国王室有一定的关联。

2. 韩信为平民时，家境贫寒，生活困顿，遍尝了世态炎凉，他既穷困，社会表现也不好，地方招募吏员时不被录用。他不屑于经商，又没有其他生活来源，经常吃了上顿无下顿，但非常另类，常常挂着一柄宝剑招摇过市。可是，那个时代冶金技术并不高，铸一把剑很不容易，也只有王族或者贵族才有能力和资格拥有。

3. 韩信投军灭秦后，是在一个无足轻重的职位上被推为汉大将的。登坛受命时，这个从未指挥过三军的年轻人，见识高远，与汉王刘邦一番宏论，石破天惊，他的"汉中对"意义，超过了诸葛亮的"隆中对"。丞相萧何称韩信为"国士无双"，"士"那时是指读书人。这个评价非常高，在整个汉代再无第二人获此殊荣。

韩信在战略大局上有独到的见解，在战役的组织指挥和战术运用上，也创立了许多新东西。楚汉战争初，他奉命申定军法，整顿军制。在楚汉战争中，他率军出陈仓、定三秦、破魏、灭赵、降燕、伐齐，直至垓下全歼楚军，灵活用兵，连战皆捷。在击破赵国后，他告诉将士们，背水列阵就是《孙子兵法》"置之死地而后生"的灵活运用，大谈春秋时名人百里奚，佐秦称霸的"为虞计拙""为秦计巧"的用人道理。楚汉战争结束后，他还著书立说，在兵法的研究方面有很多独创性，被称为"谋战派"的代表人物。班固《汉书·艺文志·兵书略》将韩信所著三篇兵法，列入兵权谋十三家之一。

在楚汉战争中，我们看到了韩信具有非凡的军事才能，也看到了支撑这种才能的自然、人文、军事等方面的广博知识。试想，战国时期大混战数百年，十室九空，白骨露于野，在一个历史上文盲率极高的年代，当时字是刻在竹简上的，普通人连识字的资格都没有，谁能饱读兵法史书，拥有这么高的文化层次？谁能挂剑上街，处处尽显贵族遗风余韵？恐怕这不是淮阴底层平民仅凭头脑一时聪明所能达到的境地，一定会和韩信早期贵族家庭和贵族家庭教育有着极大关系。

然而，那时人们对韩信身世已不甚了解，《史记》只有韩母而没有韩父的记载。父亲是谁，韩信有无妻儿亲属，似乎没有人知道。巧妇难为无米之炊，司马迁在《淮阴侯列传》中，尽管提供了一些身世线索，但也只是寥寥数语，一笔带过，让人浮想联翩。

4. 韩母死时，贫无以葬，但韩信仍觅得一处空地，自信地认为，现在自己虽很穷困，但总会有发达的一天，这是一块行营高敞的风水之地，以备将来置上万户人家为母亲守墓。重报漂母，厚葬生母，同样不会为一般平民所指望，他或是在向人们传递出一种贵族世家东山再起的愿望。而且，他的贵族王侯思想贯穿一生，汉中拜将时，他提出天下城邑封天下功臣，何所不服。攻下齐国时，以代理齐王相要求。刘邦败于固陵时，他与梁王彭越坚持封王划地。

其实，韩信身世早在唐代就有了比较明确的说法。《大周韩德墓志铭》《唐故昌黎韩府君韩绥墓志铭》《唐故昌黎郡处士韩审墓志铭》均记载韩信有后。其中，《唐故昌黎郡处士韩审墓志铭》就记载韩信为韩国贵胄。

根据《全唐文补遗》：韩审远祖本是周室（姬姓）血统，祖先原昌黎郡，后其苗裔迁居晋国。"三家分晋"之后，受封韩原，建立韩国，首任韩王为韩武子（姬万），以国为姓，传三世即有韩厥。直至秦灭韩之后，韩人变秦人。在建汉前，韩氏已是名门望族，韩信本是天潢贵胄。

传统蒙学读物、明代大学士李廷机所著《五字鉴·秦纪》中也称："韩信乃韩国之后。"陕西省城固县原公镇韩家巷韩氏后裔保存的一部清道光二十五年（1845）刻本《韩氏宗谱》（共两册），对韩信的身世也有明确记载："韩氏本姬姓之苗裔，周襄王时，有食采于韩者，因以为姓焉……起世为晋卿，确有可考六传。而与赵、魏二家三分晋地，化家为国，其傍支之子抱其宗谱以奔楚，两传而生（韩）信。（韩）信有雄才大略，文武足备，为古今名将……"

同样，近几十年来国内陆续发现明天启《淮安府志》《凤山县志》《东兰县土司族谱》，以及当代不少版本传记，如霍印章《韩信》、李开元《楚亡：从项羽到韩信》、程步《真韩信·心态荣辱》、易中天《汉代风云人物》，多认为韩信为落魄并胸有大志者，他的身世或为韩国之后，他由母亲抚养成人，母子相依为命，过着非常贫穷的日子。

始皇二十三年（丁丑，前224） 七岁

时 事

秦军攻楚[1]，秦将王翦攻取楚都寿春，俘楚王负刍，楚国名将项燕[2]兵败殉国，秦军乘胜攻占楚国大片土地。后一年，秦灭楚，以其地置楚郡。

项燕之孙项羽，字籍，下相人，[3]与季父项梁隐姓埋名避难吴中。吴中每有大徭役及丧事，项梁常为主办，暗以兵法布勒宾客。

行 状

淮水从淮阴城北流过，韩信家乡在淮水之南韩王庄，[4]其少时孤苦，经常游食乡里。

考 释

[1] 楚国（？—前223），为战国七雄之一，是古代芈（本作嬭）姓诸侯国，亦称荆。芈姓中"祝融八姓"之一，始祖为季连。周文王时，季连的后裔鬻熊当过文王的老师。周成王时，鬻熊的曾孙熊绎被封以子男之田，居丹阳（今湖北省姊归东南），于是建立了楚国。其疆域，最初在今湖北省的西部山区和江汉平原一带，后来逐渐向西溯江扩展到今四川省的东部，向北溯汉水扩展到今河南省西南部的南阳盆地和丹江流域，向南扩展到今湖南省北部的洞庭湖平原，向东沿淮水和江水扩展到今河南省东南、安徽省北部、江西省北部和山东省南部、江苏省、浙江省一带。秦始皇二十四年（前223），楚国为秦国所灭。

事见《史记》卷四十《楚世家》。

[2] 项燕（？—前223），周王族姬姓项国后代，泗水郡下相（今江苏

宿迁市区）人。世代为楚国将领，受封于项，后用之为姓氏。

秦始皇二十二年（前225），项燕与反叛秦国的昌平君前后夹击秦将李信，大败秦军，杀死秦军七个都尉。第二年，秦王嬴政倾全国兵力，以王翦为将帅，率军六十万大举进攻楚国，攻取楚国陈县以南至平舆县之间的地域。楚国危亡在即，倾全国兵力迎击秦军，以项燕为主将，准备决一死战。王翦因势利导，采取坚壁固守的方针，避其锋芒。楚军多次挑战，秦军始终不出，两军相持日久。楚军以为秦军将长期驻守新占领土，于是撤军东归。王翦伺机起兵追击，令勇壮军士为先锋，突袭楚军。楚军猝不及防，仓促应战，王翦大破楚军于蕲（今安徽宿县东南），项燕兵败自杀。秦军乘胜追击，攻占楚国城邑，次年俘虏了楚王负刍，楚国灭亡。陈胜评价："项燕为楚将，数有功，爱士卒，楚人怜之。或以为死，或以为亡。"（《史记·陈涉世家》）

其次子项梁，任楚国武信君，在定陶之战被秦将章邯所杀。三子项伯，任楚国左尹，后降刘邦，赐刘姓及封射阳侯。孙项羽，西楚霸王，被刘邦、韩信在垓下之战打败后自刎。项庄，项羽堂弟，史书里对这个人很少提及，后世知道的大都是一句话：项庄舞剑，意在沛公。

事见《史记》卷七《项羽本纪》、《元和姓纂》。

［3］项羽出生地在项里。《史记·项羽本纪》记载："项籍者，下项人也，字羽。"下相县，为秦汉时建置，后经历朝代更迭，屡易其名，至唐代宗时由宿豫改称宿迁。

项羽故里坐落于宿迁市宿城区南郊、古黄河与大运河之间，称"项里"，又称为"梧桐巷"，是其出生地。为纪念西楚霸王项羽，此地自古就建有纪念性建筑。康熙四十二年（1703），宿迁知县胡三俊立碑一方，从此定名为"项王故里"。景区内植有一株青桐和一株古槐树。古槐相传为项羽离开家乡时亲手栽种，历经千年风雨却依然生机勃勃。青桐据说项羽的衣包就埋在这棵桐树下，每当老的树干即将枯萎时，从其根部又发新枝，其顽强的生命力让世人惊叹。这也是项羽出生于梧桐巷的由来。

［4］韩信出生地在韩王庄。韩王庄今属淮安清江浦区。北宋年间《太

平寰宇记》记载："信本此县人，其冢宅处所并存，后受为侯，因筑此城。"韩信城遗址在今清江浦城南街道西境，隔二河与马头镇相望。"冢宅并存"，"冢"指韩母墓，在韩信城南面一里许；"宅"指韩信少年生活之地，在韩信城附近。南宋年间的《舆地纪胜》记载："韩王庄在淮阴县东北，与庙驷铺相连，西接八里庄，自昔相传以为韩信生于此。"咸丰《清河县志》载："韩王庄在淮阴故城西北（？），与八里庄相近，韩信焉生。"韩王庄在韩信城所在地或其周围地带。八里庄在清河口南岸偏东之地，今二河水道之中。

始皇二十六年（庚辰，前 221） 十岁

时 事

秦将王贲从燕国向南攻齐，突袭临淄，齐国人毫无防备，无人敢于抵抗。秦国派人引诱齐王建，承诺封给他五百里地，齐王建投降。

秦并六国，[1]四海统一，分天下为三十六郡。收缴天下兵器，送到咸阳销毁，再铸钟镰和十二个铜人，统一度量衡。徙天下豪户十二万户于咸阳。

秦王嬴政自以德兼三皇，功盖五帝，改称号"皇帝"，自称"朕"，从今往后，朕为始皇帝，后世依次计数，二世、三世至于万世，传之无穷。

行 状

韩信游食淮阴乡里。

考 释

[1]秦并六国之战。此战又称秦朝统一之战，指战国末期七大诸侯国之一的秦国，进行消灭其他六个诸侯国、完成统一的战争。公元前 238 年，秦王政铲除了丞相吕不韦和长信侯嫪毐集团，开始亲政，在李斯、尉缭等

人的协助下制定了"灭诸侯，成帝业，为天下一统"的策略。具体的措施是，笼络燕齐，稳住魏楚，消灭韩赵；远交近攻，逐个击破。从公元前230年攻打韩国到公元前221年灭掉齐国结束，共计十年的时间，先后消灭了韩、赵、魏、楚、燕、齐六国，结束了自春秋以来长达五百多年的诸侯割据纷争的局面，建立了历史上第一个君主中央集权国家，即大秦帝国。

事见《史记》卷六《秦始皇本纪》、卷六十八《商君列传》。

始皇三十二年（丙戌，前215） 十六岁

时 事

秦始皇东游登碣石山，派燕人卢生寻访古代仙人，并在碣石刻石记功，后取道上郡回咸阳。卢生派人从海上来，上奏说，有书叫"录图书"，上面写着："亡秦者胡也。"

始皇派将军蒙恬发兵三十万，北伐匈奴。

行 状

韩信家破落贫寒，经常游食淮阴乡里，好带剑，人多厌之。韩母约于本年去世，葬高敞之地，欲日后置万家。韩母墓[1]在韩信城[2]南一里许。

案：韩母去世，为葬母明志，韩信在悲痛之余，将母归葬于淮阴东北八里外的"行营高敞地"。当时，那里是个大荒，人们吃惊韩信所为。

秦汉时，十分讲究风水，选好阴宅阳宅以利个人及家族的兴旺发达。韩信认为，现在自己虽很穷困，无钱厚葬亡母，但总会有发达的一天，空旷的大荒，正是一块"形胜佳穴"的风水之地，放眼望去，将来可以置上万户人家为其母守墓。他在向人们传递出一种贵族世家东山再起的愿望。

韩母用她纤弱的双手，托起一位历史巨人。著名史学家司马迁在《史记·淮阴侯列传》结尾处做了如下记述："吾如淮阴，淮阴人为余言，韩

信虽为布衣时，其志与众异。其母死，贫无以葬，然乃行营高敞地，令其旁可置万家。余视其母冢，良然。"

韩信葬母一事在淮阴引起不小的轰动。时隔七十多年后，司马迁从长安出发，不远千里，亲自来到淮阴访问考察（王鸣盛《十七史商榷》）。故老们每每提及此事，依然感慨不已。那时，韩信已成为楚汉争战中一位非常重要的人物，他以杰出的军事才能，辅佐刘邦崛起蜀汉、席卷关辅，仅用四年时间，打败了不可一世的西楚霸王项羽，为刘邦夺得政权立下了头功，名闻海内，威震天下，却又因功高震主，被皇后吕雉谋杀于长乐宫钟室，一个辉煌的人生换来了悲惨结局。回首往事，面对着韩母墓，人们对太史公说，他们既同情韩信的人生遭遇，更尊敬韩信当年葬母所为，说他即使为一介平民时，志气也和平常人不一样。今观韩母墓，其言允矣。

考 释

[1] 韩母墓，位于今淮安市清浦区城南街道境内。其北一里，现存有"韩信城"遗址。隔二河与漂母墓相望，两墓相距六里。墓高 16 米，直径 30 米。《天下郡国利病书》将韩母墓称为青墩，咸丰《清河县志·图说》将其标识为青狗墩，当地群众称其为清水墩。民国《淮阴风土记》曰：清水墩、青墩、青狗墩其实一也，此墩即韩母墓。

[2] 韩信城遗址，位于淮安市清浦区城南街道西境，北濒京杭大运河，南望漂母墓。宋元时期，于此屯兵拒敌，为淮安重要屏障。2011 年公布为江苏省文物保护单位。

据《史记·淮阴侯列传》载：汉高祖六年，高帝刘邦贬韩信为淮阴侯。北宋《太平寰宇记》卷一百二十四楚州山阳县："信本此县人，其家宅处所并存，后受为侯，因筑此城。"清《读史方舆纪要》卷二十二言韩信城"相传韩信受封时所筑。元至正十六年，张士诚遣兵攻淮安，褚不华与刘甲拒守，甲别将兵守韩信城，与淮安城相掎角，寇不能陷。会甲奉檄别往击贼，淮南孤危，遂为士诚所破"。民国《淮阴风土记》："河北又一里，过韩信城，土阜绵连，四周拱抱，略存形迹。"

韩信在汉高帝六年（前201）被刘邦贬为淮阴侯后，为何此时要在家乡筑韩信城，《史记》《汉书》均无记载。这一直是淮安史志研究一个未解之谜。2006年初，淮安市博物馆对韩信城遗址进行了考古勘探，得出以下结论：一是土城垣非汉代所筑，外城廓为元代建筑，内隔城为宋代建筑；二是韩信城在北宋时期为淮东清河的转运要津，也是宋元时期军事重镇，于此屯兵拒敌，为淮安屏障之一；三是韩信城应是韩信出生地。新中国成立初期，仍见此城土阜连绵，四周环抱，长二里、宽一里，后因挖河取土之故，遗迹仅存南边城垣一段。下有木桩、陶片等遗物，曾出土窖藏宋元瓷器。参见尹增淮、包立山《韩信城遗址考古勘探新发现》（《韩信研究文集》）。

始皇三十三年（丁亥，前214） 十七岁

时 事

略取南越，设置桂林、南海、象郡，征发平民五十万至五岭戍边。废分封，下焚书令。

秦将蒙恬将匈奴驱赶到北方，收复河套以南地区，设置四十四县。又修复长城，绵延万里。

刘邦徭咸阳，观看秦始皇出游，曰："大丈当如此也！"

张良亡匿下邳（今江苏睢宁古邳镇），变易姓名，遇黄石公，得《太公兵法》，精研奇书十余年。

行 状

韩母死，韩信游食无依靠，寄食于下乡南昌亭长，[1]亭长妻不为礼，数月后，遭嫌弃，怒绝去。

《史记·淮阴侯列传》记载：

（韩信）常数从其下乡南昌亭长寄食，数月，亭长妻患之，乃晨炊蓐（同"褥"）食。食时信往，不为具食。信亦知其意，怒，竟绝去。

案：韩信葬母的举动，乡邻议论纷纷，在非议声中，唯有下乡的南昌亭长还能体认。

寄食养士是春秋、战国时的遗风，食客经常寄居权贵门下吃闲饭，往往伴有一定政治目的。秦朝地方行政建制为乡、亭、里，亭长则是乡村十里治理民事的公务人员，负责治安、捕盗、理民和管理停留旅客等事务。

韩母去世后，韩信在淮阴已是孑然一身，生活无着，遂决计先来南昌亭长家填饱肚皮。不过，亭长妻子开始还能沉住气，时间一长她着急了。韩信来了几个月什么事也不做，白吃白喝。妇女惯用的手法就是使脸色，但韩信似乎视而不见，每日照样准时准点来蹭食。还算大度的南昌亭长不愿公开得罪韩信，但也不得不由着愤怒的妻子。一天清晨，当韩信匆匆来到他家就餐，走到饭厅时，见桌子上碗筷横七竖八，狼藉一片。平时吃饭较晚，怎么今天如此之早？韩信觉得蹊跷，他走进厨房，见亭长妻子正在收拾残羹剩饭、刷锅洗碗，便问："大嫂！没有剩饭吃了？"

"来晚了，早饭我们在床上吃过了。"亭长妻面无表情，看都不看韩信一眼。韩信一下子明白过来，她家玩的是小人伎俩，在赶自己走！韩信满腔愤怒，眉头频蹙，想骂却什么都没有骂出口。《淮阴侯列传》在描写时，用了四个字："怒，竟绝去！"从此，韩信不再与南昌亭长家有任何来往。

韩信匿于乡间，避世用晦，醉心于习武学兵，经常刀剑随身，并潜心苦读兵书战策，借此等待时机来实现自己成就大业的夙愿。其实，在战国末年和秦末农民起义风暴即将来临之际，韩信及项羽、张良等一大批有识之士，也都走上了励志学兵之路。这是思想活跃、有为青年的必然选择。[2]

这个阶段，是韩信人生起步时期，无情的现实生活，给了他不少打击和凌辱，令他经历了许多常人难以想象的苦难。

考释

[1] 南昌亭，秦置。下乡南昌亭，分别为乡名和亭名。秦代的基层行政组织，县以下有乡、亭、里。里一般为二十五户，十里一亭，十亭一乡。《史记·淮阴侯列传》：信"常数从其下乡南昌亭长寄食"。《索隐》：

"按《楚汉春秋》作'新昌亭长'。"按《史记集解》，下乡是属淮阴县的一个乡名。《太平寰宇记》载：南昌亭在山阳县西三十里。南昌亭在今清江浦区境。

亭长是战国时期的地方乡官，主要负责防匪防盗，维持地方治安。秦汉时期，亭长的管理范围是十里。汉代，城市也设有亭长，也就是一个街区有一个亭长，负责治安工作。《汉书·百官公卿表》记载：十里一亭，亭有亭长，掌治安警卫，兼管停留旅客，治理民事。此外设于城内或城厢的称"都亭"，设于城门的称"门亭"，均置亭长，其职掌与乡间亭长同。

〔2〕立志学兵。韩信所以要学兵，是有其深刻的社会政治背景的。自从秦灭六国、统一中原以后，人民渴望休养生息，过和平安定的生活，摆脱春秋战国以来五百多年的战乱之苦。而好大喜功的秦始皇却恰恰相反：苛法严刑，横征暴敛，实施空前残暴的统治；南戍五岭，北筑长城，从事大规模统一边疆的战争；开凿骊山墓，修建阿房宫，无休止地大兴土木工程。这一切，几乎将全国的人力、物力、财力都征调一空，使社会生产和生活都受到全面的破坏，重新把人民投入灾难的深渊，各阶层人民处于高压政策之下，敢怒不敢言，都在等待时机，起而反抗。

韩信匿于乡间，并不是无所作为，而是志在未来。韩信的故乡原来属于楚国，楚国自战国后期以来遭受秦国的欺诈和侵害最为严重，楚怀王就是被骗到秦国而死去的，因而上上下下的反秦怒火尤为炽烈。在民间广泛流传着这样一句谚语：楚虽三户，亡秦必楚也！这句话对韩信的影响很大，使他意识到秦朝的统治不会久长，"天"迟早会有变化，说不定在什么时候风雨就会来临。所以他才立志学兵，以待将来有朝一日，成为叱咤风云、匡扶天下的英雄人物，从而了却自己立志成名的平生之愿。

当时抱有类似想法的不仅韩信一人，例如后来著名的反秦将领项羽、汉初三杰之一的张良等，也都从反秦的政治目的出发，在青少年时代就走上了暗暗立志学兵的道路。但是学兵的特点则各不相同，项羽只注重个人的武功和战术，轻视军事理论的学习和谋略的研究，因而后来成为有勇无谋的将军。张良只注重理论和谋略的学习，忽视个人的武功和战术，因而只能运筹帷幄之中，做他人的谋士，而其自身则手无缚鸡之力，不会统兵作战。韩信则不然，既练习武艺，学习带兵作战的指挥方法，又苦读兵法，讲求谋略，注重理论与实践的结合，因而能全面掌握各种军事知识，给日后成为智勇双全的将军奠定了基础。（上引霍印章《韩信》）

始皇三十四年（戊子，前213） 十八岁

时 事

秦始皇发五十万军民戍岭南。

采纳丞相李斯建议，下令焚烧《秦纪》以外列国史记。此外，除医药、卜筮、种树之书外，其他不属于博士官所藏《诗》《书》等限期交出烧毁。[1]

行 状

韩信身材高大，无业，贫无行，不为工，不为商，不得推择为吏，浪迹淮阴乡里，饥，垂钓淮阴城[2]下，竟从漂母[3]乞食数十日。

案：淮阴多河流湖泊，是淮水下游地区的水乡泽国。韩信常常提着鱼竿，来到城下淮水边钓鱼谋生。

《史记·淮阴侯列传》对此做如下记载：

信钓于城下，诸母漂，有一母见信饥，饭信，竟漂数十日。信喜，谓漂母曰："吾必有以重报母。"母怒曰："大丈夫不能自食，吾哀王孙而进食，岂望报乎！"

现实的无情，日子的窘困是多么难以想象的事情。俗话说，"民以食为天"，吃饭第一。失去生活来源，又不会料理自己，吃饭就成了一个大问题。

淮水边有很多妇女在做漂洗工，有位大娘看见韩信饿了，就把饭菜匀

给他吃。秦汉时王子王孙多失国，像韩信这样沦落到社会底层，最容易勾起良家妇女的怜悯之心。漂母的日子也很难过，她好言安慰韩信。在困顿中能得到漂母的帮助，韩信感动得一时说不出话来。他从漂母的神情中，读到了慈母一般的关爱。

一晃数十日过去了。绝望中的一口，远胜于出将入相时的一斗。韩信发自内心地对大娘说："将来如有出头之日，我一定要重重地报答您！"

"何出此言？"漂母头脑很实际，像韩信这样没有谋生的本领，饿着肚子也不肯放下身子干活糊口，真为韩信着急。她生气地说："男子汉不能养活自己，我是可怜你这个王孙才给你饭吃，难道是希望报答吗？"漂母的话如同一记耳光，打在韩信脸上，强烈震撼着心灵，让他羞愧得无地自容。他明白了漂母气愤的含义，人不能只生活在理想之中，现实的每一步都很重要。此刻，他含着泪水走近漂母，向漂母拜了几拜，立起身来走去。

"王孙"[4]，用来尊称亡国贵族后裔，后泛指贵族子孙，古时候也用作对人的尊称。漂母称韩信为"王孙"，可能是从另一个侧面讲出了韩信的身世。漂母的"我是哀怜你这个王孙！"这句话，更是一直飘荡在韩信耳边，时刻激励着他重新规划人生，不断进取，去干出一番大事业。这也为后来发生的事实所证明。

应该说，如果不是太史公亲访淮阴，就不会采集到这个故事，漂母的事迹就不会为后人所知。漂母济食于人，不图回报的大爱精神，更深深地影响了一代又一代的中国人。

千百年来，人们将漂母与孟母、岳母并列，她们是妇女仁慈善良的典范，用母爱哺育了历史上的三位杰出的人物。而漂母较孟母、岳母更显伟大，教导自己的孩子是母亲的义务，她却将无私的母爱给予一位素不相识的青少年。"漂母"今已成为善良、仁爱，朴实施恩而不望报答的代表人物，她的美德备受世人景仰。历朝官府在江苏淮安境内，纷纷建祠立碑筑塔以示褒扬。[5]陶渊明、李白、刘禹锡、韦庄、苏轼、黄庭坚、王安石、张耒、梅尧臣、扬万里、曹雪芹等历史文化名人，多有诗文对漂母一饭之恩的赞颂。现录四诗于此：

乞 食

〔东晋〕陶渊明

饥来驱我去，不知竟何之。

行行至斯里，叩门拙言辞。

主人解余意，遗赠副虚期。

谈谐终日夕，觞至辄倾杯。

情欣新知欢，言咏遂赋诗。

感于漂母惠，愧我非韩才。

衔戢知何谢，冥报以相贻。

——《陶渊明集》

宿五松山下荀媪家

〔唐〕李 白

我宿五松下，寂寥无所欢。

田家秋作苦，邻女夜舂寒。

跪进雕胡饭，月光明素盘。

令人惭漂母，三谢不能餐。

——《全唐诗》

漂 母 岸

〔唐〕崔国辅

泗水入淮处，南边古岸存。秦时有漂母，于此饭王孙。

王孙初未遇，寄食何足论。后为楚王来，黄金答母恩。

事迹遗在此，空伤千载魂。茫茫水中渚，上有一孤墩。

遥望不可到，苍苍烟树昏。几年崩冢色，每日落潮痕。

古地多堙圮，时哉不敢言。向夕泪沾裳，只宿芦州村。

——《漂母祠志》

经漂母墓

〔唐〕刘长卿

昔贤怀一饭，兹事已千秋。

古墓樵人识，前朝楚水流。

渚蘋行客荐，山木杜鹃愁。

春草茫茫绿，王孙旧此游。

——《漂母祠志》

考 释

〔1〕〔汉〕孔安国《尚书序》："及秦始皇灭先代典籍，焚书坑儒，天下学士逃难解散，我先人用藏其家书于屋壁。"《汉书·地理志下》："昭王曾孙政并六国，称皇帝，负力怙威，燔书坑儒，自任私智。"

〔2〕淮阴故城辨析。古泗口向南十里，沿淮水方向由东向西一字排开的苟羡淮阴城、甘罗城和韩信城等三座古城遗址，承载着一方地域丰厚的历史文化，标示着世事沧桑，是今天辨别淮阴故城重要的地理坐标。

淮阴故城在江淮早期城市发展史上占有重要地位，更是认识淮阴侯韩信绕不开的话题。淮阴故城最早见于《史记·淮阴侯列传》："淮阴侯韩信者，淮阴人也。"然而，明清以来许多纪念韩信的遗址都在淮安市淮安区。马超俊《韩信出生地在哪里？》、俞显尧《韩信遗迹真伪考略》、毛立发《韩信出生及其少年时期生活属地考》等文中，认为淮阴（淮阴区）、淮安（淮安区）是两个不同的地理概念，不能混为一谈。明清两代的《清河县志》均称"淮阴故城在旧清河县治东南五里"。

对此亦有不同看法。刘怀玉在《楚州历史简述》中则云："秦汉时淮阴县的边境是以淮水来分界，包括淮河以南今清河区、清浦区、淮阴区一部分、楚州（淮安）区全部，甚至还包括更南、更东边的一些地方。而今淮阴区的主要部分在废黄河以北，当不属于秦汉时代的淮阴县。"郭沫若、王力等专家经过系统的考证指出，先秦古淮阴县治在江苏清江市东南淮安县（今淮安区）。而在南宋置清河县后，一些版本的《山阳县志》中，也将韩信列入清河县条。

那么，如今淮阴故城到底在哪里？淮阴城、韩信城和甘罗城是什么关系？本谱就相关问题考析如下：

1. 认识荀羡城。从汉代到南宋，关于三座城的历史文献并不多见。东晋北中郎将、徐州刺史荀羡筑淮阴城的记载，是继司马迁五百余年后，对淮阴城又一次论述。荀羡（322—359）为晋元帝驸马都尉，擢建威将军。当时南北战争，淮阴是军事要冲。《南齐书·州郡志·北兖州》记载：东晋永和八年（352），荀羡镇守淮阴，因"淮阴旧镇，地形都要，水陆交通，易以观衅。沃野有开殖之利，方舟运漕，无他屯阻，乃营立城池"。

这也提出了这样的问题，荀羡淮阴城是不是当年的秦淮阴故城？荀羡淮阴城是新建还是复建的？

明正德《淮安府志》认为，荀羡城不是秦故城，是新建的淮阴城，秦故城在其城北一里许："甘罗城：在旧淮阴治北，或云淮阴故城。今属清河界，去马头巡检司一里许，相传秦甘罗筑。"

清光绪丙子《清河县志》则认为，荀羡淮阴城是在秦淮阴故城基础上的复建："淮阴故城在旧清河县治东南五里。旧志：秦时所建，以《韩信传》'钓于城下'知之。按，晋永和五年，北中郎将荀羡北讨鲜卑，以淮阴旧镇，地形都要，乃营立城池，似城创于此时。然考《水经注》云淮水东北迳淮阴故城。道元在东魏之世，去穆帝永和时代非远，不当云故城，或令则因旧镇而更新之，非创始也。"

笔者认同正德《淮安府志》的观点。荀羡城与秦故城，是两座不同的城池，荀羡讲得已非常明确，"淮阴旧镇，地形都要，乃营立城池"。这个新建造的城在所谓的旧淮阴治（马头镇）北。而且现地对照，与北魏著名地理学家郦道元（约470—527）《水经注·淮水》新、故淮阴城的说法大致相近，后世的各种认识多在这个基础上进行。

《水经注》成书距荀羡筑城后150余年，关于淮水与淮阴记述，清楚可靠，依然是今天认识淮阴和淮阴故城重要的依据。

其一，它描述了淮阴区域范围。"又东北至下邳淮阴县西，泗水从西北来流注之。淮、泗之会，即角城也。左右两川，翼夹二水，决入之所，所谓泗口也。""又东过淮阴县北，中渎水出白马湖，东北注之。淮水右岸，即淮阴也。"就是说，淮阴在淮水南岸，泗口和中渎沟之间，包括中渎沟。这是我们在《地望人文——泗口、末口和淮阴》中所讲述的，秦汉时淮阴县位于淮河以南，其范围为今天淮安市的淮安区、清江浦区、洪泽区，包括淮阴区淮水南的马头、南陈集、南吴集等地。

其二，从方位、距离和人文信息等方面，对荀羡淮阴城和秦淮阴故城的地理位置做了标定。"城西二里有公路浦。昔袁术向九江，将东奔袁谭。路出斯浦，因以为名焉。""又东径淮阴县故城北。北临淮水，汉高帝六年，封韩信为侯国。王莽之嘉信也。昔韩信去下乡而钓于此处也。城东有两冢，西者，即漂母冢也。周回数百步，高十余丈。昔漂母食信于淮阴，信王下邳，盖投金增陵以报母矣。东一陵即信母冢也。县有中渎水，首受江于广陵郡之江都县……"公路浦，源自三国名人袁术字公路，今已漫不可考。"城西二里有公路浦""又东径淮阴县故城北"，这里第一次提出了淮阴城与淮阴故城两个概念，即东晋荀羡城与秦故城同时存在，并明确了两城沿淮水方向所处的位置，荀羡城在西，秦故城在东。

秦故城始建后，时废时兴，到荀羡筑淮阴城时已有550多年，土城早已颓圮。马头附近的淮水大体走向是由南向北，在南的荀羡城与在北的秦故城相比，显然荀羡城位置更为重要些，因此才有后来筑荀羡城屯兵的可能。

此后的北宋《太平寰宇记》、南宋《舆地纪胜》和《锦绣万花谷集》等地理著作，对《水经注》中的荀羡城、秦故城，做了补充和印证。明清不少地理专志、一统志及不同时期的《淮安府志》也多对此予以认同。

2. 探源韩信城。韩信城位于荀羡城东十里，是泗口附近沿淮三个古城址之一。单纯从方向和距离上来看，韩信城与《水经注·淮水》"又东"描述的淮阴故城位置更为合理，韩信城会不会是秦淮阴故城呢？

韩信城最早载于宋乐史《太平寰宇记》："韩信城：信本此（淮阴）县人，其冢宅处所并存，后受封为侯，因筑此城"；"南昌亭：在（山阳）县西三十里。"南宋《舆地纪胜》："韩王庄：在淮阴县东北，与庙驷铺相连，西接八里庄，自昔相传以为韩信生于此。"韩信城、韩王庄、南昌亭均在今清江浦城南。问题是既然为韩信封侯所筑，为何在北宋之前的历史文献中均无记载？

这一谜团，被近年的考古勘探揭开。《淮安市考古勘探报告》称，韩信城是宋元时期城堡，其外城郭为元代建筑，内隔城为宋时建筑，并指出："从文献资料分析，韩信被徙封为淮阴侯以后，闲居长安，编次兵书，著作兵法，修订律例。《史记·淮阴侯列传》载：'信知汉王畏恶其能，常称病不朝从。信由此日夜怨望，居常鞅鞅，羞与绛、灌等列'。此时，韩信已是大权旁落，疏于朝政，怎敢瞒着朝廷在自己的老家筑起城来。再者，屯兵筑城系国家大事，汉高帝也不会轻易允诺。由此可见，韩信城为韩信所筑，亦属民间传说。"报告否定了韩信城为韩信封侯所筑，也否定了韩信城即为淮阴故城之说，证明了《水经注·淮水》的可靠性。

韩信城在宋元时实为楚州军事重镇。南宋时期，宋金以淮河为界，与韩信城隔河相望的大清口，时为金人占据。《续资治通鉴》载："（绍兴三十一年）右朝奉郎、通州楚州徐宗偃遣镇江都统制刘锜书云：……今欲保长江，必先守淮，……清河口去本州五十里，地名八里庄，相望咫尺，若不遣精锐控扼，万一有缓急，顷刻可至城下，彼得地利，两淮之民悉为其用，则高邮、广陵岂是以捍其冲。"此后，宋军在此屯兵拒敌，并于嘉定七年（1214）迁相距八里的淮阴县于此。至元代，韩信城仍为兵家所重。

至于淮安境内现在的一些与韩信相关的碑、桥、故里等人文景点，多为兴文化之风，行旅游之事，并不能作为单独地理标识的证据。如20世纪80年代中后期，笔者曾到访马头泰山墩，放眼望去，附近有许多大小不等的土墩，后来平整地土时，有故事的被保留了下来，其余均被平整掉。土墩多为自然地貌形状。

3. 辨识甘罗城。既然大体确定了荀羡城，排除了韩信城，有必要结合相关历史文献和遗址勘探资料，对位于荀羡城北的甘罗城，是不是秦淮阴故城做出进一步判别。

甘罗（约前256—?），下蔡（今安徽颍上）人。据《战国策》和《史记》的记载，其祖父为战国时秦武王的左丞相甘茂。甘罗初为文信侯吕不韦的近侍之臣，因别出奇计蚕食燕、赵，年仅十二岁，便被秦王封为上卿，是历史上有名的神童政治家。此后行迹无考。

北宋文人徐积较早提及甘罗城，也是首位对其称谓提出不同意见的人。他在《登淮阴古城并序》（《节孝集》卷十三）中称："盖以传考之所谓甘罗城者，非也。谓之淮阴故城，可也。余登斯城，为之叹息久之，盖韩侯天下之奇丈夫也。"由此可知，在北宋时，人们认为淮水边的遗址为甘罗城，而徐积则推测此城并不是甘罗所筑，应是当年秦淮阴故城。徐积，楚州山阳人，治平二年（1065）进士，晚年自号"淮上老人"。但他并未拿出依据，可能的原因，他无法对东边的韩信城做出实质性的判断，对韩信城与甘罗城之间的关系也说不清楚。

2008年初，江苏公布的《淮安市淮阴区甘罗城遗址钻探报告》称："该城址早在春秋时期就属战略要地，根据东城墙以东的土岭高地属汉代堆积，以保甘罗城不被水患冲击而挖壕沟，使水患改道。相继又在宋时金人入侵，水患成灾，又顺着西城墙大量修建张福河河坝，修补甘罗城，为抗金第一线。并在城西北方向河坝上兴修河神庙、奶奶庙等建筑，以保甘罗城人民的兴旺与平安。明朝、清初，东北方向水患多次洪流成灾，使甘罗城陷入一片汪洋之中，该城由此而废。"

报告交代了甘罗城变迁的情况，甘罗城，春秋时期始筑城，以后当有不止一次的修筑，至清代中期，终因水患而最后废弃。报告强调，"在淮阴、清浦二区，与秦汉时期相关的古城，惟有甘罗城"。这从侧面印证了甘罗城就是淮阴故城。

其实，明清不少文献也指甘罗城为淮阴故城。比明正德府志晚成书四十多年的嘉靖《清河县志》："淮阴故城：今马头巡检司处是也。昔韩信钓城下，即镇北一里之土城，俗相传为甘罗城。"嘉靖《清河县志》与正德《淮安府志》的记载基本一致。

尽管如此，本谱认为，认识淮阴故城仍有几个问题需要存疑和说明。

一是"又东"之说令人费解。《水经注》是今天认识淮阴极为重要的依据，它在卷三十"淮水"条目中，直接用了不少于四十八个"又东"。单纯从字面上讲，"又东"就是淮水再向东，表示方向和距离。除淮阴这个"又东"之外，其余的"又东"多表示距离很远。而甘罗城与苟羡城近在咫尺，两遗址南北仅隔一里，几乎同为一城，唯独这里表示相近的意思，是不是郦道元用词不当？同时，两城址沿淮水并排大体呈南北方向，应该只有"又北"之说？距离、方向均有疑议，也难怪清光绪丙子《清河县志》的质疑，苟羡淮阴城应该是在秦淮阴故城基础上的复建，否则真不好解释。

秦汉时是大清口格局，泗水入淮口在今淮安袁集桂塘附近（一说泗水入淮口东汉前在睢陵故城，即《汉书·地理志》济阴郡乘氏县云："泗水东南至睢陵入淮"，约到三国初年"泗口"迁至淮阴对岸），距马头北十余里。现时是小清口格局，泗水入淮口在马头御坝一带。由于受黄淮运的冲击，马头地形地貌主要是南宋绍熙五年（1194）"黄河夺淮"以后逐步形成的，会与秦汉时有了很大变化吗？如按现今地理位置指认，会矛盾重重，恐怕要么苟羡城与秦故城为同一城，但无法对《水经注》新、故两城做出合理解释；要么如咸丰《清河县志》所言，在甘罗城南的苟羡淮阴城，"或漫灭于湖水，或铲削于开凿"；要么苟羡城在马头，秦故城在"又东"的城南、武墩沿淮向东一线。这一线淮水以南的区域，从元代至清代多为山阳县西乡。这也是引起淮阴故城争议的原因之一。不过，目前从传承和相关资料来看，秦故城从马头和清江浦城南附近来认识也是恰当的，但仍有一些问题需要解决。

二是为何秦故城称为甘罗城。和当年韩信城没有文献记载一样，这是一个难点。关于甘罗城的记载，全国有三处之多，其中最大的一座就是淮安运河边上的甘罗城。在马头传说中，古城堡常在雨后发掘到战国时期的多种形状钱币。明正德《淮安府志》有这样记载："雨后，常土中得小钱，篆文，不可识。"

这些古钱币是谁留下的，应该有一个合理说法。乡贤韩信与甘罗算是同时代人，估计年龄相差二三十岁，两人都是智慧的化身，在历史上有着重大影响。

淮阴是重要的经商码头，南来北往的人很多。唐宋时期，战争在江淮频仍，北方人口迁徙，流动性极大，社会生产力遭到破坏，而到了承平的北宋，对于秦故城的认知已经模糊。也如光绪丙子《清河县志》所云，荀羡城当是韩信时秦故城，当时人们极有可能就是这样认识的。近旁的古城址仅残存一些土岗，历史久远，已弄不清楚是怎么一回事。甘罗事迹在本地广为流传，马头附近有座甘韩祠，是纪念甘罗和韩信的，不远处宝应古运河边还有座甘罗墓，因此借名人之名，称秦故城为甘罗经商所筑也是可以理解的。

三是为何到了北宋民间始有"甘罗城"之说。与韩信城一样，甘罗城为黄淮运交汇地，为拱卫楚州山阳城，军事要冲地位被非常看重，并受到越来越多的关注。

早在东晋义熙年间，在末口附近设山阳郡，随着政治、军事重心的南移，"南北襟喉"的淮安山阳逐渐延续了"淮阴故城"政治命脉的正统。特别是到了南宋以后，泗口改道甘罗城东北，宋金对抗，甘罗城的位置无论是防守还是防洪，抑或是漕运和商贸，都显得尤为重要。

南宋嘉定年间，江苏常熟人赵伸夫知楚州时，曾献议于朝廷，"谓淮阴之门户，县北遗址俗呼为甘罗城，六朝驻兵之地，盍亟修之。有旨令公相视，诸故老皆曰：'金由青、徐而来，其冲要有二：大、小清河是也。相距十余里，小清河直县之西，冬有浅处，不可以舟。大清河直县之北，与八里庄对。绍兴间，金人至淮，重兵皆由此出。'公即条上，以为此地要害，若迁县治，板筑于此，形势增壮，过于淮阴故城，从之。今之新城，乃公所创也"。（袁燮《秘阁修撰赵君墓志铭》，《絜斋集》卷十七）

荀羡城与甘罗城近靠泗口，甘罗城作为荀羡淮阴城依托而存在。1324年、1628年清河县还曾两度短暂移治甘罗城。事实证明，将县治迁于甘罗城，大大增强了楚州山阳城的军事应变能力。

［3］漂母，淮阴人，姓氏不详，出生年月不详。漂母这个典故源于

《史记·淮阴侯列传》。即这位好心的大娘，只因她常在淮水边为人家漂洗衣物，史称"漂母"。"漂"，南朝人宋裴骃《史记集解》引三国人韦昭的注解说："以水击絮为漂。"《集韵·宵韵》："漂，击絮水中也。""絮"就是粗丝绵，不是指棉花。在西汉之前，棉花尚未传入中国。漂洗在当时是一个苦脏累的行当，挣不了几个钱。

清代文学家，淄川（今山东淄博市区）县人唐梦赉（1628—1698），康熙年间途经淮安，特意来到漂母祠祭拜，询问看守祠堂老妪后，写下一篇《淮阴漂母传》（收于《志壑堂文集》），讲述了漂母的姓氏和身份。引如下：

漂母，姬姓。楚尽，诸姬母侨寓淮上，因家焉。击漂为业，淮人初不知其姬姓，俱称为漂母云。母有大志，能识人，居淮上久之。秦灭六国，废韩为颖川郡，有韩母亦来居淮，与漂母同里闲居，常与韩言秦楚之事，未尝不泣数行下也。韩母有子曰信，身长大，好击刀剑，嗜读孙武、穰苴之书，淮阴人不甚悼礼之，又落落不治生产、商贾，常从人寄饮食，漂母独识之曰：此韩王孙也。

当是时，秦重刀笔吏，信以贫无行，不得推择为吏。漂母曰：公侯之世必复其始，王孙何患乎久之。韩母死，信行营高敞地以葬，尝周视慨然曰：信生不能奉母，死后当为母置守园寝万户矣。漂母益奇之。

会秦乱，诸侯兵起，信益落拓，寄食下乡南昌亭长数月。亭长妻晨炊蓐食，信去之。淮阴屠中少年侮信，令蒲伏出其袴下，信不较也。母漂絮淮上，与诸漂母会食，信往钓，母呼与其饭，如是者十余日以为常。

会项梁渡淮，信仗剑往从之。梁败又从羽，羽不用，复归淮。漂母曰：王孙何面目复见淮阴少年乎？吾闻下邳人张良求韩诸公子为韩王，良五世相韩，方从沛人刘季王汉中，王孙盍往焉。信曰：刘季，故泗上亭长，亭长妻最妬，吾生平最畏亭长妻，不愿往也。漂母曰：吾闻刘季常从王媪、武负赊酒，酒醉卧，武负、王媪见其上常有异。又送徒骊山，止饮丰西泽中亭，有老妪哭斩蛇事甚怪，王孙盍往焉。信乃之汉中，时楚已杀汉王，用信定三秦，击赵魏，下三齐，信乃自请为齐王。已而汉又改封为楚王，都下邳。漂母闻之曰：王孙素有大志，今果然矣。楚王至国，召下乡亭长，赐钱百。召漂母坐上座，具饮食，令诸漂母佐酒，慷慨起舞，饮极欢，道故旧，为笑乐十余日。奉千金为母寿，谓辱己少年曰：当其时，吾非不杀汝，杀汝无名，故忍而至此。诸漂母皆起为漂母贺，漂母曰：吾自哀韩王之孙而进食，岂图有今日之事。后漂母死，淮阴人谓韩母贵媪，漂母英雄，是其冢宜相近，葬之泗口，今淮上庙祀之不绝。

旧史氏曰：异哉！漂母之事，何其与伍胥漂女相类也。然千金同也，胥止报之于溧水，濑中漂女抑又奇矣。彼江上渔父告伍胥之言曰：楚法，得负者粟五万石，爵主珪，岂图百金耶？岂不烈烈丈夫哉！此则出于女子以为难耳！相传韩信死钟室，仰天大叹曰：吾生平最不利于亭长妻，少时即为此辈所苦。微漂母所迫，我不至于此。噫，亦过矣！或曰：越有浣纱女，沼吴浣纱者，亦泙潎之类欤。余曾同吴海木过淮，拜母祠，询奉祠一老姬，始知母为姬姓云。

[4]"王孙"的本义，就是王的子孙，用来尊称亡国贵族后裔，后泛指贵族子孙，古时候也用来对人的尊称。《史记索隐》引刘德之言注释漂母称韩信为公子说："秦末多失国，言王孙、公子，尊之也。"

[5]漂母与韩信在淮安的部分名胜古迹。

漂母墓，位于今淮安市淮阴区马头镇东约三里处太山村漂母祠内。因其地近东岳庙，俗称泰山墩。现墓直径50米，高20米。墓北有石碑两方，其左碑高1.25米，宽0.6米，立于民国十九年（1930），碑上刻"漂母墓"三字，并附文，记载漂母济食信于淮阴之事："韩信少时家贫，漂母饭之。数年后信受封楚王，不忘漂母之恩，赠千金以报。惜漂母已故，信哀之，传令部属取土圆坟，成土冢。"其右碑为护墓而立，上刻"遵奉县宪李批出示，'漂母古墓禁止取土'。批示严禁，并责成该处乡保实力保护，光绪叁拾贰年肆月拾叁日立"。

漂母墓对青少年进行中华民族传统美德教育具有重要意义。其于1987年被原淮阴市人民政府公布为市级文物保护单位，2002年被江苏省人民政府公布为省级文物保护单位。

说到漂母墓，自然会想到韩母墓。两墓联袂载入《史记》《水经注》

《天下郡国利病书》《淮安府志》等重要文献，为国内外专家、学者及普通民众所关注，两墓在地理位置上也有一定相互参照性。

漂母祠（淮阴区），位于马头镇秦山村，2007年由淮阴区人民政府重建。原祠历代文人墨客多有凭吊，祠中画母像，门额上横写道：千金一姬。有联云：姓名隐同黄石远，英雄识在郦侯先。

漂母祠（淮安区），位于淮安城西三里的古运河堤畔，萧家湖之侧。明初移建于山阳城东门外，后移今址。清代屡有修葺。现祠为1979年重建，占地800平方米，享殿为硬山造，抬梁式，面阔三间11.3米，进深7檩6米，檐高3.2米，殿中神台塑漂母及左右侍像三尊。祠中有对联多副，多歌颂漂母济食韩信、助人为乐、不图名利、拒收千金等高贵品质。有一联云："世间不少奇男子，千古无如此妇人。"现淮安市淮安区图书馆有光绪三年永康胡氏刻本《漂母祠志》七卷存世。漂母祠及韩侯钓台、千金亭、乾隆御碑，为一古建筑组群。

韩侯钓台（淮安区），位于里运河萧家湖段堤岸上，"韩侯钓台"牌坊下有一亭，亭左侧是漂母祠，下首就是韩侯钓台。钓台为明万历年间移建，清同治年间重修，1979年淮安县人民政府重建。钓台为砖砌亭，台内立有一碑，正面镌有"韩侯钓台"四个大字。

清刘培元撰有《韩侯钓台记》（《山阳艺文志》卷四）。刘培元，字万资，山阳（今淮安区）人，"曲江十子"之一，清雍正己酉（1729）拔贡，官虞乡县令，清代文学家。

《韩侯钓台记》原文如下：

淮郡城西北隅有韩侯钓台，俯临运河，望之巍然。凡雄杰卓荦之士，以及道释骚人、渔父贾客过此者，无不婆娑其下，徘徊护顾，想见侯之遗烈。或曰：此特淮人追建以志不忘耳！淮之城建于晋，重筑于赵宋。运河通漕自明永乐始，汉时未有也。由此城而西北数十里，旧有韩信城，与信母墓相近。太史传云："侯葬其母，行营高敞地，令其旁可置万家。"苏东坡过诗云："朝离新息县，初乱一水碧。暮宿淮南村，已渡千山赤。"意侯钓处必在故城，与清淮接近，何可误指此为真迹邪？余应之曰：柳州不云乎？"兰亭不遭右军，则清湍修竹，芜没空山矣。"此地如无此台，安知不为荒榛蔓草所蒙灭，樵夫牧竖所践蹦，所谓地以人重，非欤？淮阴故城僻在一隅，游迹罕到，而此台孤悬，往来凭吊无虚日，岂地之显晦，亦有数存其间邪！尝读潮州庙碑云："公之神在天下如水在地中，无往而不在也。"譬之凿井得泉，岂曰水专在是哉？侯为淮地钟奇出拔之士，英风雄气，掩盖千古，凡兹淮土，皆侯精神所聚，即谓斯台之等于真迹，亦可。

始皇三十七年（辛卯，前210）二十一岁

时 事

秦始皇出巡，渡浙江，项羽观其仪仗："彼可取而代也！"

秋十月，始皇还归，至平原津（今山东平原县西南）病逝，宦官赵高[1]、丞相李斯[2]合谋，篡改秦始皇遗诏，赐太子扶苏死，立少子胡亥[3]即位，为秦二世皇帝。

二世诛杀将军蒙毅、蒙恬兄弟二人。

始皇帝死，时局不稳，张良、萧何、韩信及天下智士观之以待其变。

行 状

约于本年，韩信遭胁迫，受胯下之辱。[4]忍，励志也。不硬拼，合于兵法之道。淮安现存有胯下桥[5]、淮阴市碑[6]等古迹遗址。

《史记·淮阴侯列传》载：

淮阴屠中少年有侮信者，曰："若虽长大，好带刀剑，中情怯耳。"众辱之曰："信能死，刺我；不能死，出我袴下。"于是信孰视之，俯出袴下，蒲伏。一市人皆笑信，以为怯。

案：淮阴城是沿淮城市，也是最早意义上的运河城市之一。淮阴末口的开凿，是水利史上一次革命，从那时起，东西走向的长江与同样东西走

向的淮水，在这古老的原野上挽起手臂，襟吴楚，带淮泗，成为沟通南北方的重要通道。

秦并六国后，苦于秦法严苛，北方韩、赵、魏、燕、齐等地的亡国之民，不断跨过这道门槛，逃难到秦统治力相对薄弱的江淮腹地。秦帝国为了便于南北运兵输粮，集散管制，于秦王政二十四年始设淮阴县。到二世初年，十多年时间，新建的淮阴城（一说在原"甘罗城"基础上）已具规模。

韩信在淮阴的日子并不好过，他不安于现状，不知道怎么办，孤独、贫困、屈辱的日子哪一天才是尽头？为了生活，他常常踯躅于淮阴街头，具有了流浪人的一些特征。此时，他不仅忍受着生活上的巨大压力，还时常忍受着淮阴恶少年（青年）们的欺凌。好事不出门，坏事传千里，一次胯下受辱的风波，使他在淮阴城成了家喻户晓的笑料，从此"胯夫"之名，竟在历史上广为流传。

这里，我们不妨还原一下当时的情景。

那一天，这帮纨绔子弟在城里碰到了彷徨中的韩信。他们都认识韩信，也都瞧不起韩信。一个吃不上饭的穷小子，混得形如乞丐，偏偏装成一副斯文的样子，拖着长剑招摇过市，今日非要教训这个不知好歹的家伙！他们便来到桥头，拦住韩信的去路。其中屠夫少年，径直走到韩信面前："就你也敢佩剑，老子早就看你不顺眼，有本事就拔出剑来比试一番！"

韩信脸上并没有什么表情。见围观的人渐多，屠夫少年越发骄横："你不是男人？不怕死，就举剑刺我，我不动手，你敢不敢？来吧！"韩信仍一动不动。刺死一个屠夫，易如反掌，举手之劳，可杀了一个屠夫算得上什么英雄？

见韩信隐忍地低下了头，屠夫少年又是一阵狂笑，此人不过是一个没有用的破落王孙："人说你是淮阴大英雄，闹了半天，也不过是鼠胆鸡肠的懦夫！"又见韩信欲走开，他变本加厉，跨开双腿，站在桥头，指着韩信说："别走！要走也行，那就从我胯下钻过去，我就饶了你！"

韩信心如刀割，满头冒火。从小到大遭受不少人世间的嘲弄和蔑视，但在大庭广众之下受到这般侮辱，还是头一回。他的右手向左移去，紧紧握住了剑柄。见状，屠夫少年喊道："韩信！有本事就把剑拔出来，拔吧！"

这是一个艰难的选择，要不要杀死屠夫少年，韩信思想斗争非常激烈。他的手渐渐地沁出了汗，眼光中透出一丝杀机射向屠夫少年，屠夫少年为之一懔。

这时，满街的人都在喊："杀了屠夫！韩信！要有本领的话，就杀了屠夫！"这一喊，反而使韩信冷静下来。屠夫少年并非真心打架，只是有意侮辱自己。如果比武，我是饿汉，未必能赢，即使赢了，也将伏法偿命，难免一死。不知今日情况的人，还以为我智虑穷尽，怒杀屠夫，只图一时痛快。其实，死还不是一件容易的事，活着去达成心中使命才是光荣的，绝不能为眼前的这一点耻辱，断送自己满怀抱负的一生，将来总有一天一定会让屠夫知道自己的错，要让屠夫看到我的成功，要让淮阴人知道到底谁是懦夫！想着想着，韩信的目光渐渐平和下来，理智战胜了冲动，右手也离开了剑柄。

"哈哈！害怕了吗？"屠夫少年见韩信不吭声的样子，轻蔑地说："韩信，你害怕就从老子裤裆下钻过去吧！哪容你小子装腔作势？快钻吧！""屠夫！你会后悔的。"韩信说。"老子整日杀猪宰狗，从不知道什么叫后悔！老子腿都叉酸了！你到底钻不钻？"屠夫少年哈哈大笑。

"忍了吧！"于是面对屠夫少年的羞辱，韩信拽起长襦，俯下高大的身子，四肢并用，慢慢地从那个屠夫少年的裤裆下钻过，起身后悻悻离去。

"孬种！孬种！怎能像狗一样爬过去，丢人现眼，淮阴还从来没有见过这样不要脸的人。""奇耻大辱！胯夫！胯夫！"街市上围观的人群，原以为韩信会拼命的，却看他钻屠夫的裤裆，那些同情他的，耍弄他的，看热闹的，有人摇头，有人哄然大笑，有人喝着倒彩。

淮水之滨，寒风吹动着韩信的面颊，胯下之辱虽然忍了，但他从心底感到羞愧，但一报还一报，又有什么意思？不能再这样下去，该是离开淮阴的时候了。

考 释

[1] 赵高（？—前207），嬴姓，赵氏。秦朝二世皇帝时丞相，中车府令，兼行符玺令事，"管事二十余年"。

司马迁著《史记》时没有为赵高单独立传，赵高的事迹主要记载于《史记》的《秦始皇本纪》《李斯列传》和《蒙恬列传》中。

秦始皇死后，赵高发动沙丘政变，他与丞相李斯合谋伪造诏书，逼秦始皇长子扶苏自杀，另立始皇幼子胡亥为帝，是为秦二世，并自任郎中令。他在任职期间独揽大权，结党营私，征役更加繁重，行政更加苛暴。秦二世二年（前208）又设计害死李斯，继之为秦朝丞相。第三年他迫秦二世自杀，另立子婴为秦王。不久被子婴设计杀掉，诛夷三族。

赵高依仗着秦二世胡亥对他的宠信，把秦朝的暴虐推向了顶峰，从而加速了它的灭亡。故陆贾叹曰："秦任刑法不变，卒灭赵氏"（指秦朝灭亡）。

[2] 李斯（？—前208），战国末楚国上蔡（今河南驻马店）人。

据《史记·李斯列传》载，战国末年入秦国，初为秦相吕不韦舍人，旋任长史，拜客卿。秦始皇十年（前237）下逐客令时，上书力谏客不可逐，为秦王采纳。又为秦并六国谋划，建议先攻取韩国，再逐一消灭各诸侯国，完成统一大业。秦始皇二十六年（前221）统一全国后，作为廷尉奉命与丞相王绾、御史大夫冯劫等议定"皇帝"之号。后任丞相，多次随始皇帝巡行。反对淳于越分封子弟之议，主张禁私学，废《诗》、《书》、六国史记及"百家语"。始皇帝死后，与赵高矫诏迫扶苏自杀，立胡亥为帝。后被赵高诬为谋反，具五刑，腰斩于咸阳市，夷三族。

[3] 胡亥（前230—前207），男，嬴姓，赵氏（一说嬴姓秦氏或赵姓秦氏），秦始皇第十八子，公子扶苏之弟，秦朝第二位皇帝，即秦二世，亦称二世皇帝，公元前210年至公元前207年在位。

胡亥少从中车府令赵高学习狱法，秦始皇出游南方病死沙丘，秘不发丧，在赵高与李斯的帮助下，杀死兄弟姐妹二十余人，并逼死扶苏，从而当上秦朝的二世皇帝。秦二世即位后，赵高掌实权，实行残暴的统治，终于激起了陈胜、吴广起义以及六国旧贵族的复国运动。公元前207年，胡亥被赵高的心腹阎乐逼迫自杀于望夷宫，时年二十四岁。

事见《史记》卷六《秦始皇本纪》、卷八十七《李斯列传》。

[4]"受辱胯下"是怯是勇？千百年来人们争论不止。但有一点可以确认，韩信一定是个读书人，是个老实人，做人做事都是有原则的。只是韩信太过卑微，当时几乎没有人能够体会到这一点。他虽然贫困到四处乞食的地步，但依然非常有骨气。南昌亭长欣赏他，供他饭吃，但一旦发觉亭长妻子对他心生厌恶，就怒而绝去。漂母对他有一饭之恩，他要富贵后千金相报。被司马迁称为"屠中少年"者当众凌辱他，他宁可忍受胯下之辱，也不做无谓的牺牲。

平心而论，能忍受胯下之辱的有两种情况。一种是苟且胆怯，为了逃命，好汉不吃眼前亏，自知形只影单，硬拼肯定吃亏。一种是冷静面对，不逞匹夫之勇，以屈求伸，把愤怒藏在心底，忍一时之忍。这也是司马迁想告诉人们的意思：成就大业者，自古多磨难。对韩信来说，估计当时两种情况都有，主要是第二种，在众人威逼之下，经过思考，不得不做出的选择。

宋代著名文学家苏东坡在《留侯论》中的这段话，或许可以为韩信做个很好的注解。东坡居士写道："古之所谓豪杰之士，必有过人之节，人情有所不能忍者，匹夫见辱，拔剑而起，挺身而斗，此不足为勇也。天下有大勇者，卒然临之而不惊，无故加之而不怒，此其所挟持者甚大，而其志甚远也。"匹夫见辱拔剑而起，这就是普通人，受到一点侮辱后，第一反应就是拔刀子动拳头。真正大智大勇的人，突然遇有一事，神色不变，即使别人无缘无故把一个罪名加在你身上也不动怒，忍才是强者具有的品质！东坡先生还在《淮阴侯庙记》中称赞道："抱王霸之大略，蓄英雄之壮图"，故能"受馈于漂母""忍耻于跨下"。并说他"辱身污节，避世用晦，志在鹊起豹变"。

然而，苦难是对一个人最大的磨炼，但过早地经历苦难，也会给人带来一些不良影响。由于韩信不是跟泥土打成一片的人，在淮阴瞧不上几个人，现在受到市井无赖欺负时，也没有朋友站出来相助。这样的成长环境，生活上极贫乏，精神上极高贵，容易形成特殊志向，让他比常人更加坚强，更加追求个人功利思想和朴素的报恩情感，也更加希望出人头地。

苏轼（1037—1101），字子瞻，号东坡居士，眉州眉山（今四川眉山市）人。唐许浑诗云："刘伶台下稻花晚，韩信庙前枫叶秋。"到北宋年间，苏轼写淮阴侯庙记碑记时，庙内已是"枯松折柏，废井荒台"。苏轼在宦海中沉浮奔波，至少有十余次经过淮上，其诗中有"默数淮上十往来"句。其间，他与楚州的文人建立了深厚的友谊。这篇碑记就是他在淮逗留期间，应官绅之请而写的。

历史上，在众多"淮阴侯庙记"中，苏轼的非常有名。明天启年间《淮安府志》（卷二十一）有记载如下：

应龙之所以为神者，以其善变化而能屈伸也。夏则天飞，效其灵也；冬则泥蟠，避其害也。当嬴氏刑惨网密，毒流海内，销锋镝，诛豪俊，将军乃辱身污节，避世用晦，志在鹊起豹变，食全楚之租，故受馈于漂母。抱王霸之略，蓄英雄之壮图，志轻六合，气盖万夫，故忍耻跨下。洎乎山鬼反璧，天亡秦族。遇知己之英主，陈不世之奇策。崛起蜀汉，席卷关辅。战必胜，攻必克，扫强楚，灭暴秦。平齐七十城，破赵二十万。乞食受辱，恶足累大丈夫之功名哉！然使水行未殒，火流犹潜，将军则与草木同朽、麋鹿俱死，安能持太阿之柄，云飞龙骧，起徒步而取侯王？噫，自古英伟之士，不遇机会，委身草泽，名泯灭而无称者，可胜道哉！乃碑而铭之，曰：

书轨新邦，英雄旧里。

海雾朝翻，山烟暮起。

宅临旧楚，庙枕清淮。

枯松折柏，废井荒台。

我停单车，思人望古。

淮阴少年，有目共睹。

不知将军，用之如虎。

［5］胯下桥，位于淮安市淮安区兴文街与胯下街交叉处，是以韩信的故事为背景的一处纪念景观。小桥原不在此地。明代在此立有牌坊。清同

治年间重修，"文革"中遭损坏，1978年再度重修。2017年秋被狂风吹倒，现已在原址修复。

[6]淮阴市碑，不知何时所立，后原碑年久失修蚀损，到明代宣德年间由镇守淮安的王廷器重修，后至万历年间又由淮安知府刘大文重修并题。后因"文革"损毁，现碑系1987年复建（离府市口原碑址30米处）。残碑高137厘米，宽90厘米，厚17厘米，现留存在淮安市淮安区勺湖碑园内。

其碑正面刻有"淮阴市"三个大字，两边有碑联，上联书"王孙遗址"，下联为"国士流芳"，其碑背面刻有"汉淮阴侯韩信故里"，两侧有警示联一副，上为"文官下轿"，下为"武官下马"。据天启《淮安府志》记载："今淮郡则古之淮阴，以其在山阳之境，淮水之南也。""淮阴"即淮安古称，也是明清时期老淮安的别称。"市"即市口。

卷二　仗剑投军

二世皇帝元年（壬辰，前209）　二十二岁

时　事

七月，阳城人陈胜[1]、阳夏人吴广[2]在蕲县大泽乡起义，为坛而盟，揭竿而起，迅速攻陈县，天下闻风而动。

八月，陈胜称王于陈，号张楚，遣将四出攻秦。六国贵族与天下豪杰蜂拥而起，各拥兵据地，赵、燕、齐、魏自立，六国复国。

九月，项梁[3]、项羽叔侄杀会稽郡守殷通，起兵于吴。[4]萧何、曹参等人迎刘邦，杀沛县令，拥立刘邦为沛公，得众二千余众。[5]萧何为沛丞，督理庶务。

义军将领周文率军数十万突入关中，进至戏下。

秦国名将章邯[6]率兵围剿义军。

行　状

秦末农民起义爆发，旧六国的人们忍无可忍，反秦抗暴，天下大乱。此年，韩信仍留在淮阴以观天下之变。

案：秦二世元年（前209）秋七月，[7]风云骤变，九百名到渔阳守边的戍卒，不堪忍受秦王朝的暴虐，在陈胜、吴广两位豪杰的带领下，在蕲

县大泽乡揭竿举义，起兵抗秦，占陈县。

四海纵横，天下大乱。陈胜他们的这一把火，如同投在干柴堆里，大火从四面八方熊熊燃烧起来。两三个月内，许多被秦灭掉的六国旧贵族趁机而起，先后建立了齐国、赵国、燕国和魏国。还有一些久蓄大志的豪杰也纷纷起来，拥兵自立。武臣起兵于赵，彭越起兵于昌邑（今山东金乡西北），黥布和吴芮起兵于番阳（今江西鄱阳东北），朱鸡石等人起兵于淮上，刘邦率沛中子弟攻下了沛县城（今江苏徐州沛县）。在江东，逃亡于会稽（今江苏苏州市）郡的项梁、他的侄子项羽也已起兵，声势浩大，成为东南方反秦义军中一支重要的力量。

项梁，战国末期名将项燕的儿子，项燕曾担任楚国灭亡前的楚军统帅，为人忠直，热爱士卒，善于用兵，多次挫败秦军，最后被秦将王翦杀死，楚国也随之而亡，楚国民众十分怀念他。项梁、项羽杀得会稽郡守殷通，竖起了起义大旗，复楚反秦，训练吴中子弟，积极寻找战机投身反秦战场。

韩信的家乡附近，作为楚民聚居地，反秦声势也是一浪高过一浪。《淮安简史》称，南部大泽边徐县（县治没入洪泽湖中）人丁疾聚众举义，率领义军渡过淮水围攻东海；泗水南凌县（今江苏泗阳县城北）人秦嘉，率义军围攻东海郡守于郯，逼迫郡守投降，并进军占领了彭城；西边东阳县官吏陈婴也聚众两万人起兵。

考 释

[1] 陈胜（？—前208），字涉，阳城（今河南登封东南）人，年青时即怀壮志。秦末赋役繁重，刑政暴苛。秦二世元年（前209）七月，以屯长与九百农民往戍渔阳（今北京密云西南），遇雨失期，按律当斩，乃与吴广率领戍卒发动大泽乡起义，成为反抗暴秦起义的先驱。连克大泽乡及邻近五县。至陈称王，国号张楚。遣吴广及武臣、邓宗取故赵、魏地，周文率主力攻咸阳。次年，周文三败自刭，陈胜被秦将章邯所败，为车夫庄贾所害，葬于芒砀山。从起兵到兵败身亡历时六个月。刘邦称帝后，陈胜

被追封为"隐王"，史称"楚隐王"。

事见《史记》卷十六《秦楚之际月表》、卷四十八《陈涉世家》。

[2] 吴广（？—前208），字叔，阳夏（今河南太康）人。秦二世元年（前209），作为屯长押解农民戍守渔阳郡。行至大泽乡，为大雨所阻，不能按期到达，坐罪当死。遂与陈胜密谋起义，提出"伐无道，诛暴秦"的口号，拥立陈胜为将军，自领都尉，借用秦始皇长子扶苏和楚将项燕的名义，号召民众反抗秦朝。秦二世二年（前208），带兵围攻荥阳城，久攻不下。章邯率秦军主力迫近时，为部将田臧假借陈胜之命杀害。

事见《史记》卷四十《陈涉世家》、《汉书》卷三十一《陈胜项籍传》。

[3] 项梁（？—前208），姬姓，项氏，名梁，泗水郡下相（今江苏宿迁市区）人。在反秦起义的战争中，颇有功劳。唐宋典籍《元和姓纂》等记载项梁为周王族诸侯项国后代，楚国贵族阶层，楚国名将项燕之子，西楚霸王项羽叔父。其事迹主要见于《史记》卷七《项羽本纪》、《汉书》卷三十一《陈胜项籍传》。

早期项梁因杀人，与侄子项羽到吴中躲避仇敌。项梁在吴中威信颇高，贤士大夫皆出自他手下，当地的大事全由他出面主办。项梁利用这种条件暗中招兵买马，训练子弟。

秦二世元年（前209）九月，陈胜、吴广在大泽乡起义，项梁命项羽杀会稽郡守殷通，率众起兵。项梁做郡守，项羽为裨将。陈胜部将召平攻广陵不下，乃假传陈王之命，封其为上国柱，命引兵攻秦，遂渡江而西。陈婴、黥布、蒲将军各以兵相属，得众六七万，吕臣、刘邦旋亦率兵来会。不久，项梁闻陈胜已死，便将各部将领召集到薛县议事。秦二世二年（前208）六月，依范增计，立孙熊心为王，仍称楚怀王，都盱眙，自号武信君。七月，大破秦军于东阿（今山东阳谷东北），刘邦与项羽亦拔城阳，连败章邯于濮城东、定陶，再袭雍丘，杀三川守李由。九月，轻敌麻痹，项梁被章邯袭杀于定陶。

[4] 项梁、项羽叔侄起兵。会稽是秦朝的一个郡（辖今浙江东部及江苏西部一带），会稽郡的最高行政长官是殷通。他已经看出来，秦朝的气

数已尽。如果现在不带头造反，一旦会稽郡所辖之地有人举兵，他将会成为第一个被杀之人。而项梁在整个会稽郡名气很大，又是世代楚将的项氏后人，殷通是一位文官，并不懂军事。

《史记·项羽本纪》卷七，会稽守通谓梁曰："江西皆反，此亦天亡秦之时也。吾闻先即制人，后则为人所制。吾欲发兵，使公及桓楚将。"

项梁立即明白，他等待多年的机会来临了。他借机对殷通说，桓楚亡命江湖，没人知道他在哪儿，只有项羽知道。于是，项梁利用太守殷通让他召见项羽的机会，把自己杀殷通、夺取会稽郡的计划告诉了项羽，要他拿剑在外等候。重新入座后，项梁告诉殷通，把项羽叫进来，让他去找桓楚。殷通召项羽进入郡守府议事，项梁使了个眼色给项羽，项羽突然拔剑，杀死了殷通。整个郡守府都被突然发生的这一幕震惊了，一场混战立即在郡守府中展开。在混战中，项羽一个人杀了上百人，使整个府中的人都吓得趴在地下，无人再敢轻举妄动。这是项羽一生中第一次实施"斩首行动"。项梁手里提着郡守的人头，佩戴着郡守的绶带，还挂上郡守的官印，立即召集豪强官吏，向他们说明起兵反秦的道理，派人收服会稽郡下属各县城。

［5］刘邦起兵于沛。秦二世元年（前209）七月，陈胜起义于蕲县大泽乡，沛县（今属江苏徐州）县令欲以沛响应，采纳县吏萧何、曹参的建议，令樊哙召回刘邦。

刘邦出生时间有两种说法，一说公元前256年，一说前247年。刘邦，字季，泗水郡丰邑中阳里（今江苏丰县）人。时任泗水亭长的刘邦，为县里送刑徒去骊山，刑徒多逃亡，畏秦刑律，遂释放所有刑徒，自率十余壮士藏匿于芒、砀（二山名，皆在今河南永城东北）山中，不久即聚众数百人。沛令后又悔召刘邦，乃关闭城门，欲诛杀萧何、曹参。沛县父老乃率子弟共杀沛令，开门迎接刘邦，立为沛公。于是刘邦收沛子弟三千人，反秦起兵。

事见《史记》卷八《高祖本纪》。

［6］章邯（？—前205），秦著名将领，初任二世少府，周文义军进

逼咸阳时，被二世任命为上将军，为秦朝的军事支柱，也是秦朝最后一员大将。

秦二世元年（前209）九月，受命率骊山刑徒及奴产子迎击陈胜起义军周文部，屡战屡胜。又陆续攻灭义军田臧等部于荥阳直逼陈，迫陈胜遁走。后攻杀反秦武装首领魏咎、田儋、项梁，移师渡河攻赵。钜鹿之战中被项羽击败，污水之战中再次被项羽击败而投降，从项羽入关。项羽分关中之地给秦人章邯、司马欣、董翳，分别立为雍王、塞王、翟王，号称"三秦王"。楚汉战争中，章邯在汉高帝元年（前206）八月，与刘邦、韩信军屡战不利，退保废丘。汉高帝二年（前205）六月，城破自杀。

事见《史记》卷六《秦始皇本纪》、卷七《项羽本纪》。

[7] 秦汉时期历法，每年以冬十月为岁首。下同。

二世皇帝二年（癸巳，前208） 二十三岁

时 事

十一月，周文兵败退出关外，自杀（此据《史记·陈涉世家》）。吴广被部将田臧杀害。章邯大破义军于荥阳。

十二月，秦将章邯击败陈胜，陈胜被叛徒庄贾杀害。

二月，项梁、项羽率江东八千子弟兵渡江北上，陈婴、黥布等皆归属。

四月，项梁杀楚王景驹[1]，引兵入薛[2]。

六月，项梁接受范增[3]建议，恢复故楚国，拥立楚怀王孙熊心[4]为王。陈婴[5]为上柱国，与怀王都盱台（秦县名，在今江苏盱眙东北）。项梁自号武信君，以范增为军师，与秦军展开决战。沛公刘邦与项羽约为兄弟，并肩抗秦。

九月，章邯趁项梁骄傲轻敌，大败楚军，杀项梁。[6]刘邦闻梁死，与项羽还军怀王。刘邦军于砀，项羽军于彭城，怀王并其军而自将。秦二

世杀丞相李斯，赵高任丞相。

后九月，章邯围赵，诸侯救赵。怀王令分兵两路击秦。一路北上救赵，为楚军主力，宋义为上将军，项羽为次将[7]，范增为末将。另一路西征，以刘邦为将，由河南经函谷关入秦。并与诸将约定"先破秦入咸阳者王之"[8]。

行 状

三月，项梁渡江来淮，渡淮北上时，韩信仗剑投项梁军，居麾下，未得知名。

案： 淮水是中国南北地理分界河流。秦国都城在西部咸阳，从淮泗口北上，将进入淮北的泗水、沂水和濉水地区，秦楚战争的初期主要在这个地区的泗水郡和东海郡展开。

是时，陈胜的部将召平来到会稽，假传陈王将令，封项梁为楚国上柱国（战国时楚国职官，位极尊宠），要项梁赶快率兵渡江北上同秦军展开决战。项梁、项羽的家乡下相就在淮水北岸，于是项梁答应召平请求，带领八千吴中子弟，北渡长江，开始了打天下的日子。项梁义军从江苏镇江过长江，北行大泽，西进淮阴县来了。有格局的项梁并没有急于渡过淮水，而是在淮阴停驻一个月，收编了陈婴两万多东阳军。他的想法是，会集淮泗和山东地区的反秦力量，联合西进灭秦。

令人费解的是，外面的战争如火如荼，淮阴为何一点风声都未有所闻？淮阴是北上南下的咽喉通道，过淮阴的人和队伍一定很多。只有二年零五个月的秦楚战争，韩信却有近八个月时间在淮阴一动不动。平日挂着一柄宝剑，做将帅情结特别重的一个人，如今风云际会，豪杰竞逐，怎么会无动于衷？原因只有一个，他在等待机会。现在这个闯荡天下的机会终于来了，项梁将军正是自己属意的人物。韩信带上那柄时刻不离身的长剑，跟随着项梁的队伍，离开淮阴，北渡淮水，投身到推翻暴秦的洪流中去了。

此时义军正需要人，韩信没有能力拉上一支队伍，只是一人一剑投奔项梁军中，但项梁对这位人高马大的淮地同乡，颇有好感，虽非作为特殊人才对待，但也算恩遇，将韩信直接留在自己的警卫军中，为幕僚。

九月，秦将章邯大破楚军于定陶（今属山东菏泽市区），项梁败，韩信转属项羽。

案：项梁、项羽渡过淮水，迎来了四方响应。黥布、蒲将军柴武以兵归属。居鄛人范增、伊芦人钟离眜、沛公刘邦等人，也纷纷前来投奔。在击杀了自立为楚王的景驹和秦嘉、攻取了襄城后，这支以江东八千子弟为根本，合并整编后的项梁大军已达六七万人。

历史是多么巧合，在项梁的旗帜下，秦汉之际最为关键的三个苏北人——项羽、刘邦和韩信，就以这样的方式不约而同地登场了。不过，秦灭六国之后，楚贵族后裔和大批精英人士也大多聚集在本地区。

这时候项梁得到正式消息，陈胜、吴广等几位大泽乡起义领袖已相继死亡。他审时度势，接受范增的建议，恢复了故楚国，为迎合百姓，仍立楚王的后人熊心为"楚怀王"，陈婴为上柱国，与怀王都盱眙。项梁自号为武信君，范增为军师，与秦军展开决战。作为亲近侍卫的韩信，从此紧紧跟随着项氏叔侄，经历了楚军每一个重大事件，参加了每一次重大战斗。

项梁首先带兵冒雨攻克了戚县，进攻亢父，和齐国田荣、龙且二人合兵救东阿，大破秦将章邯，迫使章邯收拾败兵，退守濮阳。

在项梁麾下，最充满活力、最受拥护的就数项羽、刘邦两支队伍。按照项梁的要求，他们放弃了濮阳，转而率军攻定陶，急行军二百多里，突然袭击雍丘，大破秦军。项梁则引兵自东阿向西进攻，又在定陶把秦军打得大败。然而，一连串的胜利，众将士对项梁崇敬万分，使得一向谨慎的项梁滋生了骄傲情绪，自以为章邯秦军没有多大的战斗力，踏破秦关已为时不远。于十月底，在一个"天大雨，三月不见星"（《史记·秦楚之际月表》）的暴雨夜，伺机报复的章邯，趁项梁麻痹，大破楚军于定陶，项梁不幸被斩杀！主帅一死，楚军大乱，大多数士卒在混乱中被杀，幸存者仓皇逃去！

项梁虽死，侄子项羽犹能担当重任。

此时，楚怀王把楚军的指挥权交给了有名无实的宋义，使韩信在投靠主人的问题上面临着新的选择。他虽侥幸逃过一死，但目睹了将亡兵溃的惨状，他和他的许多战友还是坚定地归于项羽，没有选择宋义，发誓要同秦军战斗到底。

考 释

[1] 楚王景驹。《史记·秦楚之际月表》卷十六：秦二世二年端月（即正月），"楚王景驹始，秦嘉立之"；四月，"（项）梁击杀景驹、秦嘉"。

景驹，秦末楚国贵族，陈胜被车夫庄贾所杀，他的部下秦嘉在彭城自立为大司马，拥立楚国王室后裔景驹为楚王。四月，项梁借口景驹、秦嘉背叛陈王，大逆无道，派黥布打败秦嘉，并将秦嘉杀死，景驹则在出逃到梁地后死亡。景驹为楚王共四个月。

参见《史记》卷四十八《陈涉世家》、卷七《项羽本纪》。

[2] 今山东省滕州东南五十里有薛城，即其故地。

[3] 范增（前277—前204），楚国居鄛（今安徽桐城南）人，秦朝末年著名谋士、政治家，西楚霸王项羽的主要谋士，被尊为"亚父"。

据《史记·项羽本纪》载，范增乡居而知天下事，又足智多谋。陈胜大泽乡起义时，他年届七十。不久，楚国贵族项梁率会稽子弟兵渡江而西，成为反秦斗争的主力，范增前往投奔，希望在有生之年把自己的智慧贡献给反秦事业。

当时陈胜已经被杀害，张楚大旗已经倒下，反秦斗争陷于低潮，项梁、刘邦等义军首领正相会于薛地，商议挽救时局的方针和策略。范增首先分析了陈胜所以失败的原因。他认为，秦灭六国，楚人的仇恨最深，人们至今还怀念被秦人冤死的楚怀王，因而"楚虽三户，亡秦必楚"的预言是有道理的。而陈胜失败的原因就是不立楚王之后而自立，不能充分利用楚国反秦的力量，导致其势不长。接着范增论证和提出了反秦的策略，他认为项梁渡江以来，楚地将领纷纷前来依附，就是因为项氏世代为楚将，人们以为他能复立楚国社稷，建议应该顺从民众愿望，扶立楚王的后裔。于是项梁从其言，在民间找到已沦为牧羊人的楚怀王孙熊心，从民所望，仍立为楚怀王。陈婴任楚国的上柱国，赐封五县，跟随怀王建都盱眙。宋代苏轼著有《范增论》。

[4] 熊心，芈姓，熊氏，名心。楚怀王熊槐之后（一说为其孙）。楚亡，为人牧羊，秦末诸侯王之一。《史记·秦楚之际月表》卷十六：秦二世二年（前208）六月，"楚怀王始，都盱台"，"故怀王孙，梁立之"；汉高帝二年（前205）十月"项羽灭义帝"。

秦二世二年，项梁起兵反秦到薛县时，范增等人劝其利用楚人怀念楚怀王的心理，立原楚王室后人熊心为王，建都盱眙，后迁都彭城。汉高帝元年（前206）正月项羽分封时，怀王被尊为义帝。后义帝被迁往彬县（今湖南彬州）。高帝二年十月，项羽派人将其杀死。

事见《史记》卷七《项羽本纪》、《汉书》卷三十一《陈胜项籍传》。

[5] 陈婴（？—前183），秦末东阳县人。东阳同淮阴毗邻，其与韩信是当时本区域内最有故事的人。主要事迹在《史记》卷七《项羽本纪》。

初任县令史，为人诚实而谨慎。秦末，天下大乱，东阳县的年轻人杀死县令，聚集数千人，想推选一位首领，但没有合适的人选，于是就请陈婴出山。陈婴借口没有能力而辞谢，大家强行推立陈婴为首领，县里跟从陈婴的有二万人。年轻人想拥立陈婴马上称王，用青巾裹头，命名为苍头军，以区别于其他军队。

陈婴的母亲是一位很有见识的人，她对陈婴说："自从我嫁给你们陈家当媳妇，就从未听说过你家祖先有过贵人。现在你突然得到这么大声望，不是吉祥事。不如找一个领头的，你做他的属下，事情成功还能封侯，事情失败容易逃亡，因为你不是被世人注意的头面人物。"于是陈婴不敢称王。秦二世二年（前208），陈婴对他的下属说："项氏世代为将，在楚国有名望。现在要举大事，将帅非这等人不可。我们依靠有大名的世族，就一定可以灭亡秦国。"于是大家都听从他的话，率兵归顺项梁。这是项梁起兵后，收留的第一支大队伍，陈婴算得上楚军集团的元老功臣。

项梁死后，陈婴随项羽征战，项羽死后陈婴降汉。高帝六年（前201）十二月，封堂邑侯，封地仅六百户，因为陈婴后来做楚元王丞相的关系，增加到一千八百户，侯第排八十六位。

事见《史记》卷七《项羽本纪》、《汉书》卷十六《高惠高后文功臣表》。

［6］项梁战死。《史记·项羽本纪》载：六月，项梁连破章邯军于东阿、濮阳东、定陶；八月，项羽、刘邦又大破李由军于雍丘。项梁因此有骄色，益轻视秦军。其部下宋义谏曰："战胜而将骄卒惰者，败，今卒少惰矣，秦兵日益，臣为君畏之。"项梁在连连获胜的形势下，没有听从宋义的意见，并且没有对秦军的反扑做出必要防备。九月，秦二世增援在定陶的章邯军，章邯在得到援军后突袭项梁，项梁兵败被杀。

［7］项羽横空出世。项羽出生于公元前232年，唐宋典籍记载为周王族诸侯国项国后代，姬姓，项氏，名籍，字羽，泗水郡下相（今江苏宿迁市区）人。秦朝末年著名的政治家、军事家，楚国名将项燕之孙。

《大宋重修广韵》：项燕为楚将，生梁。梁兄子籍，号"霸王"。《史记·项羽本纪》卷七载，项籍少时，学书不成，去学剑，又不成。项梁怒之。籍曰："书足以记名姓而已。剑一人敌，不足学，学万人敌。"于是项梁乃教籍兵法，籍大喜，略知其意，又不肯竟学。

项羽自幼跟随叔父项梁长大成人，胆识过人。项梁因杀人罪案受牵连，为了躲避仇人，逃亡到江东会稽避祸。秦始皇游览渡浙江，项梁和项羽一块儿去观看，项羽却说："那个人，不过如此，我可以取代他！"项梁急忙捂住项羽的嘴巴。项羽虽年少轻狂，但力能扛鼎，才气过人，气魄超凡，长八尺余，堪称历史上最强的武将，古人对其有"羽之神勇，千古无二"的评价。陈胜、吴广等在大泽乡举义后，项梁积极响应，项羽斩杀会稽太守殷通，成功地发动政变，项梁自立为郡守，项羽做将军。这一年，项羽二十四岁。从此，他带领吴中八千子弟，过长江、进淮阴、屠襄城、战定陶、破钜鹿，征战连连，杀伐谋断，叱咤风云，天下罕有敌手，成为楚军中非常重要的将领，与沛公刘邦合为"双雄"。

参见"高帝五年"条下考释"项羽之死"。

[8]先破咸阳者为关中王。钜鹿之战前，为鼓励作战，楚怀王熊心提出了著名的政治宣言。《资治通鉴·秦纪》秦纪三：初，楚怀王与诸将约："先入定关中者王之。"当是时，秦兵强，常乘胜逐北，诸将莫利先入关。独项羽怨秦之杀项梁，奋势愿与沛公西入关。

秦二世二年（前208）闰九月，秦将章邯已破项梁，乃渡河北击赵。楚正面军事压力暂时消退，怀王熊心开始着手整顿楚国政局。他将项羽、吕臣二支军队合并一处由自己直接统率，开始掌统南方各路反秦义军。怀王还破格提拔宋义为卿子冠军，确立自己亲信掌握兵权，率项羽、范增、黥布等将北上救赵。同时与诸将约定"先破秦入咸阳者王之"（《史记·汉高祖本纪》），并同意刘邦收集项梁、陈胜余部西行攻秦。但项羽不愿北上救赵，更愿与刘邦西行入关。怀王没有答应项羽的要求，只遣沛公刘邦独自西行击秦。

卷三　登坛受命

二世皇帝三年（甲午，前207）　二十四岁

时事

十一月，项羽扑杀宋义[1]，夺取楚军指挥权，自立为上将军。

十二月，悉引兵渡漳河救赵，破釜沉舟，持三日粮，示全军必死之心。遂与秦军战，楚兵无不以一当十，英勇无比，大破秦军于钜鹿下。[2] 项羽威名大震，为诸侯上将军，诸侯皆归属。

二月，沛公刘邦攻昌邑。[3]

六月，张良从沛公，劝沛公改变从函谷关入秦，绕过洛阳南下，略取南阳。[4]

七月，项羽大破章邯军，章邯请救无望，其时遂统二十万秦军投降。

八月，刘邦破武关，赵高杀秦二世，秦撤除帝号。[5]

九月，刘邦用张良策，先说降峣关守将，趁懈击之，大破秦军，克峣关。赵高立子婴为秦王，子婴杀赵高。

行状

十二月，项羽率联军向关中进发，韩信为执戟郎中[6]，随军征战。

案： 秦将章邯击破项梁之后，认为楚军已不足为虑，带着二十万秦军

北渡黄河，转攻赵国。在赵国一再请求下，楚怀王熊心下令兵分两路，一路由沛公刘邦直接西进关中灭秦；一路由上将军宋义、次将项羽、末将范增统领二十万楚军，救援危在旦夕的赵国。

可是，当宋义进抵安阳时，却下令安营扎寨，不敢前进，坐视秦赵相斗，并在连天的秋雨中，停留四十六天。在一次争吵中，被激怒的项羽一不做二不休，手起剑落，将宋义的头颅砍了下来，代替了楚国上将军职位，夺得了楚军指挥权。

楚人与秦人生死大决战的时刻到了，唯有用热血和生命来赌一把楚国的明天！

过了黄河后，项羽既激动又冷静，他传令军中："砸碎釜甑，凿穿战船，只保留三日的粮食，如不能战胜，就只有死！"随着决战令的下达，已疯狂的楚军将士无不以一当十，奋勇争先，叱咤风云，秦军惊骇万分。经过三天九次激战，杀死秦将苏角，生俘王离，涉间自焚而死。秦王朝主要的军事力量被摧毁，扭转了整个战局，楚军大获全胜！二十五岁的项羽成了中心人物。"项羽召见诸侯将，入辕门，无不膝行而前，莫敢仰视。"（《史记·项羽本纪》）由是救援赵国的所有诸侯军队都无条件归属其麾下，一战封神，他在反秦义军中的领袖地位也由此确立！

六月，章邯与楚约降未定，项羽断然渡河，挥军再击漳水的重要渡口三户，大败秦军污水（水名，源出河北武安西太行山东南流，在临漳注入漳水）上。当秦军钜鹿大败后，消息迅速传来，秦廷上下十分震惊！暴怒的秦二世严责章邯的失误。战也是死，不战也是死，章邯陷入了无法解脱的境地。

七月，大战半年之久已走投无路的章邯，终于在洹水南殷墟，率其部众二十余万向项羽投降。

冬天来临了，项羽大败秦将章邯后，率领着诸侯联军四十万人，不停地向西扑向关中。为安抚秦降将，他任命秦降将司马欣为上将军，统领原秦卒二十万，跟随联军进发。

是时，韩信已被项羽任用为郎中。从无名的小卒，到有身份的执戟郎中，对一个尚没有取得军功战绩的人来说，已经是很不错的待遇了。而且执戟郎中是个尊崇的职务，参与谋议，执兵宿卫，并经常伴随在项羽、范增等楚军最高层的左右。

遗憾的是，作为项羽亲近武官，韩信在钜鹿之战中的活动，由于史书的失于记载，我们几乎一无所知。学者李开元在《楚亡：从项羽到韩信》一书中评论说："从韩信个性和为人来看，他不是单纯的武勇者，难有披坚执锐，搴旗斩将之功，还需要时间磨炼，收获的多是经验和教训的总结，他的鹊起豹变，还需时间的磨炼。"

考 释

[1] 宋义（？—前207）原为楚国令尹。秦末农民起义爆发后，六国复辟，宋义投到项梁麾下。章邯击败了项梁后，认为楚地的战事不值得忧虑，就渡过黄河，向北攻打赵国，大败赵军。赵丞相张耳与赵王歇逃入钜鹿城，秦将王离领兵将钜鹿团团围住。大将军陈馀向北收集常山的兵士，获得数万人，驻扎在钜鹿北面，章邯驻军钜鹿南面的棘原。赵国于是多次向楚国请求救援。

楚怀王原为项梁所立，项梁死后，为了摆脱项氏的影响，便任命宋义为上将军，号称他为"卿子冠军"，率项羽（次将）、范增（末将），领兵去援救赵国。宋义带领军队到达安阳（今山东曹县东），坐山观虎斗，停留了四十六天不进兵。随后派他的儿子宋襄去齐国为相，并亲自把宋襄送到无盐县，大摆宴席招待宾客。当时天气寒冷，大雨不停，士兵饥寒交迫。项羽便道："本当合力攻秦，却长久地滞留不前。而今年成荒歉，百姓贫困，军中没有存粮，竟还要设酒宴盛会宾客。况且我军新近刚刚吃了败仗，楚怀王坐立不安，集中起全国的兵力交付给将军，国家安危，在此一举。现在不体恤士兵，而去屈从于一己私利，不是以国家为重的忠臣！"项羽早晨去进见宋义，就在营中将其斩首。出帐后即向军中发布号令说："宋义与齐合谋反楚，楚王密令我杀了他！"这时，众将领都因畏惧而屈服，无人敢于反抗。于是，就共同推立项羽为代理上将军，并遣桓楚向怀王报告，怀王被迫让项羽担任了上将军。

事见《史记》卷七《项羽本纪》、《汉书》卷三十一《陈胜项籍传》。

［2］钜鹿之战。此战是秦末农民战争所取得的一场巨大胜利，它基本上摧毁了秦军的主力，扭转了整个战局，奠定了反秦斗争胜利的基础。经此一战，秦朝已名存实亡。

北宋司马光则在《资治通鉴》秦纪中，综合了《史记》中《项羽本纪》和《张耳陈馀列传》钜鹿之战的说法，表述为："项羽乃悉引兵渡河，皆沈船，破釜、甑，烧庐舍，持三日粮，以示士卒必死，无一还心。于是至则围王离，与秦军遇，九战，大破之，章邯引兵却。诸侯兵乃敢进击秦军，遂杀苏角，虏王离；涉间不降，自烧杀。"

秦二世二年（前208）九月，秦上将军章邯打败项梁后以为楚地已不足忧，乃引兵北渡黄河，进击赵国，后九月在邯郸大破赵军。赵王歇与张耳退保钜鹿城。章邯使王离、涉间包围钜鹿，自己屯军钜鹿南。王离军多粮广，士气旺盛，急攻钜鹿。钜鹿城兵少粮乏，赵王派遣使者四出求救。陈馀收常山兵数万，与齐、燕军屯钜鹿北，不敢与秦军交战。楚怀王遣宋义、项羽救赵。义军进至安阳，畏秦军滞留不进达四十六天之久。秦二世三年（前207）十一月，项羽杀宋义，率部渡河，命全军破釜沉舟，只带三日粮，以示不胜则死的决心，以迅雷不及掩耳之势直奔钜鹿，断绝王离部的粮道，包围了王离军队。经过九次激烈战斗，杀死了秦将苏角，擒王离，涉间自焚而死。章邯军退至棘原，项羽军屯漳河南，与秦军对峙达数月。其间章邯因遭秦二世、赵高猜忌，遣使向项羽请降，不许，又与战于汙水上，再败章邯军。章邯又遣使约降，项羽遂与其盟于洹水上，以章邯为雍王。项羽因此威名大震，为诸侯上将军，诸侯皆归属。

明代学者茅坤认为钜鹿之战是"项羽最得意之战，太史公最得意之文"。清朝名臣李光地在《榕村语录》中评价说："项羽精采，最是沉船破釜，能断而行，所以成破秦之功。"民国学者蔡东藩认为钜鹿之战是秦亡楚兴的关键，评价说："项羽之救钜鹿，为秦史上第一大战，秦楚兴亡之关键，实本于此。"

[3] 刘邦异军突起。刘邦的父亲执嘉，是个十分富裕的农民，人称太公，母亲王氏，人称刘媪。兄弟四人，上有哥哥刘伯、刘喜（仲），下有弟弟刘交，他是老三，取名刘季。那时季就是三的意思，后来到社会上觉得名字不雅，改为刘邦。事见《史记》卷八《高祖本纪》。

秦始皇二十四年（前223），秦国灭楚，因楚旧郡设立泗水郡，郡治沛县。而进入壮年后的刘邦顺利成为秦吏，做了泗水亭长，且与沛县衙里的主吏掾萧何、狱掾曹参、驾车的夏侯婴极为要好，又结交了以屠狗为生的樊哙等一帮社会闲杂人员。他们常在一起喝酒，戏谑公所中吏员，追逐女人。

刘邦权谋过人，志向远大。在一次送服役的人去咸阳的路上，碰到秦始皇大队人马出巡，远远看去，秦始皇坐在装饰精美华丽的车上威风八面，羡慕得他脱口而出："哎，大丈夫就应该像这样啊！"

当时，单父（今山东单县）人吕公和家乡的人结下冤仇后到沛县定居，因为沛令和他是好友，被迫带着夫人吕媪和两个女儿来沛县避难。县令手下的官吏与县内的富门大户，为了讨好县令，纷纷前来祝贺。刘邦虽职位卑小，却挤到贺喜队伍的前列，大模大样地吆喝："贺钱万！"吕公大惊，亲自起身将他迎到堂上就座。萧何提醒吕公，刘三好吹牛，身无分文，不要相信他！吕公似乎并不在意，而对他的长相仪表很赏识，宴席散后，情有独钟，将大女儿吕雉许配于他。而立之年得了一位年方十八，苗条俊俏的媳妇，他好不高兴，拈花惹草的恶习便有所收敛，与吕雉恩爱相处，生下了一男一女，男的叫盈，女的叫鲁元。

后来他担任领队，押解民夫五百人，前去咸阳服徭役的路途中，由于役夫纷纷逃跑，他激于对秦暴政的义愤，索性将他们全部释放，但仍有十多人愿跟随着他。不久，陈胜、吴广起义，沛县令想投降陈胜，找来萧何、曹参等人商量。萧何出得一计，要县令找刘邦回来办举义之事。县令答应下来，萧何便派樊哙去芒砀山叫回刘邦。但县令中途变卦，萧何与曹参采取紧急措施，杀了县令，推举刘邦为沛公，并制作了赤色军旗起兵。刘邦将父亲和吕雉，还有一双儿女留在家中，托本乡的朋友审食其照看，留下部分士卒守丰邑，自己则率领人马一路冲杀，从此，踏上了反秦征程，成为雄踞一方的义军领袖。

参见"高帝十二年"条下考释"高帝崩逝"。

[4]助沛公下南阳。张良是秦汉之际一位非常重要的人物，他面容姣好，很像眉清目秀的女子，虽是文弱之士，但秉性刚毅沉稳，志向不移。

《史记·留侯世家》载，陈胜、吴广农民起义爆发，张良便去投效，途中得到陈胜兵败被杀的消息，他不得已转投景驹。可在沛县东南相距不远的留县，遇到了沛公刘邦。具有游侠性格不拘小节的刘邦，就将自己心中蕴藏了很久但无法解决的许多问题，率直地提出来就教于眼前的文弱书生，张良逐一分析。听到张良高论，刘邦大为惊诧。眼前这个不起眼的青年，胸罗之博、见识之广，是自己前所未见的。两人愈谈愈投机。后张良以复国为职志，在失败后又重归刘邦，以三寸舌为王者师，竭力帮助刘邦西进咸阳。

另据《史记·高祖本纪》载，秦二世三年（前207）五月，刘邦奉怀王之命西进，从彭城出发后，马不停蹄，先在砀郡召回一些旧部，又收拢陈胜、项梁散兵游勇，由砀郡出发，经成武、栗邑，遇彭越，一起向北袭击昌邑，战不利，听从陈留人郦食其的建议，转攻陈留。

此前，浪迹江湖多年、以复国为使命的张良，已取下韩国十余城。在张良的协助下，刘邦又迅速平定了韩国全部地盘。沿途城邑，见了刘邦队伍不抢掠、不烧杀，纷纷归降，大军所到之处，没有拿不下来的城池。又听取张良的建议，刘邦舍弃原来从洛阳向函谷关进军的方案，改道南下，计划先取南阳，再出武关至咸阳，遂与秦南阳郡守吕齮在南阳展开争夺战。

刘邦大败秦军，迫使其退守宛城，而后改换旗帜，扮成秦军模样改道奔袭，至天明时将宛城团团围住。吕齮一觉醒来，见宛城被围个水泄不通，便要自杀。舍人陈恢说："还没到自杀的份儿上，卑职愿凭三寸不烂之舌，出城与刘邦约和。"于是陈恢缒城而下，到刘邦军中，向刘邦说明城中军民的心愿，说明攻打南阳城带来的损失，分析利害，说服刘邦。

刘邦也乐意保存实力，便答应了陈恢的条件，封郡守吕齮为殷侯，仍守南阳，又封陈恢为千户，并下令军中"所过不得掳掠"，"秦民皆喜"。此战中，张良为刘邦拟定的"所过毋掠"，是刘邦"攻心"战略的一大组成部分。

［5］秦室大乱。此时，秦军大将章邯已向项羽投降，秦室危在旦夕。而武关就好比是关中咽喉，其重要性不言而喻。刘邦如能夺下武关，进军咸阳指日可待。

刘邦采用了张良攻心战术，派谋士郦食其和陆贾去游说秦将，用利诱惑，乘秦将懈怠，很快使关中南大门武关宣告失守。武关告急时，咸阳人心惶惶。秦二世直到这时才感到大事不妙，却悔之已晚，被野心家、阴谋家赵高所杀（此据《史记》之《秦楚之际月表》，《六国年表》则言二世自杀）。赵高欲自立为王，但发现群臣并不支持，于是作为一个过渡，迎立秦二世侄子子婴继位。赵高声称民变起来后，秦地比统一前更小，故子婴不能称"皇帝"，而只能称"王"。

子婴即位五天后便定计杀死赵高，并随即把他的家人全部处死。《史记·秦始皇本纪》则指赵高企图招引起义军到咸阳及承诺杀死全部秦朝宗室，子婴知道后先下手把他杀掉。

［6］执戟郎中。执戟郎中出自《史记·淮阴侯列传》。韩信谢曰："臣事项王，官不过郎中，位不过执戟，言不听，画不用，故倍楚而归汉。"

秦汉时，郎官属郎中令，员额不定，最多时达五千人，有议郎、中郎、侍郎、郎中四等，以守卫门户，负责执戟宿卫殿门，出充车骑为主要职责，亦随时备帝王顾问差遣，故称执戟郎，即一名侍卫武官。《续汉书·百官志》曰："凡郎官皆主更直执戟。"《汉书·百官公卿表》："郎掌守门户，出充车骑，有议郎、中郎、侍郎、郎中，皆无员，多至千人。议郎、中郎秩比六百石，侍郎比四百石，郎中比三百石。"所以，郎则是对于郎官的统称，执戟郎就是执戟郎中的简称。

高帝元年（乙未，前206） 二十五岁

时 事

此年，为汉高帝元年，亦为西楚项王元年。

十月，沛公刘邦破咸阳，先诸侯进军霸上[1]，子婴降，秦亡。[2]

诸将皆争金帛财物，萧何却收取秦丞相、御史之律令、图书、档案，使刘邦具知天下关塞险要，户口多少，以及强弱之处。

刘邦入秦宫室，流连不去，樊哙谏不听，张良进言，刘邦才还军霸上，封府库，以待诸侯。

十一月，项羽坑杀秦降卒二十万于新安。[3]

刘邦出令三章，杀人者死，伤人及盗抵罪，使人与秦吏行县乡邑，告谕之，秦民大悦，唯恐沛公不为秦王。[4]

十二月，项羽入关至鸿门，使黥布等攻破函谷关。时项羽拥兵四十万，刘邦十万，刘邦不能敌。张良出计，请项伯[5]化解。项羽、刘邦会于鸿门宴上，范增力劝杀掉刘邦，羽不听，纵其去。[6]

项羽杀子婴，屠咸阳，烧秦宫，大火三月不灭，又掘始皇冢，收财宝、妇女。

二月，项羽宰割天下，分封十八路诸侯，自立西楚霸王，建都彭城。背怀王约，封刘邦汉王，都南郑，据巴蜀、汉中。三分关中，立秦降将章邯为雍王、董翳为翟王、司马欣为塞王。尊怀王为义帝，徙义帝于长沙郴县。[7]

四月，诸侯罢兵戏下，各自就国。项王东还彭城[8]，逐义帝[9]。刘邦烧绝褒斜道，示意项羽无东归之意。[10]

六月，田荣击杀胶东王田市，自立为齐王。[11]

七月，田荣又击杀济北王田安，三齐归于一统。项羽伐齐。[12]彭越击楚，反于梁地。

九月，刘邦乘胜东出伐楚。项羽杀韩王成[13]，张良怒而归汉[14]。

行　状

四月，郎中韩信历经了杀宋义、战钜鹿、坑降卒、鸿门宴、占咸阳等一系列重大事件，又因屡次向项王献计献策，不被采纳，思想遂有重大变化。

案： 韩信对项羽的全面了解和认识，也是从转投项羽后开始的。面对亢奋之中的项羽，韩信有说不出的感觉。

项羽年轻气盛，独具世族大家的豪迈，是一位不可一世的军事天才，但过于沉迷于征伐，忽视人心，政治上还很稚嫩。其实过早地迈向人生辉煌，并不是什么好事。一年前，项梁死后，楚怀王熊心和几位楚军老将均认为，项羽性情勇猛刚烈，桀骜不驯，一路上经常略地屠城，滥杀无辜，西去关中灭秦，不能以暴制暴，如有义师前去，告谕三秦的父老，才能得到他们的拥护。而沛公刘邦则是继项梁之后，楚军中一位重要的实力派将领，让刘邦去更为合适。

刘邦原是秦沛县泗水亭长[15]，生于丰邑，工作在沛县（《笺证》言秦时丰是沛县里的一个乡邑，汉代升格为县），时沛县为泗水郡治所在地。他了解民众疾苦，懂得用兵之道在于人心，是一位善于倾听建议，睿智与大度集于一身的人物。如今，在项羽血战中原之际，西去灭秦的刘邦遇到的只是秦国地方守军，走的又是捷径，前些日子得到消息，他们用避实击虚的办法已取下中原重镇陈留（今河南开封境），照这样下去，他们会不会捷足先登抢先占据关中为王？

关中是指陕西中部秦岭以北，子午岭、黄龙山以南，陇山以东，潼关以西的区域，也就是战国末秦的故地。

钜鹿之战前，为鼓励作战，楚怀王曾与诸将约定："先破秦入咸阳者王之"，谁先攻入都城咸阳，就封为关中王，项羽、刘邦二人都雄心勃勃，志在必得。而让人十分担忧的是，项羽面对着秦军的主力，是一场生死恶战，若在钜鹿大战后，楚军及时撤出战斗，章邯闻听刘邦西进，势必回师援救咸阳，刘邦也就困难了。但他没有休战，前后和章邯纠缠了八个月，尤其是在秦将王离投降之后预定任务已经完成，没有必要在漳水边和章邯大战六个多月。现在的项羽，完全看不到问题的严重性。他甚至连一支几千人的精干队伍，也没有抢先向咸阳方向派去。

事实上，正如人们预料的那样，抢夺关中王位已是刘邦理所当然的目标，而项羽的缠战，吸引了秦军主力，刘邦乘虚而入，坐收渔人之利。而在此前后，项羽却昏招迭出。当进军至新安（今河南渑池东）附近时，更是发生了一起骇人听闻的坑杀事件。

这时，秦军中有人密报，章邯、司马欣、董翳三人虽已归降，但他们部下不甚诚服。项羽无法坐视，以秦卒二十万之众，一旦造反，气势和力量都是惊人的。如今楚军都快到关中了，秦卒若要暴乱，这个后果实在不堪设想。项羽定下了决心，要绝后患，便只留下降将章邯、司马欣和董翳三人，但不让他们和部下接触，至于兵卒，全部坑杀！

《史记·项羽本纪》有这样的记载：

（到新安）诸侯吏卒异时故繇使屯戍过秦中，秦中吏卒遇之多无状，及秦军降诸侯，诸侯吏卒乘胜多奴虏使之，轻折辱秦吏卒。秦吏卒多窃言曰："章将军等诈吾属降诸侯，今能入关破秦，大善；既不能，诸侯虏吾属而东，秦必尽诛吾父母妻子。"诸将微闻其计，以告项羽。项羽乃召黥布、蒲将军计曰："秦吏卒尚众，其心不服，至关中不听，事必危，不如击杀之，而独与章邯、长史欣、都尉翳入秦。"于是楚军夜击坑秦卒二十余万人新安城南。

自古以来，按例不杀降卒，况且要坑杀二十万之众！对秦人谁没有家仇国恨，但要想一想，二十万被缴了械的秦军将士，一概被坑杀于山谷之中，那是一种什么样的惨状，又是多么可怕的场面。秦卒如果战死，不会有人记恨，如今归降，无故被楚军杀害，他们的父母、妻子、儿女莫不悲恸欲绝，要树多少仇敌？这将大大地有损于上将军项羽的品德和声威，失去天下人心。

这场杀戮让韩信刻骨于心，这与五十四年前秦将白起坑杀赵军四十万人一样，为秦汉史上触目惊心的大屠杀，只是六国对秦施暴者易位。后来韩信与汉王刘邦在汉中对谈时，念念不忘，愤愤提及。或许，正是这一连串的事件曾引发了韩信与项羽的冲突。

项羽大约比韩信长两岁，与老到的项梁相比，或许，年轻人之间会有更多的共同语言，韩信力求抓住进军机会，多想在途中为项羽出谋划策，保卫同样年轻的项羽。然而，《史记·淮阴侯列传》说，"数以策干项羽，羽不用"，是说韩信多次尝试用自己的谋划影响项羽，却得不到项羽赏识。也就是说，在两年多的灭秦战争中，被后人誉为"兵仙""战神"的韩信，一无建树，错失了人生重大的机会。

又案：不得不说鸿门宴。当项羽经过十个月苦战，挟持着击破秦军主力的余威，来到函谷关下时，分别以项羽和刘邦为领袖的两支抗秦军队，终于在咸阳郊外相遇。

这时候，刘邦已经抢先进入了咸阳，继位不久的秦王子婴，自知无力抵抗向刘邦请降，盛极一时的秦王朝至此而亡。随即，刘邦传令下来，封闭关口，不论是谁一律不准进入。

"有谁敢挡者，杀无赦！"项羽得到消息后，横槊下令攻关，顷刻之间，三军应声而出，关门在重木冲击下被撞开，楚军如潮水般涌入函谷关。楚军一路冲杀，次日下午便来到戏下鸿门（今陕西临潼东北）。更让项羽愤怒的是，傍晚刘邦左司马曹无伤密使求见，说刘邦到咸阳后，打算自立为王，让投降的秦王子婴为相，秦宫府库中的珍宝，一律据为己有。

项羽认为，当初刘邦起兵迭遭失败，连部属都背叛了他，是叔父项梁给了五千人马，使他在失败中走向成功，刘邦现在公开与他为敌，纯属忘恩负义，无疑就是自己称霸路上的大敌！在谋士范增的建议下，他传令众将："明日拂晓饱飨三军，击沛公军于霸上！"

此时，项羽有兵四十万，号称一百万，驻扎在鸿门，刘邦有兵十万，号称二十万，驻扎在霸上。两支反秦盟军，一场血战，将在眼前展开。

就在这时，因发生一意外事件而改变。月夜楚左尹[16]项伯坐卧不安，他是项羽小叔父，早年曾因杀人，藏匿在下邳张良那里，两人成了生死之交。鸿门与霸上两地相隔不远，项伯忠于友情，来到马厩牵出快马，一路直奔刘邦大营去救张良。

在阅读经典史书尤其是《史记》时，前后联系起来，会读出一场大戏的感觉。项羽的剧本是，只要刘邦让出关中王位，并不想置刘邦于死地。他的头号谋士、战略家范增的剧本则是，刘邦一定会是争夺天下道路上的最大劲敌，必欲先除之以绝后患。历史不能假设，但可以存疑。当时人们也不认为项、刘之间的矛盾不可调和，项羽连杀害叔父项梁的秦将章邯都能握手言和，与同为义军兄弟的刘邦为什么不能呢？兵不血刃地进入关中，对项羽军最为有利。项伯去见张良，会不会是项羽有意让项伯去透露风声的呢？

项羽与刘邦会于鸿门宴上（"鸿门宴"详情请见"本年"条下"考释"）。

韩信是一个中下级武官，无法了解到整个事件的情况。但他虽处于大革命舞台的中心，得到了很好的磨砺，成长迅速，却常常苦闷于无人赏识。他思考的一些问题，提出的一些问题，一定会为形势发展所证明。不久前，韩信已被提拔为执戟郎中，官升一级，负责军营大帐护卫工作，见证了楚军历史上许多重大事件，亲历了与时代一起的荡气回肠，也算是不幸之中的大幸。

鸿门宴上，项羽纵刘邦归去，韩信的心情十分复杂。刘邦、项羽及范增斗智斗勇的过程，他们各怀鬼胎，各有图谋，强悍的一方竟没有达到目的，弱势的一方反而获胜，根本的原因是刘邦利用项羽政治上的不开窍，一番表演，骗取了项羽的信任，不经意翻转了历史。

项羽虽有敢作敢为的大气量，不在乎世俗评价，刚毅豪迈，英勇无敌，对任何事，只要下定决心，必抱极强的信念，克服困难，敢战必胜。但他过于偏激，目光短视，缺乏谋略和视野，缺少忍耐之心。在章邯率部归降后，他不是对秦卒善加督导，反而怕其暴动，坑杀二十万之众。刘邦西进咸阳的胜利，在项羽眼中，不过是投机者的胜利。鸿门有四十万大军，力压刘邦十万之众的重大关头，他见刘邦卑曲称臣，却天真烂漫，优柔寡断，放弃了杀掉刘邦的绝好机会。这和当年宋襄公大讲仁义又有什么区别？妇人之仁，愚蠢之至！现在，他虽不可一世，但他没有政治眼光，不能识人用人，一味刚愎自用，这样下去终究要被人战胜啊！让人吃惊的是刘邦，他有胆识，有谋略，刚柔相济，能屈能伸。特别是遇事冷静，不避虎穴，有过人的包容力和忍耐力，化危机为转机，杯盏交错之际，全身而退。其原因，主要在于他的性格，而项羽也在于此。

此刻，韩信对登上鸿门大舞台的各路英雄有了初步了解，对项羽、刘邦二人也有了新的认识。他清楚"良禽择木而栖，良臣择主而事"的古训，或许，此时已经有离开项羽的意思了。

崎岖蜀道难行，[17]**在张良送别后，韩信仍逐汉王而去。**

案：刘邦在鸿门宴上向项羽赔罪之后，求得了暂时和解，为了表示诚意，他将咸阳的守军主动撤回霸上。于是，项羽立即号令三军，向咸阳城进发。

项羽高贵的家族史就是一部血淋淋的抗秦史，战死者不下数十人，他推翻秦王朝的目的，就是要报仇雪恨，重新恢复大楚国的地位。

家仇国恨，注定了他是历史和文化建设的破坏者。

《史记·项羽本纪》载：

居数日，项羽引兵西屠咸阳，杀秦降王子婴，烧秦宫室，火三月不灭；收其货宝妇女而东。人或说项王曰："关中阻山河西塞，地肥饶，可都以霸。"项王见秦宫室皆以烧残破，又心怀思欲东归，曰："富贵不归故乡，如衣绣夜行，谁知之者！"说者曰："人言楚人沐猴而冠耳，果然。"项王闻之，烹说者。

一时间，咸阳城内横尸遍野，血流成河，惨不忍睹，整个咸阳笼罩在血色恐怖之中。不久，"引兵而去"，项羽放弃关中，选择彭城为都城。

深通兵机的韩信十分清楚，就地缘优势来看，建都关中是唯一的选择，放弃关中意味着放弃天下，而彭城四面受敌，进退失据，说明项羽缺乏战略远见。在鸿门，他只是失去一人一次机会。在咸阳，一味地冲冲杀杀，残暴无知，将失去的是天下。韩信彻底绝望了，他不再做任何努力，不再向项羽提任何建议。

诏书下发各诸侯的同时，项羽下达命令，要求各诸侯从速启程去封地。

刘邦被封为汉王的消息传来时，刘邦和将士们万分震惊！楚怀王有约在先，谁先进入关中，谁为关中王，霸王后进关中，反把我们发往巴蜀、汉中去受罪，这无疑是在我们头上拉屎，乘现在还没有走，不如跟他拼啦！

已任汉丞相的萧何连忙劝阻。现在我们的实力远不如项羽，如果交战，必然百战百败。巴蜀、汉中虽是偏僻，但并不像我们想象的荒凉，唯愿大王尽快前往汉中南郑，登上王位，招觅豪杰，坐观天下之变。

刘邦接受萧何劝告，隔日上午仓促拔营启程。当刘邦率部走出关中，前面的道路却是异常难走。要进入汉中，需要跨越三千米以上的秦岭，经过险峻的山峰，必须用一根根桩木打到悬崖上，再在桩木上铺上木板构筑起来的，秦人将它称为"栈道"，这却是通往汉中，进入巴蜀的必经之路。士兵们背负着干粮，马匹驮着营帐，小心翼翼地盘旋在栈道上，一不小心，就会连人带马坠入深谷，摔得粉身碎骨。

由杜县南部，翻越秦岭，沿着子午道就来到了蜀地的褒中。历史上的美人褒姒就出生在这山沟里。入褒谷口不远，便是险峻陡峭的七盘山，这里便是出南郑的古栈道的咽喉，再往前走就到南郑（今陕西汉中市）了。

在此之前，张良已被封为韩国司徒，他本应随韩王成去阳翟就任，但与刘邦交情很深，不忍分手，所以决定亲自将刘邦送往南郑。临别时，张良又向刘邦献计，说项羽将你封于巴蜀、汉中，显然是别有用心，不妨将计就计，烧了褒斜道，表明自己无东归之意，一旦形势有变，可出其不意杀将出来。

刘邦对张良言听计从。下峣关，入咸阳，正是张良的运筹；鸿门宴上，刘邦安然脱险，也是张良巧于周旋；火烧栈道，尽管刘邦不太想得通，但他还是无情地下达了烧绝的命令。

就在此时，张良送罢刘邦回来，韩信却离开楚营追了上去。项羽虽平了强秦，未必是天下人的福分。以恢复六国为起始的韩信，思想上有了重大转变。韩信预判到，如今像战国的局面，诸侯之间互为攻伐的局面又将出现，天下必将陷入长久的混乱之中，战争的一个重要爆发点就是刘邦。

这是一个追逐梦想的年代，就在项羽的声望到达顶点时，韩信毅然决定，重新出发，弃楚归汉，准备下一次天下大乱时，一展自己的抱负。详见"本年"条下考释"韩信归汉的原因"。[18]

五月，韩信归汉，初任连敖[19]。

案：南郑，弥漫着一股失败主义情绪。项羽名义上按照楚怀王之约，将关中属地巴蜀、汉中给了刘邦，却将"正宗"的关中一分为三，分别封给章邯、董翳、司马欣三个秦朝降将。三秦王的受封，意图十分清楚，刘邦要从巴蜀和汉中复出，让他三人困住刘邦，封住刘邦。

刘邦心情十分郁闷。来，是不得而已，无可奈何；而走，才是来的真正目的。可是，栈道烧了，哪一天才能走成？就是日后兵强马壮，三年五载修好栈道，那章邯、司马欣和董翳三秦王还卡在秦地，这是现实！不过，刘邦真的咽不下这口气。

《汉书·高帝纪上》载："羽使卒三万人从汉王，楚子、诸侯人之慕从者数万人，从杜南入蚀中。"《史记·高祖本纪》又称刘邦属下"军吏士卒皆山东之人也，日夜跂而望归"。

这时，汉军中三万多人的老部队，主要是从崤山、华山以东地区过来的，以刘邦家乡附近泗水郡和砀郡居多，有"砀泗楚人集团"之称。此外，还有少数是西进途中，陆续加入的关东诸侯国的士兵。让人头痛的是军心不稳，将士逃亡之风已在军中悄悄蔓延。

对此，刘邦忧心如焚。来南郑两个多月，仅将领逃跑的就有数十人，这样下去，不出一年，汉军将士还不跑光！话说回来，在没有来南郑之前，无论条件多么艰苦，战争如何残酷，这些将士又何曾动过一丝消沉的念头，恰恰是今天，自己封王汉中，他们却随自己贬谪到千里之外的南郑，也难怪他们心里疙瘩解不开要回家。可以说，这是刘邦一生中最为失意的时候。

当刘邦率军来到南郑时，韩信却带着对刘邦的仰慕，也已进入汉营，被编入汉军之中。

南郑在关中西南部，汉江上游，邻接巴、蜀。

汉军自刘邦起兵后，一直是楚军一部分，采用楚国的职官制度，对于主动投奔的他国将士按对等的原则，进行对等安排。谁知南郑军营见韩信一人一剑，无背景可言，给了他个连敖。

连敖为楚国官名，连敖有两种说法，一是管理粮仓的低级官吏，另一种说法是接待宾客的官吏。连敖实际上是一个可有可无的职务，无论哪一种说法都代表韩信没有得到刘邦的重用，远不如在楚军的郎中，那时总算有个接近项羽的机会，现在几乎没有一点可能进入刘邦视野。人们不知道有个韩信，更不知道有个想当统帅的韩信。这与韩信想象的并不一样，原以为寒冬已过，春暖花开，汉王定会重用自己，然而命运再次捉弄，怀才不遇的韩信失望感与日俱增，他又一次跌入人生的低谷。

说起来可能会有好多人不信，就在这时候，有个帮刘邦赶车的人，却在刑场上发现韩信是个人才，这个人就是大名顶顶的滕公夏侯婴。

夏侯婴为什么叫滕公？当初夏侯婴曾任滕县令的"滕令奉车"官职，楚人称令为公，所以号滕公。

法场上，夏侯婴奇其言，壮其貌，刀下留人，释放了韩信。

《史记·淮阴侯列传》记载：

（韩信）坐法当斩，其辈十三人皆已斩，次至信，信乃仰视，适见滕公，曰："上不欲就天下乎？何为斩壮士！"滕公奇其言，壮其貌，释而不斩。与语，大说之。言于上，上拜以为治粟都尉，上未之奇也。

案：刚刚获职不久的韩信，不知踩到什么红线，与其他十三个人一同"坐法当斩"。一次斩杀十四个，可不是一件小事，而且韩信是最后一个被问斩。韩信是不是被人怂恿，大家集体逃亡了，还是另有其他什么事情？当然，我们无法做出进一步考证。只是在韩信被砍头的千钧一发之际，负责监斩的夏侯婴救下了他。

《史记·樊郦滕灌列传》称："夏侯婴，沛人也。为沛厩司御。""复为太仆，从入蜀、汉。"太仆，官职。始于春秋，秦汉沿袭，为九卿之一，掌皇帝的马和马政。

一日，刑场四周布满了持戟的士卒，气氛肃杀。

这些"罪徒"觉得不对劲，这杀气腾腾的架势，是要砍他们的头！顿时一个个散了魂。只有韩信，他没有流泪，没有求饶，内心对人世间感到无限愤慨。离楚归汉，目的就是名垂青史，实现王侯将相英雄梦。死并没有什么可怕，而今天的这一切是真的吗？人生追求难道就是今天这样一个结局？一生的抱负马上就要灰飞烟灭了？

行刑很快开始了，刽子手抡起大刀，一颗接一颗人头滚落在地。举座俱惊，目不忍睹。突然，不甘认命的韩信，他紧盯着监斩的夏侯婴，吼道："汉王欲要夺取天下，却要斩壮士！这是为什么！"

一声"为什么！"犹如惊雷劈打在刑场上，震撼着夏侯婴的心，这人格局不小！夏侯婴忙走近韩信，在十三具尸体旁和韩信聊了起来。

夏侯婴性格直率，敢作敢为，虽是一个车夫，却与刘邦的关系非同一般。巧的是，在鸿门宴上，他与樊哙、靳强、纪信等四将跟随刘邦进楚军大营，在那里韩信见过他，当然夏侯婴记不得这个执戟的韩信了。

简短的攀谈，夏侯婴意识到，眼前这个差点被一刀砍头的人，是一个跟刘邦一样拥有过人才华，但却一直被埋没的能人奇士。他非常高兴，立即把韩信释放了。

同月，韩信升为治粟都尉[20]，打仗为其所长，粮草官并不是合适的选项。

案： 人生最大的运气，是能遇到自己的贵人。那天韩信如果不是一声大吼，不是遇到太仆夏侯婴，恐怕早已人头落地。韩信是幸运的，在人生路上躲过生死一劫。

古人常说，世上先有相马的伯乐，而后才能有千里马，如果没有伯乐，即使有再多的千里马，也不会被人发现。这话不错，韩信的命运正和千里马一样。

夏侯婴（？—前172），泗水郡沛县（今江苏沛县）人。《史记·樊郦滕灌列传》："每送使客还，过沛泗上亭，与高祖语，未尝不移日也。""高祖时为亭长，重坐伤人，告故不伤婴，婴证之。后狱覆，婴坐高祖系岁余，掠笞数百，终以是脱高祖。"

夏侯婴不是一个简单的人，在年轻时就能慧眼识人。他原是沛县官府养马驾车的御手，与刘邦过从甚密。每当他驾车办完公事返回时，就会找刘邦聊天，一聊就聊到太阳落山，然后独自赶车回县衙交差。

能在刘邦发迹前发现刘邦过人才华的，也不多见，就连刘邦的父亲都始终认为，刘邦成不了大器。据现存的史料，在刘邦发迹前发现刘邦的，应当只有萧何、夏侯婴、吕公和张良等屈指可数的几个人。有一次刘邦开玩笑伤及夏侯婴，按秦律要受到处罚，夏侯婴帮刘邦掩饰过去。后来有人告发，加重治罪，夏侯婴挨了几百板子，关押了一年多，才了结这桩官司。

刘邦起兵后，夏侯婴与萧何等人首先加入义军队伍。由于冲锋在前，作战勇猛，常常在危急关头，不惜以命保护刘邦。项羽灭秦后，封刘邦为汉王，刘邦赐夏侯婴为昭平侯。楚汉战争，随刘邦征战楚地，仍负责刘邦的驾车和保卫工作。

救下韩信后，夏侯婴决定再做点什么。于是亲自找到汉王刘邦，向刘邦推荐韩信。夏侯婴有过人的胆识和能力，和刘邦的关系也不一般。刘邦对夏侯婴是非常信任的，他在刘邦身边比其他人的话更有分量。

其实，对于夏侯婴的推荐，刘邦并不认为韩信有什么特殊的才能，也没有过于把韩信当一回事，只是想给夏侯婴面子，便任命韩信为经济部门的官吏——治粟都尉，当然比起不伦不类的连敖要高出了许多。

秦汉时期的"治粟"，不仅管理粮食，还包括市场、货币、土地、运输。治粟都尉，又称搜粟都尉，主要管理军粮生产和运输，相当于汉军的后勤部长，属部别将军一类。

人们以为韩信得了治粟都尉，一定会感激涕零。事实上，他除了对夏侯婴感谢救命之恩外，并没有什么特别的感觉。他擅长打仗，对粮草官并不感兴趣。

而对刘邦来说，任用韩信是违反当时军功爵位升迁制的，让一个没有战功的人做治粟都尉已经是极限了。从刘邦的连襟、大闹鸿门宴的樊哙来看，他在跟随刘邦进入关中时，职位也就是个郎中，和韩信在项羽军中的职位是一样的，直到樊哙随刘邦平定关中后，樊哙才从郎中升迁为郎中将。一些跟随刘邦进入汉中的老朋友，他们都是刘邦军事集团的核心和中坚，未来汉帝国的功臣宿将，职位也是如此。灌婴和樊哙一样为郎中，曹参、周勃、卢绾、郦商为将军，夏侯婴为太仆，傅宽为右骑将，靳歙为骑都尉。

在短暂的平静之后，韩信不会为一个治粟都尉而心满意足。关键时候，韩信与汉丞相萧何有了接触，不曾想到，韩信这一生的荣辱成败，从此都会与萧何有着莫大的关系。

因工作关系，治粟都尉韩信与萧何有了面对面接触，并为萧何所赏识。[21]

案：萧何来到汉中已任丞相，是"赤色王国"的管理者，是刘邦最得力的助手，威望很高，汉军中，他是除了刘邦之外数一数二的人物。他与夏侯婴一样，是刘邦未发迹时的好朋友。

他还以天下苍生为己任，始终不渝地忠于刘邦的事业，至于出谋定计，指挥作战，杀伐攻取，则不是他的强项。他曾反复思考，大家跟随刘邦来南郑，只是为了暂时找个栖身之处，终究还要打回去。最让萧何着急的是，刘邦帐下曹参、樊哙、周勃等数十将，虽起兵三年，历经大小数十战，也使汉军规模成为仅次于楚军最大的部队，但他们都不是出类拔萃的统帅人物，难以独当一面。莫说西楚霸王项羽，就是秦降将章邯也打败不了。

在交往中，萧何与韩信谈了很多，他从韩信的口中了解了韩信的情况，知道了韩信为霸王多呈良策，不为所用，以及从汉中打还关中的作战构想，这些远见卓识让压在他心头数日之久的一块石头倏然落地。

在萧何看来，韩信有些谈吐虽不甚恭谦，但令人震撼。韩信和诸将还有一个最大不同之处，作为项羽曾经的重要侍卫武官，韩信对项羽、章邯和天下大势非常了解和熟悉，他正是汉王所要寻找的统帅人才，也是唯一能帮助汉王登上庙堂的人，韩信来归应该是天意！

韩信的陈述，不！应该叫游说，让平日十分稳重的萧何十分激动，他请韩信多加保重，说一定会在汉王面前全力保举韩信做大将，让他耐心等着好消息。

六月，韩信仍未得到重用，弃汉而亡，萧何不及以闻，策马自追之。

《史记·淮阴侯列传》有这样记载：

信数与萧何语，何奇之。至南郑，诸将行道亡者数十人，信度何等已数言上，上不我用，即亡。何闻信亡，不及以闻，自追之。

案： 韩信应该明白，对于一个没有任何功劳的人，一下子被任用为都尉一类的高官，不是一件容易的事，就是到其他诸侯国去，也未必能一蹴而就，立即当上指挥三军的统帅。显而易见，韩信出走还有其他一些原因。

刘邦对待"知识分子"，常常展露出不屑的一面。刘邦从沛县起事后，更是动辄骂人，不是称呼别人为"竖儒"，就是自称"尔公"，非常的没有礼貌，还曾做出过拿儒生的帽子撒尿的行为。西进咸阳途中，他大骂高阳酒徒郦食其，韩信会不会也有类似的遭遇？

其实，刘邦不喜欢"知识分子"也是有原因的。小的时候，他也曾是个品学兼优的好学生，和乡邻、与自己同年同月同日出生的卢绾一起学习《诗》《书》，结果虽学会了那么多道理，但别说治国安邦了，就是自己的当下都过不去。从那时起，刘邦则坚定地认为，《诗》《书》都是骗人的玩意儿，儒学欺骗了自己的童年，他对儒生全无好感。而此时，韩信清楚地知道，如果连萧何的推荐也不起作用的话，那自己就一定不会被重用。

韩信再一次失望了，清高孤傲的性格，促使他决定逃离汉中，另谋出路。于是，他封存好印绶，一人一剑一骑，踏上了路途。

汉中这个地方，在刘邦那个时代并没有被开发，又为险阻所隔，外面的人想进去不容易，同样地，里面的人想出去也不容易。栈道被烧毁，进出就更加困难了。萧何追韩信的处所，一直为后人所热议，主要有"东归""宁强"和"马道"三说。[22]

又案：关于萧何追韩信的一段历史，书中写的写，戏中唱的唱。"萧何追韩信"的故事，被定格在历史时空之中。

元代杂剧作品《萧何月夜追韩信》，金仁杰著。这是一部历史剧，以楚汉相争为题材，写韩信的生平遭遇。韩信投楚，不被重用；再投刘邦，仍不受重用，愤而出走。求贤若渴的萧何连夜将他追回，再三推荐，刘邦始拜韩信为大将。第一折"恨天涯流落客孤寒"，摘引如下：

恨天涯流落客孤寒，叹英雄半世虚幻。坐下马空踏遍山水雄，背上剑枉射得斗牛寒！恨塞于天地之间。云遮断玉砌雕栏，按不住浩然气透霄汉！

回首青山，拍拍离愁满战鞍；举头新雁，呀呀哀怨伴天寒。止望学龙投大海驾天关，划地似军骑赢马连云栈。且相逢，觑英雄如匹似闲，堪恨无端四海苍生眼！

干功名千难万难，求身仕两次三番。前番离了楚国，今次又别炎汉，不觉得皓首苍颜。就月朗回头把剑看，忽然伤感默上心来，百忙里揾不干我英雄泪眼！

（诗曰）身似青山气似云，也曾富贵也曾贫。时运未来君休笑，太公也作钓鱼人。

是日，萧何还，再荐言于刘邦，欲争天下，必用韩信！

《史记·淮阴侯列传》记载：

人有言上曰："丞相何亡。"上大怒，如失左右手。居一二日，何来谒上，上且怒且喜，骂何曰："若亡，何也？"何曰："臣不敢亡也，臣追亡者。"上曰："若所追者谁何？"曰："韩信也。"上复骂曰："诸将亡者以十数，公无所追；追信，诈也。"何曰："诸将易得耳。至如信者，国士无双。王必欲长王汉中，无所事信；必欲争天下，非信无所与计事者。顾王策安所决耳。"王曰："吾亦欲东耳，安能郁郁久居此乎？"何曰："王计必欲东，能用信，信即留；不能用，信终亡耳。"王曰："吾为公以为将。"何曰："虽为将，信必不留。"王曰："以为大将。"何曰："幸甚。"

《汉书·高帝纪上》也有相关记载：

汉王既至南郑，诸将及士卒皆歌讴思东归，多道亡还者。韩信为治粟都尉，亦亡去。萧何追还之，因荐于汉王，曰："必欲争天下，非信无可与计事者。"于是汉王齐戒设坛场，拜信为大将军，问以计策。

案：清晨，"萧何逃跑"的消息像长了翅膀一样，很快在军营传开。

刘邦得到消息时，震惊不已，如失左右手。萧何是刘邦主要谋臣，从沛县起兵，谋划用兵，调集粮饷，维护治安，哪样少得了他。如今，还正是萧何极力劝我接受汉王封号，来南郑等待时机的呢！可万万没想到，这么多年的老朋友，竟在自己最困难的时候逃去！

过一二日，派去追赶萧何的灌婴回到南郑后，立即向刘邦禀报，萧何不像逃跑，已经被带回来了。"噢？"刘邦松了一口气，积聚在心中的怒气散去了许多。

萧何一进门，刘邦既喜又怒，嘴中骂骂咧咧。萧何知道误解了，哈哈大笑："我哪里敢逃跑？我的为人大王你还不了解？我是急着替你去追赶逃跑的人，来不及禀告一声呀！"

"谁？"

"就是夏侯婴法场相救的，后来大王封他为治粟都尉的韩信！"

"嘿嘿！诸将逃走已有几十人，你不去追，却去追赶这个小子，你不要骗我！"

刘邦这样的话，说明他对韩信还不了解。韩信虽未证明能统率三军，但具备统率三军的潜质。他绝对是刘邦生命中最重要的贵人，如他领兵，一定能统率三军帮刘邦完成大业。萧何回答刘邦说："没有，我确实去追韩信了。我不仅把他追回来，而且还要大王拜他为大将！千军易求，一将难得。至如韩信，国士无双，当今天下，无一人能与他相比！"

"国士无双"这个评价非常高，在整个汉代的历史上，再无第二人获此殊荣。后来的事实证明，韩信无愧于这样的称誉。

战看将，治看相。刘邦对萧何也是信赖的，萧何一生唯谨，从不敢马虎以致误事。自入汉以来，他公忠体国，求贤若渴，特别是今日这个态度，让刘邦非常诧异，难道韩信真有这么厉害，不然萧何何以至此？

萧何见刘邦不吭声，以为他还是没有态度，非常生气："如果用韩信还有希望，如果不用韩信，只能坐以待毙，一辈子在汉中称王，你自己看着办吧！"

这话点到了痛处，刘邦叹道："谁愿意郁郁不得志长期待在这里！好吧，先叫他做个将军。"

萧何看到刘邦态度的转变，仍不依不饶地说："大王！如若只用韩信做个将军，不能指挥三军，他仍无法施展才华，终究还会逃走！"

此时，刘邦对韩信是否称职，心中无数，而出于对萧何的信任，终于做出了同意的决定。这种"用人"的态度，在历代开国君主中也是十分少见的。

平心而论，萧何追韩信，慧眼独具，平凡中识大才，确有知人之明，使韩信终于有了发挥才能的机会。如果再为韩信选个恩人的话，夏侯婴固然重要，但是绝对不可忽视的是刘邦。如果不是刘邦的大度，韩信就不会被任用，如果韩信不被任用，就连整个楚汉之争的历史，恐怕也要改写了。可以说，选择韩信当大将也是刘邦一生中最正确的决定。

七月，几经推荐，汉王拜韩信为大将[23]，信献争权天下之策，汉王大悦，相见恨晚，遂听其计。

"汉中对"（《史记·淮阴侯列传》）引如下：

信拜礼毕，上坐。王曰："丞相数言将军，将军何以教寡人计策？"信谢，因问王曰："今东乡争权天下，岂非项王邪？"汉王曰："然。"曰："大王自料勇悍仁强孰与项王？"汉王默然良久，曰："不如也。"信再拜贺曰："惟信亦为大王不如也。然臣尝事之，请言项王之为人也。项王喑噁叱咤，千人皆废，然不能任属贤将，此特匹夫之勇耳。项王见人恭敬慈爱，言语呕呕，人有疾病，涕泣分食饮，至使人有功当封爵者，印刓敝，忍不能予，此所谓妇人之仁也。项王虽霸天下而臣诸侯，不居关中而都彭城。有背义帝之约，而以亲爱王，诸侯不平。诸侯之见项王迁逐义帝置江南，亦皆归逐其主而自王善地。项王所过无不残灭者，天下多怨，百姓不亲附，特劫于威强耳。名虽为霸，实失天下心。故曰其强易弱。今大王诚能反其道，任天下武勇，何所不诛！以天下城邑封功臣，何所不服！以义兵从思东归之士，何所不散！且三秦王为秦将，将秦子弟数岁矣，所杀亡不可胜计，又欺其众降诸侯，至新安，项王诈坑秦降卒二十余万，唯独邯、欣、翳得脱，秦父兄怨此三人，痛入骨髓。今楚强以威王此三人，秦民莫爱也。大王之入武关，秋豪无所害，除秦苛法，与秦民约，法三章耳，秦民无不欲得大王王秦者。于诸侯之约，大王当王关中，关中民咸知之。大王失职入汉中，秦民无不恨者。今大王举而东，三秦可传檄而定也。"

案：一步登天式的升迁，不乏其人。春秋、战国时期，管仲原是一位门客，后被齐桓公一举提拔为齐国宰相，张仪、苏秦等人还同时身挂数国相印。

然而，这些升迁的人几乎有一个共同特点，都是担任宰相之类的文职官员，未曾见过一介平民，直接被提拔为带兵打仗的将军。其原因，打仗是掉头流血的大事，不能有一丝一毫的疏漏，胜与负，往往直接关系国家的存亡。战国时期赵括，自认为很会打仗，死搬兵书上的条文，到长平后完全改变了老将廉颇的作战方案，结果四十多万赵军尽被歼灭，他自己也被秦军箭射身亡。就在眼前，北征救赵的楚国上将军宋义，长于论兵，短于实战，在赵国滞留四十六天，贻误战机，为项羽怒而所杀。历史上，纸上谈兵的人物并不少见。

刘邦是个精明人，不会轻易地定下军中主帅，他虽为萧何诚恳、执拗的态度所打动，但肯定会先见一见韩信，做一次全面的考察，好在韩信已有了准备。

随后，刘邦与韩信，就当前的政治、军事、战略和战术运用等话题，进行了广泛的交谈。韩信为刘邦分析了局势，预言了未来，并提出了还定三秦的构想。核心思想就是，尽快打回去，军心民心可用。这次谈话的内容，被详细地记录在《史记·淮阴侯列传》中，史称"汉中对"，或"汉中策"。

这里要申明一下，原文交谈是放在拜将仪式上进行的，是故事化的处理，极不可能。拜将是一件大事，刘邦在拜将之前，一定会和韩信正式见上一面，因此我们在时间顺序上做了一些修改。在交谈时，一定还会谈到还定三秦的具体办法，这是最为重要的部分，否则，交谈就是一次毫无意义的空谈。不过，古人记事惜墨如金，这一内容却被放到后面行动中加以记述。

韩信："敢问大王，东向夺天下，主要对手不是项王吗？"

刘邦："正是。"

韩信："我曾禀明丞相，项王绝非不可战胜。如今，以大王和项王试作比较，大王自料勇、悍、仁、强，哪方面能与项王匹敌？"

刘邦："都不能。"

韩信："大王明智。您不隐恶，能够纳言从谏，确实如此，臣也认为这几个方面大王不如项王。其一，项王英勇善战，一往无前，大王却常贪图享乐，有玩世不恭之态；其二，项王性情豪爽，仁爱部下，大王却待人慢而少礼，用人生疑。我曾在项王麾下效过力，了解他的为人，他的缺点却是无法克服的。何况强悍，是将军之事，而不是统帅所必须具备的。项王确是一个叱咤风云英勇无敌的人物，一声怒吼，千人为之失色，但他只知道凭个人的勇敢去战斗，不懂得怎样任贤用能，取悦人心，以智谋经略天下，也不能使部下将卒都能归心，乐为所用。所以，我以为项王的英勇善战，不过是匹夫之勇罢了！"

韩信又道："不过项王的性格是多方面的。有时他也会有'仁'的表露。项王的柔和一面，能使人如沐春风，感激不已。他为人恭谨、平易，言语温和而亲切，部下生病，他有时竟能难过得落泪。虽然如此，在我看来，项王的表现只不过是妇人之仁而已。"

刘邦："怎么个妇人之仁？"

韩信："施小惠，吝大体。他对有功之臣吝啬得很，拿着刻好的大印，反复磨弄把玩，印角都磨破了，始终舍不得交出，这不是婆婆妈妈的妇人之仁吗？他这么做，又怎能得到天下英雄豪杰真心的拥戴？我料定，如今他虽号令诸侯，称霸天下，但天下攻守之势迟早会发生转变。"

刘邦："怎么个转变？"

韩信："他放弃关中，建都彭城，失却地利；他违背义帝旧约，分封诸侯不公，把富庶美好的地方都封给了自己的亲故，诸侯们纷纷不平，很为不满；他赶走义帝，把义帝废置于江南，自己占据彭城称王称霸。故而，一些诸侯回到封国纷纷效仿，驱逐故王，抢夺地盘；他一向残暴凶狠，在新安坑杀二十万降卒，火烧咸阳三个月大火不灭，又杀秦王子婴，百姓早已恨之入骨。由此可见，项羽缺乏战略远见，发展下去，将是韧与智得胜，以暴、以猛勃然兴起的项王，虽强易弱，是容易被打败的。大王若能痛改前弊，反其道而行之，任天下武勇之士，何所不诛？以天下城邑封功臣，何人不服？用日夜想东归的将士，何所不胜？项王以为本身才智，超过了天下所有的人，仅凭一己之力，可以胜天下，这是失败的起点！"

刘邦："可惜啊！章邯、司马欣和董翳断了我东去的归路。"

韩信："三秦王并不可怕，怕的是大王犹豫不定，失去战机。您看，雍王章邯、塞王司马欣、翟王董翳，他们都是原秦朝降将，曾率关中子弟出关作战，数年之间死亡者不可胜数。他们又欺骗士卒投降项王，一夜之间被坑杀二十多万，唯独他三人得以保全性命、封王关中，秦地父兄早已恨之入骨。而大王从武关入咸阳，秋毫无犯，与民约法三章，除秦苛政，使民安居，关中百姓无不企盼大王按楚怀王之约，在关中称王。可见，若攻三秦，民心可用。如果大王举兵东向，夺取关中则易如反掌，传檄而定。得了关中，可恃关中之险、地方之富、民众之多，何愁东进争夺中原不成！"

韩信早已对楚、汉大势了如指掌，他的谋略令人醍醐灌顶，茅塞顿开。（明）李贽："信与沛公初见，凡说项羽处，字字拿着沛公，沛公卒受其益。"（《史纲评要》卷五）

这一天，是刘邦最快乐的日子。鸿门涉险以来，刘邦不断受到重挫。先是被逼拱手让出关中，再是丢失张良，特别是入汉以来，将士连连出逃，军心不稳，可以说跌到人生一个新的低谷。而韩信的"汉中对"，为刘邦在黑暗中送来了一抹曙光，刘邦军事集团之后的东进争天下种种攻略皆基于此。后人把这番宏论，比作三国时期诸葛亮对刘备分析天下大势的"隆中对"，确实是很有道理的。（明）唐顺之："孔明之初见昭烈论三国，亦不能过。予故曰：淮阴者非特将略也。"（《史记评林》卷九二）他认为，韩信首建大策时所表现的政治远见、军事谋略，都超过了诸葛亮的"隆中对"。当今许多学者也认为，"汉中对"意义重大，其作用应予重新评估。[24]

同月，汉王择良日，斋戒，设拜将台[25]，以古礼来拜统军大将，众将皆喜，人人各自以为得大将，至拜大将时，乃韩信，一军皆惊！

案：刘邦宣布一条重要消息，翌日将斋戒三日，修筑拜将台，选择良辰吉日，以古礼来拜统军大将。

军营沸腾了，将士们多么盼望能有这一天——等拜了大将，意味着东征指日可待，可以早日打回山东老家去，同自己的亲人团聚了。

应该说，拜将是一场政治秀，与其说是萧何向刘邦提出的，不如说是韩信私下要求的。此时，刘邦已经认定韩信就是他所要寻找的统帅，但是韩信没有军功，一下子担当这么重要的军职，那些跟刘邦出生入死的将军们肯定不服。这得把戏做好了，才能让人相信。于是，就有了名扬天下的登坛拜将仪式。

拜将这一天，人们带着不同的心情，竞相来到南郑郊外，一睹大将风采，一睹拜将场面。不过，他们的目光大多交错在汉将曹参、樊哙、周勃、郦商和灌婴等人身上。

不久，拜将仪式开始了，刘邦以大礼参拜，并宣布：拜治粟都尉韩信为汉大将！话音落下，全场哗然。谁也没有想到，刘邦会拜一个小小的治粟都尉为汉大将。诸将有的愤愤不平，有的嫉妒不服。韩信能有什么资格？以他们对韩信的了解，韩信是个胯夫，而且是个没有勇气的无能之辈。韩信又是从楚营过来的，难保他不是奸细。韩信犯过罪，还当过逃兵，本来就应当被杀头。可以说，汉军上下除了刘邦、萧何和夏侯婴，没有一个心服口服。

众将不服这是意料之中的事，却没想到反应如此之大。《史记》《汉书》均用了"一军皆惊"四个字来形容。而刘邦要的就是这样效果，高明的政治家，往往会借势造势。

刘邦是集大智大勇于一身，善于驾驭各种场面的主。他知道曹参、樊哙等多年跟随自己出生入死的朋友，撵不走，轰不跑，忠心不贰，矢志不渝，有什么不满，教育教育就行。而拜将这一招，稳定了军心，凝聚了人心，打仗有了主将，回家有了希望，将士们也就不再逃跑了。

同时，高规格的拜将，更让韩信死心塌地感动一辈子。老天开眼，乌云终于驱散，机会总是留给有准备的人，在他成功谋划下，今天终于登上了历史舞台。一个从淮阴走出来的胯下小子，不鸣则已，一鸣惊人，在即将拉开的楚汉战争帷幕中，一定会迎来真正属于自己打天下的时代。以后发生的一切均证明了这一点。

八月，汉王用韩信计，重申军法[26]，部署诸将所击。

案：如人们预料中的一样，自从项羽分封诸侯后，天下未曾得到一日安宁。汉高帝元年（前206）四月，诸侯各归其国。韩广不肯按照项羽的分封去辽东，发兵阻止臧荼就任，双方大战数月，臧荼消灭了韩广，兼并了辽东。

五月，田荣起兵反楚，打败项羽分封的齐王田都，继而杀了胶东王田市和济北王田安，自立为三齐王。田荣还把彭越扶植起来，彭越挥军南下，打败了楚将萧公角，直接威胁项羽的安全。

同时，陈馀对张耳被封为常山王而自己却没有被封很是不满，他得到田荣支持后，同张耳大战七八个月，最后张耳兵败逃奔刘邦。陈馀则把赵歇从代地接回来继续当赵王，自己却做了代王。

在中原地区再次陷入一片战乱之际，刘邦争夺关中的心思一刻也没有停止过。五月，他已令曹参取了下辨（今甘肃成县）和故道（今甘肃两当、陕西凤县），为进军关中搭好了跳板。韩信拜为大将后，立即部署诸将日夜操练，并受刘邦之命，基于秦的兵制，重申军法，对汉军进行全面整顿，整个汉中都动起来了。在荒蛮闷热的汉中，憋屈了四个月后，刘邦终于正式反攻三秦，楚汉战争[27]正式开始。

这里需指出的是，《淮阴侯列传》强调："遂听信计，部署诸将所击。"就是说，韩信只是随汉王出战，刘邦只是用韩信之计，而作战主要还是由刘邦亲自指挥。

其实，刘邦任命韩信为大将，何尝不是一场赌博。刘邦是天生的赌徒，他不赌，只能一辈子困在汉中，与死无异。赌输了，他顶多损失些兵马，还有汉中可依。赌赢了，他就能依靠韩信赢得天下。尽管如此，刘邦还是留有一手。他并没有把兵权立即交给韩信，因为从起兵那天起，刘邦始终立于战争的前头，统兵作战能力极强。而拜韩信，主要是以高官厚禄留住顶级人才，完全没有必要因为找到一个更能打仗的将军，或者有才华尚未经战场证明的将军，就把军队全部交出去。当然，未来的某一天，如果需要分兵，刘邦自然就会把一部分军队交给韩信——他后来也是这么做的。再者，刘邦五十来岁，阅人无数，乱世出英雄，他也担心可能有一天压不住韩信，他必然想到了揭竿而起的陈胜。天下群起响应，前后不到一个月就攻占了陈地，建立了"张楚"；不到三个月，这股狂飙就席卷天下，数十万人马突入中原，威逼秦都咸阳。可是又过了三个月，他就像一朵鲜花，遭到了风霜，一下子凋谢了，正是"其兴也勃焉，其亡也忽焉"，这里面的原因主要就是陈胜成天待在宫里，把指挥作战的征伐大权轻意地授予他人，而派出去的秦嘉、武臣、张耳、陈馀等一众将领，离开后都陆续背叛了他。因而，刘邦深恐韩信功劳过高，权威过大，有损于他的声誉和形象。或者认为，不用韩信也能取胜。所以，一向高傲自负的刘邦要亲自带兵出关东进了。

栈道[28]千里，多已不通。韩信出其不意从故道出陈仓，"须昌侯"赵衍[29]指出了一条重要小道。

《汉书·高帝纪上》记载：

汉王引兵从故道出袭雍。雍王邯迎击汉陈仓，雍兵败，还走；战好畤，又大败，走废丘。汉王遂定雍地。东如咸阳，引兵围雍王废丘，而遣诸将略地。

案：就在四个月前，刘邦由关中去汉中，走的是秦入蜀的褒斜道。《史记·留侯世家》中有记载。当时张良送刘邦入汉中，火烧褒斜道，表明刘邦无东归之意。

在秦灭六国时，除褒斜、子午道外，傥骆、陈仓诸小道都已废弃。汉军如果想从这些小道出来的话不仅路况险峻，还可能遭遇设伏在谷口的敌军阻击。那么，刘邦最先要做的，就是修复褒斜道上的栈道。

就地缘关系来看，控制关中盆地以西的是雍王章邯。他奉项羽之命，以废丘（今陕西兴平东南）为雍都，作为第一重门户。因此，他是汉军北出的直接对手。然而，他认为褒斜道已烧毁，刘邦就是插翅也难以飞过，平时他并未秣马厉兵，只是经常派人巡察一下，提防着刘邦出来就是。

很快章邯得到报告，刘邦新近拜了韩信为统军大将，还派人日夜抢修褒斜道，准备择日东征。

章邯十分吃惊，褒斜道烧毁容易，修复却是万难。当今天下唯有刘邦能与项羽对垒，栈道之险刘邦不是不知道，为何如此嚣张，莫不是有其他企图？栈道一年半载未能修好，汉兵又从何处出来？他判断修褒斜道只是虚晃一枪，明摆着要造成他的错觉，转移视线，以达成偷袭的目的。他料定，汉军将向西占西县、上邽，走祁山之道攻击关中。汉军已占有西部下辨一些地方，西出关中最为有利，也是唯一的路途。因此，雍军必须提前分兵堵截汉军，以防万一。

其时，章邯对韩信并不了解，传说中的韩信只是个胯下小子，他觉得韩信玩阴谋诡计还嫩了点。虽这样想，但凭借多年作战经验，特别是钜鹿大战的惨痛教训，心中仍有余悸。承蒙霸王委以看守秦川重任，他自然不敢掉以轻心。

章邯是旧秦大将，也是唯一能称得上项羽对手的人。他曾是主持骊山陵营造的少府，读过许多简策。在陈胜、吴广发难，诸侯并起时，承担起大秦帝国的最后命运。他凭借手中一路人马，先败周文数十万大军，又破齐楚联军，再杀楚军最高统帅项梁于定陶，击败了函谷关以东的各路叛军。在钜鹿之战中打得六国人马都不敢救援赵国，但后来被项羽击败，随项羽进入关中，封为雍王。现在，他强烈感觉到在此安度晚年是不可能了。

而韩信，在楚营时已对章邯和他的大兵团作战战法研究过，如何利用山区地形，选择好进军路线则是一个重大问题。

汉军人马有限，又需要长途作战，而章邯以守为攻，以逸待劳，如果按常规的打法，一定难以取胜。此战的关键，是要造成攻击的突然性，避开章邯的正面防御，调虎离山，声东击西，打他个措手不及。为此，汉军须先多路越过白水，向三秦西部进军，进一步吸引章邯分兵援助。尔后，汉军主力可出其不意经陈仓道再转从故道，倒攻散关，出陈仓县。

陈仓（今陕西宝鸡市东）是一大军事重镇，也是关中盆地的门户。南郑离今天的陕西省汉中市不远，而咸阳则是在今天的陕西省西安市以西。陈仓和咸阳连线呈东西走向，和秦岭山脉平行，南郑却在秦岭的这一边。陈仓、南郑、咸阳三地的连线几乎是一个等腰直角三角形，陈仓就在直角顶点上。如果汉军先入陈仓，就等于绕到三秦王军队的后面去作战。

韩信部署先行四路兵马出击，但并不同道。根据《史记·曹相国世家》《汉书·樊哙传》《汉书·靳歙传》《史记·郦商传》等文献判断，此时，汉将曹参[30]率部，先从汉中渡过白水，由两当赶赴故道，增援陈仓，然后转而攻雍地。汉将樊哙[31]率部，从汉中渡过白水，攻西县，得手后亦从陈仓道转从故道，增援陈仓。汉将靳歙[32]率部，过白水，再从下辨以西渡过渭水，直接插入陇西，待雍军率师东移之后，全力平定陇西各县，切断章邯的西去之路；汉将郦商[33]率本部人马，与靳歙一起大造声势于陇西，并乘势攻取北地、上郡，进一步引诱章邯北援。

当得知章邯下达命令，雍军向西县、上邽一线集结时，韩信大喜过望，随即，与刘邦率领主力出汉中向北暗暗开去。

汉军沿着断断续续的残痕行走，偶尔可以看见悬崖陡壁上的石窟窿，或者，在深山里拨开疯长的杂草，依稀可见故道上静躺的石块。当地寰民特意赶来做向导，使队伍在大山峡谷中辗转前进。

从褒中向西二十里到达勉县。勉县在历史上是汉中盆地的西北门户，无论军事或行旅农商，都是要塞。宋代抗金将领张浚（1097—1164）曾称勉县的形胜为"前控六路之师，后据西蜀之粟，左通荆襄之财，右出秦陇之马"。

从勉县出去后，应当怎么走？郭清华在《陈仓道初探》（《成都大学学报》1989年第二期）一文中，指出了具体路径："从勉县关山梁起，沿途经今两当河口、长沟河、汪家河，越九台子到茅坝，过二沟火烧关，又经留坝营盘、闸口、箭锋垭、凤县油房咀、连云寺、留风关、酒奠沟、酒奠梁到双石铺。又从双石铺沿故道河（嘉陵江上游）北上大散关，出宝鸡市东的古陈仓县。计险四百八十里。"也就是说，刘邦、韩信率军经沔县的铁炉川、凤县的陈仓沟，到故道河，继而麾动三军，逢山开道，遇水搭桥，牵藤攀葛，登高投险，翻越秦岭，直取陈仓城，一举打开了通向关中的门户。至此，韩信"捉迷藏"似的战略目标得以初步实现。

韩信第一次制定的出兵计策，就创造出具有深远意义的军事杰作。元杨维桢称赞道："韩信登坛之日，毕陈平生之画略，论楚之所以失，汉之所以得，此三秦还定之谋所以卒定韩信之手也。"（《史记评林》卷九二）这次战役《史记》《汉书》记载得很明确，特别是此役汉军主要将领功臣行动线路表明，这是一个大的战略欺骗。事实上，刘邦、韩信一面派兵多路明出陇西，明修褒斜栈道，吸引章邯注意力，造成他判断错误，使得雍军主力向西移去；一面暗中率军西走陈仓故道，从而以迅雷不及掩耳之势一举成功偷袭陈仓，攻入关中。至于"明修栈道，暗度陈仓"一说，只是元代以后才在小说戏曲中出现，在此之前任何史书中都没有提到过，这应该是后人的穿凿附会。

同月，韩信放开废丘孤城，以凌厉之势，迅速降服了塞王司马欣[34]、翟王董翳[35]，三秦地传檄而定。

案：韩信暗出陈仓，倒攻散关，出奇用兵，趁机杀入关内，控制了进入关中这一最为关键的战略要地。紧接着汉军渡过渭水，如神兵天降出现在关中平原上。

散关，是关中地区的四大关口之一。位于今天陕西宝鸡西南的大散岭上，自古以来就有"秦蜀噤喉"之称，是南控汉中、北制关中的兵家必争之地。

当得知汉军走陈仓道入关时，章邯大为吃惊，自己是秦地人，又曾任秦朝少府，掌管着秦地的河流、山川、道路各类图集，可是图集上从没标注过，更没有听说有人走过，只是一个传闻。陈仓古道曾是历史上一条北通秦陇的小道，早已经废掉，险恶难行的古道，汉军是怎么知道的？又是怎么走过的？

很快就有答案，因为山险水恶，在当地人范目[36]的协助下，从故道而出，汉军才得以成功偷渡。到了这个时候，章邯完全如梦方醒，汉军主力的出击方向，是陈仓而非陇西，攻打陇西是虚张声势，可是许多雍军已经调出，无法回防，他对自己的轻敌和误判后悔不已。但章邯毕竟曾是统率过百万人马的大将，此时，并没有被意外所完全击倒。他认识到陈仓城失守，意味着秦地将被拦腰切断，咸阳、好畤（今陕西乾县东）、废丘危在旦夕，这该怎么办？他在坚守废丘的同时，一面令其弟章平守好畤，屏障废丘；一面将陇西一线的人马迅速向东收缩，保障其侧后安全，并火速向塞王、翟王和霸王求援。

在这一切安排好后，他亲自带上废丘的机动兵力，由东向西开赴陈仓拦截汉军。而此时，攻下西县的汉将樊哙也已率军赶到陈仓附近，配合汉军主力协同作战。

汉、雍两军相遇，汉兵是积愤已久，锐不可当，好似猛虎下山，一经遭遇便将雍军杀了个人仰马翻。这时又传出消息，西去陇西的汉将靳歙、郦商等诸路兵马进展顺利，前去增援的雍军，欲进无力，欲退无能，被紧紧拖在那里。章邯综合分析情况后，自度势劣，迫不得已退回废丘。

至此，韩信成功完成了"还定三秦"的第一个目标，从汉中突围，在关中地区获取立足之地。

废丘是雍王城，位于秦地中部的陈仓和咸阳之间。初战告捷，汉军斗志更盛，诸将纷纷向刘邦、韩信请缨，争当攻击废丘的先锋。韩信告诫不要着急，有的是时机，三秦王尚未出去，塞军和翟军尚没出动，章邯必然还要组织反扑，大战还在后头。

关中向来被称为秦，又因为防止刘邦势力的扩张，项羽把关中分割为三部分，分封三王，后世因而称三王为"三秦王"。除了章邯分封雍王外，司马欣封塞王，王于咸阳以东到黄河一带，建都栎阳。董翳封翟王，王于陕西北部，建都高奴。而咸阳则成了三秦的分界点。

章邯退守之后，韩信第二个目标便是东下咸阳，攻打三秦联军。刘邦、韩信命曹参、樊哙和周勃[37]为前锋，绕过废丘，深入敌后，包围章邯其弟章平固守的好畤城，配合主力部队在废丘作战。刘邦则和韩信亲率大军沿渭水河谷推进，兵锋直指废丘，诱使章邯反攻。不久，章邯得到了塞王司马欣、翟王董翳的增援，声势大振。他亲统三秦联军十万人，西出壤乡之东的高栎（今陕西武功东南），来同汉军战斗，企图一决取胜，消灭汉军的主力。

就当时态势而言，双方几乎势均力敌，在兵力对比上章邯占有一定的优势，汉军将士则在汉王刘邦和大将韩信带领下，斗志昂扬地迎了上去。

与此同时，韩信命令曹参、樊哙自好畤南下，切断章邯的退路，前后夹击，章邯由于腹背受敌，遭到汉军突然袭击，结果全军崩溃，不得已第二次引败卒逃回废丘，闭城自守，等待项羽发兵前来救援。

虽歼灭了三秦联军主力，取得决战胜利，但形势仍不容乐观，章邯绝不会甘心失败。现在汉军主力屯于坚城之下，一味拖下去，汉军仍有被合击的危险。

当时有几种可供选择的方案：一是强行攻取，这要花相当大的代价，要死不少人；二是引渭水注入废丘，这样可以迅速取胜，而城中黎民百姓要一起遭殃；三是不受章邯牵制，搁下废丘，围而不打，扩大作战范围，来个四面开花。其实，要与项羽争锋天下，民心最重要。用水灌废丘，现在不行，一灌，刘邦跟三秦王、霸王还有什么两样？

军事是手段，政治是关键。三秦王在关中地区毫无政治基础，一旦军事力量被摧，其政治统治便会顷刻瓦解。而汉军目标不是一城一地的得与失，汉王形象仁厚，在关中深得人心，放开废丘，很可能造成破竹之势，有利于迅速占领关中。这样，既避免了大军屯于废丘城下，又能迅速平定三秦。至于废丘什么时候攻取，那要视情况而定；怎么个攻法，自然水灌也是一个办法，但必须到万不得已。

于是，确定了第三个目标，放开废丘城，立即向关中各地进军。韩信留下少量兵力围困章邯，自己与刘邦率主力长驱东进，迅速拿下了咸阳。然后马不停蹄地分兵东进北上，以凌厉攻势，迫降了塞王司马欣、翟王董翳。接着，又令灌婴率军攻下了栎阳，郦商攻下了北地（郡治义渠，今甘肃庆阳西南），靳歙平定了陇西（郡治狄道，今甘肃临洮）六县。

虽然废丘未下，但其已是孤城，难成气候。这样，韩信总共不到一个月时间，就基本上平定了关中各地。

这个奇迹，是青年英雄韩信创造的，充分展现了其军事天才。这也是他平生所指挥的第一个战役，初出茅庐，一鸣惊人，开创了中国历史上从汉中出兵攻占关中的唯一成功战例。诸葛亮耗费一生到死也没有成功，李自成数万兵马都被打残。而韩信取得胜利的原因主要有三条：一是成功地隐蔽用兵方向，从根本上打乱了敌军部署，示形陇西，暗走陈仓，以奇迹创造奇迹；二是灵活用兵，以正面诱敌，前锋迂回奇袭，分兵合击，始终掌握战场主动权；三是不屯兵坚城，大胆神速进军，确保了"三秦之地可传檄而定"预言的实现！

考释

[1] 霸上，即灞上，在今陕西省西安市东，因在霸水西高原上而得名，即如今的白鹿原。为古代咸阳、长安附近军事要地。

[2] 西破咸阳。刘邦在峣下击败秦军后，进至秦都咸阳附近的蓝田。秦廷组织了最后的力量与刘邦军大战于蓝田，刘邦大破秦军。这样秦朝失去了所有的抵抗力量。《史记·高祖本纪》卷八："汉元年十月，沛公兵遂先诸侯至霸上。秦王子婴素车白马，系颈以组，封皇帝玺符节，降轵道旁。"即，汉高帝元年（前206）十月，刘邦率军入关，在位仅四十六天的秦王子婴素车白马，"系颈以组"，在轵道（今陕西西安城区）旁，向刘邦献上了传国玉玺，盛极一时的大秦帝国至此灭亡。

[3] 坑秦降卒。高帝元年（前206）十一月，当项羽率诸侯联军接近关中地区，在新安扎营时，秦军的怨气越来越大："如今这一切都怪章邯，当初骗我们向楚军投降。秦法严苛，如果此行成功灭秦，我们也是胜利之军，没人追究责任，但是如果战败，我们就变成了罪人，我们在国内的家人肯定要被诛杀殆尽。"因此秦军的动乱情绪传染很快，大有蔓延之势。

项羽得知消息后，忧心忡忡，虽然秦军都已投降，但是如果他们集体暴动，局面必然失控。项羽当时没有和各诸侯统领商量，他找来平时最为信赖的黥布和蒲将军柴武，做出了项羽这一生最坏的决断：坑杀降卒。联军连夜行动，一个晚上就把秦军降卒二十万人全部坑杀在新安县城南。新安杀降事件使得项羽永远失去了秦国的人心。

事在《史记》卷七《项羽本纪》、卷十六《秦楚之际月表》。

〔4〕约法三章。高帝元年（前206）十一月，刘邦率领大军攻入关中，占领秦都咸阳。他接受樊哙、张良的劝告，封闭宫室，还军霸上。为了争取民心，他以废除秦朝苛法为号召，与关中父老"约法三章"，即议定三条法令："杀人者死，伤人及盗抵罪。"意思是：杀人者要处以死刑，伤人者和盗窃者要受到与其罪行相应的处罚。由于坚决执行"约法三章"，刘邦很快得到了秦地百姓的信任和拥护。

上述"约法三章"的内容，除见诸《史记》外，东汉班固《汉书》、唐杜佑《通典》、北宋司马光《资治通鉴》均有记述。

〔5〕项伯，请见"高帝五年"条下"考释"。

〔6〕鸿门宴。指汉高帝元年（前206）十月，于秦朝都城咸阳郊外的鸿门（今陕西西安市临潼区新丰镇鸿门堡村）举行的一次宴会，参与者包括当时两支抗秦军的义军领袖项羽和刘邦。

《史记·项羽本纪》卷七：

沛公旦日从百余骑来见项王，至鸿门，谢曰："臣与将军戮力而攻秦，将军战河北，臣战河南，然不自意能先入关破秦，得复见将军于此。今者有小人之言，令将军与臣有郤。"项王曰："此沛公左司马曹无伤言之；不然，籍何以至此。"项王即日因留沛公与饮。项王、项伯东乡坐，亚父南乡坐，亚父者，范增也。沛公北乡坐，张良西乡侍。范增数目项王，举所佩玉玦以示之者三，项王默然不应。范增起，出召项庄，谓曰："君王为人不忍，若入前为寿，寿毕，请以剑舞，因击沛公于坐，杀之。不者，若属皆且为所虏。"庄则入为寿。寿毕，曰："君王与沛公饮，军中无以为乐，请以剑舞。"项王曰："诺。"项庄拔剑起舞，项伯亦拔剑起舞，常以身翼蔽沛公，庄不得击。

鸿门宴上，谋士范增认为，刘邦乘虚入关进咸阳，却变得道貌岸然起来，秦宫的美女一概不要，封存府库，严格军纪，并派军封锁了函谷关，可见关中王位，并不是他的非分之想，他更要攫取的是天下。宴席间，范增数举所佩玉玦，暗谕项羽速下决断，杀死刘邦，项羽全然不予理睬。范增不在意项羽真实的想法是什么，他竭尽全力辅佐项羽，只是为了故人项梁的那份情谊。他派项羽的堂弟项庄直接进入大帐，让项庄舞剑助兴，趁机杀掉刘邦。

　　然而，刘邦见项庄舞剑，剑锋直指自己，知道项庄是冲着他来的。张良只好用眼神求助项伯。项伯会意便离席，拔剑同项庄对舞起来，甚至有时用身体拦阻。这也就是"项庄舞剑，意在沛公"成语故事的由来。不久，刘邦借口如厕，叫上驾车的夏侯婴等人偷偷地逃出了楚军大营。这次宴会对秦末农民战争及楚汉战争都产生了重大影响。

　　［7］分封天下。高帝元年（前206）二月，在秦宫废墟烟火未熄时，项羽便开始处理善后。最为棘手的是，如何处理好刘邦和楚怀王熊心的安置问题。

　　刘邦先进咸阳，楚怀王熊心已有前约，项羽派人去劝说熊心撕毁当初的誓约，不要封刘邦为关中王，没想到熊心不同意。项羽大为震怒。他决定甩掉熊心，自行做主，名义上尊熊心为"义帝"，奉为天下共主，实际则将他废置到江南郴县（今湖南郴州）。

　　分封方案很快拿出来了。项羽自封为"西楚霸王"，据九郡，都彭城；并将原秦国和六国的疆域分封给十八个诸侯。

　　范增鸿门宴上未能说服项羽，加深了他遏制刘邦的决心。根据他的建议，为了提防刘邦，不封刘邦为关中王，改立汉中王，据交通闭塞的巴、蜀、汉中之地，定都南郑（今陕西汉中）。章邯为雍王，定都废丘（今陕西兴平东南）；董翳为翟王，定都高奴（今陕西延安北）；司马欣为塞王，定都栎阳（今陕西西安阎良区）。黥布为九江王，定都六县（今安徽六安北）；吴芮为衡山王，定都邾县（今湖北黄冈北）；共敖为临江王，定都江陵（今湖北江陵）；田都为齐王，定都临淄（今山东淄博市东北）；田安为济北王，定都博阳（今山东泰安东南）；田市为胶东王，定都即墨（今山东平度东南）；赵歇为代王，定都代（今河北蔚县东北）；张耳为常山王，定都襄国（今河北邢台西南）；韩成为韩王，定都阳翟（今河南禹州市）；申阳为河南王，定都洛阳（今河南洛阳东北）；魏豹为西魏王，定都平阳（今山西临汾西南）；司马卬为殷王，定都朝歌（今河南淇县东北）；臧荼为燕王，定都蓟（今北京城西南）；韩广为辽东王，定都无终（今天津蓟州区）。

田荣屡次弃项羽，不肯合作，又不肯领兵从楚攻秦地，未予封赏。成安君陈馀，钜鹿大战与张耳有争执，抛相印离去，也不跟随楚军入关，因其平素贤名远播，又有功于赵国，封南皮（今河北沧州）三县。

其中，这十八个王都是反秦战争的参加者，除了刘邦和黥布出身低微外，其他都是原六国贵族后裔，以及秦三降将。

[8] 彭城，江苏徐州古称，地处华北平原东南部、江苏省西北部，是华东重要门户城市，素有"五省通衢"之称，历来为兵家必争之地。徐州还是两汉文化的发源地，有"彭祖故国、刘邦故里、项羽故都"之称。

[9] 项羽逐杀义帝的原因：一是当初确定西进关中的人选时，他和刘邦都要去，楚怀王熊心却最终选定了刘邦，让他耿耿于怀。二是进入关中后，刘邦愿意让出咸阳给项羽，熊心却固执地坚持应该如约而行。谁先入关中谁就为关中王，摆明和他作对。三是给熊心一条生路，熊心却磨磨蹭蹭一副很不心甘情愿的样子。既然给你生路你不要，为了不留后患，那就只有一条死路了。

[10] 烧绝栈道，是张良提出来的"绝守"计策，明修栈道、暗度陈仓，是韩信制定的"出攻"大略。正是这一守一攻，让刘邦躲过了项羽的杀机，赢得了宝贵的喘息时间，最终得以逐鹿天下。

《史记·留侯世家》卷五十五："良因说汉王曰：'王何不烧绝所过栈道，示天下无还心，以固项王意。'乃使良还。行，烧绝栈道。"可以说，没有了栈道，汉中就成为一块绝地，谁也不会丧心病狂到烧毁自己的退路。这条栈道一烧，既是向项羽表明自己没打算再出去，让项羽安心，同样也断绝了项羽向汉中进军的道路。烧毁栈道，一举两得，否则，谁知道项羽在范增的谋划下，又会出现什么变数。

参见"本年"条下考释"汉中通向关中的主要栈道"。

[11] 田荣，事见《史记·秦楚之际月表》卷十六，高帝二年（前205）十二月，项籍击（田）荣，走平原，平原民杀之。《史记》《汉书》均称二年冬。应是一致的。事迹详见"高帝二年"条下考释"天下大乱"。

项羽分封诸将后，齐相国田荣不平，起兵反楚，联合彭越，并灭三齐之地，自立为齐王。又出兵助陈馀攻常山王张耳，使彭越攻楚。汉高帝元年（前206）六月，彭越败楚将萧公角。

[12] 项羽征伐田荣。汉高帝二年（前205）十二月，项羽亲率大军攻打田荣，荣亦率军南下，与彭越合兵迎击楚军，双方大战于城阳（今山东青岛北），齐军大败而溃，彭越亡入巨野、济水间。田荣北走平原（今属山东），为平原民众所杀。项羽立田假为齐王。

见《汉书》卷三十四《韩彭英卢吴传》。

[13] 韩成，姬姓韩氏，秦末韩国宗室后裔，为张良倾心所拥戴，为项羽所封韩王，史称韩王成。后项羽欲控制韩地，以韩王成无军功且张良助汉为借口，不遣韩成就国，带至彭城，废为侯，又杀之。《史记·秦楚之际月表》卷十六：秦二世二年（前208）六月，"韩王成始"；汉王元年七月，"项羽诛成"。

[14] 张良归汉。项羽闻知刘邦平定三秦，怒不可遏，决定率兵反击。此时，尚在彭城的张良寄书蒙蔽项羽，声称："汉王名不符实，欲得关中；如约既止，不敢再东进。""齐国欲与赵联兵灭楚，大敌当前，灭顶之灾，不可不防。"意在将楚军注意力引向东部。

不久，项羽认为张良帮助刘邦欺骗了自己，但张良是项伯的朋友，不便直接加害，于是迁怒于韩王成。杀了一个韩王成也没有什么了不得，偏偏作为韩相国的子孙，张良把他视为复兴韩国的命根子，发誓要报仇雪恨。《史记·留侯世家》卷五十五："项王竟不肯遣韩王，乃以为侯，又杀之彭城。良亡，间行归汉王，汉王亦已还定三秦矣。复以良为成信侯，从东击楚。至彭城，汉败而还。"也就是说，项羽最终不肯派韩王成回韩国，于是把他贬为侯，又在彭城杀了他。张良逃跑，躲过楚军的追查，回到刘邦那里。刘邦便封张良为成信侯，跟从东征楚国。

值得注意的是，这里的韩王成就是张良效忠的韩王，被项羽杀了后，项羽立了郑昌为韩王，郑昌就是后来被韩王信杀的那个韩王，项羽杀了韩王成后，张良便朝夕相随刘邦左右，成为划策之臣。明代李贽曾评论此事说，项羽此举，"为汉驱一好军师"。的确，项羽杀韩王成客观上帮了刘邦的大忙。

［15］泗水亭长，参见"始皇三十三年"条下考释"南昌亭"。

［16］楚左尹，楚国最高的行政长官称令尹，相当于别国的丞相、宰相，副长官称左尹，相当于别国的副丞相（左丞相）、副宰相。《左传·宣公十一年》："楚左尹子重侵宋。"《史记·项羽本纪》卷七："楚左尹项伯者，项羽季父也。"

［17］巴蜀，主要在今四川境内。东部为巴，西部为蜀，毗邻相连。当时四川盆地在地形上为"四塞之国"，荒蛮僻地。"巴"字古体有如蚯蚓，蜀字也包含有"虫"在其中，古代交通极为困难，唐代大诗人李白发出"蜀道之难，难于上青天"的感叹。要说巴蜀，总是避不开汉中。汉中，北屏秦岭，南亘巴山。它和关中的直线距离虽不是很远，最大的障碍是北方的高山——秦岭，所以距关中虽近而很少往还。在秦代，那些犯有重罪，判处流刑的人，就被流配到这些地方。

［18］韩信归汉的主要原因。韩信已取得楚军较高职位，为什么还要弃楚归汉？依据韩信和汉王刘邦的汉中对谈，我们的理解是：

其一，政治理念不合，项羽不是安天下的主儿。搞分封是春秋战国时"合纵""连横"的旧思维，他只想做个诸侯长。目睹了项羽分封的过程，又人为地造成许多新矛盾，除刘邦外，齐国田荣长期同项家对立，现在又没有封王，对项羽更加不满。张耳、陈馀一个跟随，一个没有跟随项羽入关，张耳封王了，陈馀却没有封王。韩广和赵歇二人，早在陈胜起义初就分别当上了燕王和赵王，也没有跟随项羽入关，这次分别被改封为辽东王和代王，他们都对项羽不满意。还有长期游击作战的彭越，这次也没有得到封赏，也对项羽耿耿于怀。这些都是天下大乱的祸根。

其二，刘邦的政策得人心，发展潜力大。受经历限制，贵族出身的项羽只是一个复仇者，而一介平民的刘邦不同，在秦时虽一无所有，秦灭六国，也无所失，反秦只是出于大义。所以，他在反秦过程中，能平和相待，从容行事，宽容待人，显示出一种能屈能伸、较雍容的气度，从弱到强，一步一步地走向壮大，脱颖于群雄。特别是刘邦废除秦苛法，与秦民约法三章，秦人欢欣鼓舞，明显起到了争取民心的作用。纵观天下，能安民者，必为刘邦也。

其三，自己无法得到重用，更换平台的时候到了。两年的楚军统帅部工作，作为项羽的近卫武官，韩信一直无法走进项羽的心灵，他越来越不安，许多想法难以表达。而执戟郎中并非所求，出于门第之见，项羽也绝不会重用自己。原因很简单，项羽为故楚国大贵族，韩信出身贫寒，彼此难以接近，虽有奇谋妙策也必不被重视。英雄岂无用武之地，要想有所作为，干一番大事业，必须更换平台！但他明白，他不是那种呼风唤雨的领袖人物，故投奔汉王刘邦也是一种无可奈何的选择。

［19］连敖，楚国官名。一说为司马，一说掌接待宾客。《史记·淮阴侯列传》："汉王之入蜀，信亡楚归汉，未得知名，为连敖。"注："《集解》徐广曰：典客也。《索隐》李奇云：楚官也。张晏云：司马也。"《汉书·功臣表》："以卒从起砀，以连敖入汉。"如淳注曰："连敖，楚官。《左传》楚有连尹、莫敖，其后合为一官号。"

［20］治粟都尉。《史记·淮阴侯列传》卷九十二："滕公奇其言，壮其貌，释而不斩。与语，大说之。言于上，上拜以为治粟都尉，上未之奇也。"

治粟都尉为汉代官名，相当于后勤部长、部别将军一类，因汉武帝时期政治家、理财专家桑弘羊（前155—前80）也有当过治粟都尉的记载而受到质疑。细考史料可以发现，治粟都尉与搜粟都尉在汉代实为不同官职，治粟都尉是大司农的另一名称，而搜粟都尉本为大司农属官。桑弘羊的治粟都尉、搜粟都尉、大司农，都在《史记·平准书》中。

如果治粟都尉真为后勤部长，韩信还会跑走吗？应该不会。对此，《古史杂识》"增补本""治粟都尉小考"认为，治粟都尉与治粟内史可能被搞混了，系司马迁未及复核而留下问题。桑弘羊为治粟都尉领大司农又贬为搜粟都尉，或为治粟内史，领大司农，贬为搜粟都尉之误。汉初官职不是太严格，治粟都尉一职，或许是刘邦为韩信量身定制。

[21] 萧何（？—前193），泗水郡丰邑（今江苏徐州市丰县）人，为刘邦平民时的好友。西汉开国元勋、政治家、相国，"汉初三杰"之一，韩信为其所赏识。

据《史记·萧相国世家》载，萧何早年入仕秦朝，担任沛县主吏掾（秦置汉因之，其职即功曹，掌官府人事）。他廉政勤政，每年秦地方官吏考核政绩，都名列第一。刘邦为亭长，又时时给予帮助。刘邦起兵后，拥立刘邦为沛公，招子弟三千，组织义军，专门督促办理军中各项事务。攻克咸阳后，诸将都欲抢夺金帛财物，萧何却将秦丞相府、御史府所藏的律令、图书全部收藏起来，使刘邦得知天下关塞、驻兵强弱、郡县户口、民众疾苦，为日后制定正确的方针政策和律令制度找到了可靠的根据，对日后西汉政权的建立和巩固，起到了重要作用。

萧何一向坐镇后方，由于后勤工作的关系，结识了韩信。韩信投奔刘邦麾下时，起初刘邦让他当了一个管理粮草的官，他大失所望。在接触过程中，萧何发现韩信有胆有识，是个不可多得的人才，于是多次向刘邦推荐，但并没有引起刘邦的重视。韩信逃亡后，萧何心急如焚，来不及报告刘邦，跳上战马，连夜"月下追韩信"，追回来力促刘邦筑坛拜为大将。在楚汉战争中，韩信军事才能的充分发挥和运用，乃至汉王刘邦能够最终夺取天下，从一定程度上说，同萧何的慧眼识才、倾力荐贤是密不可分的。遇萧何，韩信真不知是幸运，还是生命中的劫难。

参见"高帝十二年"条下考释"萧何免祸自全"。

[22] 韩信出走的道路。追韩信的故事见于《史记》和《汉书》，然所追何路，两书均没有明指。后代史志及民间所指不一。主要有三说：

一说最早见于史籍的"东归道"，也称南江说。据《舆地纪胜》《南郑通志》等书籍记载，由四川的巴中，经米仓道，或要跨长江，过三峡，进鄂西。唐宋年间有几块石刻记载是为佐证。

一说是清代道光时的"西走道"，也叫"宁强说"。北入甘南，南进川北，或要进入少数民族聚居地。

还有一说是清初出现的北行道，即"马道说"。经南郑，过马道，越秦岭，重新进入关中。清嘉庆《汉中府志》载："马道河：（褒城）县北九十里，源发驿西山峡中，东流合褒水，古名'寒溪'。昔韩信亡汉至此，水涨不能渡，萧何故追之。"今天陕西留坝县马道镇路旁留有三块石碑，中间一块刻着"寒溪夜涨"四个大字，"不是寒溪一夜涨，焉得汉室四百年"典故就出于此。右边一块刻着"汉相国萧何追韩信至此"，左边一块字多模糊，细看知是清咸丰时记载着萧何追韩信的详细情形。

韩信的出走，应该没有一个明确目标，走出方向是出汉中进中原，因此北行道近于情理。

［23］大将与大将军的区别。秦汉之际只有"将""上将军""大将军"。笔者认为，韩信的"大将"一职，应该是当时独一无二的特别设置。

汉之前最高军事武官称为上将军，如秦之白起，秦末之宋义、项羽，均为指挥重大战役的临时统帅。陈胜、吴广起义时，赵王武臣任命陈馀为大将军。《汉官仪》载："汉兴，置大将军，位丞相上。"《文献通考》卷五十九云："大将军内秉国政，外则仗钺专征，其权远出丞相之右。"而韩信"大将"一职，属将官的最高一级，实际上就是汉对外战争的三军最高军事统帅，职位在丞相之下。由上可知，大将军军政兼抓，大将专属军务。后来韩信统兵的事实也证明了这一点。

而当今许多书籍和电视剧都将"大将军"与"大将"混为一谈，不妥当地称韩信为大将军。不过，在《史记·高祖功臣侯者年表》关于淮阴侯韩信的记载中，有一处"萧何言大将军（韩信）"，《汉书·高帝纪上》亦有一处"拜信为大将军"，仅为个例，而其余各处均用"大将"。

［24］"汉中对"的作用。如何看待"汉中对"，人们存在一定的分歧。赵志强先生在《韩信》一书中认为，在拜将时，韩信所提的策略，不

过劝刘邦先出兵略定三秦。这个提法，萧何当初劝刘邦接受项羽给予的汉王封号时就已经提过，并非始自韩信，谈不上独到见解。而多数学者认为，以往对"汉中对"在楚汉战争中所起的作用及历史地位，应给予很高的评价。本谱赞同之。

吉书时认为，以对历史进程的影响而言，刘邦与韩信的"汉中对"远远大于刘备与诸葛亮的"隆中对"，它是关系西汉建立的重大事件。"汉中对"为刘邦指出了东进的光明前景。在对策中，韩信分析了项羽的为人，指出他表面强大，实际是"匹夫之勇""妇人之仁""背义帝之约""以亲爱王诸侯""天下多怨"，从而得出"其强易弱"的结论。同时指出，刘邦虽弱，但深受关中民众欢迎，从而得出必能取胜的结论。随后提出了夺取天下的纲领，即"任天下武勇，何所不诛！以天下城邑封功臣，何所不服！以义兵从思东归之士，何所不散"。楚汉战争，就是在这一纲领指导下进行的。刘邦的胜利，是实施这一纲领的结果。"汉中对"既是刘邦夺取天下的纲领，又是刘邦迈出第一步的催化剂，可以说是刘邦帝业的基石。

徐勇、黄朴民从战略决策思想的高度探讨了"对策"。认为"汉中对"在分析敌我态势，预测战争形势，确定战略主攻方向以及把握战略进攻时机等方面，全面深刻，高明卓越，实超"隆中对"。韩信在"汉中对"中所体现的高明战略决策思想主要表现在四个方面：第一，通过对双方战略条件进行综合比较，预见出刘邦由弱转强、夺取天下的乐观前景，从而为刘邦集团树立起必胜的信心。第二，正确选择主要战略方向，夺取战略前进基地，为赢得楚汉战争的胜利创造充分的条件。第三，根据项羽后院起火，关中不得民心，及时把握战略进攻的时机，使还定三秦的战略目标得以实现。第四，高屋建瓴，总览全局地提出实施战略进攻的原则性手段，以确保战略目标的顺利实现。为刘邦最终战胜项羽，夺取天下奠定了坚实的基础。标志着古代战略预测运筹思想已发展到一个新的阶段。

［25］汉中拜将台。拜将台坐落于汉中市内东南隅，亦称"拜将坛"。相传此坛始建于汉高帝元年（前206），是刘邦设坛敬祭天地、拜韩信为

大将的古遗址。现为陕西省重点文物保护单位。

拜将台主台高三米余，雄姿伟岸，面积七千多平方米。南台四周用汉白玉栏杆围砌，台场平坦宽敞，台脚下东西各竖一石碑，东碑阳刻"拜将坛"三个字，碑阴刻《登台对》。西碑阳刻"汉大将韩信拜将坛"八个字，碑阴刻七绝一首：辜页孤忠一片丹，未央宫月剑光寒。沛公帝业今何在，不及淮阴有将坛。足以看出后人对刘邦鸟尽弓藏、兔死狗烹的不满。两碑相望，更为古坛增添色彩。北台上建有一亭，顶部是斜山式。斗拱飞檐翘角，下边枋檩竹等均施玄紫彩色和苏式彩画。此亭形体舒展而稳重，气势雄浑而大方，金碧辉煌，宏伟壮观。北宋诗人梅尧臣在《送李中舍袭之宰南郑》一诗中，有"苍烟古柏汉高庙，落日荒茅韩信坛"的句子。陆游在《山南行》一诗中，也有"将军坛上冷云低，丞相祠前春日暮"的描写。

［26］重申军法。汉初基本承袭了秦的军事立法，军队构成亦逐渐变为以秦人为主，这个重大决策，是刘邦战胜项羽的制度保证。而韩信，他是最先提出并推行秦本位政策的人。

《史记·太史公自序》："于是汉兴，萧何次律令，韩信申军法，张苍为章程，叔孙通定礼仪。"李开元在《汉帝国的建立与刘邦集团——军功受益阶层研究》一文中称，"申"为再次发令之意，"韩信申军法"即将对军队进行全面整顿，重新确立关于军队的法律制度，其时间应介于高帝元年四月到八月。韩信或结合汉军情况对秦的军法做了适当修改，"但其据以再令的原本及其基本内容，皆是来源于秦法"。这标志着汉开始按秦军的组织方式、行动准则及赏罚标准管理和运用军队。

公众号"宇清环史"在《自陈胜起兵到刘邦统一，看汉政权对秦军国体制的继承》一文中，认为由韩信重申开始的军制改革，不但将刘邦军队整训为一支制度最为先进、战斗力最强的新型军队，而且为秦人秦军的加入提供了制度的保证和文化的归属。韩信重申军法，既是汉军走向胜利的开始，也是汉承秦制这个重大历史事件的开始。张忠炜先生据张家山汉简推定，"至迟至高帝三年，汉已承用秦爵制"。

［27］楚汉战争。在秦朝灭亡之后，以西楚霸王项羽、汉王刘邦为首

的两大政治军事集团为争夺统治权而进行的一场大规模战争。

自汉高帝元年（前206）八月，刘邦出故道至关中，至五年十二月，垓下之战项羽自刎止，实际历时三年五个月。整个战争可分为三个阶段。自高帝元年八月至二年四月的彭城大战为第一阶段。其间刘邦、韩信还定三秦，项羽率军击齐，滞留其地。刘邦东攻至洛阳，为义帝发丧，征诸侯兵五十六万击楚，攻入彭城，项羽回师大败汉军。高帝二年五月至四年八月楚汉荥阳、成皋相持为第二阶段。其间刘邦从彭城败退至荥阳、成皋，布置坚守，并在南面争取黥布，在北面遣韩信攻打魏、代、赵、燕、齐等地，在项羽后方则联合彭越扰楚，使项羽疲于奔命，从而陷入多面作战的困境，最后楚汉约以鸿沟为界，中分天下。汉军因此实现了由弱而强的转化。从高帝四年九月至十二月的垓下决战为第三阶段。楚汉中分天下后，项羽退兵，刘邦背约追击项羽，败于固陵。后来与韩信等会兵垓下，楚汉决战，项羽兵败自刎。刘邦于五年二月即皇帝位，西汉王朝建立。

［28］汉中通向关中的主要栈道。古代的汉中盆地，是通往秦、陇、蜀、楚的重镇要隘，进出汉中最大的难题是交通。秦岭山脉东西长四百公里，平均海拔在两千米以上。从汉中到关中，必须通过贯通秦岭（古称南山）的几条山间古道。早在春秋时，这里就有了子午、傥骆、褒斜、陈仓和祁山等栈道，成为三秦连接汉中的纽带，可谓"栈道千里，无所不通"。

子午道，北起今西安市终南山子午峪，南至汉中市西乡子午镇，全长三百三十公里。古代称北为子，南为午，南北方向的道路即称子午道。但子午道全线并非正南正北，由秦岭分水岭开始折向西南。

傥骆道，北口位于周至县西骆峪，南口位于汉中洋县傥水河口。全长约二百四十公里。是子午、褒斜等道中最为快捷也最为险峻的一条古道。

褒斜道，北起眉县斜谷口，南至汉中大钟寺附近的褒谷口，沿途穿过褒斜二谷，为秦地通往巴蜀的主干道路，全程二百四十九公里。在历史上，褒斜道开凿最早、规模最大、沿用时间最长。

陈仓道，即故道、嘉陵道。从陈仓向西南出散关，沿嘉陵江上游谷道到凤县，折向西南，经两当（汉故道）、徽县（汉河池）至今略阳（汉嘉陵道）接沮水抵汉中。汉元年八月，韩信还定三秦的陈仓之战，走的就是陈仓道。

祁山道，从甘肃天水经礼县，翻越祁山，沿西汉水过西和、成县，到达徽县，或从白水江顺流而下，向南翻越青泥岭，沿略阳东行至汉中。

[29] 赵衍，汉中人，汉初功臣。《汉书·高帝纪上》："五月，汉王引兵从故道出袭雍。雍王邯迎击汉陈仓，雍兵败，还走；战好畤，又大败，走废丘。汉王遂定雍地。东如咸阳，引兵围雍王废丘，而遣诸将略地。"《史记·高祖功臣侯者年表》："雍军塞陈，谒上，上计欲还，（赵）衍言从他道，道通。"

《汉书·高惠高后文功臣表》也载，汉王刘邦想要还定三秦，一位名叫赵衍的人，引路有功，指出了一条小道，汉军得以最终进入关中，平定三秦。汉朝建立后，刘邦剖符行封，赵衍被封为"须昌侯"，列功臣表侯第一百零七位，谥号贞侯。其实，韩信初到汉中时，任连敖一职，连敖的一种说法是接待宾客的官。或许，正因为在连敖任上有了接触到当地首领的机会，打听到一些从间道通往关中的具体情况？在这里，我们未做出进一步考证。

[30] 曹参，见"高帝四年"条下"考释"。

[31] 樊哙，见"高帝七年"条下"考释"。

[32] 靳歙，见"高帝四年"条下"考释"。

[33] 郦商（？—前180），陈留高阳（今河南杞县高阳镇）人，西汉开国功臣，元功十八侯之一。他哥哥就是大名鼎鼎的"高阳酒徒"郦食其。哥俩一文一武，闻名汉军内外。

据《史记·樊郦滕灌列传》载，陈胜起义反秦时，郦商招兵买马，得到数千人。刘邦攻城夺地到陈留，郦商带领将士四千余人投归刘邦。跟随攻打长社，封锁黄河渡口，在洛阳大破秦军。别将攻旬关，定关中。高帝元年（前206），刘邦被封为汉王，赐郦商信成君，以将军职位担任陇西都尉。郦商又单独率军平定北地和上郡。后出兵巨野，因激战有功，授予其梁国相印，增食邑四千户。高帝五年（前202），燕王臧荼谋反，郦商在易下击败臧荼的军队。因杀敌有功，升任右丞相，封涿侯，后改封曲周侯。高后八年（前180），病卒，谥景侯。

［34］司马欣，秦朝长史，陈胜起义后辅佐章邯作战，钜鹿之战战败后，章邯、司马欣、董翳投降项羽。秦灭亡后，章邯、司马欣、董翳三人获得关中之地，分别为雍王、塞王、翟王，号称三秦王。在汉军还定三秦时被韩信打败。

汉高帝四年（前203）成皋之战中，在半渡汜水时，司马欣与曹咎兵败皆自刎。

［35］董翳，秦朝都尉，春秋晋国太史董狐后裔。陈胜起义后辅佐章邯作战，秦灭亡后，董翳获封翟王，都高奴。后被刘邦、韩信打败，降汉。

［36］范目为賨人（当地少数民族，又称寅人、板楯蛮）部族头领，勇敢善战，有远见卓识，在巴人中影响很大。《华阳国志·巴志》记载，汉军入汉川后，范目征召巴人组建巴渝劲旅近万人，亲率巴军帮助刘邦还定三秦。

［37］周勃，见"高帝五年"条下"考释"。

卷四　举兵中原

高帝二年（丙申，前205）　二十六岁

时　事

十月，项羽暗中遣黥布（一说衡山王吴芮、临江王共敖）截杀义帝于江中，大失天下人心。

十一月，赵王张耳归汉。

正月，项羽击齐，田荣败走被杀，田横起而叛之，羽坑降卒，又大肆掳掠老弱妇女，火烧夷平齐城郭，齐人复叛，天下大乱。[1]

三月，刘邦与韩信率众东出洛阳，布告天下为义帝发丧，讨伐项羽，诸侯皆从。

四月，田横立田荣之子田广为齐王以拒楚。项羽陷于齐地，连战不能下。刘邦率五十六万诸侯联军进占彭城。项羽率三万精骑反击，大破汉军，刘邦败逃，诸侯复背汉归楚。

六月，刘邦入关，立刘盈为太子，赦罪人。汉军引水灌废丘，章邯自杀，汉后方稳固。

后九月，萧何为丞相镇抚关中，制定法令规章，收赋税，征发兵卒，支援前线。

行 状

春正月，多地反楚动乱开始，韩信为汉王制定大计，并帮助实施。

案："关中王"即"秦王"，能够成为"秦王"意味着能够获得雄视天下的资本。如今，韩信打了一场迅速而又非常漂亮的进攻战，仅仅五个月，刘邦即成功地从汉中突围，一举拿下了关中地区。

进入巴蜀之后是刘邦的一个低谷，同时也是一个机遇，这个机遇便是韩信创造的。之前刘邦的种种举动，似乎看不出有多大的雄心，他更多的是要按楚怀王之约，得到关中王的宝座。但进入汉中以后，韩信的建言，则坚定了他与项羽争夺天下的决心，现在目标当然不是单单做关中王。刘邦拥有了巴蜀、汉中和关中之地，政治影响、军事实力和经济实力迅速增强，具备了东争天下的条件，足以取代项羽成为新一代天下霸主。也由此可知，"汉中策"对刘邦事业的定位有多么重要，还定三秦对他的人生有多么大的意义。

这时候，张耳、王陵[2]、张良等后来许多楚汉战争中的重量级人物纷纷归汉，更使刘邦如虎添翼。这期间重要的谋士陈平[3]，也从项羽的营垒中分化出来。陈平，满腹韬略又不拘小节，是天下少有的"鬼才"。

天下大乱在意料之中，但没有想到，乱得如此迅速，规模如此之大。刘邦一向待机而动，雄心勃勃。天下能人，都能自觉不自觉地站在自己的赤旗之下，特别是那汉初三杰的韩信、萧何和张良都乐为所用，还惧怕西楚霸王什么呢？而关中沃野千里，阻山带河，居高临下，是汉军稳固的战略后方，况且自己手中已有数十万人马。如今，项羽陷在齐地，其都彭城只是一座空城，四面受敌，现在不端掉他的老窝，还等待何时？

刘邦最后决定由萧何总理后勤支援，汉军抓紧时间，尽快整军东出函谷关与项羽作战。

三月，韩信置章邯于后，与汉王率众大出，收魏、河南，韩王、殷王皆降，合齐、赵共击楚，随后入彭城作战。[4]

案：在东征准备紧锣密鼓声中，一个新政权的架构呼之欲出。刘邦首先采取的措施是，将汉都城由闭塞的南郑迁至关中栎阳。

栎阳（今陕西西安阎良区）在咸阳之东，北依荆山，南眺渭水，原为秦国迁往咸阳之前的旧都。这样的地理位置，更有利于直接指向广大的关东地区。同时，刘邦还颁布政令：深化军改，激励将士奋勇杀敌，诸将如果率领一万人能够招降一个郡的，封万户侯；整治关中河道，开辟被项羽大火烧毁的秦朝皇家园囿，还民耕作，争取民众的支持；大赦罪人，建立一个稳固的后方。

要夺取天下，稳固的后方至关重要。如今刘邦的后方，当然是指秦人所占据的汉中、巴、蜀、北地、陇西、关中、上郡等地。可以说，刘邦不仅完整地接收了秦国的地盘，而且还采取了和秦国夺取天下相同的战略。他的一系列政令和之前的约法三章一样，获得秦人高度拥护。得民心者得天下，民心是多么重要。

由谁挂帅东征，也是要解决的大问题。

随后，刘邦、韩信重新调兵遣将，做了西围东进新的部署。分兵一部继续围困废丘，清剿陇西和北地三秦王残余势力的抵抗。刘邦则自任统帅，将大部汉军置于自己完全指挥之下，韩信、张良、曹参、灌婴、周勃、郦商、夏侯婴、王陵、靳歙、卢绾等大小诸将，悉数随军东征。[5]

不久，汉军从偏僻的汉中，经由栈道，越秦岭而下，席卷关中全境，为时四个多月便进入中原，与处于混乱中、应接不遑的项羽竞逐天下。

汉军先由武关向南阳迂回，再由临晋北渡黄河。不过，刘邦自出关以来，每战必胜，不到一个月时间，已抵达洛阳。

到了洛阳，他接受百姓代表董公建议——项羽"弑君"，这是多么恶劣的行径，为义帝报仇，又是多么正当的理由——发动了一场大规模的政治战、外交战。他亲自到洛阳给义帝熊心发丧，袒而大哭，全军哀临三日，追悼被项羽杀害的义帝。然后遣使遍告天下诸侯，称义帝为项羽所害，号召诸侯同他一起打倒项羽。这一招很灵，军事威胁与政治攻心相结合，刘邦一下搞臭了项羽，赢得了人心。

这时，秦末反王魏王豹举众归降，受到优待。河南王申阳和韩王郑昌[6]也向刘邦投顺。旧赵的大将司马卬，被项羽封为殷王，汉军大举攻殷，殷军上下离心，旋踵之间，司马卬为汉军所俘。其中韩王郑昌被废掉，改立战国时韩襄王之孙韩信。两个韩信常常容易引起混淆。[7]

在此之前，独立活动的常山王张耳已经归附，可是陈馀提出条件，只有刘邦杀了和自己有仇恨的张耳，他才能让赵国出兵。刘邦就挑一个与张耳面貌相像的罪徒，杀了将脑袋割下送去。陈馀不辨真假，中了"计中计"，也派出部分人马，协助刘邦作战。黥布等人虽没有公开表态，但消极观战，则让项羽更加孤立。

刘邦将降将、降卒编入汉军中。一时间，各地诸侯、豪杰纷纷归附，多达四十多万，加上刘邦本身十多万，兵力骤然增至五十六万。不久，声势浩大的联军，已涌向楚都彭城，守城楚军仓促应战，大败而逃！

四月，项羽反击，刘邦大败，众将走失，汉军一路向西溃逃。

案：刘邦用兵不像韩信那样，以歼灭敌人的有生力量为主，而是置项羽主力在齐地于不顾，兵分三路，将攻击目标直接选定在千里之外的彭城。

汉将曹参、灌婴、周勃率军从围津渡过黄河，战定陶，兵进胡陵，从西北袭击彭城；汉将薛欧、王吸、王陵率军由宛城，经叶县，出阳夏，从南面攻楚；刘邦则率夏侯婴、卢绾及各路诸侯军经曲遇，占外黄，由西向东攻下了砀县、萧县。由于楚军主力陷于齐地，后方空虚，刘邦又轻易地攻取了彭城。

然而，就在刘邦得意忘形，置酒高会，沉浸在美人贿赂中时，恼怒的项羽并没有惶然失措，料定刘邦的诸侯五十六万大军，不过是东拼西凑起来的庞然大物。他以超人的气魄，独自率三万铁骑，立即挥师南下。经过昼夜行军，突然杀到汉军后侧的萧县，切断了汉军归路，杀刘邦一个措手不及。

萧县是彭城西边的门户，尚未脱尽睡意的诸侯军，对项羽的攻击，猝不及防，营中顿时大乱起来。项羽取了萧县，立刻将兵锋直指彭城汉军。

刘邦惊讶万分，近来他日夜沉湎于酒色之中，早已将防备楚军之事放在了脑后，他不愿接受这么严峻的事实，楚军难道从天而降？但事已至此，他只得调集兵马，开城出战。

楚军将士潮水般扑入敌阵，誓要夺回家室。汉军的防线不断被冲破，战至中午前后，汉军全线崩溃。刘邦见大势已去，便拨转马头，落荒而逃。

楚军乘势滥杀无辜。当联军逃至睢水，为活命，争抢过河，自相践踏数以万计。还有二三十万人不及过河窜入南面山中。最不忍心看的，就要算灵璧和睢水河面上，数十万大军仓促逃窜，一时找不到许多船只，拥挤之间，被楚骑驱赶落水者竟达十万余人！

到了灵璧，刘邦在众将士掩护之下，逃了一程竟被楚军追上。这时，他身边已无一员大将，眼看将要被活捉。突然一股狂风吹来，满天飞沙障目，白天成了黑夜，咫尺之间不能辨清你我，趁楚军无法前进之际，刘邦拼命紧夹马肚，催马奔跑，终于又逃脱了包围。

刘邦独自一人一骑走了几十里路，已是红日西沉时分。一天没有吃喝了，现在追兵渐远，他立刻感到饥肠难挨。策马前行穿过树丛间，来到了远离市镇的一户人家。上前一问，得知老翁家姓戚，为避秦末战乱来到这里。当晚戚翁盛情款待，留宿后并以小女相配。两人以茅屋为洞房，同宿一夜。正是这快活的一夜，戚姬后来生了个男孩，取名如意。也正是这桩婚姻，给戚姬带来了富贵，也带来杀身之祸！[8]

逃亡中，张良提出重用黥布、彭越、韩信等人的"下邑画策"[9]，韩信由此独当一面，开启了新的人生。

《史记·留侯世家》是这样记载的：

至下邑，汉王下马踞鞍而问曰："吾欲捐关以东等弃之，谁可与共功者？"良进曰："九江王黥布，楚枭将，与项王有郤；彭越与齐王田荣反梁地：此两人可急使。而汉王之将独韩信可属大事，当一面。即欲捐之，捐之此三人，则楚可破也。"汉王乃遣随何说九江王布，而使人连彭越。及魏王豹反，使韩信将兵击之，因举燕、代、齐、赵。然卒破楚者，此三人力也。

案： 翌日，刘邦与戚女告别后，到了汴水东岸，遇张良、樊哙、周勃、陆贾一行人。前面那个赶车的是夏侯婴，车上还坐着自己的一双儿女。

夏侯婴告诉刘邦，和刘邦走失后，他到沛县丰邑取大王家小。一打听，刘邦父亲刘太公、吕王后带领家眷，避楚逃难，且有舍人审食其相从。他们扮作难民，从小道潜行，偏偏追来的楚军中，有人认出了他们，竟将他们当作人质掳走了。夏侯婴不得已，离开沛县向西寻找刘邦，半路上碰到了公子和公主，走了一天一夜，才来到这里和大王相遇。不过，能够救得公子、公主，还算是不幸中的大幸，只是刘太公和吕王后生死不明。

惊魂稍定后，刘邦忙询问兵败情况，真是兵败如山倒。由于政治情势的变化，塞王司马欣与翟王董翳又重新降楚，韩、赵等各路残兵，都已跑散，不知去向。其他诸侯，见风使舵，都开始打起自己的小算盘。

刘邦百感交加，还定三秦后，却被眼前的胜利弄得飘飘然，仓促发动彭城之役，轻易把自己的弱点暴露给了项羽。同时，手下皆无预判，都以为项羽陷入齐地，不会从萧县方向袭击，对项羽的作战能力估计不足。所幸这一役中，韩信、张良、陈平、曹参、灌婴这些主要谋臣宿将均无重大伤亡，骨干力量得以保存。

刘邦虽读书不多，并不是什么全才，在许多问题上都有失误，但他最大长处是头脑灵活，不肯服输。他暗暗发誓，无论付出多大代价也要报仇雪耻，与项羽战斗到底！他意识到，楚汉战争将是长期、复杂的，仅凭一己之力，难以最终打败项羽，只有从分化诸侯和项羽同盟入手，争取时局向有利于己方转化。此时，他询问张良："经此一败，汉军已无法控制关东了，我愿以关东之地，分授天下豪杰，哪些人可以助我？"

张良知道刘邦心思，对于刘邦不肯任用韩信做东征统帅一清二楚。而汉军中的人才不少，丞相萧何是综理后勤及政务的天才，自己则长于谋略，唯有韩信是大将之才，用兵神出鬼没，天下无人匹敌。于是，他婉转地将韩信推荐了出来："九江王黥布[10]，是有名的战将，彭越[11]曾与田荣结盟反楚，也是一位难得的将领，黥布、彭越两人都可为我所用。而汉王将领中唯有韩信可以托付大事，独当一面。如果大王决意把关东之地，交给黥布、彭越和韩信三人，以此换来支持，他们分得关东，定会感激涕零，死力图报，灭楚绝无多大问题。"

刘邦思考片刻，心动神移："韩信、彭越好说，而黥布为楚将，怎样才能使他背楚从汉呢？"

张良回答说："齐王田荣背叛楚国，项羽前往攻打齐国，向九江征调军队，黥布托词病重不能前往。彭城大战期间，黥布袖手旁观，仍不肯发兵助楚。项羽因此怨恨黥布，多次派使者前去责备并召他前往。这一切都说明黥布已与项羽貌合神离。"

随即，刘邦按张良的策划，派谋士随和去九江策反黥布，从南翼牵制楚军，又派郦食其联络彭越，在梁地骚袭楚军后方。刘邦还要发挥韩信更大作用，他一定会是项羽的克星！

这就是汉史上著名的"下邑之谋"，又称"下邑画策"。下邑，秦县名，在今安徽砀山县。张良眼光独到，他所推荐的三个人，后来都为汉战胜强楚立下汗马功劳。其中，对韩信的"独当一面"的评价流传千古。可以说，张良是继萧何之后，慧眼识韩信的又一人。

五月，刘邦退守荥阳[12]，大将韩信复收兵，连破楚军于京、索之间，荥阳、成皋[13]一线得以坚守，楚故不能西进。

案：将郦食其、随和二人打发走后，刘邦一行便来投奔同样参加彭城大战失败先到下邑的妻兄吕泽。

可是，刚行一段路程，楚将季布又率一路人马追杀过来。刘邦慌忙催促加快赶车。为减轻重量，他毫不犹豫，前后两次将两个孩子推下车去。夏侯婴把孩子拉上车，将两个孩子一边一个挟在两胳肢窝，并从士卒手中夺过一匹战马，飞身跃上，紧紧地跟在刘邦车后。确实，丢下两个孩子和夏侯婴，车子跑得快多了，楚将季布等人渐渐追赶不上。

孩子得救了，刘邦的父亲、妻子却没有那么幸运，已被楚军俘获押送楚军大营。

汉军的惨败，非大智大勇者不能独当一面。汉军已退到荥阳（今河南荥阳东北古荥镇），如果再往前撤退，就到关中（指函谷关以西地区）了。

楚军突击迅速，野战力极强。韩信收兵与刘邦军会师，随即调整部署，集中力量，以攻势掩护汉军退却，确保大批汉军撤往荥阳方向。

分化诸侯是长期的战略方针，但当务之急是设法同强楚抗衡。关中和天下已都知道刘邦打了败仗，魏、赵、燕、齐等诸侯纷纷倒戈，重新归顺霸王。汉军一旦匆匆退守秦关，丢掉荥阳到函谷关一带的险要地形，以后再想和项羽抗衡就困难了。韩信觉得如能坚守荥阳，稳住军心，可不断向关中征发兵卒，用关中的人力和财富支持在这里同楚军一搏，汉军必能重拾信心，重新奋起。

刘邦从韩信身上看到了希望，但自己身心疲惫，无力再战，而韩信有抗衡楚军的能力，在目前，必须起用韩信收拾残局。刘邦留下人马，命韩信在荥阳全权指挥抗敌，自己先回栎阳休息去了。

彭城之战的惨败，使得刘邦经营几个月的战略优势化为乌有，被迫转入战略防御，能否建立稳固的防线，对汉军来说生死攸关！

随着流失的数万士卒陆续归来，汉军增强了实力。为了避免形成日久难下的拉锯战，楚军遂加快全面出击速度，力图迅速地解决问题。韩信则利用荥阳以南山区有利地形，以汉军步兵之长，制楚军前锋骑兵之短，多次打退了楚军进攻。

此时，韩信重新编队，将丞相萧何在关中征召的兵员悉数充实军队。又夜以继日，加固以荥阳为中心的成皋（今河南荥阳东北）、巩县（今河南巩县西南）、洛阳一线的防线，构筑了北连黄河的甬道来搬运敖仓粮食，以供军队长期作战。同时，在敖仓三皇山上筑起东、西广武二城，加强荥阳守备。接着，组织局部反攻，派出曹参、灌婴、靳歙等将分别出击，先后夺回了雍丘（今河南杞县）、外黄（今河南兰考东南）、燕县（今河南长垣西北）、衍氏（今河南郑州市北）、武强（今河北省武强县，位于河南郑州市东北）、菑南（今河南民权东）、昆阳（今河南叶县）、叶县（今河南叶县西南）等地（事在《史记》之《曹相国世家》《灌婴列传》《靳歙列传》）。仅用了三个多月时间，就构筑起一个较为强大的正面防守体系，扭转乾坤，结束了自彭城惨败以来汉军大逃亡的局面，为刘邦又立下一大战功。由此，楚汉两大军事集团直接形成了对峙局面。

秋风渐起，夏季将要过去，韩信力挽狂澜，阻止了楚军的西进。刘邦得到捷报，欣喜异常。他决定不惜一切代价，令樊哙引水灌废丘城，除掉章邯。城破，对有着复杂经历的章邯来说，自杀身亡，也是一个不错的结局。关中地区全部平定后，刘邦立儿子刘盈为太子，使萧何辅佐，制定法律，建立祭庙、社稷、宫室，以安定人心。

不过，此时形势仍很紧张，楚军不断向西推进，企图歼灭在黄河一线的汉军。而原先归附的"五国"联军之一的魏王豹[14]，在项羽派人劝说下，他以母亲病重为借口，回家省亲，一到魏国都城平阳（今山西临汾西南），便调兵遣将，布设重兵，截断了河口，公然与汉军为敌！

八月，汉王拜韩信为左丞相[15]，曹参为代理左丞相，灌婴[16]为骑将，率兵东击魏王豹。

案：魏国是中原战略要地，从魏国都城安邑出发，向西可以进攻关中，打击刘邦的后方；向南可以切断楚军的粮道；向北可以威胁赵国，向东可以威胁齐国。魏豹的反叛使关中与荥阳被拦腰切断，荥阳战场将无法坚守。

刚刚从彭城大败阴影中走出的刘邦，意识到了问题的严重性。于是重返荥阳前线与韩信会合，并做出两项部署，让不久前归顺的彭越开辟敌后战场，破坏敌人后方，让黥布开辟南方战场，打击楚军左翼。

不过，这时刘邦还对魏豹存有幻想。为了全力对付项羽，他决定先派"特使"郦食其去见魏豹，晓以大义，讲明利害，两家免动刀兵。

郦食其[17]，自称"高阳酒徒"，为秦汉之际有名的策士，现在刘邦新败，派他去游说魏豹，希望魏豹能尽快回心转意。可是魏豹拒绝了，理由是："汉王傲慢无理，辱骂诸侯如同对待奴仆一般，我是不想再见到他了。"其时，诸侯已形成共识，刘邦永远不是项羽的对手，由古及今，无人能与西楚霸王匹敌，他们纷纷与楚国重新结成联盟，这对汉军来说，形势极为严峻。

据《史记·外戚世家》载，魏豹反汉的内在原因是，其岳母魏媪请当时有名的相士许负到魏王府给魏豹夫人薄姬[18]相面。许负说薄姬相貌大贵，将来生下孩子一定能当天子。这本是江湖术士之言，可魏王豹却信以为真，野心开始膨胀。既然孩子是天子，父亲当然就是太上皇。为了当上太上皇，魏豹也决心叛汉自立。

气愤归气愤，为慎重起见，刘邦要先听听韩信的意见。要知道，关键时刻，唯有韩信能够撑得起大局。

战争避免不了，那就不如先动手。魏豹在为楚军张目，尽管汉军目前困难重重，但不能置之不理。一旦天下有变，楚军一定会从这个方向进攻，汉军就彻底被动了。所以主动出击，防患于未然，战争就成为外交努力之后不二的选择。刘邦任命韩信为左丞相、统军大将，独领一军破魏。

用人不疑，这是刘邦的高明之处。左丞相一职虽是行政职务，其地位仅次于丞相萧何，但从政治角度看，有利于韩信对魏国的用兵。刘邦还从关中、上郡、北地、陇西抽调三万兵马，并将追随自己多年的曹参、灌婴、陈贺、孔聚、高邑等将领一并交给韩信。他自与张良、陈平、王陵等人守卫荥阳一线。

同月，韩信陈船欲渡临晋，实出奇兵，声东击西，以"木罂"[19]偷渡，将军高邑[20]袭占安邑城。

案：临晋关（今陕西大荔东）对面是魏国的蒲坂津，历代倚为秦晋间重险。蒲坂（今山西永济西蒲州镇）至魏国重镇安邑（今山西夏县西北禹王城）一线为开阔地带，是东去中原的主要通道，也是魏国布防的重点。

半年前，刘邦就曾从这里出发，率联军去袭击楚都彭城。现在，魏军在蒲坂集中了大量人马，每到夜晚，东岸渡口的灯火密密麻麻，只等楚军取了荥阳，就要配合楚军发起进攻。

韩信曾问郦食其魏军起用的大将是不是周叔，听闻不是，用的柏直，他显得轻松了许多。柏直是个少不更事的小子，不必担心柏直为大将！

这时，项羽的正面进攻尚未开始，魏豹处于守势。楚将项佗[21]已经率部分楚军进入魏国，帮助魏豹阻挡汉军自临晋关渡过黄河。

临晋渡在大荔城东的黄河西岸，水大浪高，岸边峭壁如斧劈，险峻异常。沿黄河北上，就是夏阳（今陕西韩城西南）渡口。黄河像一条巨龙从黄土高原经龙门跌跌撞撞地奔泻而下，又由于对岸汾水汇入，这里河床特别宽阔，且水势较缓。

魏豹扼险据守，在蒲坂早有准备，扬言不会放过一只飞鸟。若强行泅渡，船只目标太大。而临晋与黄河上游的阳夏之间，只有九十余里路程，汉军可否在临晋渡一带安排大量船只，佯装要从这里进攻的模样，以此迷惑魏豹，暗中却将主力派到夏阳，再从夏阳过黄河，出其不意地抢占魏国的安邑城呢？[22]而且，目前战场条件非常有利，无能的魏将柏直疏于阳夏的布防，兵力薄弱。

此想法虽好，但要渡过黄河，大量的船只和木筏到哪里去寻找？且渡船目标太大，形成不了突袭。渡河的关键是既要隐蔽，又要迅速解决战斗！

韩信找来当地艄公，进一步了解黄河夏阳段的水情。船只不可能，木筏呢？可是黄土高原雨水稀少，植被稀疏，成材的树木并不多。一时间，砍伐数万棵树木做成木筏，要弄出多大的动静？

"智者乐水，仁者乐山。"韩信生于水乡淮阴，一生用兵最善于依托河流水势，他很快有了破敌之策！用木罂渡河，既简单省事又隐蔽突然。

不久，一切准备妥当后，韩信迅速地下达了攻击令。这次仍采用还定三秦之术——声东击西，明里佯攻蒲坂，暗里则从临晋上游的夏阳偷渡黄河，打魏军一个措手不及！

韩信令骑将灌婴，从即日起，沿临晋渡口，虚插大旗，擂起战鼓，制造攻击蒲坂的假象，吸引魏军的视线；数日后，当守卫蒲坂的魏军守将因重镇安邑被夺去，出现阵脚混乱时，可率本部人马，直冲对岸蒲坂，向魏国腹地挺进。接着，韩信又唤来将军高邑［南宋洪迈《容斋续笔·汉表所记事》："《汉书·功臣表》所记列侯功状，有纪传所轶者。韩信击魏，以木罂缶度军，表云：祝阿侯高邑以将军属淮阴，击魏，罂度军。（《史记》作瓨）盖此计由邑所建也。"］，令他率领人马打主攻，秘密向夏阳进发，趁着夜色，用木罂渡河出击。大军上岸后，迅速绕道汾阴，分两路直插安邑。

安邑在蒲坂东北，汉军既然从夏阳方向过来，必然切断蒲坂与魏都平阳之间的通道，可以说，汉军控制了安邑就能控制整个魏国。

当汉军突然出现在安邑城下时，魏军以为汉军从天而降，极为震惊！守将孙遫仓促应战，被曹参生擒下马。魏军见主将被捉，如惊弓飞鸟，一哄而散。曹参乘势直入，没费多大气力，夺得了安邑城。

九月，韩信俘魏王豹，获其宠姬薄氏，尽定河东三郡五十二县。

案：守蒲坂的魏军主将柏直，见对岸鼓声震天，汉军在忙忙碌碌地调遣船只，以为汉军来攻，连忙率部迎战。当快马飞报安邑丢失时，他急忙分兵，回援安邑。他前脚刚走，韩信、灌婴便率军从河西掩杀过来。蒲坂的魏军惊慌失措，毫无斗志，一触即溃。

当魏王豹接到安邑失守的消息时，更是惊得目瞪口呆，完全打乱了他的作战部署。得知汉军用木罂偷渡后，恍然大悟，连呼上当，终于明白为什么骁勇善战的章邯，在韩信手下一败涂地，为什么英勇无敌的楚军，在京、索地区，再也无法向前推进一步。

水来土掩，兵来将挡，必须夺回安邑。惊愕之余的魏王豹，定下决心，亲自率大军向安邑开去。汉、魏两军在安邑与平阳之间的曲阳（今河北曲阳西）相遇，过了黄河的汉军，自知已深入敌后，有进无退，各个奋不顾身，只是几番冲杀，魏军便溃不成军，向东逃窜。到了东恒（今河北石家庄市长安区东），汉军又将魏豹团团围住。魏军将士自知已陷绝境，抵抗无益，纷纷丢下武器。此时，魏豹考虑再三，投降尚可保全性命，无奈之下，也只好下马伏地，举手投降。

就这样，在前后不到一个月的时间里，韩信消灭了黄河以北的一个强大的敌对势力。这是韩信在北方战场独立指挥的第一个战役，旗开得胜，一举灭掉魏国，拔掉了横插在汉军脊背上的一根芒刺。同时，伐魏的胜利也是刘邦彭城大败后取得的一次重大胜利，增强了信心，为汉军进一步东进奠定了坚实的基础。

占据魏国后，赵国亦已加入西楚反汉联盟，增兵边地，准备对抗汉军，韩信提出对楚作战新建议。[23]

案：下魏以后，如何巩固和发展胜利的形势，争取更大胜利，不久，韩信提出了对楚作战新建议（《汉书·韩信传》）："……北举赵、燕，东击齐，南绝楚之粮道，西与大王会于荥阳！"

其阐述是，目前项羽忙于对付汉王刘邦，又派大将龙且去剿灭黥布，无力顾及魏、赵、燕这些反复无常的诸侯势力。我们若能以破魏为突破口，再行北伐东讨，消灭代、赵、燕、齐等诸国，扩大疆土，进而断绝楚军粮道，迫使项羽陷入两线作战、腹背受敌的境地。即，韩信和汉王对应作战，汉王坚守荥阳西线，不停地与楚军周旋，而韩信则向东进攻，不断开辟广大战场，一守一攻，分进合击，使楚军疲于奔命，首尾难顾，最终彻底打败不可一世的西楚霸王。据此，韩信希望增兵三万，一不做二不休，继续向东进军。

这是一个惊人的计划！

增兵三万不是问题，只是刘邦对破魏以后的时局如何运筹，与韩信的看法不尽相同。至于在战略指导上，刘邦和他的谋士们却根本没有想到要进一步开辟北方战场的问题。

楚、汉及赵国都处于中原地区，各占一大块地方。但陈馀[24]和楚、汉都有矛盾，项羽分封诸侯没封陈馀，只给南皮三县。刘邦也不用说，曾假杀张耳蒙骗过他。故陈馀既不属楚，也不属汉。从天下大势来看，这样现状却大大有利于楚军。而韩信能够不断扩张势力，开辟第二战场，对项羽构成牵制，刘邦荥阳一线所受压力就会大大减轻。但韩信能用兵，会打仗，运筹帷幄，从拜为大将以来，在十分险恶的境地下，反应敏锐，极善于掌握局势的变化，度陈仓、定三秦、坚守京索，每战必胜，越打越精彩，如今又攻取了魏国，他的声势日益强大，会不会拥兵自重？若如此，依眼前的形势，刘邦是绝对制止不了的。当初把军队交给韩信，是迫于无奈，破了魏，解除了威胁，目的也就达到了。而彭越、黥布虽都是天下枭雄，但用兵作战与韩信不能同日而语，所起的作用也是大不相同的。因此，刘邦对韩信的心理很复杂，既害怕，又钦佩，也欣赏。现在，刘邦占据荥阳地区，韩信破魏后，中原西北门户即被叩开，为北伐提供了可能，若再拿下赵国，中原地区就算基本搞定。这样，汉军与楚军对抗就会占据优势。

同月，刘邦遣张耳[25]与韩信，引兵东去，北取赵、代。

案： 刘邦对韩信是有所顾虑的。这支军队不能只交给韩信一个人，可派常山王张耳到韩信军中去做督军，以免尾大不掉，难以驾驭。这可谓一箭双雕，既要限制韩信的兵力，又对韩信方案的实施十分有利。

张耳是魏国人，早年在陈胜举兵初期就是赵国的头面人物，十分熟悉代国、赵国情况，在那里有着广泛的人脉关系，政治影响力很大。

几年前，刘邦为拉拢张耳，将自己的女儿鲁元公主许配给张耳的儿子张敖，两家成了儿女亲家。派张耳来监督韩信，正是因为政治联姻这层关系。不过，刘、张二人早年还有一段鲜为人知的故事。

当时秦国还在兴旺的时候，张耳就在赵、魏等地从事反秦抗暴活动。他在那一带声望很高，极受那里父老乡亲的崇敬。信陵君是战国时四大公子之一，窃符救赵的故事世人皆知，张耳曾经做过信陵君魏无忌的门客，贤名远扬。当时，就连在楚地落拓的刘邦，在未发迹之时，也曾崇拜张耳，像狂热的追星族一样，为追寻张耳，从沛地一直跑到数百里外的河南外黄张府，在那里一住就是几个月时间。张耳并没有轻看刘邦，竟能视之为一个了不起的人物。

张耳与陈馀虽是死敌，但早年两人曾为刎颈之交，他们都曾是义军将领武臣[26]的部属。项羽占领关中，张耳被封为常山王。常山只是小小边邑，陈馀攻取了赵国，夺走了常山，张耳非常痛恨，他以常山王的身份，只身逃难来投刘邦，欲借刘邦的力量抵抗陈馀。对张耳两手空空到来，刘邦没有另眼相看，而是礼遇加倍。现在，刘邦将征伐代国、赵国的任务交给韩信和张耳，张耳非常高兴，复仇的机会终于来到，恨不能立即过去杀了陈馀。

韩信引各将与张耳见面。大家尽管初次见到大名鼎鼎的张耳，对于张耳和陈馀之间的恩怨，也早有所闻。[27]他们觉得任何人都会有私欲，有私欲不要紧，但不能利欲熏心。张耳、陈馀是个极端的例子，这也成了后来蒯彻劝说韩信脱汉独立的好教材。语在《史记·淮阴侯列传》。

随后刘邦下令，将魏地一分为三，分别设为河东、上党、太原三郡。同时，他让使者到平阳传旨，正式任命张耳为督军。

后九月，韩信进兵击代，破代军于邬县，擒夏说于阏与。刘邦则收魏、代兵于荥阳以拒楚军。

《史记·淮阴侯列传》记载："信之下魏破代，汉辄使人收其精兵，诣荥阳以距楚。"

案：代原是个很狭小的地区，力量微弱。赵、代一体，取赵必先取代。春秋时，代是晋国的附庸。战国时，臣属于赵国。但代国在太行山以西，赵国却在太行山以东，中间被太行山隔开。这个地区，在地理形势上，不太有利于防守，赵、代联军难以做到真正的配合。

代原本是陈馀地盘，陈馀以赵王歇的名义下赵，仍立赵歇为赵王，自立为代王，任命亲信夏说[28]为代相守代，而他则以师傅的名义留在赵国，辅佐赵歇，行控制之实。而韩信对于赵与代，完全在做一个大战役准备，下代方案已酝酿一些时间。

其实，自韩信灭魏之后，身为代王的陈馀，就预感到同汉军作战已迫在眉睫，准备抵抗韩信的进攻。他先令代相夏说率代国的主力驻守邬县（今河北井陉东南）之东，并由代将戚公率兵屯守邬城，阻止汉军的北上。同时，陈馀和赵王歇动员了全国兵力，开赴井陉，准备应援代军。

韩信首要的作战目标是，歼灭代军的有生力量，然后夺取邬城。此时，他率领汉军自平阳沿汾水河谷北上，秘密行进至邬县之东，突然向夏说军发起攻击。夏说率军东逃，企图越太行山向赵军靠拢。汉军置邬县城的代军于不顾，全力猛追，至阏与（今山西和顺）附近，终于全歼代军主力，夏说被擒。

紧接着，令曹参率兵回师包围邬城。这时，由于夏说部被歼，邬城成为一座孤城，代将戚公不敢坚守，弃城而逃。至此，代国的武装力量基本覆灭。

这期间，在韩信展开对阏与围攻行动的同时，汉军分别迂回穿插到阏与和井陉西坡，悄悄撒下一张大网，欲伏击援代的赵军。

可是一连数日，全无赵军的动静。正当疑惑之际，韩信得到一个可靠消息，赵军彻底放弃了太行山以西的代地，调集大军，号称二十万，占领了井陉口以东有利地形，筑起了坚固的营垒，拒敌自保。韩信大为吃惊，赵军凭险拒守，汉军必将劳师无获，难道赵军有高人指点不成？他怕夜长梦多，再拖下去毫无意义，命令攻下阏与。

这次作战，既未顿兵于坚城，也未被阻于险隘，而是以迅雷不及掩耳之势一举歼敌。尽管这场战役看上去没什么难度，但仍然体现了韩信用兵的一贯特点，即先消灭敌人的军队，而后再解决攻城问题，即使作战的对象兵力弱小，也要突然袭击，出奇谋而制胜。

考 释

[1]天下大乱。自东归彭城之后，整整十个月的时间里，项羽完全陶醉于灭秦的胜利，沉湎于从秦宫抢走的珍宝美人之中。雍王章邯死守废丘十个月之久，日夜盼望项羽来救，可他置若罔闻，一动不动。

在项羽眼中，自己就是一个天下无敌的英雄，无论形势有什么变化，到时候只要自己亲自出马，没有解决不了的问题。正是项羽这种盲目自信，给了远在千里之外的刘邦发展时间与空间。对项羽裂土分封形成的政治格局提出挑战的，正是项羽自己。他把秦朝灭亡的原因，归咎于秦朝的集权残暴，有心要做一个旧时代的英雄。如韩信预料的那样，他封王授爵，随心随意，全凭自己喜好，人为地造成许多新的矛盾，招致秦亡后天下大乱的局面。

起先，项羽为了定都彭城，把义帝赶到长沙郴县，他觉得有"天下共主"义帝的存在，对自己是个威胁。经过一番秘密策划后，他让九江王黥布、衡山王吴芮以及临江王共敖，击杀义帝于郴江之中。义帝与项羽怎么说也算是君臣关系，万没有想到，风声走漏，项羽这样做陷自己于不仁不义的骂名之中。

接着，臧荼为了抢夺封地，和他的老主子韩广发生矛盾。韩广原是燕王，不肯离开燕地到辽东去，臧荼干脆把他杀了，连辽东的地盘也吞并过来。

最令项羽头疼的还是齐国旧王室田氏。秦末乱起，田氏中的几位豪杰相继起兵，而以田儋的影响最大。他起兵之后，很快控制了原齐国大部地区，自立为齐王。当时，秦军章邯，利用田儋远来增援被包围的魏豹兄弟之机，在临沂城下发起夜间袭击，田儋被杀。田儋的从弟田荣，整编了田儋的余部，成为田儋事业的继承人。另一位齐王室的后裔田假，也趁机自立为齐王。田荣立即率兵攻打田假，田假战败逃亡，田荣于是拥立田儋之子田市为齐王，自居齐相。田荣是位个性极强的人，在他被秦军包围时，项梁派项羽、刘邦等人为他苦战解围，事后，他却为全力争夺齐地的控制权，而拒不与项梁协同作战。项梁被章邯打败后，项羽对田荣心怀不满。项羽分封天下时，因记恨定陶失援之仇，不肯功封田荣。田荣竟击杀项羽所封齐王田都、胶东王田市和济北王田安，自立为三齐王。陈馀联络田荣，驱走常山王张耳，恢复了故赵王歇的赵王封号，赵王歇为了报答陈馀，又封陈馀为代王。田荣还派人拉拢彭越，令其兴兵梁地，明目张胆地与项羽作对。

项羽对这样的背叛活动，势难容忍。就在这时，刘邦已接受韩信建议，声东击西，暗出陈仓道，打败了三秦王。项羽听到三秦地被夺的消息，准备让郑昌对付刘邦。而在彭城的张良唯恐于刘邦不利，就给项羽写了一封密信，说汉王名不副实，所以他想得到关中，只要按当初的约定得到巴蜀、汉中、关中，他绝不敢再向东发展了。张良又把田荣、陈馀联合反抗的事件渲染一番，试图转移项羽对刘邦的注意力。项羽思之再三，觉得张良说得有一定道理。刘邦得了巴蜀、汉中及关中也算理所当然，且离楚地较远，对自己尚不构成直接威胁，而齐地在楚国首都彭城之旁，岂容田荣作乱！于是他决定先对齐地用兵，将齐国作为首个打击对象。

深秋，项羽挥军北上，直趋齐地城阳，田荣哪里是天下无敌的西楚霸王的对手，齐军很快溃散下来，他在原平被当地人杀死。项羽重新册立了田假为齐王。到此，本可以结束战争，但项羽沿途又大肆烧杀抢掠，以满足对田荣的报复心理。一次坑死数千人，连老弱妇孺也不能幸免，由此引起齐地的激烈反抗。田荣弟田横也趁机而起，在城阳一带收集田荣的散兵数万，拥立了田荣之子田广为齐王，打败了田假，整个齐国处于战乱之中，楚军陷入泥潭，不能自拔。

事见《史记》卷七《项羽本纪》、《汉书》卷三十一《陈胜项籍传》。

［2］王陵（？—前181），泗水郡沛县（今江苏沛县）人，西汉开国功臣。王陵出身沛县豪族，与雍齿交好，早年被刘邦以兄礼相待。秦朝末年率部起兵，多次与刘邦的部队协同作战，但两人是相互独立而非从属关

系。刘邦攻陷咸阳时，王陵自己带领兵马割据南阳。后来王陵母亲被项羽俘虏，为了力促王陵归汉，毅然伏剑自杀，尸身为项羽所烹煮，王陵由此下定决心归顺刘邦，成为汉家重臣。汉高帝六年（前201），王陵获封安国侯。汉惠帝六年（前189），汉相国曹参去世后，王陵升任右丞相，与左丞相陈平一同执政。汉高后元年（前187），王陵去世，谥武侯。

事在《史记》卷八《高祖本纪》、卷五十六《陈丞相世家》。

［3］陈平，见"高帝六年"条下"考释"。

［4］韩信是否参与彭城大战一直是一个谜。彭城大战时韩信在哪里，《史记》记载不甚清楚，《汉书》也比较混乱。

目前主要有两种说法，一种说法是韩信在关中的废丘围攻章邯，出自小说《西汉演义》，当今一些作品也持这种说法。另一种说法就是韩信跟随刘邦参加了彭城大战，因为《史记·淮阴侯列传》中记载了这样的一段话："四月，至彭城，汉兵败散而还。信复收兵与汉王会荥阳，复击破楚京、索之间，以故楚兵卒不能西。"就是说：四月，到彭城，汉军兵败，溃散而回。韩信又收集溃散的人马与刘邦在荥阳会合，在京县、索亭之间打垮楚军，因此楚军始终不能向西前进。不过，《汉书·韩信传》记载："信复发兵与汉王会荥阳，复击破楚京、索间，以故楚不能西。"《史记》的"信复收兵"与《汉书》的"信复发兵"一字之差，收与复，有没有什么大的区别？复发兵又从哪里复发？

本谱倾向于认同第二种说法，韩信参战了，其理由有三：

一是"废丘"说可能性不大。彭城大战是一场速决战，项羽所用的是三万精锐骑兵，刘邦在彭城大败之后，立即开始逃跑，而楚军则紧紧跟随追击。从废丘到荥阳有一千多里路，从彭城到荥阳有八百多里路，自彭城大战发生到韩信进行的京索保卫战，前后仅为一个月时间。接到刘邦驰援令，韩信组织大兵团阻击战主要是步兵，冷兵器时代，需要长途行军，往返近两千里，横跨中、东、西部地区，细算一下时间根本来不及，而且从关中赶来，情况都不甚了解，无法及时进行作战部署。

二是"参战"说可能性大。彭城大败后，当时韩信大概率跟樊哙、卢绾、灌婴等重臣一样，都和刘邦失联了，一路逃亡到荥阳，然后组织溃兵结成防线，以抗击楚军追击，终于在京、索地区，挡住了楚军继续前进的道路。清人赵翼说："按是时，信未有分地，从何发兵，盖收集溃卒耳。"（《廿二史札记》）只有韩信经历了彭城大战，才会及时了解战场形势并做出正确的部署。而另一种可能，韩信作为后军（战役预备队），事先留在荥阳一线，向东可以策应刘邦的彭城方向，向西可策应咸阳、废丘方向，章邯未除，此时汉将在围攻废丘，仍有一定风险。这也才有《汉书》"信复发兵"的可能。而韩信指挥的阻击战，也表明一个事实，虽三秦之战和彭城大战时，大将一职等于虚设，指挥军事行动的主要是刘邦，但韩信"大将身份"仍在。如果换成樊哙、卢绾、灌婴等将领，根本无人会听从指挥，无法有效组织这场大规模的反击战。因此，只有韩信大将身份在，才有"复收兵""复发兵"可能。

三是刘邦兵败彭城时，韩信具体在干什么，史书没有明确记载，这主要是记事手法的问题。因为韩信没有发挥特殊作用，所以没有记载。这也是史家做传记时的一贯方式。项羽、刘邦、张良、萧何等人传记都是这样，韩信自然也不会例外。

[5] 已拜韩信为大将，刘邦为何仍要亲自挂帅东征，这是一个值得关注的问题。我们认为，除了韩信资历尚浅、威望不高外，还有刘邦自身一些不可忽视的因素：

1. 刘邦统兵作战能力极强，一路连连取胜。从响应陈胜、吴广起义以来，两夺丰邑，平复魏地。刘、项合兵后，追击秦军至濮阳东，大破秦军。攻打雍丘（今河南杞县），斩杀三川郡的郡守李由。担任西路军统帅，击秦将王离、杨熊，平定南阳，率军继续西行，取武关，下峣关，大战于蓝田，大破秦军，这样使秦朝失去了所有的抵抗力量。秦二世三年（前207）十月，秦王子婴素车白马，"系颈以组"，在轵道旁，向刘邦献上了传国玉玺，秦王朝至此灭亡。

2. 主将不出征，历史教训深刻。陈、吴起义，天下群起响应，前后不到一个月就攻占了陈地，建立了"张楚"。泗水亭长出身的刘邦，对历史和现实情况了解甚深。陈胜失败的一个重要原因，就是把指挥作战的征伐大权轻意地授予他人，且派出去的将领大多背叛了他。同时，拿韩信与张良相比，鸿门宴上，是张良的斡旋，才让自己闯过险关。霸王分封，是张良向项伯说情，替自己争得了汉中之地。张良讲义气，轻生死，又小心谨慎，深谋远虑，高人一等，况且张良多病，未曾单独挂帅出征，只是个高参，只文不武。而韩信只有二十多岁，文武双全，还有一种慑人的气魄。乱世出英雄，刘邦会不会觉得有一天压不住他呢？

3. 千难万难已成功夺回了关中之地，再也没什么顾忌。刘邦西进关中的路途中，只是二三万人，在张良、郦食其等人的帮助下，一路势如破竹，取得攻破秦关的伟大胜利。现在中原诸侯纷纷反抗，而汉军还定三秦，士气高涨，实力大增。刘邦的性格，就是一个赌徒性格。过了这个庄，没了这个店，机不可失，不趁项羽困在齐地，汉军哪一天能够打到彭城去？刘邦认为，这一把如果赌赢了，项羽就被动了。而且刘邦不亲自挂帅，恐怕也无法让五国诸侯随从出征。

［6］郑昌，据《史记·韩信卢绾列传》载，汉高帝元年（前206），项羽杀死韩王韩成后，立郑昌为韩王，来对抗汉王刘邦。刘邦派韩太尉韩信攻取韩地，郑昌投降。

［7］两个韩信。韩王信，本名韩信，与淮阴侯韩信同名同姓，在汉初常常会造成混乱，为区别两个韩信，史学家将韩襄王孙称为韩王信。

因为两个"韩信"，还牵涉淮阴侯韩信出没出关，指挥出关作战是不是淮阴侯韩信的问题。此问题有三处史料可以查考。《史记·高祖本纪》记载："二年，汉王东略地，塞王欣、翟王翳、河南王申阳皆降。韩王昌不听，使韩信击破之。于是置陇西、北地、上郡、渭南、河上、中地郡；关外置河南郡。更立韩太尉信为韩王。"再看《韩信卢绾列传》："汉王至河南，韩信急击韩王郑昌阳城。昌降，汉王乃立韩信为韩王，常将韩兵从。"以上二处，基本可以判断，此韩信非淮阴侯韩信，是指韩王信。《淮阴侯列传》记载："汉二年，出关，收魏、河南、韩、殷王皆降。"此韩信应该指淮阴侯韩信，说得比较清楚，淮阴侯韩信带兵出关了，并"收魏、河南，韩、殷王皆降"。韩王信，详见"高帝七年"条下"考释"。

[8] 戚姬，见"高帝七年"条下"考释"。

[9] 下邑画策。它是刘邦彭城大战后，在逃难中首先提出以关东的土地分封他人，让他人与自己一起攻打项羽的战略战策。当时，刘邦把自己的想法与张良交谈，张良把实现想法的手段告诉了刘邦。

《史记·留侯世家》载，汉高帝二年（前205），刘邦在彭城被项羽打得大败，在吕后长兄吕泽驻守的下邑才稳定下来。刘邦下马倚着马鞍问道："我打算舍弃函谷关以东等一些地方作为封赏，谁能够同我一起建功立业呢？"张良说："九江王黥布是楚国的猛将，同项王有隔阂；彭越与齐王田荣在梁地反楚。这两个人都可以利用。汉王的将领中唯有韩信可以托付大事，独当一面。如果要舍弃这些地方，就把它们送给这三个人，那么楚国就可以打败了。"

刘邦于是派随何去游说九江王黥布，又派人去联络彭越。等到魏王豹反汉，刘邦派韩信率兵攻打魏地，乘势攻占了代、赵、燕、齐等国的土地。而最终击溃楚国的，正是韩信和黥布、彭越的力量。

这个策略显示出了刘邦与张良的战略眼光。它的实施与实现改变了历史的走向，它是刘邦与张良继鸿门宴后的又一次配合。

[10] 九江王黥布。黥布，汉初九江六县人，原名英布，俗称黥布，秦汉之际一位大名鼎鼎的人物，与韩信、彭越并称汉初三大将。事见《史记》卷九十一《黥布列传》。

陈胜起义后，黥布听说项梁平定了江东，于是，带领几千人的队伍归属了项梁。在攻打景驹、秦嘉等人的战斗中，黥布骁勇善战。项梁到达薛地，拥立了楚怀王，项梁号称武信君，封黥布为当阳君。

项梁定陶战败，秦军加紧攻赵，等到项羽杀死宋义派黥布做前锋，他率先渡过黄河攻击秦军，以少胜多，使秦人震服。到达新安，项羽又派黥布等人领兵活埋了章邯部下二十万人。到达函谷关，黥布从隐蔽的小道突击，打败了守关的秦军。汉高帝元年（前206）项羽分封天下时，封黥布为九江王，建都六县，拥有九江（郡治寿春，今安徽寿县）、庐江（郡治舒县，今安徽庐江西南）二郡。项羽拥立楚怀王为义帝，迁都长沙，却暗中命令九江王黥布等人在半路上偷袭他。这年八月，黥布派将领袭击义帝，追到郴县把他杀死。

详见"高帝十一年"条下考释"黥布"。

[11] 骁将彭越。彭越，昌邑人，秦汉之际有名的人物，与韩信、黥布并称汉初三大将。

早年在巨野泽以打鱼为生，受大泽乡起义的鼓舞，秦二世二年（前208），彭越配合刘邦北攻昌邑，未能攻克。刘邦率军西行，彭越数年间一直留在那里活动。项羽入关后，裂地封王，他因未曾投靠项羽，所以未得其封。齐国田荣不服项羽的分封，意欲反叛楚国，作为一种策略，铸就将军印信，派人送给彭越，让他们进军济阴打击楚军，骚扰楚国的北方边境。此时，彭越已占据魏国东部十余城，队伍发展到三万多人。

详见"高帝十一年"条下考释"彭越"。

[12] 荥阳，秦汉时期的军事重镇，在今河南荥阳东北，秦时三川郡治，黄河从北面流过并与济水交汇，关中与东方六国的来往必经此地。东北靠近黄河的地方修建了秦汉时期国家粮仓——敖仓，可解决军队的粮食补给。以西七十里是成皋。成皋便是后世人们常说的险关"虎牢关"。楚汉相争，刘邦与项羽的正面战场，就在这一带展开。在此前后，还经历了秦与陈胜吴广起义军、秦与刘邦项羽起义军、汉高祖平异姓诸侯、汉文帝平定济北王、汉景帝平七国之乱、新莽同绿林起义军等大战。

[13] 成皋，故城在今河南省荥阳市汜水镇，为历代兵家必争之地，项羽与刘邦曾对峙于此。

[14] 魏豹（？—前204），姬姓，魏氏，早期义军中有影响的人物之一，也是韩信单独出兵后，打败的第一个诸侯王。

据《史记·魏豹彭越列传》载，魏豹是战国时期魏国王室后裔，先祖以封地魏为姓，建都安邑，后迁都大梁（今河南开封浚仪）。秦始皇二十二年（前225），秦军决黄河之水淹灌大梁、俘虏魏王假以后，魏豹与兄长宁陵君魏咎，隐迹为庶人。秦二世元年（前209），陈胜起义后，魏豹从其兄魏咎往投，陈胜派遣魏国人周市率兵收复魏国旧地，后来周市请封魏咎为魏王。秦将章邯打败陈胜以后，魏咎纵火自杀。魏豹逃奔楚国，楚怀王熊心交给魏豹几千人，魏豹再次去攻打魏地。项羽攻破秦军，纳降章邯。由于魏豹反秦期间攻下了魏地二十几座城，项羽于是立魏豹为魏王。魏豹率领精兵随同项羽进入函谷关。汉高帝元年（前206），项羽大封诸侯，想要占有魏地，于是把魏王豹迁徙到河东郡，以平阳为都城，号为"西魏王"。

刘邦重夺关中，为了报复项羽，魏豹立即加入汉军联盟，魏地成为通往楚地的重要通道。但刘邦东征途中，十分轻视魏豹，许多事情根本不征求魏豹意见。为了笼络反楚的彭越，竟任命彭越为魏相国，并让彭越独领一军，在攻克彭城后，回头西进，平定了原魏国大梁一带。对此，魏豹又叛汉投楚，刘邦遣韩信击败并俘虏魏豹。后魏豹又随汉军守荥阳，再次受到楚军围攻，一同镇守荥阳的周苛等人认为魏豹反复无常，是潜在的危险，于是将魏豹杀死。

［15］左丞相，也是韩信继被刘邦拜为大将后，又一重要官职。

丞相为古代百官之长，辅佐皇帝处理全国政务。丞相制度，起源于战国。秦国自秦武王开始，设左丞相、右丞相。从秦代到明朝丞相制度一直都在沿用。所谓右丞相，就是在皇帝右手边站立的丞相，也称主相；所谓左丞相，就是在皇帝左手边站立的丞相，也称副相，基本上右丞相的官职大于左丞相。

秦始皇统一六国以后，不但把最高统治者的名称由天子改为皇帝，也把宰相改成了丞相，这是中国封建历史上第一次从法律的角度明确了丞相的官名。刘邦为汉王时，承袭秦制，丞相亦分左右。为皇帝后，只设一丞相。不过后来朝廷为了防止丞相权力过大，有时候会设置左右丞相相互牵制。

［16］灌婴，见"高帝四年"条下"考释"。

［17］郦食其，见"高帝三年"条下"考释"。

［18］薄姬，早年嫁给魏王魏豹。魏豹为韩信所败后，薄姬进入汉王

刘邦后宫，生下儿子代王刘恒，少有侍寝机会。刘邦驾崩后，跟随儿子刘恒前往代国，尊为代王太后。事在《史记》卷四十九《外戚世家》。关于薄姬相面一事，请见"高帝四年"条下考释"薄姬相面"。

［19］木罂，北宋曾公亮《武经总要前集》卷十一："木罂者，缚瓮以为筏。"

［20］高邑（？—前176），名或作"高色"，西汉开国功臣。《史记·高祖本纪》中与王陵一起答汉高祖问的高起或是高邑。

《汉书·高惠高后文功臣表》卷十六："祝阿孝侯高色，以客从起啮桑。以上队将入汉。以将军击魏太原、井陉，属淮阴侯，罂度军。破项籍及豨，侯，千八百户。"这里的"罂度军"指木罂计由高邑所出，值得关注。

其初以门客的身份跟随刘邦起兵于啮桑（在今江苏沛县西南），以上队将进入汉中，后随韩信攻打魏国、赵国，破项羽、陈豨。汉高帝十一年，封祝阿侯。卒谥孝侯。

［21］项佗，见"高帝五年"条下"考释"。

［22］夏阳东渡线路析。汉高帝二年（前205）八月，韩信率军进击割据山西的魏豹，采用声东击西的疑兵之计，从夏阳乘木罂瓮渡河，平定了魏地。黄河西岸自古就有两个夏阳，一为今韩城的古称夏阳府，一为今合阳县东王乡的夏阳川口。那么，韩信究竟是从哪个夏阳东渡的呢？长期以来，大多数持韩城夏阳之说。

王增斌在《韩信夏阳东渡的线路》一文中，认为韩信偷渡的地点应在合阳夏阳川渡口。该文称韩城的古夏阳府不在黄河岸，不是渡口。其所辖的两个渡口：芝川渡在其南相距十五里，龙门渡在其北相距六十里，芝川渡离朝邑一百二十里。时在八月，渭北干燥，主力通过，尘土飞扬，目标易露。如从西边腹地北上，虽好隐蔽，但山路增多，不利速战，芝川渡的黄河由于禹门急流及对岸水冲来的泥沙积累，河床加宽，东西达十五里，沙洲如带，舟楫摆渡已属不易，罂瓮渡涉，更加困难。从龙门渡东渡更无可能。此处两山对峙，水流湍急，船只摆渡也要有相当经验的水手，用罂瓮渡，无橹桨之助，成功率极低。从临晋抵龙门，需经韩城东部，此地

"多险阻"，行军不便。且东西两岸都大大增加了抵达安邑的距离。故从夏阳府所辖的芝川渡和龙门渡偷渡黄河无法实现隐蔽和神速。

而合阳的夏阳川在黄河岸边，自古即为渡口。此地距临晋仅九十里，水深而缓，从临晋北上，当晚即可以罂瓮溯水而上去夏阳川偷渡黄河，次日则可拿下安邑。所以韩信渡河处应在夏阳川。

［23］北伐新建议。"愿益兵三万人，臣请以北举赵、燕，东击齐，南绝楚之粮道，西与大王会于荥阳！"（《汉书·韩信传》）这是继"汉中对"后，韩信提出的又一重大战略。

这个建议主要有三层意思：第一，汉王刘邦坚守荥阳，利用荥阳、成皋一带有利地形，持久同楚军周旋；第二，由左丞相韩信在北方战场继续东进，完成对楚战略合围；第三，最后韩信由齐地挥师南下，占领楚国后方，转而西向，会刘邦围歼项羽于荥阳。

这是战史上第一次有人提出正面持久防御同侧翼大举进攻相结合的战略计划。它不同于一般所谓的后发制人的方针，是想通过正面防御疲惫消耗敌人，通过侧翼进攻发展壮大自己，最后夺取全局的胜利。此建议如能顺利实施，北方战场必将发生有利变化，对扭转目前战局，为最终能够战胜项羽创造出条件。

［24］陈馀（？—前204），魏国大梁（今河南开封）人，秦朝末年义军将领，有贤名，被称成安君。后在赵国被韩信、张耳打败。见《史记》卷八十九《张耳陈馀列传》。

陈馀早年交好张耳，成为刎颈之交。大泽乡起义之后，他与张耳一同投奔陈胜，后跟随武臣占据赵地，武臣自立为赵王后，出任大将军。武臣被部将李良杀死，陈馀与张耳立赵歇为赵王。李良引秦军大将章邯攻赵。张耳、赵歇败走钜鹿，被秦将王离包围，自觉兵少，不敢进兵攻秦，张耳大怒，责怪陈馀不守信义，方出兵五千去救钜鹿，然而全军覆没。后项羽大军至，大胜秦军，解钜鹿之围。张耳再次见陈馀时，怪他背信弃义。陈馀一气之下将帅印交出，从此张、陈两人绝交。

项羽分封诸侯王时，陈馀只被封为侯，心有不满，于是联合齐王田荣击走张耳，复立赵歇为赵王，自立为代王。韩信平定魏国后，与张耳一同攻赵国，陈馀未接受谋士李左车的建议，轻视韩信的背水列阵法，败后被斩杀于泜水。

成安君祠，又名"陈馀庙"，在河北邯郸古成安城西北，数千年来香火不断，祭供常有，历代又多次修葺、扩建。

[25] 张耳（？—前202），大梁（今河南开封）人，汉朝开国元勋。曾随韩信背水列阵，击破赵国，被刘邦封为赵王。

张耳少时为魏信陵君门客，曾任外黄令，与陈馀为刎颈之交，俱为魏国名士。秦灭魏，以重金悬赏缉拿人，于是与陈馀变名姓至陈，为里监门。秦二世元年（前209）参加陈胜、吴广反秦起义，为校尉，劝陈胜立六国后，未被采纳。又请兵略赵地，同陈馀一起共立武臣为赵王，自任丞相。钜鹿之战后，与陈馀交恶，从项羽入关。汉高帝元年（前206）项羽分封诸侯时，立为常山王，都襄国。因受陈馀袭击，遂归附汉王刘邦，旋随韩信破赵，并被立为赵王。汉高帝五年（前202）去世，谥号为景，史称赵景王。子张敖继任赵王。

事在《史记》卷八十九《张耳陈馀列传》。

[26] 武臣（？—前209），陈县（今河南淮阳）人，秦末农民起义军将领。陈、吴建立张楚政权之后，部将张耳、陈馀请兵攻夺赵地。陈胜应允，遂命武臣为将军，张耳、陈馀为左右校尉，率军三千攻夺赵地，连续攻下十余城。又采用说客蒯彻的计策进行招降，不战而得三十余城。武臣占有邯郸之后，经张耳、陈馀劝说，自立为王后，拒绝响应陈胜西进击秦的号召，致使周文农民军挫败。同年十一月，被其部将李良杀害于邯郸。

事在《史记》卷八十九《张耳陈馀列传》。

[27] 张耳与陈馀的恩怨情仇。秦末汉初之际，英雄并起。张耳和陈馀二人贤名在外，更是忘年之交，初期相互扶持，在反秦队伍中发挥了一定的作用，但受章邯攻赵事件的影响而决裂，最终两人刀兵相向，成为一个失败的生死之交的典型。事见《史记》卷八十九《张耳陈馀列传》。

二人之间有着明显的共同点。两人都找了个家境富有的老婆，才有了四处交游的资本。两人在志向、能力方面都有共同点，再加上陈馀像侍奉父亲一样对待张耳，所以两人结成刎颈之交。不过，张耳年轻时追随信陵君，因此为人比较重侠义，而陈馀就是一个儒士，还年轻气盛，这是两人之间性格最大的不同点。

秦灭魏国后，两人只得改名换姓到陈地当了门里卫的小吏。直到陈胜、吴广起义后，两人一起投到陈胜手下，在陈胜老朋友武臣为将军后，便顺势分派到武臣手下做事，不久劝武臣自立为王，脱离了陈胜的义军队伍。在武臣被李良杀死后，两人一同拥立赵歇为赵王。此时，陈馀率军同李良作战，张耳辅佐赵王歇，两人的交情很快就将迎来无法修复的裂痕。

章邯率领秦军杀死项梁后，认为楚军已不足为虑，便移军攻打赵国。赵王歇和张耳在此局面下落荒而逃，还被秦将王离围困在钜鹿城内。王离军兵多粮足、攻城甚急，所以张耳就多次派人召陈馀前来相救。陈馀率几万军队驻扎在常山，深感兵力不足，不敢发兵救援。张耳见此情况非常愤怒，就派张魇、陈泽去责备陈馀，指责陈馀不念二人的生死交情，让他尽快发兵同秦兵决战。陈馀对这两人说，同秦军作战是必死的路，要保存实力为赵王歇和张耳报仇。在二人坚持要求出兵之下，陈馀给了一支五千人的队伍，结果二人与这支部队被秦军全歼。不得不说，儒士陈馀背叛了二人之间的友情，关键时刻把儒家的以义为上忘得一干二净。这与当初陈馀在当门里卫的时候，因被门吏鞭打而不甘受辱、奋起反抗形成深刻的对比。可谓是，受小辱而忘死，临大义而怕死。

项羽在钜鹿之战中破釜沉舟、大败秦军，也将赵国救下来了。张耳见到陈馀后就问张魇和陈泽的下落，陈馀称二人已战死，但是张耳仍多次追问。陈馀见张耳不相信自己的话，就赌气地说："没想到你这么怀疑我，以为我很在乎将军的职务吗？"陈馀把兵权印信丢给了张耳，而张耳一开始也蒙了，没有接受印信。事故总发生在微不足道的小事上。陈馀在两人僵持间出去上厕所，而张耳的门客以"天予不取、反受其咎"为由劝他，所以张耳果断地将印信接过手来。至此，两人之间仅存的最后一点情分烟消云散。

项羽分封诸侯之时，张耳被封为常山王，赵王歇被降为代王，而陈馀仅封侯南皮三县，这让陈馀很是愤怒。因此，陈馀决意反叛项羽，向田荣借兵将张耳打跑，又将代王赵歇接回来做赵王，自己以代王之位辅佐赵王歇。张耳丢了封国后投靠了刘邦。刘邦派人联络赵国一起攻打项羽，陈馀坚持要求拿张耳人头来换盟约，刘邦就找了个长得像张耳的囚犯的脑袋骗了陈馀，不过很快被察觉，汉、赵两国彻底决裂。于是，刘邦派韩信攻灭赵国，陈馀被杀，过了两年，张耳也病死了。

张耳与陈馀的交情由一开始的刎颈之交，最终演变成不死不休的怨恨，二人之间的交情也成了当时的笑柄。

[28] 夏说，秦汉时期人，陈馀谋士，汉高帝二年（前205）后九月，韩信攻赵时被擒杀。

高帝三年（丁酉，前204） 二十七岁

时 事

十二月，项羽乘胜急攻荥阳，汉兵乏食，郦食其献策刘邦，立六国后以树党，刘邦问张良，以为不可。[1]

四月，谋士范增劝急攻荥阳，刘邦用陈平离间之计瓦解楚军。范增怒而去，疽发背，病死。[2] 随和说黥布反楚。

五月，刘邦逃离荥阳，用袁生计，与黥布南下宛、叶，引项羽南走。羽追击，刘邦回军荥阳，固守成皋。

楚将龙且击破黥布军，布兵败归汉。[3]

刘邦突围，重进荥阳，楚急切围攻。汉将纪信伪装汉王出城降，引开项羽，刘邦一行逃脱。[4]

彭越渡淮，深入楚地至下邳，杀楚将薛公。

八月，刘邦驻屯河北小修武，使彭越渡白马津入河南烧楚积聚，下外黄、睢阳等十七城，断楚粮道。[5]

行 状

十月，韩信与张耳欲击赵，赵王歇[6]、成安君陈馀集结重兵扼守井陉口[7]，号称二十万，谋士李左车[8]力劝深沟高垒，坚营勿与战。

《史记·淮阴侯列传》记载：

信与张耳以兵数万，欲东下井陉击赵。赵王、成安君陈馀闻汉且袭之也，聚兵井陉口，号称二十万。广武君李左车说成安君曰："闻汉将韩信涉西河，虏魏王，禽夏说，新喋血阏与，今乃辅以张耳，议欲下赵，此乘胜而去国远斗，其锋不可当。臣闻千里馈粮，士有饥色，樵苏后爨，师不宿饱。今井陉之道，车不得方轨，骑不得成列，行数百里，其势粮食必在其后。原足下假臣奇兵三万人，从间道绝其辎重；足下深沟高垒，坚营勿与战。彼前不得斗，退不得还，吾奇兵绝其后，使野无所掠，不至十日，而两将之头可致于戏下。原君留意臣之计。否，必为二子所禽矣。"成安君，儒者也，常称义兵不用诈谋奇计，曰："吾闻兵法十则围之，倍则战。今韩信兵号数万，其实不过数千。能千里而袭我，亦已罢极。今如此避而不击，后有大者，何以加之！则诸侯谓吾怯，而轻来伐我。"不听广武君策，广武君策不用。

案：破代之后，韩信的下一个目标就是打败赵国。要想完成这个任务困难很大，这主要和地理有关系。赵国位于太行山以东，对于汉军大将韩信的进攻，留傅赵国的代王陈馀是有信心防御的，底气就是来自这座太行山。

南北长八百多公里的太行山脉，北至幽燕，南至黄河，是黄土高原（山西）与华北平原（河北）的天然分界线，占尽地理之险。三国时曹操曾写过一首《苦寒行》："北上太行山，艰哉何巍巍！羊肠坂诘屈，车轮为之摧。树木何萧瑟，北风声正悲！熊罴对我蹲，虎豹夹路啼。"可见太行山多么险阻难行。

不久，陈馀得到消息，楚军已在荥阳一带发起冬季攻势，刘邦频频告急，且楚军大司马龙且已破了不久前反叛项羽的九江王黥布，回军荥阳后，楚军声威大振。他拍手称快，魏王豹没有等到这天，可被我陈馀等到了。

就在这时，又发生了一件意想不到的事情。荥阳战场受到楚军强大压力，战况吃紧，刘邦又给韩信下发了一道命令，从魏、代地抽调大量精兵，以及缴获的大量作战物资，赶往荥阳接应，以加强荥阳防卫。连东征副将、代理左丞相曹参及其所部，也一并调回。刘邦这样做的目的，恐怕既是为了加强正面战场防御能力，准备抗击项羽的大规模进攻，但同时也有一个不可告人的秘密，即有意抑制韩信的发展，控制其所用兵力。韩信受到了极大削弱，所率兵力已经十分有限。陈馀更加放心，以区区万人攻赵，无异于痴人说梦，绝对无法成功。

　　过太行山和过秦岭完全不同，过太行不是靠栈道，而是靠太行关隘通行。如在井陉两端设兵驻守，其进兵之难绝不亚于蜀中栈道。可是，陈馀没有控制隘口，却在隘口之东较远的地方安营待战。他认为，控制隘口汉军将不得前来，只有网开一面，待他们过了隘口之后，再以绝对优势兵力发起攻击，才能将汉军一举扑杀。

　　广武君李左车给陈馀献计说："我听说汉将韩信渡过西河，俘虏了魏王，活捉了夏说，刚刚血战阏与。现在又以张耳为辅助，计议要攻打赵国，这是乘胜而远离国土的战斗，进攻的锋芒锐不可当。但我听说从千里之外运送军粮，士兵就会面有饥色；临时打柴割草来做饭，军队就经常不能吃饱。如今井陉的道路狭窄，不能通过并行的两辆战车，骑兵不能排成行列行进，大部队行军前后数百里，那种形势下军粮一定是在部队的后面。希望你借我精兵三万，从小路去拦截他们的辎重粮草。你却深挖战壕，高筑营垒，拒不迎战。他们向前进不能交战，向后退不能回去，我率奇袭部队截断他们的后路，使他们在野外抢掠不到任何粮食，不到十天，两位将领的首级就能送到你的帐前。希望你认真考虑我的计策。"

　　成安君是个书呆子，经常称义军不用诈谋。他说："我听说兵法有云，兵力过敌人十倍就可以包围他们，超过一倍就可以交战。如今韩信的军队号称几万，其实没有那么多，且千里来袭击我们，也已精疲力竭。现在对这样的敌人还退而不战，以后如遇到更强大的敌人，我们怎样来抵抗呢？诸侯会认为我们胆怯，而轻易地来攻打我们。"因此他没有采纳广武君的计策。

李左车确是高人，良策难施，使汉军有了可乘之机！

《汉书·艺文志》在《兵书略》有《广武君》一篇，班固注称，是李左车兵法，列入"兵权谋"类，放在韩信兵法前面。这说明李左车与韩信都是同时代的军事权谋家，擅长用奇计打胜仗。

面对强敌，韩信不敢马虎，派人潜入赵国，把陈馀的军事部署打探得十分清楚。他最为担心陈馀用李左车之计，汉军将进退不得，陷于绝境。李左车计被否决，韩信大喜过望。

案： 陈馀主动放开井陉口，这是有意向韩信下战书！如今的情况，有如当年项羽的钜鹿大战，破釜沉舟既是万不得已，也是于险绝之处求生路。

韩信压力很大。登坛拜将后，尽管刘邦对韩信的谋略深为赏识，但在统军这个问题上，韩信身为汉军大将，却不能独当一面。从还定三秦及进军彭城两大战役上可清楚地看出这一点。攻打魏王豹，固然是张良的推荐，但主要还是项羽强兵压境，一筹莫展的缘故。现在，刘邦是不是对东进战略动摇了，欲抽调韩信去荥阳？就韩信而言，巴不得去荥阳痛痛快快决战，以报答刘邦的重用之恩，但现在还不是时候，楚军最大特点，就是擅长打正面突破的野战，而汉军恰恰相反，打不得攻坚。若即刻开赴荥阳，也未必能够取得胜利，最终一盘活棋将变成死局，对汉军十分不利。

如今，摆在韩信面前只有两条路：一条干脆返回荥阳，参加荥阳防守会战；一条按既定方针，不论代价拿下赵国。按目前汉军的境况，攻赵确实难度太大。汉军的兵员主要是刚刚从魏地征发来的乌合之众，而曹参部队绝对是主力，曹参的部队及曹参本人被抽走，严重削弱了部署，兵少将寡，伐赵能否继续进行下去，不得不重新考虑。只是赵军主动放开井陉口，这是个千载难逢的战机，可遇不可求！在此关键时刻，作为一名军人，头脑冷静，不计较个人得失，一切从灭楚大局出发，要敢于承担政治风险和政治责任！

经过前后长达十三个月的准备，整个战役设想已经成熟，韩信便最终决定攻打赵国。

同月，韩信挥师井陉口，背水布阵，大破赵军，斩陈馀，擒赵王歇，得李左车。微水有清代"背水阵遗址"确考记碑。[9]

案：东进的路上，韩信不禁想到了李左车为陈馀所谋划的计策，以险相阻，以守为攻，真是一条奇谋妙计。倘若在汉军通过井陉关时，只用三千人，设伏在井陉关道路两侧，势必危也。幸亏陈馀没有采纳，否则，汉军将死无葬身之地。

《史记·淮阴侯列传》记载这次作战的经过：

韩信使人间视，知其不用，还报，则大喜，乃敢引兵遂下。未至井陉口三十里，止舍。夜半传发，选轻骑二千人，人持一赤帜，从间道萆山而望赵军，诫曰："赵见我走，必空壁逐我，若疾入赵壁，拔赵帜，立汉赤帜。"令其裨将传飱，曰："今日破赵会食！"诸将皆莫信，详应曰："诺。"谓军吏曰："赵已先据便地为壁，且彼未见吾大将旗鼓，未肯击前行，恐吾至阻险而还。"信乃使万人先行，出，背水陈。赵军望见而大笑。平旦，信建大将之旗鼓，鼓行出井陉口，赵开壁击之，大战良久。于是信、张耳详弃鼓旗，走水上军。水上军开入之，复疾战。赵果空壁争汉鼓旗，逐韩信、张耳。韩信、张耳已入水上军，军皆殊死战，不可败。信所出奇兵二千骑，共候赵空壁逐利，则驰入赵壁，皆拔赵旗，立汉赤帜二千。赵军已不胜，不能得信等，欲还归壁，壁皆汉赤帜，而大惊，以为汉皆已得赵王将矣，兵遂乱，遁走，赵将虽斩之，不能禁也。于是汉兵夹击，大破虏赵军，斩成安君泜水上，禽赵王歇。

汉军疾速推进，安然进抵井陉口（今河北鹿泉土门关）前方三十里的山谷中，扎下营寨。不顾行军疲劳，韩信即刻升帐，布兵点将。

汉军已顺利翻越了太行山，进入井陉口，出了山口左侧是萆山，赵军主力便驻扎在萆山前的壁垒，靠山临水。往东，冶河拦住东进的去路。赵壁往南就是绵蔓水。绵蔓水从东边的冶河分流而来，西与滹沱河相接。可见，井陉口附近重山叠嶂，河水纵横，地形险要。

半夜时，韩信传令出发，挑选了二千轻骑，每人拿一面赤帜，从小道上山，隐蔽在山上观察赵军。韩信告诫说："赵军看到我军败退后，一定会倾巢出动来追击，这时候你们火速冲进赵军营垒，拔掉赵军旗帜，插上汉军旗帜。"还传令下去先吃些干粮，待今日破赵后举行祝捷会餐，将士们都不敢相信。韩信对人说："赵军已先占据了有利的地形，扎下营寨，并且他们在没有看到我军大将的旗鼓时，是不会出来攻击我军先头部队的，怕我们到了关隘的险要地方会退缩回去。"

信心是取胜的保证。这些跟随韩信从汉中走出来的将士，认为韩信就是一个战神，从汉中到关中到荥阳，再到魏地，有如秋风扫落叶，再强大的敌人也会被彻底消灭。

韩信调遣万余人先行出发，出了井陉口，背靠绵蔓水东岸摆开阵势。天亮后，韩信竖起大将的旗号，擂响战鼓，大张旗鼓地走出井陉口。赵军耻笑不已，果然倾巢出动追赶韩信、张耳。大战良久，韩信和张耳退入绵蔓水边的背水阵。

古时的绵蔓水比今天要宽得多。当汉军退到背水阵时，个个惊傻，河水汹涌奔腾，若被赵军赶入绵蔓水，将死无葬身之地！回头再望铺天盖地、杀气腾腾的赵军，他们意识到已经身陷绝境。真正决战的时刻到了，求生的本能点燃了决死拼杀的信念！

绵蔓水岸边战场纵深不大，赵军虽人数占有绝对优势，但根本无法展开。不久，万余汉军竟奇迹般地顶住了赵军的冲杀！正在这时，从井陉口冲出一支汉军，直扑绵蔓水。得到生力军的援助，原先搏杀的汉军将士更加精神抖擞，而赵军不愿为代国的陈馀卖命，军心不稳，斗志全无。

韩信派出去的那二千轻骑兵，等到赵军倾巢出动争夺战利品的时候，全部拔掉赵军的旗帜，插上汉军的赤帜。赵军看到已不能取胜，捉不住韩信和张耳，想要退回营垒时，却发现营垒全都是赤帜。这怎么变成了汉军大营？他们大为惊慌，以为汉军已打败了赵王和他们的将领，阵势大乱，纷纷逃跑。陈馀如梦方醒，后悔莫及，韩信算度是多么精准！他竟敢以自身为诱饵，将数万新兵一分为三，与赵国大军相抗，还偷袭了赵军的壁垒，太小看这胯下小子了。到这时候陈馀才真正地明白，战争只求胜利，除了胜利什么都不重要。此时，赵军将领虽斩杀逃兵，但依旧无法阻止。于是汉军前后夹击，大败赵军，并在泜水边活捉了赵王歇，斩了陈馀。

此战，被后世誉为以少胜多的"千古绝唱"，也是韩信一生中经典战役之一，为历代兵家所重视。[10]为纪念韩信兴汉功业，从唐代始，在"背水战"古战场遗址，就建有"韩信庙"等，历史上文人多有赞颂。据考证，韩信祠庙在全国有六处，其中江苏省淮安韩信的家乡二处，山西省的霍州市、平定县各一处，剩下的就是河北省石家庄市鹿泉区西土门村和威远门外瓮城内的二处祠庙了。[11]

是日，韩信与将士纵论背水阵，又不耻下问，请教广武君破燕之策。

《史记·淮阴侯列传》详细记载了韩信参加这次宴会的情况，以及和李左车对话的全部内容：

信乃令军中毋杀广武君，有能生得者购千金。于是有缚广武君而致戏下者，信乃解其缚，东乡坐，西乡对，师事之。

诸将效首虏，毕贺，因问信曰："兵法右倍山陵，前左水泽，今者将军令臣等反背水阵，曰破赵会食，臣等不服。然竟以胜，此何术也？"信曰："此在兵法，顾诸君不察耳。兵法不曰'陷之死地而后生，置之亡地而后存'？且信非得素拊循士大夫也，此所谓'驱市人而战之'，其势非置之死地，使人人自为战；今予之生地，皆走，宁尚可得而用之乎！"诸将皆服曰："善。非臣所及也。"

于是信问广武君曰："仆欲北攻燕，东伐齐，何若而有功？"广武君辞谢曰："臣闻败军之将不可以言勇，亡国之大夫不可以图存。今臣败亡之虏，何足以权大事乎！"信曰："仆闻之，百里奚居虞而虞亡，在秦而秦霸，非愚于虞而智于秦也，用与不用，听与不听也。诚令成安君听足下计，若信者亦已为禽矣。以不用足下，故信得侍耳。"因固问曰："仆委心归计，愿足下勿辞。"广武君曰："臣闻智者千虑，必有一失；愚者千虑，必有一得。故曰'狂夫之言，圣人择焉'。顾恐臣计未必足用，原效愚忠。夫成安君有百战百胜之计，一旦而失之，军败鄗下，身死泜上。今将军涉西河，虏魏王，禽夏说阏与，一举而下井陉，不终朝破赵二十万众，诛成安君。名闻海内，威震天下，农夫莫不辍耕释耒，褕衣甘食，倾耳以待命者。若此，将军之所长也。然而众劳卒罢，其实难用。今将军欲举倦弊之兵，顿之燕坚城之下，欲战恐久力不能拔，情见势屈，旷日粮竭，而弱燕不服，齐必距境以自强也。燕齐相持而不下，则刘项之权未有所分也。若此者，将军所短也。臣愚，窃以为亦过矣。故善用兵者不以短击长，而以长击短。"韩信曰："然则何由？"广武君对曰："方今为将军计，莫如案甲休兵，镇赵抚其孤，百里之内，牛酒日至，以飨士大夫释兵，北首燕路，而后遣辩士奉咫尺之书，暴其所长于燕，燕必不敢不听从。燕已从，使谖言者东告齐，齐必从风而服，虽有智者，亦不知为齐计矣。如是，则天下事皆可图也。兵固有先声而后实者，此之谓也。"韩信曰："善。"

案：刚刚脱去铠甲、抹干血迹的汉军将士们，兴高采烈地准备在襄国城中的赵王官举行祝捷会餐。

难以想象白天这里曾发生过一场惨烈、殊死的汉、赵两军大厮杀，韩信巧布背水阵，力破赵国，在北方战场上又取得了一个空前的胜利。井陉之战与钜鹿之战，均为秦汉之际经典。一代名君唐太宗李世民，曾有"背水纵神兵"的诗名，抒发了对韩信的钦佩之情。

此时，有将校来报打扫战场的情况，陈馀在泜水边被斩杀，赵王歇被擒获，只是李左车下落不明。陈馀伏法令韩信兴奋，但遗憾的是李左车不知去向，他是一个令人感兴趣的人物，韩信与之惺惺相惜，还有一些问题需要请教。韩信随即传令军中，不得斩杀广武君，有谁能活捉到他，奖赏千金。

重赏之下，必有"勇"夫，不一会儿，就有人捆绑着广武君送到军营。见到李左车后，韩信挪步向前，立即解开了他身上捆绑的绳索。

此时，王宫中酒筵已经摆好。韩信不以胜利者自居，执意请踟蹰不安的李左车东向主座，自己西向作陪，俨然以待老师之礼对待他，十分谦逊恭敬。

各将领献完首级和俘虏，都向韩信祝贺。

说真的，破魏下代的那种打法，诸将觉得易于理解，对于守卫井陉的二十万赵军，韩信不按兵法行事，却赢得了空前的胜利，创造了军事史上又一个惊人的奇迹，他们感到不可思议。但他们知道韩信不是那种只知鲁莽轻战，却不知胜负利害的赳赳武夫。相反，韩信既善战而又慎战，每战之前，他都能做到对敌情己情、天时地利了如指掌，并进行周密的部署。他指挥的战斗，总是未战即已稳操胜券，既战则有章有法，必获全胜。那么，破赵之战到底是怎么取胜的？秘诀在哪里呢？

一将军拜服于地，请教道："兵法云：'布列军阵右边和背后靠山，前面和左边靠水'，这次大将反而命令我们背水列阵，还说打败了赵军后会餐，我们心里都不信服，然而最终真的取得了胜利，这到底用的是什么战法呢？"

"背水列阵为绝地，实在是不得已弄险而为。"韩信微笑着说，"诸君都是带兵打仗之人，常读《孙子兵法》，我的计谋就在上面写着，只是你们没有在意罢了。兵法云：'陷之死地而后生，投之亡地而后存。'背水列阵，我军左右两翼是河流，两面皆是天然屏障，一时难以逾越，后翼是绵蔓水和太行山，赵军不得击；摆背水阵，示愚示弱，麻痹赵军，引诱其出壁而战。最为关键的是我军战士大都为新征调之人，未曾与我亲历战阵、同生共死，对他们来说，我没有什么恩德可言，在此关键时刻，必不能为我所用。这有如率领素不相识的市井之徒去作战，若有退路，敌方势大，将不战自溃，唯有置之死地，人人才会死里求生。所以，赵军虽众，奈何我军以一当十，岂有不胜之理！"

背水列阵，天下没有人敢这样做，只有艺高胆大的韩信一人敢为！看着韩信，众将崇敬之情油然而生，一齐再拜。

韩信话锋一转，主动向李左车请教击燕方略："广武君，我想向北攻取燕国，向东讨伐齐国，你看怎样才能获得成功？"

李左车谦让说："我听说'亡国的臣子不配谋划国家的存亡，打了败仗的将领没有资格谈论勇敢'。像我这样一个兵败国亡的俘虏，哪里有资格商量大事呢？"

韩信知道李左车的疑虑，恳切地说："我听说，百里奚在虞国而虞国灭亡，到了秦国而秦国称霸，并不是他在虞国时愚蠢而到了秦国就聪明了，而是在于国君用不用他，采纳不采纳他的意见。假使当初成安君听了你的计策，我韩信也早被你俘虏了。我诚心求教，希望你不要推辞！"

李左车为韩信诚意所打动，坦诚地说："我听说'智者千虑必有一失，愚者千虑必有一得'。所以说'即使是狂人的话，圣人也可以有选择地采纳'，不过恐怕我的计策不一定值得听取，但我愿意向你送上我的诚心。本来成安君有百战百胜的计策，然而一旦失策，军队在鄗城之下战败，自己也死于泜水之上。如今将军俘虏魏王，活捉夏说，不到一个上午打垮赵军二十万，名扬天下，威震诸侯。但迭经战阵，师劳卒疲，其实难能再战。如果强行攻燕，兵屯于坚城之下，欲攻不克，日久粮尽，情必势危。而齐国也会趁机备战，坚决与大将为敌。如不能迅速拿下燕、齐二国，那么，楚汉战争就难见分晓，形势变化就难以预料。这就是大将目前的短处和不利所在。"

韩信说："那该怎么办呢？"

李左车回答说："现在最好的办法，不如按兵不动，却摆出向北进攻燕国的样子，然后派一名使者，拿着书信，到燕国去，燕国一定不敢不听。降服了燕国，大军东向逼近齐国，虽有聪明的人，也不知道该怎样替齐国谋划了。这样，争夺天下的事就可以实现。用兵本来有'先声后实'的道理，我所说的就是这种情况。"

韩信十分赞同李左车的计策，击燕不如降燕，这是目前汉军进军的最好办法。他击掌说："先生说得对！这是先虚张声势，吓破敌胆，然后再实施进攻。谨遵教诲！"

同月，韩信用广武君策，招降燕国，燕王臧荼[12]从风而降，信乃遣使报刘邦，请立张耳为赵王，以镇抚其国。许之，立张耳为赵王。

案：韩信依李左车计行事，一边大张旗鼓屯兵边境，一边派人到燕国去游说。燕王臧荼是个明白人，在这生死关头，慑于韩信的声威及魏、代、赵等国灭亡的教训，果然举国归降。这也为韩信击齐解决了后顾之忧。

后来，北宋大政治家王安石读史至此，对韩信用兵艺术心生感慨，能用他人之智者为上智，获李左车而不杀，筵为上宾，卒用其谋而下燕，正是韩信聪明过人之处，没动一兵一卒，却一举收复了燕国，创造了战争史上一个范例。他认为做人做事应当放下架子，不耻下问，才能取得成功，并作七言绝句一首："贫贱侵凌富贵骄，功名无复在刍荛；将军北面师降虏，此事人间久寂寥。"

不久，韩信差人将燕王降书送往荥阳，同时奏请刘邦恢复张耳赵王封号。很快便接到刘邦回信，同意韩信建议，封张耳为赵王；还称赞韩信破赵胁燕，灵活用兵，干得有声有色，瓦解了楚军的进攻，巩固了赵地防线，对汉军又做出了一个重大贡献。

其实，刘邦的内心真正感触，韩信一定不会想到。刘邦对张耳的忠诚毫不怀疑，但对韩信为张耳请封一事，认为是给自己出难题，封也不是，不封也不是。

五月，正待进兵伐齐，项羽抽调精锐，几出奇兵，北渡黄河，攻击赵国要地，韩信与张耳往来迎战，击败来犯之敌，逐渐控制赵国全境，驻扎修武城[13]。其间，韩信多次"发卒佐汉"，而汉王仍屡遭挫败，险象环生。

《史记·淮阴侯列传》记载：

楚数使奇兵渡河击赵，赵王耳、韩信往来救赵，因行定赵城邑，发兵诣汉。楚方急围汉王于荥阳，汉王南出，之宛、叶间，得黥布，走入成皋，楚又复急围之。

案：韩信一路高歌猛进，以劣势兵力，仅用三个月时间，接连取得破魏、下代、灭赵、降燕的胜利，人员、物资的大量补给，有力地支援了刘邦。即便如此，刘邦守护的荥阳战场还是危机四伏、险情不断。同时，因韩信不断取得胜利，项羽谋臣范增等人也意识到问题的严重性。

汉高帝三年（前204）初，楚军数次切断汉军粮道，刘邦被困荥阳，于是向项羽请和。项羽打算同意，范增却说："如果现在把他们放走而不去征服，以后一定会后悔！"于是项羽与范增急攻荥阳。刘邦的谋臣陈平抓住了项羽多疑、自大的特点，"多金纵间于楚军"（《史记·陈丞相世家》），到处散布范增等人的谣言，利用反间计，离间了项羽同范增的君臣关系。一次，项羽的使者来了，刘邦叫人准备丰盛筵席，捧着佳肴正要进献，细看使者，故意假装惊讶地说："我们以为是亚父的使者，没想到却是项王的使者。"便更换佳肴，改以粗食供项羽的使者吃。使者回来报告项羽，项羽终于怀疑范增与汉有私情，于是夺去了范增权柄。

范增终于明白过来，自己的忠心和苦心却换来项羽的怀疑，他痛苦地说："天下事大局已定，希望大王把这把老骨头赐还给我，让我回乡为民吧。"项羽没有再做挽留。

范增年七十，平时好设奇计，见识不凡，可以称得上是项家肱股之臣，被项羽尊称为"亚父"。"亚父"在当时的意思和叔父差不多。他先后辅佐项氏叔侄二人，殚思竭虑，吃尽了万般苦头，毫无二心。当年，是他挺身而出，力主恢复大楚国，用一招"挟天子以令诸侯"让人追随项梁的脚步，为其征战四方，因此，才有今天项羽称王称霸的局面！

项梁对范增言听计从，没想到他这糊涂、没有政治头脑的侄子，却在耍野！现在，项羽虽有机会赢得了"霸王"的称号，却错失了成为天下霸主的机会，而自己也成为最委屈的失败之人。范增坐在一辆牛车上回乡，悲愤的心情难以平静。当到达彭城时，他便"疽发背"，愤懑而死。

只有人死了，活人才会明白过来，项羽对范增的死非常悲伤。

项梁战死时，项羽刚满二十四岁，范增却已七十了，高官厚禄、珍宝美女对于他来说，已经没有太多意义。他所以辅佐项羽，完全是出于与故人项梁的情义。但也正是这种关系，使得他在项羽面前知无不言、言无不尽，甚至像训斥一个孩子一般。由此项羽产生逆反心理，给了陈平离间机会。

复仇的怒火在胸中燃烧！项羽让季布、钟离眜、项伯日夜不停地挥军猛攻荥阳。是月，项羽夺取了荥阳以东汉军的全部据点，切断了荥阳同敖仓之间的甬道，形势出现了新的危机。

荥阳城被围日久，以刘邦为首的汉军统帅部不能逃脱，忧虑与恐惧，笼罩着全军上下。"逃"，对刘邦来说已是一种常态。然而，看似东奔西逃、极为狼狈的刘邦，很多时候似乎都到了山穷水尽的地步，但每到关键时刻，他都能逢凶化吉、转危为安，没有谁能捉住他。这一次不知是否也能幸免于难？此时，陈平又使出一绝计，着人写了投降书，单请项王傍晚间受降，并请看在昔日结盟兄弟情分上，免其一死。项羽心软了，慨然同意刘邦全部请降条件。

第二天傍晚，荥阳城东门按约洞开，从城里，先过吊桥的是数千披红戴绿的妇女，楚军士卒大为惊奇，纷纷举着火把前来围观。楚军的统帅部对这些女子也没有任何戒心，他们只想是刘邦开门投降，保住了荥阳生灵，百姓们为了感激刘邦，出来送行也在情理之中，只是行动过于缓慢。不久，"刘邦"出来了，楚军将士围上去仔细一看，此人却是汉将纪信！项羽勃然大怒，他让人将纪信活活烧死，自己亲自带人马前去追击，但为时已晚，刘邦趁着东门混乱之际，带着数十骑，从西门杀开一条血路，向成皋方向逃去。

汉将纪信替死，刘邦和张良、陈平一行终于得以逃脱。事见《史记》卷五十六《史记·陈丞相世家》。

六月，项羽击败彭越，西上克荥阳、成皋，刘邦逃往赵地，北渡黄河夺韩信军，拜信为相国[14]，令其征兵击齐。

《史记·淮阴侯列传》记载：

六月，汉王出成皋，东渡河，独与滕公俱，从张耳军修武。至，宿传舍。晨自称汉使，驰入赵壁。张耳、韩信未起，即其卧内上夺其印符，以麾召诸将，易置之。信、耳起，乃知汉王来，大惊。汉王夺二人军，即令张耳备守赵地。拜韩信为相国，收赵兵未发者击齐。

案： 韩信能接连打胜仗，也是很不容易的。在极其困难的情况下，凭着天才般谋划运筹，连连取胜。可是每当战胜之后，又要把大量的军队，赶紧送到荥阳去。而刘邦却接连失败，投入的兵员和粮草再多，也抵挡不了大量消耗。未来的伐齐，可不如征魏击赵，仗还打不打得下去？

其实，荥阳战斗失利，刘邦生存危机空前。这时候荥阳战场的形势，比预料中还严峻。荥阳陷落，成皋两度失守，楚军回攻，刘邦已经难以坚持，他趁着黑夜，不得不拉上滕公夏侯婴再次开始逃亡。按照常理，刘邦应该向西到巩县或洛阳去，那里有部分汉军的主力，但他却没有这样做。或许，他已认定黄河以北的韩信汉军是他倚重的唯一力量。

此时，刘邦的心情凄凉又复杂。萧何远在汉中，远水不解近渴，韩信只有一河之隔，就真的过不来？下魏破赵后，韩信也曾前后补充过不少精兵，助自己在荥阳一线与楚军相持。然而，韩信为人高傲、锋芒毕露，不像张良沉稳细密、淡泊名利，也不像萧何兢兢业业、忠心耿耿。目前的失利，究其原因，不外乎敌强我弱，没有和河北形成掎角，终为项羽所破。现在，刘邦想直接去修武夺取韩信、张耳的兵权，他们会不会不答应？

张耳是诸侯王中最早投奔刘邦的，赵国一带原来就是张耳的封地，封张耳为赵王，客观上起到了安定民心的作用，此举并无不妥之处。然而，由韩信提出封王张耳，刘邦觉得他是在试探自己。魏、代、赵、燕等地全都是韩信取下的，既然张耳能够封王，韩信为什么不能封王？这是一个危险不祥的信号。

平日火气盛大的刘邦，这时倒也十分冷静。他知道黥布、彭越及张耳虽能，但都不是楚军的真正对手，经不起霸王的挥戈一击。他们从智慧、才识、用兵和气势上来看，远远不及韩信。韩信是旷古少见的天纵英才，自从他统军以来，连战皆捷，有如秋风扫落叶，除了齐地外，河北已为他一人所占有。就天下大势而言，万一自己被楚军打败，恐怕能够自立天下，扛得住项羽的，唯韩信一人而已！可是，到了如今这个地步，能说什么呢？孤身一人，性命难保，此刻只能把怒火放在肚子里。

刘邦决定采用特殊手段。渡过黄河，刘邦独自与夏侯婴来到韩信军队的驻地修武县。先在客馆里住下，第二天早晨，刘邦自称是汉王的使臣，直入赵军营内，此时韩信和张耳还没有起床，刘邦就在他们的卧室里夺取了他们的印信和兵符。

接着，刘邦宣布四项决定：第一，韩信下魏、破代、击赵、降燕，皆获成功，论功行赏，擢升为相国；第二，从赵地抽调一半兵马去荥阳御敌，征发赵国没有调到荥阳去的军队攻打齐国；第三，张耳留守赵国，其主要任务是管理赵、代之地，加强守备，把握后方，保证荥阳侧翼安全；第四，击齐是既定目标，也是韩信在汉中所提出来的战略重点，谁能拥有齐国，无疑最终的胜利将会偏向于谁。韩信等人可征发赵地尚未征发之人，组成一支新军，进攻齐国。为加强韩信的力量，汉王近日再将曹参、灌婴等将调拨过来。相信韩信定能克服困难，击齐再获成功！

应该说，这四项决定是正确的。不解除荥阳战场的危机，汉军就有可能一败涂地。不拿下齐国，就无法从根本上战胜项羽。刘邦还害怕韩信和张耳在赵地势力膨胀，所以夺了二人的兵权，又将二人分开，再派最为信任的曹参作为助手，来协助、监视韩信。

对于这一切，韩信心知肚明。他领悟到了刘邦的高超手腕，在困难时期，他要进一步利用好自己，以便做出新的布置。这足见刘邦的良苦用心。韩信尽管擢升汉相国（汉第一任相国），这在汉职官序列中前所未有，三军统帅兼政务总理，职位远在萧何之上，但他并不高兴。其实韩信的相国也只是个荣誉职位，实际上仍是萧何。这四项决定中，刘邦没有否定韩信东进击齐的计划，但仍要抽调赵地精兵，削弱韩信的力量。

韩信往往在强压面前，忍辱负重，一声不吭，这也许就是他"隐忍"的性格。如此硬气的他，胯下之辱的情景一直伴随着他，今天也是。

转而，刘邦安慰起韩信，只要荥阳一线稍有好转，还会将在齐地附近游击的冷耳、吕泽、陈武等将军调拨过来，全力支援你！

九月，相国韩信驻扎边地平原，准备兵进齐国。为争功，郦食其[15]说服汉王，欲抢在韩信之前，劝降齐国。

案： 自刘邦带兵出函谷关攻打项羽以来，输得多，赢得少，已形成一种放得开的心态，屡战屡败，屡败屡战。现在，刘邦起死回生，将韩信主要兵力夺到了手中，既拯救了战场的危机，又削弱了韩信的权势，真可谓一箭双雕。成皋的将士也纷纷赶到，汉军声威复振。

不过，刘邦仍采取防守策略，加强巩县至洛阳一带的防守，准备迎接楚军新的攻势，对已被楚军占领的荥阳地区，则全部予以放弃。对于刘邦的消极防御策略，郦食其十分反对，他直接来面见刘邦。语在《史记·郦生陆贾列传》。

郦食其，六十余岁，是位儒者，建功立业思想根深蒂固。他除了好喝酒外，还有一个特点，就是太自负。除了刘邦，其他人一概不放在眼里，相信只要有机会，仅凭自己三寸不烂之舌，也一定能够建立丰功伟绩。近年来，来往诸侯之间的成效大不如从前，但关键时候也不糊涂。

他就此进言刘邦："我听说，能知道天之所以为天的人，可以成就统一大业；而不知道天之所以为天的人，统一大业不可成。王者以平民百姓为天，而平民百姓又以粮食为天。敖仓这个地方，天下往此输送粮食已有好长时间了，贮粮极多。楚国人攻克了荥阳，却不坚守敖仓，而是带兵向东而去，这是上天要把这些粮食资助给汉军。当前楚军很容易击败，而我们却反要退守，把要到手的利益反扔了出去，我私下里认为这样做是错了。更何况两个强有力的对手不能同时并立，楚汉战争经久相持不下，全国混乱动荡，农夫放下农具停耕，织女走下织机辍织，徘徊观望，天下百姓究竟心向哪一方还没有决定下来。所以请您赶快再次进军，收复荥阳，占有敖仓的粮食，阻塞成皋的险要，堵住太行交通要道，扼制住蜚狐关口，把守住白马津渡，让诸侯们看看今天的实际形势，那么天下的人也就知道该归顺哪一方了。"

接着，他又说："如今燕国、赵国都已经平定，只有齐国还没有攻打下来，而田广占据着幅员千里的齐国，田间带领着二十万大军，屯兵于历城，各支田氏宗族都力量强大，他们背靠大海，凭借黄河、济水的阻隔，南面接近楚国，齐国人又多诈变无常，大王即使是派遣数十万军队，也不可能在一年或几个月的时间里把它打下来。我请求奉诏命去游说齐王，让他归汉而成为我们的属国。"

不错！刘邦认为郦食其这两件事说得都有道理。特别是齐国，何不用外交手段先争取一下？刘邦表情痛苦了起来——前些日，虽派曹参和灌婴前往"协助"韩信，但他们只能监视，不能控制，韩信毕竟是主帅。然而，正因为如此，韩信的杰出才能也成了自己一块心病，总是担心有朝一日控制不了这个人。现在郦食其有此一说，倒很中听。

于是，刘邦再次出兵据守敖仓，同时派遣郦食其出使齐国。

考 释

[1] 郦食其献策立六国后。汉高帝三年（前204）冬，楚军兵围汉王于荥阳，双方久战不决。汉军粮草匮乏，渐渐难撑危机。刘邦大为焦急，询问群臣有何良策。

郦食其献计道："昔汤伐桀，封其后于杞。武王伐纣，封其后于宋。今秦失德弃义，侵伐诸侯社稷，灭六国之后，使无立锥之地。陛下诚能复立六国后世，毕已受印，此其君臣百姓必皆戴陛下之德，莫不向风慕义，愿为臣妾。德义已行，陛下南乡称霸，楚必敛衽而朝。"（《史记·留侯世家》）郦食其是想让在汉掌控下的诸国旧王室成为诸侯，通过他们来对抗楚国，分散力量，缓解汉军的压力。这其实是"饮鸩止渴"，当时刘邦并没有看到它的危害性，反而拍手称赞，速命人刻制印玺，使郦食其巡行各地分封。

在这关键时候，张良来拜见刘邦。大事完了！张良很少这样激动。如今楚国势力最强，就算恢复六国，按六国与项羽之间的关系，他们照样会摇着尾巴依附过去。再说，商汤、周武的时候，封桀、纣后人，以示宽大为怀，天下没人反对。而如今，汉弱楚强，天下豪杰离开故土，追随大王，无非是盼望得到一块封地。如果把六国都恢复起来，拿什么去封赏？他们一定会各回其国，各事其主，还有谁会来为大王夺取天下？

"竖儒！尽出馊主意，几乎坏了我的大事！"听了张良的一席话，刘邦吓得一身冷汗，立刻下令取消郦食其的任务。不能不承认，张良是一位洞察秋毫的谋略家和富有远见的政治家。参见"本年"条下考释"郦食其"。

［2］项羽逐范增的原因。范增离开是项羽失败的原因之一，后来刘邦曾说："项羽有一范增而不能用，此其所以为我擒也。"

北宋文学家苏轼在《论项羽范增》中指出，项羽逐范增是因为义帝为范增所立，宋义则是义帝推荐的主将，项羽杀宋义、弑义帝，必然与范增产生争执，隔阂由此产生，陈平之反间计只是抓住了项羽的心理推波助澜而已。范增最后选择离开项羽是对的，但离去的时间太迟了，他应于项羽杀宋义或弑义帝时毅然离去。苏轼肯定了范增杰出的才能，表达了对他的同情，也从侧面说明了项羽必然灭亡的道理。

《论项羽范增》引如下：

汉用陈平计。间疏楚君臣，项羽疑范增与汉有私，稍夺其权。增大怒曰："天下事大定矣，君王自为之，愿赐骸骨归卒伍。"归未至彭城，疽发背死。

苏子曰：增之去善矣，不去，羽必杀增。独恨其不早耳。然则当以何事去？增劝羽杀沛公，羽不听，终以此失天下，当于是去耶？曰：否。增之欲杀沛公，人臣之分也，羽之不杀，犹有君人之度也。增曷为以此去哉？《易》曰："知几其神乎？"《诗》曰："相彼雨雪，先集维霰。"增之去，当于羽杀卿子冠军时也。

陈涉之得民也，以项燕、扶苏。项氏之兴也，以立楚怀王孙心。而诸侯叛之也，以弑义帝。且义帝之立，增为谋主矣。义帝之存亡，岂独为楚之盛衰，亦增之所与同祸福也。未有义帝亡而增独能久存者也。羽之杀卿子冠军也，是弑义帝之兆也。其弑义帝，则疑增之本也，岂必待陈平哉？物必先腐也，而后虫生之；人必先疑也，而后谗入之。陈平虽智，安能间无疑之主哉？

吾尝论义帝天下之贤主也；独遣沛公入关，而不遣项羽；识卿子冠军于稠人之中，而擢以为上将，不贤而能如是乎？羽既矫杀卿子冠军，义帝必不能堪。非羽弑帝，则帝杀羽，不待智者而后知也。增始劝项梁立义帝，诸侯以此服从，中道而弑之，非增之意也。夫岂独非其意，将必力争而不听也。不用其言而杀其所立，羽之疑增，必自是始矣。

方羽杀卿子冠军，增与羽比肩而事义帝，君臣之分未定也。为增计者，力能诛羽则诛之，不能则去之，岂不毅然大丈夫也哉？增年七十，合则留，不合即去，不以此时明去就之分，而欲依羽以成功，陋矣！虽然，增，高帝之所畏也；增不去，项羽不亡。呜呼！增亦人杰也哉！

［3］兵败归汉。黥布听从汉谋士随和劝说反楚，楚将龙且击破黥布军，于是率领部下，归降汉王，地为楚国所并。此据《史记·秦楚之际月表》《汉书·英布传》，事在汉高帝三年四月。

［4］纪信，字成，汉初将军，赵人。秦末随沛公刘邦起兵，作战骁勇，初升为部曲长，后被加封为将军。史上有"西汉一人""功盖三杰"之誉。事迹记载在《史记》卷七《项羽本纪》、卷五十六《陈丞相世家》。

汉高帝元年（前206），在鸿门宴上，沛公刘邦于危急之时起身入厕，纪信同樊哙、靳强、夏侯婴等遂乘机护送其安全返回霸上。

汉高帝三年（前204）四月，刘邦被项羽围困于河南荥阳城中，请和，项羽不允，范增又力劝项羽不要再失良机杀掉刘邦。五月，荥阳城内粮草殆尽，纪信献计说，事已至此，臣请戴王冠，穿王服，乘王车，从东门出，假王而诈降楚军，大王则微服走西门，率夏侯婴、樊哙诸将，驰走成皋；令御史大夫周苛、魏纪、枞公守荥阳，是臣一人死，三军可全，汉室可兴矣！刘邦从其计。

纪信乘坐王车驶出东门，直赴楚营。而刘邦却率数十骑从西门逃走。纪信车到，当项羽见到车里坐的不是刘邦时，恼羞成怒，命军士将纪信投入油鼎活活烧死。刘邦念纪信有开汉之功，将其出身地赐"安汉县"，并在其治所立"忠佑庙"，在荥阳广武山筑纪陵。另在西充化凤山建"将军庙"，后人尊此为"将军神宇"，名列"西充八景"之首。自汉以后，历代对纪信均加追赠。宋封"忠佑安汉公"，元封"辅德显忠康济王"，明封"忠烈侯"。1983 年，县人民政府仿明重建将军碑于旧址。

　　[5] 彭越断楚粮道。楚汉艰难对峙时，彭越一直领兵游动作战于梁、楚之地，常袭击楚后方，迫使项羽多次回兵救援，以减轻刘邦在正面战场的压力。

　　《史记·魏豹彭越列传》卷九十：

　　项王闻之，乃使曹咎守成皋，自东收彭越所下城邑，皆复为楚。越将其兵北走穀城。汉五年秋，项王之南走阳夏，彭越复下昌邑旁二十余城，得谷十余万斛，以给汉王食。

　　刘邦在彭城战败，向西溃退，彭越独自带领他的军队向北驻守在黄河沿岸。汉高帝三年（前 204），刘邦让彭越从侧后断绝楚军的粮食补给，与汉军在西方作战相配合。这年五月间，彭越渡过睢水，向北突袭楚军。驻守在下邳的楚军将领项声和薛公，因地处后方，疏于防范，彭越竟从他们的身后杀来。他们仓促应战，展开一场激烈的厮杀，项声、薛公军大败。彭越截断了楚军的粮道，抢占了大片楚地，直接威胁着楚都彭城的安全。项羽生怕彭城再次陷落，他再次引兵东去。彭越毕竟不是项羽的对手，他收拾人马，渡睢水向西逃命而去。汉高帝四年（前 203）冬，项羽和刘邦在荥阳相持，彭越攻下睢阳、外黄等十七座城邑。项羽听到这个消息，就派曹咎驻守城皋，亲自向东收复了彭越攻克的城邑，又都归复楚国所有。彭越带着他的队伍北上穀城去了。汉高帝五年（前 202）秋，复下昌邑旁二十余城，缴获颇多。

　　在楚汉战争中，彭越率部在楚军的后方开展游击战，用敌进我退、敌退我追的战术，使项羽两面作战，疲于应付。

　　[6] 赵歇（？—前 204），战国时赵国贵族。《史记·秦楚之际月表》卷十六：秦二世元年（前 209）十一月，"赵王歇始，张耳、陈馀立之"；汉王三年"汉灭歇"。

　　秦二世元年（前 208）十一月，原张耳、陈馀所立赵王武臣被其部将李良袭杀。当年正月，有人劝张、陈二人立原赵国之后以笼络人心，他们

于是找到赵歇，立其为赵王，居于信都（今河北邢台市西南）。高帝元年
（前206）项羽分封时，赵歇被封为代王，都代县。高帝二年（前205）
十月，陈馀击走张耳，收复赵地，复迁赵歇为赵王。高帝三年（前204）
十月，韩信、张耳奉刘邦之命击败陈馀，擒杀赵王歇于襄国（即信都，今
河北邢台西南）。

[7]井陉口，即井陉关，又称土门关，故址在今河北省井陉县北井陉
山上。又县西有故关，乃井陉西出之口，是太行进入古代华北平原的重要
关隘，为历代兵家必争之地。

太行山脉位于黄土高原东部，北起幽燕，南抵黄河，是中国东部地区
的重要山脉和地理分界线。过了太行山，向东便是一望无际的华北平原。
韩信如果想从魏地攻入赵国，主要的进军道路就是穿越太行山。太行山由
一道一道峰棱组成，形成细长峡谷，而狭窄的谷底，便是通道经过处。由
于山峦夹峙，道路十分狭隘，当地人把这种自然山脊称为"陉"。"太行八
陉"从南往北分别是：轵关陉、太行陉、白陉、滏口陉、井陉、飞狐陉、
蒲阴陉、军都陉，为古代晋、冀、豫三省太行山八条咽喉通道，只要太行
山以东的敌人守住这八个陉口，以西的敌人就休想通过八百余里的太行
山。在八陉中，又以"井陉"最为著名。而赵国位于华北平原的中部，这
里只有井陉可供汉军通过。韩信要率汉军翻越太行山进攻赵国，也只能走
井陉。之所以叫井陉口，古人说这里的山势四面皆平，中间如井口，所以
称为井陉口。

[8]李左车，生卒年不详，赵国名将李牧之孙，秦汉之际谋士。秦
末，六国并起，李左车辅佐赵王歇，被封广武君。李左车在《史记》中没
有单独列传，他的事迹分别记载在《张耳陈馀列传》和《淮阴侯列传》中。

汉高帝三年（前204）十月，刘邦派韩信、张耳率数万新招募的汉军
越过太行山，向东挺进，攻打赵国。李左车和赵军统帅成安君陈馀集中二
十万兵力于太行山区的井陉口，占据有利地形，准备与韩信决战。李左车
认为，汉军千里匮粮，士卒饥疲，且井陉谷窄沟长，车马不能并行，宜守
不宜攻。只要严守，就可以万无一失。于是，他向陈馀陈述其利害，并自

请带兵三万，从间道出其后，断绝汉军粮草。陈馀不以为然，不严守井陉，坚决主战。

韩信迅速挑选二千轻骑，半夜从小路迂回到赵军大营侧翼，隐伏待击。次日晨，韩信和张耳率主力出井陉口，并在绵蔓水东岸摆下"背水阵"，引诱赵军出击。果然，赵军倾巢而出，追击汉军。汉军伏兵乘虚抢占了赵军营寨。赵军见此大乱。汉军乘势前后夹击，大败赵军。韩信斩陈馀，擒赵王歇，灭亡了赵国。

韩信悬赏千金捉拿李左车，不久即有人将李左车绑送到韩信帐前。韩信立刻为他松绑，让他面东而坐，以师礼相待，并向他请教攻灭齐、燕方略。李左车认为，汉军士卒疲惫，战斗力大减，如果和齐、燕军队硬拼，胜负很难预料。不如按甲休兵，以武力威慑，以仁德服人心，恩威并举，迫使敌人归顺。韩信采用李左车计，一封书信，燕国果然不伐而降。而自从为韩信出谋降燕之后，李左车就失于历史记载。

李左车极具战略眼光，以奇谋建功立业。他留下了"智者千虑，必有一失；愚者千虑，必有一得"之名言，还著有兵书《广武君》，论述用兵谋略，影响深远，兵家将其和韩信归于"权谋"一类。李左车在民间很有声望，被尊为雹神。《聊斋志异·雹神》篇记述了他降冰雹于章丘，落满沟渠而不伤庄稼的传奇故事。据了解，在北方地区李左车墓有好几座，分布在河北衡水深州市、河南开封通许县等地。

［9］背水阵遗址考。《确考汉淮阴侯背水阵处碑记》为清代学者吴文楠所撰，该碑于清康熙二十七年（1688）立于河北井陉韩信背水阵遗址。

历史上，背水阵遗址说法不一，现见诸文字的说法有四处：微水、威州、天长镇（原井陉城）和鹿泉（获鹿）土门。该文第一次对韩信设背水阵的路线、方位进行考证，得出韩信背水列阵在微水，赵守将据守白石岭（东天门）的结论；还对背水阵地理位置、山川形势和对韩信用兵艺术进行了分析，"奇巧，在于易帜；擒拿，在于背水；线索，在于间道"。该碑记是研究背水阵和韩信用兵的重要资料之一。

碑记原文如下：

汉隆准公之三年，汉淮阴信下井陉，悉定赵地。学士家读史至英雄决战处，如从壁上观其胜负，不过袖手高歌而已。君子以苍生为己任，睹天下地理险隘古人用武之所，未有不论欷嘘，吊斯民之肝脑涂地，暴骨中野。得大将指顾不惊，一朝扫除祸乱，甚为快也。高祖战败彭城，被项羽多杀士卒，睢水为之不流。诸侯兵见楚强汉败，皆去汉为楚。虽赖关中兵大振荥阳，然惟淮阴侯身在行间，故能破楚京、索，楚遂不能过荥阳而西。此楚汉东西限隔全局已定之一关键也。大将立功名，能为人国重轻如此。不然，以羽之枭勇所在杀戮，独一彭城哉？其明年，下井陉，定赵。井陉，赵之隘也。既下井陉，则赵地定。赵既定，则燕齐皆举。自此，汉始得专力攻楚，乃给罢战安民之全局。可知背水一阵，侯一生精神聚焉。水，系何方？阵，系何里？问之父老子弟，莫能指名。岂非读史一憾欤！今证诸史，而以舆地细按之，阵在微水村之地，确然无疑。而自汉以来，学者皆不得而知，则不可以独咎里人耳。邑之西，有井陉关，号曰故关。东，则获鹿之土门关，古皆称井陉口。《史记》："侯欲下井陉，赵王、成安君陈馀聚兵二十万于井陉口。侯未至井陉口三十里，止舍。"皆指土门而言，并不属故关。何以明其然也？故关城守，虽设于明时，而两山峭拔，关居其中，实本天造。馀兵二十万，或系虚声。然此地虽屯十万之兵，举目可见。侯于秋八月，破魏；九月，破代；冬十月，定赵。魏，即今山西平阳府泽州；汾州府辽州、沁州。代，即今山西大同府。侯与张耳，自山西收兵，东下井陉，不难于入故关，而难于出土门。余若能制侯之死命，亦只有放入故关，而使之不得出土门。广武君李左车之言曰："井陉之道，车不得方轨，骑不得成列。一出土门，长驱而前，则无此险矣。"左车说馀："愿假奇兵三万人，从间道绝其辎重；足下深沟高垒，坚营勿与战；彼前不得斗，退不得还；吾奇兵绝其后，使野无所惊；不至十日，而两将之头，可致于麾下。"左车此计行，侯不异投虎于柙。正是入井陉口易，出井陉口难也。既能制胜出奇，逾越此险，虽有百左车之善谋，将何所用？故《迁史》于此，一则曰："陈馀聚兵井陉口"；再则曰："未至井陉口"；总为下"鼓行出井陉口"联络照应。如以未至井陉口，指为故关地，则侯从山西而来，曰"入井陉口"可矣；何云"出井陉口"哉？山西《平定州志》，以"未至井陉口三十里而舍"，为州东柏井城，传讹如是。古人之方略，为后人埋设多多矣！当年左车之意，在"深沟高垒勿与战"；成安君余反其说。谓："不击，恐诸侯视吾怯，而轻来伐我。"彼意主于交锋，则屯兵二十万，必于可守可战之区。《迁史》所载，在土门不在故关，事之显明易见者也。究竟赵军临战之时，壁垒并在土门之外。其云："信出井陉口，赵开壁击之。成安之与广武，洵此矛而彼盾，又何言耶？微水离土门，恰好及三十里。"观侯夜半传令军中，使发轻骑二千人，人持一赤帜，从间道蓲山而望赵军。诫曰："赵军空壁逐我，即疾入赵壁，拔赵帜，立汉赤帜。"蓲山者，依山自覆蔽，不令陈馀军营得见。盖蓲，即蔽也。所依之山，即获鹿县抱犊山。纪载者，因侯望赵军事，遂以"蓲山"名其山云尔。夫夜半发骑，潜抱犊之山，未至黎明而毕，此自微水遣发，则可；自柏井城遣发，则不可。柏井至抱犊山，百数十里，岂夜半疾驱自子至寅所能达？且其俾将传飧，约今日破赵会食，随即背水制阵，皆未平旦时事。《兵法》："薄人于险，利在速。"非别有缩地法也。背水，即在止舍之地，夜半以往，布置迅速。水上军如山岳不移，以待接战；第令万人先行。平旦，侯建大将之旗鼓，随之鼓行而出，大战良久。时，已出井陉口矣。侯与张耳，复佯弃旗鼓还退，走水上军，诱赵人空壁逐利。然后蓲山之骑，乃能入赵壁，立汉帜二千。视"破赵会食"一语，有寸有分。所以进战退走，道里之相去，与吾之节制，从天而合。柏井城四面据河，虽以背水可施，而兵机贵速，佯走百数十里，既为理势所必无。且未入井陉口，亦非广武军迫人于险，成安君不用诈谋奇计之地。则去井陉口背水而阵，其为微水村，又何疑焉！然则，《迁史》连书："使万人先行，出背水阵。"其说云何？盖当是时，侯引兵数万人。夜半传发赤帜者，轻骑二千也。未平旦使万人先引诱敌者，为大将旗鼓前驱也。先行，不过万人。余皆止而不行，出背水阵。一时两事，行止井如，先儒所谓"分数明"也。水上军，《纲目》注："绵蔓水"。今微水，即系绵蔓。周鉴形势，则今之微水，濡足可涉矣。揆之当时"置之死地而后生"，似不符合。嗟呼！古今水势变迁，九河故道，早已沦没，独止一绵蔓水乎？威州，亦绵蔓一带环流。而侯之布阵在微水，则又有说，微水之东十里白石岭，为赵时白皮关。今现有白面将军祠，惜乎姓名不传。要是赵之关将，明嘉靖间，尚有米元断碑并石像，其封号爵衔，一一具存。后碑毁于乡人，仅传者关名而已。邑中嘉靖岁贡韩文黉述："其碑之存没，一身犹及两见之。"语在《文黉祠记》中。凡墨客题咏，皆曰白石关，正指此为赵兵分守之地也。淮阴兵经临过此，情事甚明。由此，东出土门，必从微水而来，威州，则非其路矣。当淮阴经营背水，急遣万人前行，一意诱敌挑战，则兵行之路，宁避赵之耳目守望乎？乃止舍初定，已先发轻骑二千，阴伺赵人间隙，此不避赵之耳目守望不可也。欲避赵之耳目守望，最好是昏夜，而机窍得力，实惟间道。既曰间道，则与大将鼓行遣兵挑战之正道，各为一路明矣！各为一路，而蒐山为依，赵人终于不觉；则二千轻骑之行，必不出于白面将军守望之地又明矣！由故关至土门，右则微水，左由威州镇，此为大将轻骑之分途，舍是，更无从飞渡。轻骑潜行，既不由于微水往东之白石岭，则知背水布阵，断然不在于威州。且阵出背水，赵军望见而大笑。由白石岭望微水，则见；白石岭望威州镇，则不见。难者曰："舍白石岭，何处不可望见威州。"诚若所言，是轻骑二千，亦无处不可以通道也，又何间道之足云？因思：白面将军之死，为赵则忠矣。死于战，不死于军众望见背水之顷，似失之愚。然淮阴兵法神妙，全是能使人愚。惟彼守望之地，确见我之手足动静，自背水而外，绝无他图；而我又鼓行过之。耳目相接，处处斗笋合缝，所以误之也。我之所以误彼者，只是出其不意。既用轻骑出其不意，并不得不勾引赵人耳目，归于专一。此则独有白石一关，倘谓大将旗鼓及所遣万人，不由此关，曾是轻骑间道而反出此？倘轻骑出此，居然儿戏，妄希彼之酣睡熟梦，坦然竟过也。其然乎？其不然乎？乃或谓拔赵帜，即在白石岭者，又失情实。淮阴曰："赵已先据便地为壁。"白石岭，非便地也。赵开壁击淮阴军，显系井陉口外。《列传》自明，又何疑团难破？追追及水上军不胜，归壁，见汉帜而惊乱遁走，成安君败部下，身死泜上，固淮阴谋定后动之余事。而总之，奇巧，在于易帜；擒拿，在于背水；线索，在于间道。能用成安君之所不能用，神明变化，却又不可逾越累黍。论者自然数为"兵仙"。信然哉！其功名伟矣！而未尝与敌人血战。下赵之后，势如迎刃。楚汉大定，民庆更生。读史至背水一阵，不敢不确考其何里何方者。诚为，功，不可没；而方里不著，则昔人之精神不传，盖古人救济苍生之略也。若夫侯之死于非罪，另有论断，兹不及。

［10］"背水阵"再探。韩信以区区三万之人，破二十万赵国精兵，演绎了古代战争史上一大奇迹，千百年来一直为人们津津乐道。据所知早些年张琼一篇《韩信"背水阵"再探》做了比较系统的爬梳（《军事历史》2000 年第 02 期），录其要点如下：

1. 战前态势分析与预测。还定三秦胜利后，踌躇满志的刘邦急欲成就一统大业，乘项羽北上伐齐之机，自率诸侯兵攻下楚都彭城。不料，项羽亲率三万兵马回击，在韩信的协助下，依托荥阳、成皋山区有利地形，同项羽打起了持久战。刘邦在不得已的情况下，分兵韩信北击赵代。但是，当时韩信所面临的形势并不容乐观。一是部队战斗力不强。三万人马多是刚招募的新兵，缺乏战斗经验和战斗意志不够。二是兵力对比悬殊。当时赵军的兵力达二十万之多，而韩信只有"兵数万"。对长于用奇的韩信来说，他又不得不思索怎样使用手中有限的兵力。三是兵要地理险恶。据《吕氏春秋》记载："天下九塞，井陉其一，亦曰土门关。""山谷峻嶒，险同蜀道，马驰竟日，蹄破筋疲。"（《井陉县志》）因此，怎样穿越咽喉之地井陉口，是韩信东下攻赵要定下决断的第一个现实问题。四是远离后方作战。韩信离开荥阳正面战场，独自率军北上作战，可谓孤军深入，大失先利。

由上观之，双方态势，一目了然，韩信处于十分明显的劣势。但韩信占优的地方是双方统帅的军事指挥才能。把持赵国大权的陈馀，虽称得上是个久历战场的一员大将，但此人儒酸气太足，满脑子仁义道德，而且死读兵书，缺乏权变。

2. 作战计划的制订与实施。面对这样严峻的态势，韩信深深明白，一切作战计划制订都必须将这些不利的因素考虑进去，做通盘的筹划。首先，如何安全穿越险恶之地井陉口，这是韩信十分头痛的事情。恰在此时，陈馀拒绝谋士李左车正面坚壁不出，侧后迂回包抄，断汉军归路的建议，主动放韩信通过井陉口，自率二十万大军在井陉之东修筑壁垒，以图与韩信正面决战。这一问题遂不存在。于是，韩信敢率军越过太行山，傍晚至井陉口以西三十里处安营驻扎。

但是，被动不利局面并没有因此而有太多的减少。如果率领军队去攻打赵垒，那正中了陈馀的下怀，定遭败绩。韩信经过反复思考，认为此次作战须一如既往地出奇制胜。这个"奇"要达到三个目的：一是要能够激励部队的士气，增强他们的战斗力；二是要能够引蛇出洞，变攻为守，反客为主；三是要"奇中有奇"，把有限的兵力巧妙使用，使敌人防不胜防。

韩信早已成竹在胸。他首先以一万兵力背靠绵蔓水布阵；其次选二千骑兵，每人持一面赤帜，从小道潜伏，如赵军都出营去同汉军作战时，就发起突然袭击，拔掉赵军旗帜，换上汉军赤帜，占领赵军营地。最后自己亲率二万人马前去赵军营垒挑战。同时告诉三军，"破赵会食"。接着发生的一切和韩信设想的一模一样，赵国大败，韩信在北方战场上取得了决定性的胜利。

3. 背水阵的探究和思考。韩信巧布背水阵，以三万"乌合之众"勇破赵国二十万精锐之师，一个早晨就完成了破赵任务。背水阵就在于他巧妙地利用战场地形，布绝阵，将有限的兵力进行了正确的部署和合理的分配使用。

首先，背水布阵，把士卒置于死地，战亦死，不战亦死，不如拼命一战，还可求得一生。其次，背水布阵，汉军左右两翼是河流，两面皆是天然屏障，一时难以逾越，后翼是绵蔓水和太行山，赵军更不得击。再次，由于背水阵只需在一个方向上部署兵力，这就直接地大大减少了兵力的使用。最后，摆背水阵，示愚示弱于敌，麻痹赵军，蓄其轻敌之心，可以引诱赵军出壁而战，进而达到变客为主的目的。所以背水阵前无古人，后来者亦很少有人能再效之，并不具有普遍性。它更能够说明韩信在条件极端困难，环境极度险恶，看似山穷水尽，无计可施的情况下，沉着冷静，充分发挥个人的主观能动性，积极谋划，敢于冲破旧观念和所谓常规的束缚，大胆创新，随机应变，化被动为主动，变不利为有利。有人说韩信是中华第一名将，洵非虚饰之言。

［11］一地两祠庙。鹿泉（区）位于河北石家庄市西部，原名获鹿县。鹿泉人十分崇敬淮阴侯韩信，有关韩信的古迹遗址很多。

"韩信祠"位于西土门关，据清光绪三年（1877）《获鹿县志》记载，此祠为鹿泉历史上最著名的祠庙，自建祠以来，历尽兴衰，有识之士，不惜重金修缮。明代嘉靖年间名臣、官至山西左布政使的赵廷松，既是一位显宦，也是一位有名的诗人和书法家。后于嘉靖三十一年（1552）担任山西右布政使，寻转左布政使。这期间多次往来获鹿。在他的《敝帚集》中，收有他撰文的《重修土门关淮阴侯祠记》一文。

"韩信庙"位于鹿泉西门瓮城。西门原有双门洞，韩信庙位于中间瓮城之中。庙内有韩信塑像，有宋代宰相韩琦的"过淮阴侯祠"石刻，碑记作者为孙化龙。孙获鹿人，明万历年间进士，官至太原知府。孙化龙于明万历四十三年（1615）重建韩侯庙，并撰《西门瓮城重修韩侯庙记》碑文。

碑文如下：

淮阴侯韩公，汉高大将也。蹙项安刘，功盖天下，事载青史，人人俱知之矣。其兵出井陉口破赵擒馀，俾一方士民安堵厥功，亦非细焉。里人感慕功德，于山下立庙尸祝。自汉迄今，千有余载，香火供奉不绝有以也。在城旧无公庙，有之，自嘉靖中年始盖，壬寅癸卯间所建也。余闻关寿亭侯庙在十字街西，当人烟□处。邑人有居相邻者，以知印服役兵道，日久得其心，利其地，因请移之东门瓮城，而西门立侯庙以配之。盖子产立公孙泄之意云，今七十余年矣，历年既久，典守无人，门庭任其开闭，朔望谁为瞻谒？内而尘埃漫漶，外而风雨摧残。覽瓦剥落，墙垣倾颓，栋宇敝陋，观者为之太患。余时往来祠下，深用恻然，久欲重加修葺，以付托无人未果。万历乙卯之春，余捐资十两，令侄孙斯秀。斯秀更醵金十三两，庀才纠役，以二月望日，越月告竣。倾圮敝坏，焕然一新矣。庙后旧有抱厦一楹，今复之前为小门，成一院落。以为缁黄看庙之所。斯秀竖碑庙左，请志岁月，余因是窃有感焉。夫淮阴，汉初之名将也。寿亭，汉末之忠臣也。淮阴之拒涉拒通，寿亭之辞曹归汉，其心事同也。至于功业之成，淮阴似为胜之。然而，人情之崇奉独于寿亭为重，而韩庙凄然荒凉，无人轸念，岂以公之为灵不足为人祸福耶？夫祀典之设，本以报功，非为祈福。故礼云：以劳定国则祀之。韩庙之修，惟知破赵功德不可忘耳，他何计焉！斯秀执事勤恪，工用早成，其志可嘉。其余输财助工者，虽多寡不同，同归好义，是用备书碑阴以垂不朽。

［12］燕王臧荼，请见"高帝六年"条下"考释"。

［13］修武，今河南省新乡市获嘉县。地处黄河以北，太行山以南，是黄河流域中文化发祥最早的地方。周代称宁邑。公元前1046年正月，周武王姬发兴兵伐纣，从陕西东进渡孟津会合八百诸侯后，大军向商都朝歌一路猛进，到达宁邑后天降大雨，三日不止，经姜子牙问卜后，乃勒兵于宁，修整武器，休养军队，遂将宁邑改名为"修武"。

井陉大战胜利后，韩信、张耳选择地处魏国南端的修武作为根据地，主要是附近山势险峻，土地肥沃，人口众多，军粮供应不乏，有利于新占地的维稳，同时这里靠近荥阳、成皋主战场，便于两军之间呼应和支援。

［14］丞相与相国的区别。丞相，为古代百官之长。相国，为廷臣最高职务。丞相与相国二者同时期可以并存，相国为主，丞相为辅，同时期，相国只能有一个，丞相可以有多个。不过丞相和相国是两种完全不同的官职，地位上，相国要高于丞相。

相国即"相邦"，是战国时期秦国及汉朝廷的最高官职。秦朝覆灭，西汉建立后，因为汉高帝刘邦的名字中有"邦"字，为了避讳，便将相邦改为"相国"。

韩信为西汉第一任相国，而萧何为第一任丞相，二人论地位，韩信是诸侯王，而萧何只是一个侯，也能看出相国的地位是高于丞相的。韩信之后，萧何、曹参先后两次担任相国，吕后死后，相国一职逐渐退出历史舞台。此后辅佐君王的大臣，一般称为丞相。

[15]郦食其（？—前203），陈留高阳（今河南杞县高阳镇）人，秦汉之际著名说客，常被刘邦派作外交特使，往来于诸侯之间。

郦生青年时代是在战国时期度过的，当时风靡一时的纵横游学，使其仰慕不已。他苦读书，有辩才，为人孤傲不驯，且常混迹于酒肆之中，人称"狂生"，自称"高阳酒徒"。秦二世三年（前207）秋，刘邦攻打陈留时，他认为刘邦有长者气度，能成就一番大事业。但刘邦不喜欢儒生，在初次见面时，一边洗脚一边接见郦食其。郦食其实在看不下去，既不行礼，也不下跪，神态高傲地只是作了一个揖，对刘邦说："要是你真打算联合诸侯去消灭暴秦，就不该这么傲慢地接见长者！"这人不简单！刘邦虽玩世不恭，但他从善如流，立即起身，脚都来不及擦一擦，忙整整衣服，恭敬地请郦食其上坐，上酒上菜，马上热聊起来。

郦食其道："你把你的乌合之众加起来，也不满一万人，现在竟要和强秦对抗，这不过是羊入虎口。陈留是天下要冲，交通四通八达，城里又存有很多粮食。我和陈留的县令要好，让我来劝他投降，他如不听从，你再发兵攻城，我在城内做内应。"于是，刘邦就派遣他前往，自己带兵紧随其后，这样就取下了陈留，并得到大批军粮，投降的士卒也有万人，为刘邦大业初创立下了卓著战功。刘邦赐其广野君。

后郦食其常以使臣的身份奔走于诸侯之间，以三寸之舌游说列国，为刘邦建立灭秦抗楚"统一战线"做出了重大贡献。在进军秦国途中，他出面劝降秦国守将，辅佐刘邦攻破武关，率先进入咸阳，灭亡秦朝。楚汉相争前期，他建议夺取荥阳，占据敖仓，夺取有利据点和粮食补给，为日后逆转形势、反败为胜奠定基础。他还奉命出使齐国，劝齐王田广以七十余城归顺。汉高帝四年（前203），因韩信攻打齐国，直接导致郦食其为齐王田广烹杀，归葬于雍丘。汉高帝十二年，刘邦破例封其子郦疥为高粱侯，侯第六十六位。

事见《史记》卷九十七《郦生陆贾列传》、卷九十二《淮阴侯列传》。

卷五　决胜垓下

高帝四年（戊戌，前203）　二十八岁

时　事

十月，楚、汉进入酣战状，项羽东征彭越，刘邦南渡，杀楚将曹咎，收复成皋；[1]项羽回救，与之相持于广武。

项王迫汉王出战，二人临阵对话，刘邦数十罪，项羽大怒，伏弩射，刘邦伤胸，处境十分艰难。[2]

十一月，韩信于潍水，大破楚军二十万，尽定齐地。是时，彭越往来梁地，断楚粮道，楚军危急，已呈败势。

刘邦疾愈，西入关中，至栎阳，存问父老，领兵复出，军广武与项羽继续对峙。

秋七月，刘邦立黥布为淮南王。[3]

八月，楚汉言和，以鸿沟为界，中分天下。项羽信诺，引兵东归彭城，放回刘太公[4]、吕雉[5]。刘邦用张良、陈平计，趁机追击其后。

九月，刘邦约韩信、彭越共同围歼项羽。

丞相萧何，镇抚关中，为避刘邦疑，遣子孙昆弟数十人悉诣军前效命，刘邦大悦。

行 状

十月，韩信整军备战，与齐军隔黄河平原津对峙。是日，接到郦食其说下齐国加急书信，大为惊愕，谋士蒯彻劝其即刻进军齐国，从其计。

《史记·淮阴侯列传》是这样记载的：

信引兵东，未渡平原，闻汉王使郦食其已说下齐，韩信欲止。范阳辩士蒯通说信曰："将军受诏击齐，而汉独发间使下齐，宁有诏止将军乎？何以得毋行也！且郦生一士，伏轼掉三寸之舌，下齐七十余城，将军将数万众，岁余乃下赵五十余城，为将数岁，反不如一竖儒之功乎？"于是信然之，从其计，遂渡河。

案：刘邦与项羽长达十多个月的新一轮对峙开始了，刘邦虽屡战不利，但敖仓运粟，源源接济，粮草充实。

项羽则不然，彭越在楚国后方时出时没地骚扰，楚军补给线接连不断地遭到破坏，粮草渐渐出现了困难。尽管如此，汉军因为打仗太烂，士卒还是心灰意冷，士气低迷。

项羽也认识到问题的严重性，特别是由于二十万楚军随龙且东去，第三次攻势已非前两次能比，在这种情况下，不得不另做打算。于是楚、汉在广武夹涧对峙，上演了一场惊心动魄的拉锯战。

这期间，韩信进军齐国的事，也正在紧锣密鼓进行中。这一天听说郦食其已劝降齐王田广，谋士蒯彻前来求见："郦食其说降了齐国，你的态度是罢兵还是继续攻齐？"

蒯彻所提的问题，正是韩信考虑的。如若罢兵，两年来苦苦所求，将被白白断送，楚汉相争不知哪年才能结束。如果向齐国进攻，那又将造成自己和汉王刘邦的矛盾。让人困惑难解的是，井陉战后，所得精兵屡次派往荥阳，支援对楚军作战，实现"中线牵制、东线迂回包抄"的战略，数月前，连主力都被汉王拉去，自己也没有什么怨言。没有料到，忠心耿耿，处处以大局为重，而汉王对自己竟会如此不放心，暗留手脚，悄无声息地和齐国搞幕后交易，实在是让人寒心。但转念一想，如今大敌当前，上下同欲者胜，虽然心里不痛快，还是以灭楚大局为重吧。

蒯彻见韩信缄默着，摸不清韩信的心思。他试探性地问韩信，从历下过来的人都说，当地的防务已撤，战斗的迹象已不见，城内城外到处是懒散的将士和喜气洋洋的百姓，汉、齐两国和谈已告成功。他强调，跑在韩信前面暗说齐国，虽说是郦食其所为，不如说是汉王的本意。

齐是个大国，如今远离汉王，远行千里，要取得胜利也不是轻而易举的事。既然郦食其已劝降齐王，韩信想回师，也好让大军休整休整。

"大将，臣以为不可！"蒯彻走近韩信说，"汉王初命大将取齐，其意已定，今又遣郦食其说齐，此必是郦食其与你争功，并非汉王初衷。请想一想，你奉命击齐，费了若干心机，才得以东向。今汉王独使郦食其，先说下齐国，究竟是与否，尚难料定。况且，汉王并未颁下明令止住你，你岂可凭郦食其一书，仓促旋师？郦食其是个儒生，凭三寸不烂之舌，下齐国七十余城，而大将带甲十数万，转战南北，出生入死，才夺取赵地五十余城，试想为将数年，难道战无不胜、攻无不取的一代战神，还不及一个老书呆子？若真是这样，以后天下还有谁瞧得起你，我们还有何脸去面见汉王？"

韩信觉得这样做不妥，郦食其为人豪爽，既有儒者气度，又有纵横家的遗风，实是当今难得奇士，一旦攻齐，岂不是要害了郦食其？蒯彻道："大将不负郦食其，郦食其早已负了大将，万万不能因可怜他而失去天赐良机。况且，平定一国之功难再碰到。当此之时，大将何须为区区女子之态呢？郦食其私下说齐，贪为己功，齐今日虽降，不久肯定复叛，不如一鼓灭齐，以除后患，即使郦食其送了性命，而成平定一国之功，他日论功行赏，其子孙也不失裂土受封。再说，即便是郦食其说下齐国，但汉王只给了你进军的诏书，没有传来停止进兵的命令！"

韩信一怔，郦食其既然卖了自己，自己还护着他干吗？击齐非个人之意，乃是汉军深谋远虑的决策。如能借此袭击成功，控制了齐地，也就提前完成对楚国的战略包围，这是楚汉战争中最重要的一步。但战场瞬息万变，历下是必争的战略要地，不能因一人误了国事，大丈夫打天下不易，如今齐国答应议和，定会放松戒备，这是实施奇袭的绝好机会。战争无成全之策，为了取得胜利，也只好对不起郦老先生了！

三日后，韩信与汉将傅宽[6]、冷耳[7]等麾军从平原津强渡黄河，向二十里外历下齐军发起猛攻。

案： 历下（今山东济南）因落于历山之下故而得名。其南有泰山之险，北带渤海之利，地处通衢要道，是齐国西部边境的第一军事重镇。

齐王田广是田荣之子，他叔叔田横自从项羽在齐地撤兵后，利用楚汉荥阳相持之机，收复了齐国的全部城邑，拥立田广为王，自任丞相。田横的角色如同赵国的陈馀，国家政事全由他来决断。齐国在彭城之战前依附于刘邦，战后，又与项羽联合，依附于楚国。实际上，此时的齐国，谁也不属，是个独立王国。听说韩信准备率大军攻齐，他们心生恐惧，不敢懈怠，连忙派大将华无伤和田解率领二十万人马防守平原津（今山东平原县西南）。现在，突然遭到汉军意外打击，齐军毫无抵抗能力，即刻溃散，华无伤[8]被俘，副将田解[9]被杀。韩信不费吹灰之力击溃了齐国主力，并占领了历下。

齐已听郦生言，留其纵酒，放松守备，韩信袭历下，进军临淄[10]，齐王田广以郦生卖己大怒，烹杀。由此，刘邦对韩信心生仇恨。

案： 郦食其的相关事迹，分别记载在《史记》之《淮阴侯列传》和《郦生陆贾列传》中，特别是他的最后一幕情景，让人难忘。

郦食其在田广、田横及文武群臣的陪伴下，在临淄齐王宫饮酒取乐，还叫来一班歌女伺候着。忽然，有士卒入内急报，韩信已率汉军攻打过来！

刚才热闹的场面一下变得安静下来，宴会厅里鸦雀无声。

田广惊得不知所措。田横许久反应过来，对士卒厉声喝道："怎么回事，你瞎说？"士卒颤抖着答道："汉军趁我军防务撤离，已经占领了历下，韩信正率汉军向临淄杀来！"

"啊？！"田横向郦食其一步步逼来，他猛地将郦食其手中的酒樽打在地上，指着郦食其的鼻子："好啊，老不死的东西，与韩信合谋，引我上钩。你从实招来，否则，我就将你烹了！"

这突如其来的变故使郦食其陷于百口莫辩的境地。然而，他明白过来，是韩信背约攻齐，坏了自己的好事，使自己技穷了。

大将田光与几位将军早已拔剑在手。"慢着！"老谋的田横连忙止住，对郦食其说："老哥！我再给你一次机会，你若能劝说韩信立刻止兵，我就放了你！快快修书，让韩信止军！"

郦食其淡然一笑，这时候就是将天说红了，韩信也不会停止进军。他倒十分坦然地说："举大事不顾谨细，盛德之人不作矫让。韩信既然击齐，我不想再做辩解。我倒要劝劝你们，齐国迟早都会灭亡，不如干脆降汉算了。"

田横冷笑一声："老杂种！当年刘邦派你带着厚礼去见秦守关的将领，说秦将立盟倒戈。而你们乘其不备，却突然对秦军发起攻击。今日又在故技重演！"他喊道："来人，烹了这个无耻之徒！"

郦食其叹道："事到如今，我还有何话可说，可恨韩信小儿，利欲熏心，不讲信义，害得我这个花甲老者，无脸再见世人，功既不成，反要被烹杀。韩信！今日算我倒霉，明日你也不得好死！"

田广怒不可遏，命人抬过大鼎，架起干柴。寂静，可怕的寂静，整个大殿上下，除了开水沸腾、烈焰翻腾的声音外，竟悄无声息。田横喊道："再问你一次，能否让韩信止军？"

"少说废话！"

"来人，把他烹了！"

"且慢！我郦某为人一生，从没有请求过别人什么，今日死到临头，请赏我一坛酒喝。"

"给他酒！"

士卒递过酒坛，郦食其捧过"咕噜咕噜"痛饮起来，喝干后，他放下酒坛，抹上一把花白胡须上的酒，举头向西，大声喊道："汉王！使命不成，愧对你呀，老夫该上路了！"说着挥开衣裤，光着身子，赤条条地向汤鼎跑去，田广等人吓得闭上眼睛。半晌，田广回过气来，命令紧闭城门，登城防守……

可是没过几天，当汉军将要杀到临淄城下时，田横决定分头出逃，田广逃往高密，自己则逃往博县，临淄很快落入了汉军之手。至此，韩信的灭齐之战，前后不足一个月，就取得了决定性的胜利。

韩信击齐，在史学界是一争议极大的事件，而郦食其之死，更是令人感叹不已。郦食其贪功在前，韩信私心于后，真正罪魁祸首应该是刘邦。他有意让韩、郦二人争功，既不将派郦食其前去齐国劝降的信息告诉韩信，也不命令韩信停止对齐国用兵，让他们各行其是，结果却害死了郦食其。只是郦食其至死气节不失，为了刘邦的宏图大业，慷慨赴死，不知刘邦知道这一切后做何感想。

唐代大诗人李白在名篇《梁甫吟》中这样叹道："君不见高阳酒徒起草中，长揖山东隆准公！入门不拜骋雄辩，两女辍洗来趋风。东下齐城七十二，指挥楚汉如旋蓬。"可惜的是，诗仙未能把郦食其不怕死的情节展现出来。

不过，1973 年 7 月，毛泽东主席在《续李白咏"高阳酒徒"》中写道："不料韩信不听话，十万大军下历城。齐王火冒三千丈，抓了酒徒付鼎烹。"两位大诗人的生花妙笔一对接，呈现在人们面前的是一幅鲜活的"高阳酒徒"画面。

韩信占齐都临淄，齐王田广走高密，遣使向楚求救，项王派龙且[11]、周兰[12]救齐。

《史记·淮阴侯列传》记载：韩信已定临菑，遂东追广至高密西。楚亦使龙且将（此说不实，据《汉书》龙且实为裨将），号称二十万，救齐。

案：是日，齐国专使来报，韩信率数万大军突然发动了对齐国的攻击，现已占领了齐都临淄等地，齐王恳求霸王挥师救援，若能击败汉军，救得齐国，齐王愿以半地相赠！

真是屋漏偏逢连夜雨，祸不单行。韩信进展如此神速，半个齐国相赠事小，如果不予救援，对楚都彭城将会构成直接威胁。更没有想到，当年一个执戟小子，竟有如此作为。刘邦在荥阳一线被打得焦头烂额，而韩信自从开辟北方战场以来，却打出了一个刘邦想要的局面。现如今，韩信又以迅雷不及掩耳之势，攻入临淄，扭转汉军颓势，攻守易位，汉军将会从战略防御转入战略反攻，形成包围，置楚军于极其危险的境地，对楚汉争战的全局，必将带来极坏影响！

项羽的心情十分沉重。韩信击破齐国，也真是出乎意料，而项羽没有征讨韩信，也并不是完全轻视韩信，如同当年征讨齐国田荣，没有征讨还定三秦的刘邦一样，有一定战略上的考虑。只可惜当年在楚营没有杀掉韩信，留下了无穷的后患。但时间紧迫，刻不容缓，目光必须聚焦东方。他断然做出决定，韩信威胁很大，但目前主要对手还是刘邦，自己仍将从荥阳下手，率领楚军主力西去，尽快决战。同时，答应齐王田广的请求，派二十万大军救援齐国，巩固楚国的后方。但是，救齐由谁担任主将呢？

在项羽高傲的目光里，看得起的人并不多。从军事角度审视，他对龙且还是称道的。龙且曾大破秦军于东阿，击破黥布于淮南，能征善战，无敌天下。《史记·陈丞相世家》载："彼项王骨鲠之臣亚父、锺离眜、龙且、周殷之属，不过数人耳。"与楚军中其他一些将领相比，龙且明显高出一筹。而龙且统率的二十万机动部队，几乎是楚军主力半数，也是项羽手中最后一张王牌。

项羽是有自己想法的。齐、楚之间虽是世仇，两年前，项羽亲率大军北上攻齐，进入平原县击杀田荣后，劫掠妇女，残酷暴虐，齐国广袤的土地上经历了一场空前的劫难，齐人群起反抗，打得楚军深陷齐地不能自拔。但天下没有永远的朋友和敌人，昨天乱天下，要整治他们，今天情况变了，汉军攻齐主要矛头还是对准楚军，齐楚唇齿相依，唇亡齿寒。齐国是楚国北方最后一道屏障，而救援齐国，这是楚国的全局性策略。现在楚军虽两面作战，但这没有什么可怕，俗话说，"打蛇先打头，擒贼先擒王"。项羽将按原计划返回荥阳，寻求决战，尽快解决荥阳问题。

汉军由西而东，下一站的目标，将由临淄向高密（今山东高密西南）一线推进，意欲打通潍水南北通道，上控潍水上游，下趋彭城。故而，龙且须尽快赶在汉军合围田横叔侄之前，打韩信一个措手不及，先解高密之围。项羽将二十万大军交给了龙且后，仍自率兵马攻打荥阳刘邦去了。

同月，奉命救齐楚军，迅速沿山东莒县至五莲、诸城一线，向北推进。有人提出不同意见，主将（实为裨将）龙且不以为然。

案：龙且率大军至齐地，在战略上做了进一步分析和判断。他欲直接挥军临淄，激韩信做主力决战，或者大军先入高密与齐军会合以后，再渡潍水西向，和汉军在潍水以西的广大地区进行决战。

《史记·淮阴侯列传》记载：

齐王广、龙且并军与信战，未合。人或说龙且曰："汉兵远斗穷战，其锋不可当。齐、楚自居其地战，兵易败散。不如深壁，令齐王使其信臣招所亡城，亡城闻其王在，楚来救，必反汉。汉兵二千里客居，齐城皆反之，其势无所得食，可无战而降也。"龙且曰："吾平生知韩信为人，易与耳。且夫救齐不战而降之，吾何功？今战而胜之，齐人半可得，何为止！"

帐下有谋士提出了不同意见。汉将韩信平定魏、赵、燕，如今又打下了齐城四十余座，一路连连取胜，士气高昂，其锋锐不可当。齐军则是在自己的境内作战，士卒家室都在附近，稍有不利就会逃回自己家中，极易溃散。如今最好的办法，就是深沟高垒，一来，可诏谕各地，告知齐王尚在，那里必定群起反汉；二来，尽快将三晋流落在齐阿、甄等地的人组织起来，让他们去骚扰、收复三晋故地。这样，汉军没有稳固后方，势必粮饷难济，旬月以后，韩信就会不战自降。

"避敌锋芒"，这和李左车在赵国提出的策略完全相同，可是龙且根本听不进去。《孙子兵法》云："兵贵胜，不贵久。"又云："十则围之，五则攻之。"齐楚联军少说也有四十万，而汉军不过数万，汉军绝对处于劣势，楚军为何要逆兵法，却战机，作茧自缚？谋士见龙且如此轻敌，十分担心。韩信弃齐降而不取，偏要大动干戈，可见其心高气傲，志在必得。他们又因千里征战，必欲速决。楚军虽为强悍，却处于疲惫救援状态，齐军又临家门，军心不稳。联军吃不起挫折，更吃不起失败。在此状态之下，只应稳固防守，不可轻易出击，更何况韩信诡计多端，楚军千万要小心。

"小心？外面将韩信吹得神乎其神，其实韩信徒有虚名，根本不会打仗。"龙且和项羽一样，一向骄傲自大，他对韩信的印象，还停留在楚营时那个执戟郎中和人们传闻中的淮阴胯下小子。当年，韩信在淮阴城，拖着长剑，穷困潦倒，曾乞食漂母，甘受胯下之辱，哪里来的真本事？他的"辉煌战绩"吓唬那些小猫小狗可以，遇到真正的将军，可要现出原形。这几年，楚军忙于同刘邦作战，让他碰上机会，钻了空隙，占了魏、赵等地。这次龙某来，就是要和他斗一斗，让世人瞧瞧他的嘴脸。

龙且是项羽嫡系，随项梁起兵后，每战皆亲力亲为，拼死杀敌，深得项家叔侄的信任。在钜鹿大战中，他紧随项羽，破釜沉舟，连战皆捷。彭城大战后，项羽将雇佣的楼烦精锐骑士尽数交其统率，在九江王黥布背楚之时，不过几个月，就把响当当的黥布打得灰头土脸。他与钟离眛、季布、黥布、虞子期并称为楚军五大将，官拜西楚国大司马。

在楚时，龙且和韩信接触不多，那时龙且已是项羽得力大将，韩信还是一个手持长戟的士卒。总的感觉龙且有勇有谋，又刚愎自用，盛气凌人，是楚军中一位传奇式的将领。

龙且告诉诸将，他奉项王之命救齐，若不经过战斗迫使韩信投降，还有什么战功可言！如若坚守不战，而使齐人反汉，令汉军无粮而败，结果必然是齐国田氏重掌齐国，作为楚国援军龟缩不前，将失威信。所以，楚军只有在战场上消灭汉军，才能获得齐国的控制权。随后，他下达命令，抢在汉军来到之前，将大军推进到潍水以西的高密附近，与齐王田广会合，待机破敌。

齐、楚联军会高密，韩信军主动后撤，用计设谋，为潍水之战[13]做好准备。

不言而喻，这是一场大战，胜则打过潍水，斩断楚军的右臂，全部占领齐国，实现对楚国的合围。败则无退路可言，危及汉军的存亡。决战前，汉王刘邦也意识到齐战的重要性，他将汉军中一批重要将领丁复[14]、蔡寅[15]、丁礼[16]、季必[17]、陈武[18]、靳歙[19]、傅宽、孔聚、陈贺等，皆归属于韩信参加这次大战。值得注意的是，汉军入齐境急于进攻，而防守方齐楚联军为何也要急于出战，此事一直让人深感困惑。[20]

案：汉军进军齐国后，楚军插手使战局发生了很大变化。汉军的主要对手已不是齐军，而是号称二十万的强悍的楚军，这个仗怎么打？况且形势很不乐观，韩信刚占齐国，西南博阳有田横齐军，东南城阳有田光齐军，东北胶东有田既齐军，韩信军有被夹击的危险。

而齐楚联军声势浩大，特别是素有"铁军"之称的楚国将士，擅长进攻和野战，战斗力极强，而汉军将士多为赵国新征召之人，经不得大战。若盲目渡河，无异于以卵击石；若坚壁不战，粮草难以为继，将不战自溃；若袭取即墨，恐被楚军切断后路，困于海隅，也终非长久之计。东去不能，南下又有胶东诸将所阻，北去无路，若回军赵地，楚齐联军必然集而击之。

汉军挥师入齐已有一月余，占领了潍水以西半个齐国，深入纵深数百里。潍水贯穿齐境南北，是兵家必争之地。现在，汉军从潍水东岸撤回西岸，重点布防在潍水中段的淳于、昌安、平昌一线，集结数万军队。而齐军占据潍水以东，主要集结在潍水中段偏东的高密、即墨、夷安、琅琊一带，兵力超过二十万，特别是楚军派龙且、周兰率大军来援，已到高密，齐楚联军增至四十万，人数超过汉军数倍，敌强我弱，夹潍水而阵，一场恶战难以避免。

连日来，韩信和一些作战人员反复考察潍水南浯河一带。不过，打水仗一向为韩信情有独钟，打坝放水，绝对是他的强项。

韩信作战计划分为三步：第一步"退避三舍"，先从高密撤围，避开齐楚联军的锋芒，骄纵敌军；第二步选择潍水做战场，变不利为有利，诱敌下定渡过潍水的作战决心；第三步先在强敌面前退却一步，待其半渡，奋力攻击。第一步已施行，二、三步实际是一气呵成之事，利用潍水，引诱敌军过河，然后趁机攻击。

这一计划虽好，但齐楚联军能听从"指挥"吗？龙且能轻易地过潍水吗？龙且了解韩信，韩信更了解龙且。龙且素来目中无人，恃勇争胜，不把汉军放在眼中，而他的这种心理，正好可以为韩信所用。为了引诱龙且上钩，需在战术上、心理上促成龙且的骄纵，促成对韩信轻侮和藐视，放心大胆地主动出击。不少人说韩信用兵如神，天不怕地不怕，陈仓之战、安邑之战、阏与之战、井陉之战、历下之战，哪一战不是出其不意，险中取胜？这下子"韩大胆"碰上了"龙大胆"，斗智斗勇，到底谁能斗得过谁？

十一月，两军夹阵潍水，韩信决壅囊，半渡而击，智斩龙且，田广等人四处奔逃，一战定乾坤。[21]

《史记·淮阴侯列传》有这样记载：

遂战，与信夹潍水陈。韩信乃夜令人为万余囊，满盛沙，壅水上流，引军半渡，击龙且，详不胜，还走。龙且果喜曰："固知信怯也。"遂追信渡水。信使人决壅囊，水大至。龙且军大半不得渡，即急击，杀龙且。龙且水东军散走，齐王广亡去。信遂追北至城阳，皆虏楚卒。

案：战斗开始了。韩信亲率数千步卒，鸣锣击鼓，勉强踏入水中，率先向潍水东岸缓缓而过，其余人马都埋伏在潍河大堤后方，待命杀出。

在战史中，使用诱敌之计的前例不少，但像韩信这样，以大军统帅身份亲自作为诱饵，来钓敌方大鱼的，倒是前所未见。

韩信的主动进攻，正中龙且下怀。有人一旁提醒，何不乘汉军过河之际，来个半渡而击。龙且认为不做小人之事，等汉军登岸后，再行决战！龙且传下令来，让出渡口一箭之地。

汉军依次过河，排列成阵。龙且见韩信上岸后，一边呼叫，一边举刀直取韩信。韩信急忙退入阵中，众将杀出。经过一阵混战，汉军力不能支，韩信率先拍马退却，汉将也跟着往回撤走。

龙且见状，一阵狂笑。他一马当先跳入河槽，向韩信追去。十一月份的潍水，冰冷刺骨。楚军官兵见龙且身先士卒，一个个冲下河床，与浅水中的汉军打斗。打到河心时，汉营中传来鸣金的响声，汉军将士立刻拨转马头，向西岸狂奔。眼睁睁看着汉军逃跑，龙且哪里肯舍，把刀一举，匹马冲过河心，楚军一见主将如此，也源源不断涉过潍水。

就在这时，有人已有疑惑，原说潍水深处冬天也有尺余，眼下浅得踏步可过，莫非有诈不成？他们听到汉营鸣金，眼见汉军将士马上停止作战，立刻意识到事态严重，也急忙传令收兵，可哪里还来得及！说时迟，那时快，河水如山洪暴发，呼啸而来。河床中的楚军呼爹喊娘，争相逃命，然而，两只脚哪里跑得过这滚滚而来的浪头！

原来，两军夹潍水布阵，韩信决定利用潍水，创造出有利于己而不利于敌的战场态势。因此，会战的前夜，他令汉军士兵用许多沙包装满沙石，堵截潍水上游。决战时，他亲率一部兵力，强渡潍水，去攻击龙且军队，然后又佯装不支，撤退涉过沙河。龙且只当韩信胆怯，立即渡河追击。此时，韩信命令部队在上游决口开堤，那叠起的薄薄几层沙袋，怎么经得住十来丈水深的压力，河水急涌而下，一下子被冲得无影无踪。龙且的主力无法再渡，军队被分割为两部分。河心的，还未弄明白怎么回事，便被水头席卷而去。靠近岸边的，纷纷登岸逃命。来不及登岸的，即使会水，又怎么经得住这刺骨的凉水，哭爹喊娘，挣扎了不久，也被河水吞没了。

正在赶杀兴头上的龙且，忽遇此变，惊得目瞪口呆。闻得水声相迫，他策马前奔，一到西岸，便被众人围在中间。此刻，天色已明，龙且虽奋力冲杀，怎奈众将各举兵器一齐拥上，他措手不及，被斩于马下。不过，对于龙且之死，史书上有着不同的记载。[22]

这时候，汉军对于齐楚联军来说，主要在精神上形成了绝对的优势。

被迫奔上西岸的，不是被杀就是投降。留在东岸的数万联军，只能望洋兴叹，却也无能为力，全部作鸟兽散。于是，韩信麾军渡河，大破东岸齐楚联军，取得了潍水之战的全面胜利。

韩信率诸将追击，曹参追斩田广[23]于城阳、击杀田既[24]于胶东，灌婴攻陷千乘诛田吸，田横[25]出逃，齐地尽定。

案：从齐战过程来看，韩信是受刘邦之命而为之，也是在"北举燕赵，东击齐"战略方针下采取的重大军事行动。且刘邦在荥阳战事十分吃紧的情况下，甘冒风险，抽调多支部队，数十员战将分头入齐参战。显然，这是汉军有计划、周密的大规模行动部署。[26]

灭齐之战中战功最为卓著的将领当数曹参和灌婴。他们曾参加了韩信破魏、下代的军事行动，此后归于刘邦。如今击齐，继续调归韩信指挥，此外还有傅宽、靳歙、陈武、丁复、冷耳等一大批名将。汉十二年三月，刑白马盟誓后，他们之中的多人被刘邦定为元功十八侯。

《三家注史记·高祖功臣侯年表》卷十八：

索隐曰姚氏云：萧何第一，曹参二，张敖三，周勃四，樊哙五，郦商六，奚涓七，夏侯婴八，灌婴九，傅宽十，靳歙十一，王陵十二，陈武十三，王汲十四，薛欧十五，周昌十六，丁复十七，虫达十八。

元功，就是大功、首功的意思。十八侯是指汉高帝麾下助其统一天下，建立汉室江山的十八员功劳最大的功臣。

曹参[27]是汉军中数一数二的将军，元功十八侯之一，久经战阵。这次刘邦派曹参做"副将"，依然可以看出他的用心之处，有监督的成分，更有支持的成分。《史记·曹相国世家》载："东击齐，参以右丞相属韩信，攻破齐历下军，遂取临菑。""得故齐王田广相田光，其守相许章，及故齐胶东将军田既。"

同样，骑将灌婴[28]，元功十八侯之一，也以御史大夫身份跟随韩信征战齐国，击破齐军于历下，所将卒虏车骑将华毋伤及将吏四十六人。还先后参加了城阳之战、嬴博之战、千乘之战、高密之战等四场战役。《汉书·灌婴传》载："（更在高密之战中）东从韩信攻龙且、留公于假密，卒斩龙且，生得右司马、连尹各一人，楼烦将十人，身生得亚将周兰。"

由此可见，刘邦所定策略就是以战为主，灭齐为主。所以在郦食其说下齐国后，刘邦也没有下令止住韩信进军。

当齐军四处奔逃、汉军乘胜前进时，田横得知田广死讯，自立为齐王，又先后两次被汉将灌婴打败，只好带着一帮残兵败将从齐地出逃，奔彭越。这样，韩信全部平定了三齐之地，共得七十三城。

潍水之战的意义在于：一是平齐之战消灭了一大割据势力，消除了刘邦统一天下的一大障碍；二是平齐之战的胜利，使刘邦的各支部队广泛联系起来，从战略上形成了对楚军的大包围；三是项羽主力遭受一次重大的损失，使其在楚汉战争中完全丧失了优势和主动的地位。东汉开国皇帝刘秀曾赞扬说："韩信破（齐）历下以开基。"对于韩信此战所做出的贡献，做了全面肯定。

同月，韩信求为假王，以镇抚齐地。[29]刘邦怒，欲攻之，张良、陈平谏止，不得已而许诺齐王。刘、韩关系再增添新变数。

案：两年前，彭城大战失败后，刘邦曾许下诺言，如有人能够帮助他战胜项羽，他愿以关东之地分授给他们。

事实表明，这个策略是成功的。当时张良推荐了韩信、黥布和彭越，这三人在以后的楚汉战争中发挥了重大作用。特别是韩信，从开辟北方战场以来，连战皆捷，举世瞩目，打出了一个大好局面。但是，刘邦并没有兑现他当初的承诺，三人均未得到寸土所封，尤其是韩信，仅得汉相国空名，心中极为不满。这时，韩信改变了以前输兵送粮的做法，不仅不向荥阳前线发兵，还组建一支数十万人的大军，意图十分明显，就是要让刘邦册封他为齐王。不过，他对刘邦的忠诚度绝对没有问题，不反不援，只是想得到自己应有的那一份。

《史记·淮阴侯列传》记载：

汉四年，遂皆降平齐。使人言汉王曰："齐伪诈多变，反覆之国也，南边楚，不为假王以镇之，其势不定。愿为假王便。"当是时，楚方急围汉王于荥阳，韩信使者至，发书，汉王大怒，骂曰："吾困于此，旦暮望若来佐我，乃欲自立为王！"张良、陈平蹑汉王足，因附耳语曰："汉方不利，宁能禁信之王乎？不如因而立，善遇之，使自为守。不然，变生。"汉王亦悟，因复骂曰："大丈夫定诸侯，即为真王耳，何以假为！"乃遣张良往立信为齐王，征其兵击楚。

不久，韩信派专使前来面见刘邦，刘邦却不安起来。专使前来，会不会是来责备自己暗派郦食其说降齐国？郦食其之死，是刘邦说不出口的地方。但破齐总比降齐有利，从根本上消灭了一大诸侯势力，倒也没有给汉军造成什么不好影响，只可惜让郦食其白白丧失了性命。张良叮嘱刘邦，见了使者，不论使者说什么，当忍住性子，别轻易上火。

专使进帐后，对刘邦说："齐国狡诈多变，是个反复无常的国家，南边又靠近楚国，如果不设立一个代理国王来镇抚，那局势就不会稳定。现在相国韩信的权力尚小，不足以安定齐地，请求代理齐王。"

刘邦怒道："我被围困在这里，日夜盼望他来帮助我，他竟要自立为王！"见刘邦发怒，坐在刘邦两旁的张良、陈平，不约而同地暗暗伸出脚，用脚尖碰了碰刘邦，凑近他的耳朵说："汉军正处于不利的形势下，怎么能够禁止韩信称王呢？不如就此机会立他为王，好好对待他，让他镇守齐国。如不这样，就可能会发生不测事变。"

刘邦明白过来，大声骂道："大丈夫平定了诸侯，就应当真王，为什么要做代理齐王！"

张良与陈平相视而笑。刘邦又道："来使听令！你速回齐地，代为转告对韩信加封齐王之意，寡人制得印信后，当立即派人送去。"专使开始心里七上八下，见刘邦面带怒色，再听下去，才知道骂的是韩信还不够气魄，心里这才踏实。

专使走后，刘邦大发雷霆，声称要发兵攻打韩信（语在《史记·高祖本纪》)。韩信狂妄自大，野心不小！前番弃齐降而不取，为了争功，不顾将士们的死活，悍然发动齐战，造就了潍水之战的"政绩工程"。今番举兵而不发，恃功要挟，逼我封他为齐王，关键时刻见真心。明枪易躲，暗箭难防，此举并不能说是什么坏事，其羽翼未为丰满，及早暴露出来该是件好事。但张良、陈平说得有道理，韩信虽以军功相要挟，但他统率下的那支军队，举足轻重，决定着汉军生死，现在只能满足韩信的要求。刘邦出于大局考虑，只是暂时忍下了这口恶气。

二月，迁延数月后，刘邦乃遣张良送印，立韩信为齐王。

案： 现在真该是封王的时候了，以前分封则人心易散，现在不封则不为所用。刘邦胜利在望，楚汉决战将要开始，韩信及英布、彭越等人都该封王。况且，去赵地配合作战的张耳都封王了，韩信等人却什么也没得到，他们能没有想法吗？而造成目前局面的根子在刘邦身上。刘邦对韩信心存疑忌，修武夺兵，暗派郦食其劝降齐国，实为不该，当前抓住人心最为重要！显然，张良、陈平是持这一看法的。

刘邦请张良赴齐地一趟，专送齐王印绶，代行册封大礼，不管如何，定要拉住韩信，让他尽快发兵围剿项羽。

张良是刘邦的首席辅臣，在汉军的地位举足轻重。可以说，由他代表刘邦去见韩信，表示对韩信的尊重，同时也表示对册封齐王的重视。还因为，刘邦知道韩信对张良极为敬重，他们之间的关系非同寻常，张良前去将会稳住韩信，促成韩信尽快发兵南下。

项王恐惧，欲使人说韩信背汉自立，齐楚连和，三分天下。

案： 龙且战败的消息，迅速传到广武楚营，项羽如五雷击顶，司马龙且被杀，亚将周兰被捉，二十万救齐大军完了，韩信必将乘胜南下与刘邦会合。

项羽心情久久难以平静。突然间，天上怎么会掉下一个力大无穷的韩信，一路东进，几乎摧毁他的王霸大业。龙且兵败，输光了楚军的老本，如今楚军遇到前所未有的困难，五年的楚汉之争看来将要功亏一篑！

帐下的众文武当然也看到了问题的严重性。韩信平定了齐国，完成了对楚地的包围态势，而楚军不堪重负，人员匮乏，粮草紧张，败迹已经显露。对此，他们个个垂头丧气，束手无策，深感恐惧。

危机也是转机！韩信灭齐之后，天下的形势已出现了楚、汉、齐三大势力中心。项羽和刘邦相持于成皋、荥阳，难分胜负，而韩信手握重兵，威震天下，具有举足轻重的作用，很多有识之士看到了这种局面。这时，谋士武涉站出来，认为胜败乃兵家常事，韩信如能自立，楚国东线便可无忧。

要同韩信讲和？项羽历来自认为天下无敌，现在要让堂堂的西楚霸王向一个胯夫求和，这是不可想象的事。但在龙且二十万大军被歼之后，仗已打不下去，路怎么走，要不要向现实低头？

其实，讲和不过是一种手段，只有安定东方，才能全力向西击败刘邦，摆脱目前的困境。况且，刘邦数调韩信之兵，夺其兵权，可见他对韩信早已深怀疑惧。此次韩信又按兵不动，足见他们君臣已有裂隙。韩信是项羽的旧臣，只要肯给他好处，还是有希望争取的。深陷苦恼之中的项羽，不再单纯迷信武力，他同意玩一把外交斗争的游戏，让韩信自立于楚汉之外，延缓汉军的进攻。

同月，楚谋士武涉[30]劝齐王，鼎足而三，拒听，无功而返。

《史记·淮阴侯列传》详细记载了韩信与武涉的对话内容，意在说明韩信不肯背叛的事实。

楚已亡龙且，项王恐，使盱眙人武涉往说齐王信曰："天下共苦秦久矣，相与戮力击秦。秦已破，计功割地，分土而王之，以休士卒。今汉王复兴兵而东，侵人之分，夺人之地，已破三秦，引兵出关，收诸侯之兵以东击楚，其意非尽吞天下者不休，其不知厌足如是甚也。且汉王不可必，身居项王掌握中数矣，项王怜而活之，然得脱，辄倍约，复击项王，其不可亲信如此。今足下虽自以与汉王为厚交，为之尽力用兵，终为之所禽矣。足下所以得须史至今者，以项王尚存也。当今二王之事，权在足下。足下右投则汉王胜，左投则项王胜。项王今日亡，则次取足下。足下与项王有故，何不反汉与楚连和，参分天下王之？今释此时，而自必于汉以击楚，且为智者固若此乎！"韩信谢曰："臣事项王，官不过郎中，位不过执戟，言不听，画不用，故倍楚而归汉。汉王授我上将军印，予我数万众，解衣衣我，推食食我，言听计用，故吾得以至于此。夫人深亲信我，我倍之不祥，虽死不易。幸为信谢项王！"

案： 楚已丧失了龙且，项王派武涉前去游说齐王韩信。武涉与韩信亦为淮地同乡，当年二人同在项羽幕下，且有一份不错的情谊。这时，武涉已带着项羽致韩信的书信，来到了城阳[31]。

双方寒暄过后，武涉说明了自己的来意。他说："当初，天下由于苦于秦的残暴统治，所以才起来造反。秦朝灭了后，项王按功行赏，破土分封了十八路诸侯，为的是天下安宁，与民休息。可汉王却无端挑起战事，大举东征，侵夺别人的封国和土地。破三秦，占关中，仍不满足，又继续引兵出关，拉拢诸侯，挑起战争。看来，他不把天下全部占下，就绝不罢休，贪得无厌的欲望永无止境。他的为人，也很不可靠，他曾多次落入项王手中，项王怜悯于他，给他出路。可当他一旦脱险之后，马上就背弃诺言，又来攻击项王。大将，如今虽然你觉得和汉王交情很厚，拼命地为他东征西讨，他只是借用你的才智和谋略，用来剪除项王，实现他的狼子野心。我可以断言，如果这样下去，将来终有一天你会遭他暗算。此人只能共患难，却不能共富贵，得天下之后，他最终还会加害于你！"

武涉继续说："你至今无恙，是因为项王的存在。话说回来，当今楚汉激战，谁能取得最后胜利，这全在于你。你若支持汉王，汉王就会战胜项王；你若支持项王，项王就会打败汉王。我看，这两种结果，都不是你的福分。项王存在，汉王需要你；项王不在，汉王还需要你这位手握百万重兵，坐掌魏、赵、燕、齐的盖主功臣做什么？这绝不是危言耸听，若项王今日灭亡，明日灭亡的就该是你！反之亦然。所以，我劝你谁也不依附，顺应时局，楚、汉、齐三分天下，鼎足而立！"

武涉说了这么多，主要就一点，刘邦为人狡诈，不厚道，不能相信，而韩信之所以能活到现在，是因为还有项羽的存在，为了自保，得独立天下，助汉攻楚则是必死之路。但汉王毕竟有大恩于自己，不当与他决裂，这是做人的准则。韩信向武涉拱手道："武兄之言差矣，我不过汉王所封臣下。从前在项王那里，我官不过郎中，位不过执戟，所作建议，项王从来不听，我极度困惑，万不得已才离楚投汉。汉王知遇我，授我上将军印，给我数万之众，言听计从，我才有了今日。如今，天下之事很快就要平定，我总不能逆天行事，务请转告项王，鼎足而立之谋，是叫我韩信失义于天下，虽死不能从命。"

韩信的话，虽然包含有某些外交辞令，但基本上反映了他的内心想法，武涉不得不失望而归。不久，回到广武的武涉，向项羽报告了劝说情况。韩信多于感恩图报，少有审时度势的政治智慧，非言语所能打动。

武涉走后，谋士蒯彻[32]亦劝说韩信，与刘、项鼎足而立，信仍不听。《史记·淮阴侯列传》记载得更为详细，令人深思，原文如下：

武涉已去，齐人蒯通知天下权在韩信，欲为奇策而感动之，以相人说韩信曰："仆尝受相人之术。"韩信曰："先生相人何如？"对曰："贵贱在于骨法，忧喜在于容色，成败在于决断，以此参之，万不失一。"韩信曰："善。先生相寡人何如？"对曰："原少间。"信曰："左右去矣。"通曰："相君之面，不过封侯，又危不安。相君之背，贵乃不可言。"韩信曰："何谓也？"蒯通曰："天下初发难也，俊雄豪桀建号壹呼，天下之士云合雾集，鱼鳞杂遝，熛至风起。当此之时，忧在亡秦而已。今楚汉分争，使天下无罪之人肝胆涂地，父子暴骸骨于中野，不可胜数。楚人起彭城，转斗逐北，至于荥阳，乘利席卷，威震天下。然兵困于京、索之间，迫西山而不能进者，三年于此矣。汉王将数十万之众，距巩、雒，阻山河之险，一日数战，无尺寸之功，折北不救，败荥阳，伤成皋，遂走宛、叶之间，此所谓智勇俱困者也。夫锐气挫于险塞，而粮食竭于内府，百姓罢极怨望，容容无所倚。以臣料之，其势非天下之贤圣固不能息天下之祸。当今两主之命悬于足下。足下为汉则汉胜，与楚则楚胜。臣愿披腹心，输肝胆，效愚计，恐足下不能用也。诚能听臣之计，莫若两利而俱存之，参分天下，鼎足而居，其势莫敢先动。夫以足下之贤圣，有甲兵之众，据强齐，从燕、赵，出空虚之地而制其后，因民之欲，西乡为百姓请命，则天下风走而响应矣，孰敢不听！割大弱强，以立诸侯，诸侯已立，天下服听而归德于齐。案齐之故，有胶、泗之地，怀诸侯以德，深拱揖让，则天下之君王相率而朝于齐矣。盖闻'天与弗取，反受其咎；时至不行，反受其殃'。愿足下孰虑之。"

韩信曰："汉王遇我甚厚，载我以其车，衣我以其衣，食我以其食。吾闻之，乘人之车者载人之患，衣人之衣者怀人之忧，食人之食者死人之事，吾岂可以向利倍义乎！"蒯生曰："足下自以为善汉王，欲建万世之业，臣窃以为误矣。始常山王、成安君为布衣时，相与为刎颈之交，后争张黡、陈泽之事，二人相怨。常山王背项王，奉项婴头而窜，逃归于汉王。汉王借兵而东下，杀成安君泜水之南，头足异处，卒为天下笑。此二人相与，天下至欢也。然而卒相禽者，何也？患生于多欲而人心难测也。今足下欲行忠信以交于汉王，必不能固于二君之相与也，而事多大于张黡、陈泽。故臣以为足下必汉王之不危己，亦误矣。大夫种、范蠡存亡越，霸句践，立功成名而身死亡。野兽已尽而猎狗烹。夫以交友言之，则不如张耳之与成安君者也；以忠信言之，则不过大夫种、范蠡之于句践也。此二人者，足以观矣。愿足下深虑之。且臣闻勇略震主者身危，而功盖天下者不赏。臣请言大王功略：足下涉西河，虏魏王，禽夏说，引兵下井陉，诛成安君，徇赵，胁燕，定齐，南摧楚人之兵二十万，东杀龙且，西乡以报，此所谓功无二于天下，而略不世出者也。今足下戴震主之威，挟不赏之功，归楚，楚人不信；归汉，汉人震恐。足下欲持是安归乎？夫势在人臣之位而有震主之威，名高天下，窃为足下危之。"韩信谢曰："先生且休矣，吾将念之。"

案：就在武涉离开后，谋士蒯彻也来劝说韩信脱汉独立。如果说武涉是项羽派来的说客，韩信有所提防，那是可以理解的。但武涉走后，蒯彻的劝谏，则是更加令人深思。

蒯彻多策略，如同刘邦身边的陈平，也是一个天下少有的"鬼才"。上次为韩信出谋袭击齐国后，得到韩信的赏识，成为韩信的心腹。他认为韩信气度不凡，天下形势完全掌握在他一人手中，如能策动韩信弃汉自立，自己便是天下第一等功臣。

不过，韩信最大的缺点就是没有政治欲望，他不计代价求取胜利，不是要创立霸业，而是要名誉，要证明自己是一个天下英雄。为能打动韩信，蒯彻自称是会算命的相面先生，以引起韩信足够的兴趣。

相术在秦汉盛极一时，史书上记载着刘邦、吕雉和魏王豹之姬相关相面的逸事。而薄姬相面的故事，世人皆知，就是一个活脱脱笑话。[33] 蒯彻对韩信说："贵贱在于骨法，忧喜见于面色，成败在于决断。我蒯彻能言善辩，是个纵横家，人所皆知，而我精通相术，指点迷津，人所不知。"蒯彻事先已拟好了一套说辞。

连日来，韩信为讨封之事，坐不安，寝不宁。专使去成皋会不会给人造成"逼封"的印象，产生不必要的误解，恶化与刘邦本来就不协调的关系。他对相术并不太感兴趣，只因处于人生前途的十字路口，内心惴惴不安，既然蒯彻能算命，何不问他一问。

蒯彻心中似乎有了底，说："愿意单独谈谈。"

韩信望望两边："左右退下。"

蒯彻沉吟一下："臣得大将知遇之恩，因此臣斗胆放言，相君之面，隆准三折，至多封侯！且日后前途多有危险又难于保全，相君之背，却贵不可言。面、背之异相，竟是如此不同，只有避坏就好，因时就势，才能逢凶化吉。"贵不可言自然是指"帝王之尊"。

"此话怎讲？"

蒯彻立即转入正题："大将，恕我直言。秦失其鹿，天下共逐之，高才者先得。陈胜、吴广首举义旗向秦发难，仁人志士纷纷响应，目的只是消灭暴秦，救斯民于水火。如今，楚汉争雄，却背离了初衷。为了争夺个人好处，弄得天下战火纷飞，无罪者肝脑涂地，父子骸骨暴露于野。霸王彭城反击成功，继而又挥戈荥阳，如同席卷，威震天下。其后又被困于京、索，阻于成皋以东险岭之中。汉王将数十万众拒巩、洛，阻山河，一月数战，竟无寸土之功，汉王败于荥阳、成皋之间，走逃宛、叶，不能自救，屡遭挫败。今成皋得而复失，荥阳被围，若不是彭越敌后用兵，断楚粮道，大将不遗余力，怕是汉王早已不在人世了。纵观天下，楚汉双方已是智穷力竭，疲惫不堪，民众哀怨，只有高明的圣贤站出来，才能平息旷日持久的战乱。而当今圣贤，就是你大将韩信！如今，汉王和霸王的命运捏在你的手心，你助谁谁胜，战谁谁败。若让臣为你谋划，莫如坐山观虎斗，楚汉谁也不相助。俗话说：'两利俱存，两败俱伤。'楚汉鏖战，对你来说未必不是好事。存则天下三分，鼎足而立，败则以柔顺之道，坐等胜利之果，兵不血刃，收拾天下，南面称孤！"

韩信瞪大了眼睛，这同武涉的说辞一样，也是要我背叛汉王，但内容还是有所区别的。楚汉两军相持多年，均已疲惫不堪，最终的胜负关键在韩信手里。

蒯彻没有等韩信开口，他又道出了平定天下的策略："凭大将的贤能英才，统率齐地百万甲兵，辅以燕、赵之众，西向为民请命，止息楚汉争斗，振臂一呼，天下定会望风而从，待时局大定，便可将强大的楚汉——分割，册立一些弱小的诸侯，使他们都失去左右天下的条件。新立诸侯都会对你感恩戴德，旧王必然相率来朝。古语云：'天与弗取，反受其咎；时至不行，反受其殃。'这是千载难逢的良机，切莫错失。"

如果从自身的"利"出发，背叛刘邦，得大于失。如果从"义"出发，失大于得。这能吗？这是陷韩信于大不义！

韩信自语："汉王待我甚厚，把他的车子让给我坐，把他最好的衣服送给我穿，把他最喜爱的食物留给我吃。穿别人的衣，就要分担别人的痛苦；吃别人的饭，就要牺牲于别人的事业。以道义报答信任，以忠贞报答恩惠，是做人起码的道理。汉王正处于危难之际，岂能趋利背义。"

蒯彻摇摇头。绝大多数的时候，位高权重的人，宁可选择随波逐流，而不是逆势向前，这不是为了报恩的问题，而是政治高度的问题。但在蒯彻诱导下，韩信心灵也受到震动。他站了起来说："今日已不早，先生暂且回去休息，这事让我细细想来。"

蒯彻一听，只好默默起身辞去。韩信望着蒯彻走去的背影，不安、彷徨、矛盾一齐袭上心头。

后数日，蒯彻再次相劝，韩信仍不为所动，扶汉击楚之心不变，[34] 彻佯狂为巫。

《史记·淮阴侯列传》载：

后数日，蒯通复说曰："夫听者事之候也，计者事之机也，听过计失而能久安者，鲜矣。听不失一二者，不可乱以言；计不失本末者，不可纷以辞。夫随厮养之役者，失万乘之权；守儋石之禄者，阙卿相之位。故知者决之断也，疑者事之害也，审豪牦之小计，遗天下之大数，智诚知之，决弗敢行者，百事之祸也。故曰'猛虎之犹豫，不若蜂虿之致螫；骐骥之局躅，不如驽马之安步；孟贲之狐疑，不如庸夫之必至也；虽有舜禹之智，吟而不言，不如喑聋之指麾也'。此言贵能行之。夫功者难成而易败，时者难得而易失也。时乎时，不再来。原足下详察之。"韩信犹豫不忍倍汉，又自以为功多，汉终不夺我齐，遂谢蒯通。蒯通说不听，已说狂为巫。

案：蒯彻知道"趁热打铁"这个道理，没过几天，他就迫不及待来见韩信。韩信见蒯彻来又欲提起那个话题，忙用毋庸置疑的口吻，告诉蒯彻还是连汉击楚为上之策。

蒯彻再次相劝："大将！你可不能执迷不悟。成就大业的人岂能为感情所困扰？你自以为与汉王友善，欲帮他创建万世功业，忠心可嘉，但不会有什么好结果。想当年，常山王张耳和成安君陈馀，亲如兄弟，誓同生死。可后来相互攻杀，这都是患生于多欲而人心难测的缘故！如今，你想用忠义之心对待汉王，却不能投桃报李，你与汉王的感情远远比不上张耳、陈馀，而你与汉王的矛盾，却大大多于他们之间的误会，其后果如何，大将心里自会清楚。俗话说：'恩有多深，仇有多深。'春秋时，文种与范蠡明知勾践只可共患难，不能同安乐，却偏要以身相试。勾践灭吴，保存了危亡之中的越国，后来又辅佐勾践当了诸侯霸主。功成名就后，范蠡主动出走，文种却被赐死。以交友而言，你不如张耳、陈馀，以忠信而言，你超不过文种、范蠡，'狡兔死，走狗烹'，这样的教训是不能等到大难临头时才去吸取的。我还听说，权高震主，功高不赏。你破魏、下代、灭赵、降燕、定齐，又斩杀了龙且，歼灭楚军劲旅二十万，展露了旷世才能。有了这样震主之威和不赏之功，投奔项王，项王不信；归汉，汉王疑惧。处于人臣的位置，功劳却压倒了君主。大将你将归于何处？！"

蒯彻见韩信不语，知道了韩信心思，但他还是要做最后一搏："我听说，善于听取正确建议，是大业垂成的先兆；善于做出正确决策，是大业垂成的关键；一个甘心听人摆布的奴仆，永远不可能获得天子的权威；一个情愿守护微官薄禄的小吏，永远不可能得到高位。对正确的话应当相信，且要果断地接受，若无端生疑，必然受害。专在细微之事上精明打算，为百事之祸。游移不前的猛虎，不如蜂蝎敢于放刺；良马的盘旋局促，不如劣马的稳步前进；虽勇于孟贲，若疑而不动，不如平庸之人的埋头苦干；虽有舜禹之智，吟而不言，不如哑巴、聋子会指挥调度。世上的大事，都是功难成而易败，时难得而易失，机不可失，时不再来。这些金石之言听不听完全在于你啊！"

话都说到这个份上了，韩信应该了然于胸。然而，韩信再一次用报答刘邦知遇之恩的理由拒绝了。

直觉告诉蒯彻，韩信有震主之威，无擎天之志，怀鸿鹄之才，恋雀燕之居，只想独霸一方，绝无背汉自立之意，孤芳自赏，不敢担当，更不知道后面的凶险！但可以确定，韩信的盘算，不是谁劝说就可以改变的，在未来，一切全凭运气了。蒯彻不禁伤感起来："既然如此，臣不多说，愿大将保重，臣告辞了！"

蒯彻走出大帐，仰天长叹。事隔十余日后，他突然间口吐白沫，撕碎衣裳，疯癫得不知去向。

韩信深知蒯彻是因建议未被采纳，知事关重大，万一传到刘邦耳中，就是大逆不道的死罪，势必灭门九族，他不放心，那就随他去吧！

汉王对韩信军事上信任，生活上极度厚待，反而让其不能适应。汉王是一个志存高远玩弄权谋的高手，如何与他相处，韩信也是战战兢兢，如履薄冰，是未来人生探讨的一个重要课题。在现实生活中，韩信与项梁、宋义、项羽等人的关系都处理得不是很好，其中有许多原因，但最重要的一点，就是缺乏政治权谋和政治手腕，显得单纯而幼稚。

只是现在刘邦对韩信到底是个什么态度，不能想当然地去判断。应该说，这时韩信心里并没有底。

九月，陆贾、侯公分别说项王。[35][36] 楚汉约和，划鸿沟[37]中分天下，项王引兵东归。汉王不决，张良、陈平阻拦，遂约韩信、彭越，发起追击。

《史记·项羽本纪》记载：

汉欲西归，张良、陈平说曰："汉有天下太半，而诸侯皆附之。楚兵罢食尽，此天亡楚之时也，不如因其机而遂取之。今释弗击，此所谓'养虎自遗患'也。"汉王听之。

案：楚汉双方，在广武、荥阳、成皋一带相持日久，到了韩信攻下齐国，形势已发生了巨大变化。直到这个时候，刘邦对战争全局认识尚不十分清楚，感到自己的部队已经很疲惫，无力再将战争进行下去，他决定和项羽约和。

这年（前203）八月，楚汉双方经过艰苦的谈判，终于在鸿沟楚地正式缔结和约，结束楚汉相持多年的战争，九月各自引兵而归。由于彭越占据着梁地，项羽回彭城的道路受阻，便决定绕道阳夏（今河南太康），先去寿春，后回彭城。同时，项羽遵守诺言，十分爽快地放回刘太公和吕氏，内侍审食其也在同列。

刘邦已取得天下大半的情况，却急于和项羽约和，两派陆贾、侯公为说客，为何如此，还是令人费解的。事见"本年"条下考释"刘邦为何急于主动约和项羽？"。[38]

刘邦赶来与太公、吕氏相见，痛哭流涕，悲喜交加。见过父亲，又见妻子。吕雉是一个极不寻常的女人，有着敏锐的政治眼光。万万没有想到的是，被项羽掳去三年，吕雉居然安然无恙。

鸿沟西边，汉军营地，为了庆祝"鸿沟和约"的签订，他亲自带着太公、吕雉巡行军中。汉军将士一片欢呼。

张良见此情景出面阻拦。楚国的盟军三秦、魏、赵、燕、齐等地，都已被韩信拿下，诸侯大多已归附我们，汉军已占据大半个天下，且楚军兵疲粮尽，形孤势危。那反楚的彭越重新占领了梁地，威胁着楚军粮道，项羽已抽不出机动兵力回去剿抚，反叛的黥布在淮南战场上已活跃起来，攻占了九江数县，钳制了楚大司马周殷十数万军队。韩信近日成功地清剿了齐地残余，一切进展顺利，出兵绝无多大问题，一旦发兵南下，随时都可夺取楚军后方，歼灭楚军，这正是天赐灭楚良机！如今释放了楚军而不去攻击它，这是养虎自遗患，后果不堪设想！

张良的话语，精辟透彻，刘邦已回过神来。不过，他还有些犹豫，楚汉已签下协议，如若违约，失信于天下，会被诸侯耻笑。这时，陈平也过来相劝，干大事者不拘小节，请大王不必犹豫。

刘邦感谢张良、陈平对国事的高瞻远瞩。能看清天下大势者，唯张良、陈平也，于是发起战略追击，约韩信、彭越共同围歼项羽。

考 释

[1]楚将曹咎阵亡。韩信东进的胜利，有力支撑着刘邦在荥阳、成皋一线与楚军鏖战。项羽则没有这么幸运。先前，他留下大司马曹咎等人守成皋，自己亲率大军来到梁地讨伐彭越。可是彭越早已得到了消息，三十六计走为上计，连滚带爬地向北撤去。项羽没有遇上什么阻拦，就收复了

陈留、外黄、睢阳等全部丢失的城邑。

反击胜利了，项羽的心中却有一种说不出的苦涩滋味。虽然屡战屡胜，却总在关键时候后院起火，不得不东奔西跑，疲于奔命。不久前又传来成皋失守的消息，大司马曹咎不幸阵亡。

项羽听了曹咎的消息，大惊失色。成皋是洛阳门户，区域咽喉，自己曾嘱咐曹咎死守成皋，定是曹咎擅自出击，才有此败！

项羽的判断是十分正确的。项羽走后，刘邦迅速进兵成皋。因项羽叮嘱在前，留守的曹咎、司马欣等人，面对汉军的挑战，决不出战。刘邦得知后，就下令在成皋城边设台，每天派人站在台上，用最难听、最恶毒的语言，轮番叫骂。曹咎与项梁是世交。在项梁叔侄没有起事前，项梁曾因触犯刑法，曹咎写信给栎阳令司马欣，抵过了项梁的罪。他虽能力不强，但因对项氏的绝对忠诚而被项梁重用，官至大司马，封海春侯。暴怒终于使曹咎丧失了理智，忘记了叮嘱，打开了城门，率军冲出城去，决心与汉军决一雌雄。可是刚刚渡汜水，渡到一半时，刘邦下达攻击令，数万汉军突然发起猛攻，情知中计，楚军顿时大败。曹咎这才懊悔自己不该忘记项羽的嘱托，见大势已去，愧对项羽，于是在河边与司马欣拔剑一起自刎而死。此时，楚军多已无力抵抗，汉军大胜在望，刘邦便下令渡河，会合各路，齐入成皋。

项羽大发雷霆，他不能原谅死去的曹咎，但更愤恨刘邦的狡诈，他要报复，要彻底捣毁成皋。

事在《史记》卷八《高祖本纪》。

［2］楚汉相持，项羽迫汉军出战。项羽与刘邦新一轮对峙开始了，从汉高帝四年十月，一直持续到这年八月，长达十个月。楚汉相持不下，双方都在想办法打破这一僵局。史称"智力俱困"。

一条奇绝凶险的深涧，把地势险峻的广武（今河南荥阳北广武山上）分成东西两个部分，东边的称为东广武，西边的称为西广武。先前，项羽与龙且在梁地分手后，没有丝毫松懈，为了尽快消灭刘邦，他派钟离眜为先锋，率部分人马，先回师荥阳，与刘邦再战。可是，刘邦见钟离眜人少，立即指挥大军将钟离眛紧紧围住，就在这紧要关头，项羽率主力赶到。汉军此时实力远不如楚军，经过短兵相接，一阵混战，项羽终于救出了钟离眛，两人合于一处，奋力反击，打败了汉军。汉军败退下来后，撤到西广武，凭借险阻，依涧扎寨固守。项羽率兵追至西广武，见刘邦坚壁不出，只好在汉军对面的东广武停住了脚步，筑垒相拒。其间，刘邦和项羽斗智斗勇的几件大事值得关注。

1. 项羽欲烹刘太公。此时，项羽也已意识到问题的严重性，特别是由于二十万楚军随龙且东去，自己的兵力已是捉襟见肘，第三次攻势已非前两次可比，而刘邦凭险据守，意图用阵地战来对付自己，在这种情况下，惯于猛打猛冲的项羽，不得不另做打算，他拿出手中一个王牌撒手锏，准备逼迫刘邦就范。

这个撒手锏就是刘邦的老父亲刘太公。项羽把刘太公绑到前线，架到一个高大的切菜板上，派人对着广武涧喊话："太公在俎上，刘三你还不快快投降，否则，休怪我烹了他！"原来项羽将被俘虏在楚营中的刘邦父亲和吕氏妻子做人质，来逼迫刘邦决战。刘邦是个老江湖，很快镇静下来，以项羽的性格怎会弄死太公？刘邦大声答道："项王，记得五年前，你我曾在怀王帐下，约为兄弟，你还尊我为兄长，家父如汝父。倘若你一定要烹杀他老人家，兄弟之间我居长，请别忘了分我一杯肉羹，这叫有福同享！"

项羽暴怒，拔剑指向太公，就在这千钧一发之际，伯父项伯出面阻拦："干大事的人往往不顾家室，如今，天下未定，杀了太公也徒劳无益，只能引起天下人的耻笑，以为我们无能。"项羽虽然霸道，但总能听从项伯的话，上次鸿门宴就是这样，于是刘太公幸运地活了下来。

2. 刘邦历数项羽十罪。不久，项羽又生出一计。他草拟了一封书信，内容大意是，楚汉日久相持，胜负不能决，丁壮苦于军旅，老弱疲于转运粮草，为此请刘邦隔涧对谈，并约了时间。

刘邦接信后，闷闷不乐。一味回避对军心不利，谈就谈，有什么可怕，但要克制情绪，不被污言秽语扰乱。刘邦来到涧前，项羽横槊挑矛，大声道："连连打仗，天下不安，民生凋敝，十室九空，死伤亦数百万，无非为了你我二人相争不下。今日我愿和你单独挑战，比个高低，免得天下百姓跟着受苦受累。你意下如何？"楚汉相争，岂是儿戏？刘邦对项羽说："我无意与你单独挑战，宁斗智，不斗力！"

项羽见挑战不能奏效，又让三名将士替他继续骂阵。刘邦心想，又不是和项羽单挑，不出来岂不让人耻笑，出来又隔着一条涧，有众将士护卫，你又能奈何得了？他壮着胆子过来，大声道："项籍！你休得逞强，你有十条大罪还敢跟我作对？罪一，当初怀王与大家约定，先入关中者为王，你违背了约定，把我贬逐到巴蜀汉中，这是大不义；罪二，你假传楚怀王旨意，杀害了宋义，犯上作乱，自己窃取了上将军的尊号；罪三，你奉令去援救赵国，本应还报楚怀王，可你却擅自劫取诸侯之兵进入关中，蔑视怀王；罪四，怀王曾经规定，入秦之后不得暴虐劫掠，而你烧毁秦国的宫殿，发掘始皇帝的坟墓，盗取秦的财物，胡作非为；罪五，秦王子婴本已投降，你却还把他杀死，不讲信义；罪六，你又以欺诈手段，坑杀秦降卒二十万人于新安，却封降将章邯等三人为王，如此暴虐，天下少有；罪七，你将附从你的人，都封好地为王，却无理地驱逐齐、赵、韩的故王，使其臣下争为叛逆；罪八，你放逐义帝，自取彭城为都，自私贪婪；罪九，义帝曾为天下共主，你秘密派人暗杀他于江南，更是天理不容；罪十，你为政不公，主持公约而不守信，真乃大逆不道。今我以仁义之师，联合诸侯，诛除残暴。像你这样十恶不赦的罪人，难道还配向我挑战？"

3. 项羽伏弩射中刘邦。刘邦是一个很厉害的人，他之所以能攻取天下，光靠会用人是不够的，实际上，刘邦也是一个智谋超群、反应极快的大谋略家。他所提出的十大罪状，句句属实，说得项羽的脸青一阵白一阵。于是项羽拿出强弩，并指挥自己的弩手向刘邦射去。虽然刘邦赶忙躲入盾牌之后，但由于两军距离太近，他胸口还是中了一箭。若非身上穿着盔甲，恐怕就要命丧当场。《资治通鉴·汉纪三》：羽大怒，伏弩射中汉王。汉王伤胸，乃扪足曰："虏中吾指！"言下之意就是：你们箭法真差，才射中我脚趾。一方面嘲讽了项羽，另一方面也是向本方军队说明："我没有受致命伤，别担心！"

虽然没有被射杀，然而在众目睽睽之下胸口中箭，后果仍十分严重，若将刘邦的伤情暴露，汉军官兵的士气恐怕将大受影响。

士气就是战斗力，稳定军心压倒一切。细心的张良非常着急，意识到如不采取措施，后果不堪设想。他来见刘邦，刘邦正倚衾半躺，面色惨白，满头直冒冷汗，脸色很是难看。张良还是请刘邦打起精神，到军中巡行一下，以此安定人心。于是刘邦强忍着痛苦，披挂好后，在人搀扶下登上战车，面色沉静而又安详，绕营巡行一周。汉军将士见刘邦无大碍，也都放下心来。

这情景，也被对面山上的楚军看到，见刘邦没有死，还可以在汉营转动，项羽惆怅不已，终于不敢轻举妄动。回到帐中，刘邦一阵眩晕，栽倒在榻上，隔日黄昏，刘邦带着几个亲随，偷偷地到成皋养伤去了。

为了不让刘邦喘息，项羽不久发兵迂回到西广武东侧，以迅雷不及掩耳之势又夺下西广武，进而一举包围成皋。刘邦急得团团转，为了不使成皋陷落，他四处调兵遣将。刘邦对彭越、黥布等人寄予厚望，希望他们多发精兵，可他们加起来仅发不足万人马，而且大半是老弱病残。刘邦恨不得跑去扇他们的耳光。此时，刘邦急切地盼望韩信大军来援，可韩信迟迟未能发来一兵一卒。

上述事件，收录在《史记》卷八《高祖本纪》和《汉书》卷一上《高帝纪上》。

［3］立黥布为淮南王。《汉书·韩彭英卢吴传》卷三十四：汉高帝四年（前203）秋七月，立布为淮南王，与击项籍。布使人之九江，得数县。

［4］刘太公（？—前197），字执嘉，泗水郡丰邑中阳里（今江苏徐州丰县）人，汉朝宗室先祖，刘邦之父。

刘邦起兵后，被项羽俘虏，险些遭到烹杀。刘邦赢得楚汉之争，太公被刘邦尊为太上皇。汉高帝十年（前197年）七月癸卯，在栎阳宫驾崩，时年大约八十五岁。《史记索隐》记载刘太公名叫刘煓，字执嘉。《三家注史记·高祖本纪》卷八：父曰太公。《索隐》：皇甫谧云："名执嘉。"王符云："太上皇名煓。"与"湍"同音。《正义》：春秋握成图云："刘媪梦赤鸟如龙，戏己，生执嘉。"

正史有关太公于刘邦发迹前和被尊为太上皇之后的记载极为缺乏。去世后，葬于万年（今陕西临潼北，位于陕西富平县杜村镇姚村南）。

［5］吕雉，见"高帝十一年"条下"考释"。

［6］傅宽（？—前190），北地（甘肃庆阳西南）人，从相国韩信平定齐地，西汉开国功臣。

秦末农民战争中，以魏五大夫骑将投归刘邦。刘邦进军关中，升任右骑将。后归属曹参指挥。因平定齐地有功，受封阳陵侯。汉高帝十年（前197），代相陈豨反叛，同年四月随刘邦御驾亲征，以代丞相的身份进击陈豨。为白马之盟刘邦所定开国十八侯之一，列第十位，惠帝五年死，谥景侯。

事见《史记》卷九十八《傅靳蒯成列传》。

［7］冷耳，姓或作"泠"。从属韩信。以客从刘邦起沛，进入汉中，率兵击破齐国田解军。后以楚丞相坚守彭城，击黥布有功。高帝十二年，封下相侯，卒谥庄。

［8］华无伤，齐国大将，在韩信击齐战役中，被汉军打败。仅见《史记·淮阴侯列传》，未见其他史载。

［9］田解，秦末楚汉年间齐国宗室将领。汉将傅宽隶属韩信指挥，在历城下击破齐国军队，田解交战被杀。

见于《汉书》卷四十一《樊郦滕灌傅靳周传》。

［10］临淄，古邑名，亦作临菑、临甾，以城临菑水得名，故址在今山东淄博市东北旧临淄一带。周初封吕尚于齐，建都于此。春秋、战国时均都于此。韩信占领齐国后，也将大营迁至临淄。

临淄人富庶殷实，喜欢吹竽鼓瑟、弹琴击筑，斗鸡走狗及六博蹴鞠等娱乐活动。曾有记载：车毂击，人肩摩，举袂成幕，挥汗如雨。秦灭六国后，临淄为临淄郡治所，失去了都城的地位，但繁华依旧。秦末，陈胜、吴广起兵，派周市攻取魏地，北达狄城。狄城人田儋借机杀死县令，宣布起兵，自立为齐王。齐地战事不断，临淄城受到严重破坏，但比起其他城邑，仍有几分王都风采。临淄城遗址现为全国重点文物保护单位。

[11] 龙且（？—前203），亦作龙苴，为楚大司马，后任项羽军西楚将领。他没有单独列记，分散在《史记》各篇中。

《项羽本纪》：项梁自号为武信君。居数月，引兵攻亢父，与齐田荣、司马龙且军救东阿，大破秦军于东阿。

《黥布列传》：楚使项声、龙且攻淮南，项王留而攻下邑。数月，龙且击淮南，破布军。

《陈丞相世家》：项王不能信人，其所任爱，非诸项即妻之昆弟，虽有奇士不能用，（陈）平乃去楚。……顾楚有可乱者，彼项王骨鲠之臣（敢于直谏的忠臣）亚父（范增）、钟离眜、龙且、周殷之属，不过数人耳。

《曹相国世家》：（曹参）已而从韩信击龙且军于上假密，大破之，斩龙且，虏其将军周兰。

《汉书·陈胜项籍传》：时彭越数反梁地，绝楚粮食，又韩信破齐，且欲击楚。羽使从兄子项它（佗）为大将，龙且为裨将，救齐。

秦时无道，反抗四起。时秦军东征，接连灭掉张楚、魏，杀齐王于临济，追围齐相于东阿，反秦诸将悉数败亡。危急之际，龙且与项梁等人，率师大破秦军于东阿。此为秦军主力东征以来首败，秦军溃退濮阳。

楚汉争霸时，九江王黥布叛乱淮南，龙且平之。汉高帝四年（前203），项羽使族侄项佗为大将，与龙且（裨将）、周兰（亚将）救齐。一说龙且死于潍水，一说死于彭城。死说成疑。墓在今海州新坝。

龙且独特之处在于，不仅率军平暴，更筑城安民。仅后世见诸记载的就有三座以其命名的"龙苴城"，分别位于海州朐山、山东无棣、山东高密。可见其筑城之多。

[12] 周兰，西楚霸王的将领。汉高帝四年（前203），项羽听说韩信已经率领黄河以北的军队击破赵国、齐国，并已进攻楚国，故任命从兄之

子项佗为大将、龙且为裨将、周兰为亚将前往救援齐国。

楚汉双方在齐国多地展开交战，楚将项悍、项冠分别在齐国的济阳、鲁县被灌婴、靳歙、傅宽等汉将击败。龙且、留公旋等人在齐国的高密被韩信、曹参、灌婴等人打得大败。汉军一路直取彭城，西楚裨将龙且战死，大将项佗、亚将周兰相继被生擒。

项羽此时腹背受敌又粮草不继，刘邦两次派遣使者要求归还人质，于是楚汉双方议和，以鸿沟划分界线，项羽送还刘邦的父亲和妻子。刘邦本想引兵西归，经由张良、陈平的劝谏，发兵追击楚军。灌婴一路降服留县、薛县、沛县、酂县、萧县等城邑，第二次俘虏楚军亚将周兰。

事见《史记》卷九十五《樊郦滕灌列传》。

[13]潍河，古称潍水。《水经》云："潍水出琅邪箕县潍山"，水以山名。《汉书》"潍"字作"淮"。潍水发源于齐五莲西南箕屋山，东流至诸城县折向北，经过今高密、安丘、潍坊、潍县境内，再经昌邑鱼儿铺注入渤海。全长二百公里，是胶东半岛第一大河。潍水进入峡山后与渠河、浯河汇流，恰好就是现在的峡山湖。与高密分界处为一望无际的大平原，河床较宽，水流变缓。

龙且、周兰与齐王田广会合入驻高密城（今山东高密城阴城故址），并组成齐楚联军在潍水东岸与韩信对峙。潍水之战是楚汉时期一场重要的转折性战役，汉军实现了迂回到西楚后方并对其实施战略包围的有利局势。

[14]丁复（？—前182），西汉开国功臣。原为赵国将领，后在邺城（今河北临漳西）加入刘邦军；一说是越将，在薛县（今山东滕州市南）加入。属相国韩信。

《史记·高祖功臣侯者年表》卷十八：至霸上，为楼烦将，入汉。定三秦，别降翟王，属悼武王（吕泽），杀龙且彭城，为大司马。《汉书·高惠高后文功臣表》卷十六：于是申以丹书之信，重以白马之盟，又作十八侯之位次。就是说，汉高帝元年（前206），到达霸上，担任刘邦手下楼烦将。在定三秦、讨项羽等战争中立下赫赫战功。高帝四年（前203），配合大军攻杀楚将龙且于彭城。汉朝建立后，封为阳都侯。阳都侯国在今山东省临沂市沂南县。高帝定元功十八侯，侯第排第十七位。

参见"高帝六年"条下考释"韩信属从功臣侯者名录"。

[15] 蔡寅，见"高帝六年"条下考释"韩信属从功臣侯者名录"。

[16] 丁礼，以中涓骑从刘邦起于砀，为骑将。《汉书·高惠高后文功臣表》卷十六：入汉，定三秦，为正奉侯。以都尉击项羽，属从韩信，杀龙且。高祖六年更为乐成侯。

参见"高帝六年"条下考释"韩信属从功臣侯者名录"。

[17] 季必，秦国人，属从相国韩信。汉高帝十二年被封为戚圉侯。

高帝二年（前205），在栎阳以三秦都尉之职投奔刘邦，攻打废丘，后随击项羽参加东征之战。五月，彭城大败后，刘邦在军中挑选能够担任骑兵将领的人，大家推举原秦朝骑将重泉人季必（《索隐》案：《灌婴传》，重泉人；作"李"，误也，此季必是李必误写）、骆甲，他俩对骑兵很在行，同时又都担任校尉之职，因此可以担任骑兵将领。刘邦准备任命时，他们二人却说："我们原为秦民，恐怕军中士卒觉得我们靠不住，所以请委派一名常在您身边而又善于骑射的人做我们的统领。"当时灌婴年龄虽然不大，但在多次战斗中都能勇猛拼杀，所以就任命他为中大夫，让季必、骆甲担任左右校尉，带领郎中骑兵在荥阳东京索间和项羽率领楚国骑兵交战，把楚军打得大败。高帝四年十月，汉军在灭齐之战时，刘邦派灌婴率领汉军别属韩信击破齐军。

参见"高帝六年"条下考释"韩信属从功臣侯者名录"。

[18] 陈武，即柴武。见"高帝五年"条下"考释"。

[19] 靳歙（？—前183），宛朐（今山东菏泽西南）人。西汉开国功臣，隶属韩信。是高帝刘邦刑白马盟誓后，所定元功十八侯之一。事迹见《史记》卷九十八《傅靳蒯成列传》。

秦朝末年，在宛朐跟从刘邦起兵。沛公立为汉王，随刘邦进入关中，至霸上升任骑都尉，赐爵建武侯。参加了还定三秦之战。后大败赵将贲郝于朝歌，破项羽于陈县。他的特点是敢打猛冲，实为樊哙第二。刘邦称帝后，改封信武侯。先后参加了攻打韩王信、抓捕楚王韩信和平定陈豨、黥布的叛乱。汉高后五年（前183）去世，谥号为肃。

[20] 龙且进攻是一战略选择。汉军欲速战速决，可以理解，蒯彻计谋攻齐，如不能速胜，刘邦怪，项羽恨，韩信承受着巨大的压力。汉军二千里来袭，粮草不济，将士疲惫，无论如何是拖不下去的。而作为防守一方的楚、齐联军也选择决战，则完全出乎意料。其实，政治利益决定着军事行动，龙且选择进攻，其行动也非个人意志。

公众号"小记历史馆"在《楚汉潍水之战：韩信消灭齐楚20万大军成功吞并齐国》一文中，认为历来对于龙且急于作战的战略思想缺乏研究，均认为龙且是狂妄自大，拒纳良策，而忽视更深一步地探讨龙且急于出战的政治原因。军事历来是政治的延续，是为政治服务的，所以军事行动无疑要实现其政治意义，如果不能达到政治目的，成功的战斗依然是失败的军事。龙且手下的计策无疑是完美的战斗决策，一面坚守固城，清壁以待，一面用政治手段使齐人反汉，使得汉军既无法得粮，又陷入战争的汪洋大海。这样下来汉军进则面临潍水的天险，退则面临齐人的骚扰，守则面临无粮无食的困境，可以说达到不战而屈人的最高境界。

但这仅仅是个完美的战斗决策，而非完美的政治决策。西楚来救援齐国不是为了发扬国际精神，而是实际的利益的驱使，不仅仅是为了解决汉军迂回到自己后方的战略危机，破坏齐汉的联盟，更是进一步对汉军进攻强有力的回击，开辟另一战场来围剿汉的势力，来打击刘邦。

我们也以为，主要有四点考虑：

一是魏、代、赵国已被韩信所灭，燕国投降，齐国的军事主力也已被韩信摧毁。在这种背景下，等到韩信彻底占据齐国后，刘邦就可以对项羽进行两面夹击，到时楚国就危险了。这次龙且前来进攻韩信，就显得至关重要。从某种意义上说，接下来项羽和刘邦之间的胜负之分，就看谁能够在齐国战场上取得最后胜利。

二是龙且带走二十万的主力，这让项羽兵力变得非常吃紧，这样，会导致楚军在西部战场拥有的优势渐渐丧失。所以，无论项羽还是龙且，都耽误不起时间，他们必须速战速决。

三是楚军名义上是救齐，实质上是要趁机瓜分齐国。一旦拖下去，齐国的旧势力就会趁机复活，等到打败韩信之后，齐国也就会重新复国。齐国复国后，第一个念头，肯定就是想办法把龙且和他的楚军赶出齐国。这样一来，项羽的战略仍十分被动。

四是龙且还有自己的打算。他有着强烈的求战欲望，至今打遍天下难有敌手，如果再打败韩信，一定会裂土封王，分得半个齐国。其建功立业的愿望促使他决定立刻与韩信决战。

在此种种背景下，当楚、汉两军在潍水对阵时，由于龙且缺乏对附近地理环境的深刻了解，认为两岸都是平原地带，冬季的潍水又几近干涸，没有什么阻挡，正适合楚军大兵团作战，他自然想着要赶快进攻。

［21］韩信坝遗址。韩信坝位于山东诸城北约五十里，地处古县村东侧的潍河上，两岸为海拔不到二百米的小岭，潍河在这里形成一咽喉地带。河水穿过峡谷，进入冲积平原，河床复又变宽，水流渐缓，枯水时节，徒步可涉。汉初，韩信和楚将龙且一场著名的"潍水之战"就发生在这里。

《水经注·潍水》云："昔韩信与楚将龙且夹潍水而战于此，信夜令为万余囊，盛沙以遏潍水，引军击且，伪退，且追北，信决水，水大至，且军半不得渡，遂斩龙且于是水。"清乾隆《诸城县志》载："汉太祖高皇帝四年十有一月，韩信败楚将龙且于潍水，斩之，追至城阳，虏齐王田广，归于汉。"岁月易逝，当年楚汉相争的战场早已成为历史陈迹，但这个故事仍在诸城民间流传，后人便将韩信囊沙遏水之处称为"韩信坝"，是诸城境内著名的名胜古迹。

［22］斩杀龙且，分别有着曹参、灌婴及乐成侯丁礼和阳都侯丁复的不同记载。

查看《史记》，有两个疑点：一是《史记·曹相国世家》："（曹参）已而从韩信击龙且军於上假密，大破之，斩龙且，虏其将军周兰。"《史记·灌婴传》："（灌婴）东从韩信攻龙且、留公旋於高密，卒斩龙且，生得右司马、连尹各一人，楼烦将十人，身生得亚将周兰。"就是说潍水之战中，韩信决壅囊，半渡而击，楚军被迫登岸，龙且在高密附近被斩杀。二是《汉书·高惠高后文功臣表》："（乐成侯丁礼）以都尉击籍，属灌婴，杀龙且。"《史记·高祖功臣侯者年表》："（阳都侯丁复）以赵将从起邺，至霸上，为楼烦将，入汉。定三秦，别降翟王，属悼武王（吕泽），杀龙且彭城，为大司马。"就是说丁复在彭城附近将龙且斩杀，或者说丁复和丁礼合作将龙且斩杀。

我们推测，丁复斩龙且的可信度更高一些。龙且冲上潍水西岸后，突破汉军重围，向南部楚都彭城方向逃去。齐与彭城相临，两地相隔不远。龙且只是齐战裨将，楚大将、丞相项佗尚在防守彭城一线。说灌婴斩杀龙且，因丁复为灌婴别将也没有错。

参见"汉高帝四年"条下考释"龙且"。

[23] 田广（？—前203），《史记·秦楚之际月表》卷十六：汉二年四月，"齐王田广始。广，荣子，横立之"；汉四年十一月，"汉将韩信杀广"。秦末齐国狄县（今山东高青县东南）人，故齐王田氏宗族，田荣之子。

汉高帝二年（前205）十二月，齐王田荣被项羽击败，逃至平原县，被平原人杀死。项羽再立田假为齐王。三月，田假被田荣的弟弟田横击败，再投楚国，被项羽所杀。田横收复失地，立田广为王。高帝四年（前203）十一月，汉王刘邦派使者郦食其赴齐讲和，田广与田横同意和刘邦共同对付项羽。相国韩信趁齐国防守懈怠，引兵东进，攻入齐国。田横、田广大怒，立即烹杀了郦食其。韩信袭破历下，攻陷齐都临淄。田广逃亡中被杀，田横在海岛（即田横岛，位于山东青岛东部海域）自立为王。

事见《史记》卷九十四《田儋列传》。

[24] 田既，齐王田广将，被韩信打败。仅见于《史记·淮阴侯列传》，未见其他史载。

[25] 田横，见"高帝六年"条下"考释"。

[26] 灭齐之战非个人所为。当刘邦在荥阳战场被项羽打得溃不成军

之时，韩信开辟北方战场却捷报频传。然而长期以来，学术界对灭齐之战颇有非议，认为齐王田广已在郦食其的游说之下降汉，韩信此时挑起战端，完全是权力欲望膨胀的表现，结果把齐国推向了项羽一方，增加了刘邦取胜的困难。

范学辉在《重评韩信的灭齐之战》中提出了不同看法。齐国的投降只不过是齐王表面上答应刘邦称藩而已，其根本目的是借此保住田齐的割据地位，因而汉齐之间的矛盾并没有真正解决。韩信并不可利用齐国的人力、物力给项羽以致命一击。本谱赞同范文之说，并做以下分析。

1. 击齐是汉全局性战策。在韩信打下魏国后，明确提出了"东击齐"的对楚战作方针。其后在修武，刘邦夺韩信兵后，仍再次确认，并要求韩信组建新军，出征齐国。

2. 以战促谈的文武两手。在韩信兵临齐城下时，刘邦又派郦生去劝降齐国，并不矛盾。齐国是东方大国，情况复杂。项羽曾陷入齐地不能自拔，致使刘邦能从容出关，一举率五十六万诸侯联军攻下楚都彭城，使项羽分封后天下局面大为改变。当时刘邦不一定认为，韩信发起军事攻齐能很快奏效，韩军团并不占有天时地利。同样，也不一定认为郦生就能劝说成功。如能成功，仍为割地自保，对最终打败楚并不十分有利。刘邦的策略是以战为主，以和谈为辅。故在郦食其说下齐国后，也没有下令禁止韩信进军齐国。

3. 战场之间联系并不顺畅。有人说齐地田氏占着比韩信占着好，这一定不可能。当时，刘邦与韩信之间矛盾并没有激化，战争在同时段进行，齐与荥阳相隔千里，信息传递有一定困难，将在外有临机处置权。就是说，造成误会的因素，也可能有信息落差的问题。

其实，刘邦非常重视齐战，在荥阳一线面临巨大困难的情况下，仍抽调若干主力前往齐地，帮助韩信作战，意在拿下齐国。而主要问题之一，齐战后，韩信扩军三十余万，未能及时救援刘邦，特别是韩信要求封齐王，矛盾才变得难以调和。

［27］曹参（？—前189），字敬伯，泗水郡沛县（今江苏沛县）人，

为刘邦平民时的好友，西汉开国功臣、军事家、政治家，元功十八侯之一，汉朝第二位相国，史称"曹相国"。长期跟随韩信作战。下二国、一百二十二个县。

《史记·曹相国世家》卷五十四："高祖为沛公而初起也，参以中涓从。""月余，魏王豹反，以假左丞相别与韩信东攻魏将军孙遫军东张，大破之。"《汉书·萧何传》卷三十九："列侯毕已受封，奏位次，皆曰：平阳侯曹参身被七十创，攻城略地，功最多，宜第一。"

曹参初仕秦朝，为沛县狱掾。当上官吏时，在县里名声很好，刘邦则不同，在父老眼中相当于一个痞子。秦二世元年（前209）刘邦起兵，曹参与萧何等人里应外合，将沛县县令杀死，正式宣布反秦起义。他随刘邦经历了许多大战，攻城略地，身遭数十创。在救援雍丘时，他击杀阻止吴广大军西进的秦将李由，战王离，破杨熊，两败赵贲。平定南阳后，一路向西进发，破武关、战崤关、下蓝田，终于进占秦都咸阳。

项羽封刘邦为汉王，曹参跟随汉王到了关中，升为将军。在平定三秦战役中，攻打下辩、故道、雍县、斄县，在好畤南击败章平的军队，包围好畤，夺取了壤乡。在壤乡东和高栎一带打败了三秦联军。

此后，魏王豹反叛，曹参以代理左丞相的身份，随韩信率军向东在东张攻打魏将孙遫的军队，大败之。在邬县东击赵国相夏说的军队，并斩了夏说。韩信与常山王张耳率兵至井陉，攻打成安君陈馀，同时命令曹参回军把赵国的别将戚将军围困在邬县城中。戚将军突围逃跑，曹参追击并斩杀了他。后率军回敖仓汉王的营地。

韩信向东攻打齐国，曹参又以右丞相的身份隶属相国韩信，击溃了齐国历下的军，夺取了临淄。回军平定济北郡，攻打漯阴、平原、鬲县、卢县。不久跟随韩信进击龙且的军队，大败敌军，斩龙且，俘虏亚将周兰。韩信做了齐王，与汉王会合，共同打败了项羽，而曹参留下来平定齐国尚未降服的地方。

刘邦定都长安后，论功行赏，曹参功居第二，赐爵平阳侯，出任齐国丞相，辅佐齐王刘肥。汉惠帝即位，继任萧何为相国，秉承"萧规曹随，休养生息"，为文景之治奠定了良好的物质和理论基础。汉惠帝六年（前189），曹参去世，谥号懿。

[28] 灌婴（？—前176），睢阳（今河南商丘）人，西汉开国功臣，元功十八侯之一，官至太尉、丞相。长期跟随韩信作战。降城四十六，定国一、郡二、县五十二。

据《史记·樊郦滕灌列传》载，灌婴早年出身下层，以贩卖丝绢为业。秦二世元年（前209）秋，随刘邦在沛县起兵反秦。攻秦军亳南、开封、曲遇，西入武关，战于蓝田。刘邦立为汉王，从入汉中。在还定三秦战役中，下栎阳，降塞王。从东出临晋关，击殷王，定其土。楚汉彭城大战后，项羽的军队又来进攻，其中骑兵很多，刘邦就在军中挑选能够担任骑兵将领的人。当时灌婴年龄虽然不大，但在多次战斗中都能勇猛拼杀，故任命他为中大夫，全权负责骑兵团的组建和指挥。

此后，灌婴率领骑兵，参加韩信破魏之战，接着出击楚军侧后，绝其粮道，继又以御史大夫的身份率领郎中骑兵，跟随相国韩信攻入齐地，迭克城邑，拿下了临淄等地。

齐地平定之后，韩信立为齐王，派灌婴单独率军攻打鲁北楚军。接着又攻打傅阳，战至下相东南的僮城、取虑和徐城一带。渡过淮河，全部降服了淮南的城邑，到达广陵。其后项羽派项声、薛公和郯公又重新收复淮北。因而灌婴又渡淮北上，在下邳击败了项声等人，拿下下邳。在平阳击败了楚军骑兵，降服了彭城，俘获了楚国的柱国项佗，降服了留、薛、沛、鄸、萧、相等县。在攻打苦县、谯县时，再次俘获亚将周兰。然后去颐乡和汉王刘邦会师。

汉高帝六年（前201），受封颍阴侯。后以车骑将军参加平定臧荼、韩王信、陈豨、黥布的叛乱。刘邦卒后，以列侯事孝惠帝与吕后。吕后死后，因与周勃等拥立文帝有功，升为太尉。孝文帝三年（前177），灌婴继周勃为相。孝文帝四年（前176），灌婴病卒，谥懿侯。

参见《史记》卷九十二《淮阴侯列传》。

[29] 请封假王的评说。韩、刘所处的环境不同，认知也不同，韩信

请封假王，加深了双方之间的矛盾，给双方关系增添了新变数。我们理解，主要有以下几点：

1. 韩信的如意算盘。"王侯将相，宁有种乎！"是那个时代最强音，封立功臣理所应当。在汉中拜将时，韩信的"汉中对"，就提出了"以天下城邑封功臣，何所不服"的主张，也为汉王刘邦所接受。在下邑，为打败项羽，刘邦亲口允诺将"函谷关以东"封赏韩信、黥布和彭越等三人。而平齐的胜利，宣告东进计划的基本完成，韩信前后用了一年零四个月，东进二千里，先后战胜了秦、魏、赵、代、燕、齐等诸侯国，无一败绩，打出了刘邦想要的局面，这样的举世之功不该封王吗？况且，协助韩信在赵国作战的张耳都已封赵王，而韩信一无所获，仅得相国虚名，这让血战疆场的韩信能没有想法吗？

再说，韩信自请代理齐王，并不过分，这是出于形势的需要，也是为了刘邦天下大计着想。因为，齐国旧势力的残余尚在反扑，情况复杂，齐南部又同楚国接壤，使楚国有了随时入侵的便利条件。对于这样一个封国，需要一个有能力、有实权的人来镇抚。

让人不安的却是，刘邦对韩信心存疑忌，修武夺兵，暗派郦食其劝降齐国，实为不该，说明刘邦留有防备一手。刘邦真像当年的项羽，印章都已刻好，章角都已磨破，就是迟迟不肯出手。人非圣贤，莫说善于追求名利的韩信，就是换个人，面对唾手可得的胜利果实，能没有想法吗？若因此把事情弄僵，硬是将韩信推向楚军阵营，倒向项羽一方，刘邦五年的鏖战一定不会想要这样的结果。这时候韩信提出代理齐王要求，只是逼一逼刘邦，想要回自己应得的那一份，并没有谋叛之意。

2. 刘邦的真实想法。分封异姓诸侯是万不得已的事情，前车可鉴，项羽分封十八位诸侯王，一天没有安宁过，这是天下大乱的根本原因。而原六国诸侯是既已存在的事实，张耳封赵王并无不妥，只能算是恢复旧有王位，也是安定人心，分化楚阵营诸侯的需要。如今，刘邦的处境实在艰难，在荥阳、成皋一线，三战三逃，是张良、陈平用谋，汉将纪信舍生替死，才使刘邦从霸王手中逃出。太公、吕后被项羽扣押，现在自己又被项羽用箭射中胸部，受了重伤，性命难保。其后项羽大军猛攻汉营，张良强烈建议刘邦劳军，骚动不安的汉军才平稳下来。

刘邦本来的想法是，齐国与楚国曾是死敌，让郦食其说下齐，用极小的代价与齐结成同盟，万望韩信还军荥阳，帮助刘邦一起抗击楚军，减少正面战场的压力。齐国既已归降，心理极不平衡的韩信，在未经请示的情况下悍然出兵，攻下了历下，破了临淄，可怜的郦食其，结果被齐王田广烹杀。只不过，从大局来看，还是利大于弊，铲除了一大割据势力，扭转了楚强汉弱的态势，并可利用齐国丰厚的人力物力，给项羽以致命打击，这正符合汉集团的根本利益。否则，尽管齐国已降，但仍割据自保，绝不会给汉军实质性帮助，汉军最终难以从根本上战胜楚军。可是，韩信得陇望蜀，不知收手，又依仗手握重兵，逼迫刘邦承认其自立三齐王的事实。这样做，必然引起刘邦的疑心，韩信到底想干什么？无疑，会给刘邦心头蒙上一层巨大阴影。

石中华先生在《韩信的灭齐之战很经典，却埋下了厄运的种子》一文中，认为韩信此前已经身兼汉大将、相国之职，如今又灭了齐国，对汉军的贡献已经厥功至伟，封个王，也是应得的。但却让刘邦感觉，他这边正面对楚军的威胁，韩信竟然索要封赏，这有点趁火打劫的意味。刘邦感到恐惧。

3. 留下了灭族之祸。汉高帝四年（前203），韩信派出使者，希望刘邦能够分封他为"假齐王"。知道使者来意的刘邦顿时大怒，张良与陈平低声几句简短分析，刘邦又转身大骂"大丈夫定诸侯，即为真王耳，何以假为"。韩信如愿以偿得到了"齐王"的分封，但君臣之间产生了不可逾越的鸿沟。

主动请封犯了刘邦的大忌。公众号"夜读历史"在《为什么请封"假齐王"是韩信被灭族的开始》一文中，认为封爵是历代王朝十分慎重的事情，拥有分封的权力也是国君权力的象征。从这个角度来看，主动请封已经让刘邦感到十分气愤，认为韩信是想要分裂的前兆。当时，他声言要发兵攻打韩信，幸好被张良、陈平劝住。再者韩信请封的时机不为恰当。刘邦大败，还受了重伤。韩信的使者来请封，刘邦认为是要挟。而张良与陈平的谏言是"汉方不利，宁能禁信之王乎？不如因而立，善遇之，使自为守。不然，变生"。也就是两位谋士认为汉军新败，不能阻止韩信称王，处理失当会引发变故，不如顺势笼络他。后来在围剿项羽的前夕，实力不足的刘邦苦恼诸侯王不前来协助，张良曾这样分析韩信，"齐王信之立，非君王意，信亦不自坚"。请封与此时张良的分析，韩信也知道刘邦的分封只是对他的安抚。君臣间的隔阂，双方都是心知肚明的。

对于韩信请立齐王这一举动，千百年来众说纷纭，褒贬不一。明代大儒王夫之在《读通鉴论·汉高帝》中亦认为，韩信此举是一种市井之徒要挟君主、讨价还价的交易心态："（刘邦）抑信之为此言也，欲以胁高帝而市之也。故齐地甫定，即请王齐，信之怀来见矣。挟市心以市主，主且窥见其心，货已雠而有余怨。"明朝思想家、"泰州学派一代宗师"李贽在《藏书·武臣传》中称："（韩信）利令智昏，贪令人愚也。"清代史学家王鸣盛在《十七史商榷·信自立为假王》中则指出，韩信自立为假齐王，已种下被杀的祸根。

［30］武涉，秦末谋士、策士，盱台（在今江苏盱眙东北）人，盱眙与淮阴毗邻。当年与韩信同在项羽幕下，且有一份不错的情谊。楚汉战争时，项羽与刘邦相持于荥阳、成皋间，刘邦命韩信出兵齐赵，欲从项羽背后夹攻，项羽乃命龙且率大军救齐，为韩信击杀，项羽恐惧，于是派武涉往说韩信，是想稳住韩信让其中立，三分天下，鼎足而王。但武涉是项羽的人，他的说服力很有限。韩信以为深受汉王宠信，不听其计。

事在《史记》卷九十二《淮阴侯列传》。

［31］城阳，地处山东青岛市区北部，东依崂山区，南接李沧区，西临胶州湾与胶州市相邻，北与即墨区毗连。东面环山，西、北两面是平原，西南临海，地势起伏不平。

［32］蒯彻，生卒年不详，为避汉武帝刘彻讳，史称蒯通。秦末汉初范阳（今河北定兴）人，著名辩士，纵横家。此人第一次出现在历史舞台上，就体现了他高超的说话技巧。秦二世元年（前209）八月，赵王武臣

受命于陈胜北上，曾以三寸不烂之舌，游说范阳令徐公主动请降，不战而下三十余城。

据《史记·淮阴侯列传》载，韩信奉命击齐时，蒯彻为韩信帐下谋士，献灭齐之策。楚谋士武涉走后，第二个站出来劝说韩信三分天下的就是蒯彻。蒯彻的说服力强，说话分量重。武涉和蒯彻来游说韩信，他们俩的意思差不多，主要有三层意思。第一层，说韩信现在在楚汉战争中，你处于一种举足轻重的地位，左投则汉王胜，右投则项王胜。第二层，你韩信既不要帮刘邦，也不要帮项羽。不能帮刘邦的道理很清楚，你帮了刘邦，把项羽灭了以后，下一个被灭的就是你；那么同样的道理，你帮了项羽，那么刘邦灭了以后，也轮到你。第三层，就是称王天下，鼎足而三，谁也不吃掉谁，天下也就和平了。这个建议如果被韩信采纳，中国的历史将被重新改写。

蒯彻著有《隽永》一书，论述战国时游说之士的权变之术，又加上自己的评论。韩信死后，遭到刘邦捉拿后，无罪释放，成为相国曹参的宾客。

［33］薄姬相面。薄太后是高帝刘邦的妃子，人称薄姬。她是汉文帝的生母，尊称薄太后。据《史记·外戚世家》载，薄太后早前并不是刘邦的妃子，而是魏王豹的女人。一次魏媪带着薄太后到会算命的许负住所，许负看了薄太后的面相后告诉魏媪，你的女儿"当生天子"。许负在中国民间有"第一女相师"之称。

在楚汉相争中刘邦派韩信俘虏了魏豹，薄太后则被罚在汉王织造府做织工。魏豹死后，有一次刘邦来织造府，看见薄太后有姿色，便将她召入后宫。刘邦后宫美女如云，薄太后进入后宫后，刘邦就将她忘记了，一年多也没有得到刘邦的宠幸。《史记·外戚世家》记载两人原话是这样的，薄太后曰："昨暮夜妾梦苍龙据吾腹。"高帝曰："此贵征也，吾为女遂成之。"哪想仅幸这一次，薄太后便怀上了，生下了龙种，这就是后被刘邦封为代王、继大位的文帝刘恒。

自那次"一幸"以后，刘邦又将薄太后忘记了，薄太后很少能见到刘邦。但薄太后因祸得福，刘邦死后，皇后吕雉专权，开始整刘邦生前的宠妃。如戚夫人，被吕后幽禁，还被弄成了"人彘"，惨死厕中。

[34] 韩信不肯背汉的原因。从《史记》中相关记载来看，韩信对天下大势，一直有着极为深刻的认识，但天下权在韩信，也未必见得。虽身处强齐，广有甲兵，贸然起兵独立，不是男子汉大丈夫所为，且胜算并不大，不值得拿功成名就的身家来赌。本谱认为，主要有以下几点：

其一，从良心上讲，会被指责为不仁不义之徒。其实，韩信最念旧情，漂母、萧何等人能忘记吗？特别是刘邦筑坛拜大将能忘记吗？现在要让韩信恩将仇报，实在做不到。韩信的一切都是刘邦给的，不能落个谋反不忠的骂名。

其二，从人心上看，天下人未必真心归服。刘邦武有曹参、樊哙、周勃、灌婴，文有张良、陈平、陆贾等。项羽虽是"家天下"，文武仍有钟离眜、桓楚、季布、项伯、项庄、虞子期、陈婴等。他们都是当代豪杰。而韩信呢？虽有李左车、蒯彻、陈贺、孔聚，但比不上张良、陈平、曹参、钟离眜、季布等人，且这些人还多是刘家班底，不少人还是刘邦的嫡系，中高级军官多为刘邦直接提拔，一旦不是汉军统帅，这帮将士还会帮韩信打仗吗？

其三，从趋势上看，天下归于一是人心所向。全天下百姓，饱受秦末战乱之苦，土地荒芜，粮食腾贵，以至人相食，企盼结束争战，休养生息。虽然韩信的军事能力不是刘邦能相比的，但如果韩信造反，天下必将成三足鼎立之势，重新陷入长期分裂混战局面，而最终受苦的却是天下百姓。

再拿刘邦与项羽做对比，项羽追求的是霸业，而刘邦追求的是一统帝业，尊刘灭项也是自然的选择。

其一，得人心者得天下，刘邦以集权总揽大局，一切都围绕统一天下这一目标进行。而项羽则以裂土封地为理想，以万夫不当之勇推翻暴秦后，分裂天下。如今已不是前秦，更不是战国，天下已不支持贵族复国。天道有变，顺之则昌，逆之则亡。

其二，刘邦懂得拉拢人心，动之以情，懂得运用团队的力量，有较强的凝聚力，所以得张良、萧何辅佐并各尽其才。而项羽任人唯亲，就是一个家天下班子，认为凭借一己之力可以并天下，好勇斗狠，缺乏政治手段，以致气走了唯一的谋士范增。

其三，刘邦取得关中后，与民约法三章，收买人心，拉拢诸侯，建立统一战线。而项羽目光短浅，在灭秦之后，却采取了一连串荒唐措施，扰民、焚宫、封王、杀义帝，引发了四方的民怨，缺乏人主的气度。

蒯彻的策略看上去很完美，其实可行性相当差，做事咄咄逼人。张子房曾说过："天下游士离其亲戚，弃祖墓、去故国，追随人主不过是为了封王封侯，做个天下英雄。"前代的苏秦、张仪、李斯，今人黥布、彭越等都是这样想的，韩信也一定会是这样思考的。

[35] 陆贾说项羽。陆贾（前240—前170），汉初楚国人，西汉思想家、政治家、外交家，著有《新语》等。早在楚汉相争时，他以幕僚的身份追随刘邦，自郦食其死后，他成为刘邦手下重要说客。《说苑·奉使》：陆贾从高祖定天下，名为"有口辩士"，居左右，常使诸侯。

《史记·项羽本纪》卷七记载，汉四年（前203），"是时，汉兵盛食多，项王兵罢食绝。汉遣陆贾说项王，请太公，项王弗听"。

刘邦认为，楚汉相争已有五年，民力疲惫，这样天长日久地鏖战下去，已经没有什么意思。如若项羽再推出刘太公，挟制多端，或乘怒将太公杀死，自己不是一辈子落个不孝骂名吗？楚军乏粮，这时议和，正好可以救回太公、王后。刘邦让陆贾到楚营说动霸王，划定边界，两家言和算了。陆贾连忙出城赴命。然而，不知什么原因，项羽并不答应，坚持要决战到底。

[36] 侯公说项羽。陆贾说项羽没有成功，可刘邦似乎铁了心，又改派侯公再去劝说。据《史记·项羽本纪》载，听了侯公的劝说，项羽一改初衷，认为整个战局对楚十分不利，不久将处于四面被击的境地，何不顺水推舟，卖个人情给刘邦。楚汉终于以鸿沟为界，中分天下，鸿沟以西归汉，鸿沟以东归楚，两方平息干戈。刘邦很是高兴，当下封侯公为平国君，以嘉奖其功。据说，侯公第二天就隐匿不知去向。刘邦送来的赏赐，

原封未动。对此，刘邦感慨地说："这个人是天下有名的辩士，他居住在哪里就可以倾动哪个国家大政。"

侯公如何劝说项羽的，史书没有明确记载。不过，宋代苏轼写了一篇《代侯公说项羽辞》，便代侯公把说服项羽的经过写了下来。文章较长，感兴趣的朋友可找原文看一看。

苏轼在文章开头便写"侯公在军中，而未知名"，乃毛遂自荐，坦言刘邦在用人上的失误，"待人以必能者，不能，则丧气。倚事之必集者，不集，则挫心"。侯公主动要求担当重任，去项羽营中当说客。接着写"侯公至楚，晨扣军门，谒项王"，公正地评价项羽"夫首建大义诛暴秦者，惟楚。世为贤明显名于天下者，惟楚。天下豪杰乐从而争赴者，惟楚。被坚执锐为士卒先，所向摧靡，莫如大王。兵强将武，百战百胜，莫如大王。诸侯畏惧，惟所号令，莫如大王。割地据国，连城数十，莫如大王。大王持此数者以令天下，朝诸侯，建大号，何待于今"。一席话说得项羽眉开眼笑，侯公话锋一转，指出项羽如今"智穷兵败，土疆日促"，原因在于缺失"仁义智信"。最后，侯公给项羽献上一计，"臣闻来而不可失者，时也。蹈而不可失者，机也。……臣愿大王因其时而用其机，急归太公，与汉王约，中分天下，割鸿沟以西为汉，以东为楚。大王解甲登坛，建号东帝，以抚东方之诸侯，亦休兵储粟，以待天下之变。汉王老，且厌兵，尚何求哉，固将世为西藩，以事楚矣"。"项王大悦。听其计，引侯生为上客，召太公，置酒高会三日而归之。"

苏轼写得很机智，引经据典，辩驳有力，妙语连珠。既写了刘邦的优柔寡断，又写了项羽的刚愎自用，更写了地位低下、不为人知的侯公，摆事实，讲道理，分析天下大势，使项羽明白了抓住时机，机不可失，时不再来的道理，终于圆满完成了促使项羽释放人质的任务。

其实，苏轼借此文，表达了对北宋时期天下大势的评价，宣扬了自己的政治主张。

[37]鸿沟，为战国时一条人工开凿的运河，故道从今河南荥阳北引黄河水，东流经中牟县北，又东经开封北，折而向南经通许县东、太康县

西，至淮阳东南入颖水，沟通了中原地区济、濮、汴、睢、涡、汝、淮、泗、菏等主要河道。

所谓中分天下，实际上汉已占据天下七成以上，且背后是自己的封国广大地区，粮草兵员充足，而楚的封国一天一天在缩小，被挤压在今天的河南、安徽、江苏及浙江一带。项羽清楚地知道，以鸿沟为界分天下，这只是暂时性的停战，楚军目前已危机四伏，以退为进，先进行战略收缩，待机东山再起，这也是无可奈何的选择！

［38］刘邦为何急于主动约和项羽？读《史记》感到百思不得其解，是形势所逼、对他很不利吗？不是。是为了救回太公、吕后吗？恐怕也未必是。那么，究竟是什么原因呢？

楚汉双方，在广武、荥阳一带相持日久，刘邦感到无力再将战争进行下去。五年战争，汉军于荥阳屡战屡败，未进一尺，而韩信打下天下三之二（《史记·太史公自序》：信拔魏赵，定燕齐，使汉三分天下有其二，以灭项籍）。不久前，韩信就伸手来要齐王，这齐王是应当自己要吗？齐王给他了，日后还能拿什么再封赏，真是封无可封，赏无可赏！当年韩信从项羽那里过来，一副丧魂落魄的样子，是刘邦一手栽培、简拔，如今吃饱喝足了，成了大气候，反而要跟刘邦平起平坐。刘邦和项羽拼了老命苦苦厮杀，韩信却打着刘邦的旗号，发展了三十万军队，这是多么大的数目！

人们常会拿项羽和韩信做比较。项羽虽骁勇善战，就连刘邦这个能斗智的人，兵力占优时，常常被打得落花流水，但究其实质，项羽还是一个徒知力征的典型。而韩信则不然，或以寡击，或声东击西，或背水列阵，处处尽显权谋之术。项羽一旦遇上韩信这样胸藏韬略长于权谋的对手，恐怕也会败下阵来。因此，从某种程度上讲，韩信更为可怕。如今，关中援兵虽络绎而至，可以刘邦一方之力，未必能打败项羽，即使以后打败了项羽，韩信和这帮诸侯们，能肯俯首称臣吗？能轻易地把天下拱手让与刘邦吗？在刘邦看来不太可能，天下究竟属谁尚未确定。

楚汉争霸五年了，刘邦虽然已掌握战场主动权，但五年战争下来也使汉军死伤无数，最终不得不把上至六十的老人，下至十几岁的孩子送上战场，兵员处于枯竭状态中，更何况刘邦的父亲和妻子还在楚营等待营救。只有利用天下大半归汉、项羽焦头烂额时才能说动项羽。人生有多少个五年，与其如此，不如和项羽约和算了，项羽如能放回父亲刘太公和妻子吕雉，就将汉军撤回关中休息休息去。

其实，刘邦也不算什么"仁义"之辈，为了百姓和将士休息，也为了救回太公和吕雉，他会放弃即将到手的胜利吗？肯定不会！这里面的原因，说白了，就是他对韩信的忌讳，怕灭楚之后韩信和诸侯们与他离心离德。从后面追击项羽过程看，不是张良、陈平坚决主张追击，楚汉战争的走向可能要重新改写。

高帝五年（己亥，前202） 二十九岁

时 事

此年，为汉高帝五年，亦为西楚项王五年。

十月，项羽东归，刘邦追至阳夏南，楚军大败汉军于固陵。[1]

十一月，黥布战九江，刘贾南渡淮，围寿春，招降楚大司马周殷[2]；殷以舒屠六，举九江兵迎黥布、刘贾[3]，屠城父。汉王会诸侯兵。[4]

十二月，汉军围楚军于垓下，齐王韩信受命统一指挥各路诸侯军，项羽垓下之战大败，突围至东城自刭。

二月甲午（初三日），汉王刘邦于定陶汜水之阳即皇帝位，是为汉高帝，庙号高祖。高帝改立衡山王吴芮为长沙王。

六月，戍卒娄敬说刘邦定都关中，高帝不能决问张良。张良："洛阳四面受敌，非用武之国，关中四塞，金城千里，天府之国，娄敬说是也。"于是刘邦即日起驾，西都长安。

张良功成身退，从赤松子游，此举并未为韩信等功侯王者所关注。[5]

七月，燕王臧荼反汉，刘邦率军征讨。[6]

九月，刘邦灭臧荼，立太尉卢绾为燕王。

行 状

十月，固陵败，韩信、彭越未能如期来会。张良建言，能捐出土地以许韩、彭二人，使其各自为战，则楚易败也。刘邦从其策，遣使赐封韩信，并立彭越为梁王。近年来，史家对韩信要求"封王划地"多有评说。[7]

案： 楚军撤离广武，浩浩荡荡地向彭城方向开去。刘邦撕毁停战协议，率众十万，跨越鸿沟，夜行昼止，尾随楚军而去。

《史记·高祖本纪》记载："汉王欲引而西归，用留侯、陈平计，乃进兵追项羽，至阳夏南止军，与齐王信、建成侯彭越期会而击楚军。至固陵，不会。楚击汉军，大破之。汉王复入壁，深堑而守之。"

十万大军远道跟踪，怎能一点消息密不可透？突如其来的事变使楚军惊骇万分，但他们毕竟是训练有素、久经沙场的军队，很快镇定下来。楚军止军于阳夏，至固陵时，以强大的声势，突然向汉军发起反击，刘邦慌忙应战，溃不成军，一战大败，不得已率部逃入西面的崇山峻岭之中，令士兵掘沟坚守，等待各路援军的到来。项羽将汉军紧紧围困，下死令要全部消灭汉军，形势十分急迫。而韩信、彭越都未能如期与汉王会师。黥布与刘贾则在寿春一带被楚将周殷牵制，一时难以脱身。

刘邦再次明白一个道理，仅凭一己之力，无力单独与项羽对决。他问计于张良，张良回答说："打败楚军，只是眼前的事情。而韩信和彭越都没有得到新的分封，若大王能和他们共享灭楚后的胜利成果，他们一定会立即发兵前来会师。决战关键在于韩信能否及时赶来参战。因为，封韩信齐王，并不是大王主动分封，是他自己提出的，他还不完全了解大王的意图，况且，封王就该封地，不然只是个空头之衔。而彭越，与我们合作也有多年，曾经夺得梁地，可大王却派他辅佐魏王豹，彭越去那里没多久，魏王豹已死，国中无主，所以彭越只想您一定会封他为魏王，可大王并没有加封，心中难免不高兴。他二人当会心怀疑虑，左右观望，不来参战。"

这个建议时间，拿捏得很好，提早了刘邦一定不会接受，现在固陵大败他虽不情愿，但也无可奈何。刘邦接受建议后，马上派遣使者，日夜兼程，去临淄、外黄分别通知韩信、彭越，划陈（今河南淮阳）以东至海广大地区给齐王韩信；封彭越为梁王，划睢阳（今河南商丘）以北至谷城（今山东东阿南）为其封地。要求他们迅速行动，参加会战！

韩信对刘邦的疑虑立刻烟消云散，认为汉王能以天下城邑封功臣，自古少有，霸王和他完全无法相比。而同项羽决战正是自己的梦想，他愿立即出兵，与汉王会天下诸侯，共歼霸王，毕其功于一战。倘若，汉王在西边紧紧抓住他的尾巴，韩信将在彭城附近揪住他的头颅，可令黥布、刘贾从南边过来补上一刀，霸王定会招架不住，这样，破楚必矣！

就韩信而言，全局着眼，策划天下大计，也不是一日。他仍是汉大将、汉相国、三齐王，王侯将相一人独任，是汉军名副其实的"老二"，对即将展开围歼楚军的行动，一定早已成竹在胸。随后，他让灌婴别将率骑兵先行南下，夺取楚国后方，切断扬州、下邳通道，防止江南援兵。在此基础上，伺机拿下楚都彭城，彻底动摇楚国军心。

这里说明一下，由于历史资料的缺漏，这个时间段至陈战前后部分，多在综合判断的基础上写作而成。

十一月，齐王韩信挥军南下，令骑将灌婴扫荡楚地，占彭城，[8]获楚柱国、丞相项佗[9]。

案：不久，韩信留下曹参镇守齐地，自己亲率大军南下，不过十数日，连克胡陵、薛县，渡过泗水，以迅雷不及掩耳之势攻克了沛县，灌婴又率骑兵一举成功突袭留县，切断了楚都彭城与外界的联系。

此时，韩信可用兵力三十万左右，就数量而言，仅韩信一军对付项羽就绰绰有余。扫清了彭城外围后，韩信调整兵力部署，伺机发起对彭城的进攻。

彭城是楚国的都城，所以，当项羽得知韩信大军南下，并已攻克了薛县、沛县、留县后，他定会率主力回援彭城。

固陵附近地形复杂，不利于汉军展开作战，楚军一旦突过汉军的防线，他们可能从苦县（今河南鹿邑县）、谯县（今安徽亳州市）、相县（今安徽濉溪市西）、萧县（今安徽萧县）附近朝前推进。同理，打得过急，打草惊蛇，楚军可能干脆放弃彭城，退入淮南，从东城方向过长江。

为吸引项羽回援步伐，韩信当即决定放弃与汉王直接会合的计划，兵分两路。一路向西南，迅速挤压楚军的战略空间，沿萧县、谯县、苦县，到陈地拦截楚军，接应刘邦；一路向东南，只要发生重大不利变化，迅速拿下彭城，随后取下邳、僮县（今安徽省泗县东北），由东而西，伏击楚军。这一路要做好最后决战的准备。这样部署的目的是，既可围魏救赵，解固陵汉军之围，又可因势利导，使楚军进入汉军预设战场，展开决战。

而项羽从荥阳撤军，本意东回归彭城。现在，他虽然把刘邦围在固陵，心中却惦记着彭城。彭城，北达齐鲁，南控江淮，自古有"得中原者得天下""得彭城方能得中原"之说。中原为九州腹心，奔腾的黄河横贯其间。可以说，彭城是楚军的战略依托，存亡根本。

可是，当项羽得知韩信率主力南下时，他便慌忙留下钟离眛等人，绊住刘邦，自己亲率十数万主力，企图乘韩信立足未稳，杀个回马枪，并在彭城附近组织一次会战，像三年前一样，再创造一次奇迹，把汉军打得落花流水。对别人来说，众寡悬殊，势单难敌，对项羽来说，司空见惯，也不算什么。他仍沉迷于过往的胜利之中，希望复制以前的辉煌。钜鹿大战，仅数万楚军，破了秦军主力四十万！彭城大战，楚军三万又击败了刘邦诸侯联军五十六万！

就在项羽仓促率领大军从豫西回撤，前锋到达陈县西北时，得知彭城已被汉军取下，丞相项佗已被抓获，极为恐慌。但他知道韩信不是章邯，也不是刘邦，目前从固陵、陈下一线拉回十分疲惫的楚军将士，立即同韩信展开决战，这不是上策。江东是项羽发祥之地，百姓思念项羽，楚军何不一面坚守淮北，一面派人到会稽去搬兵，到大司马周殷镇守的舒城和六安去搬兵，等三路兵马会合在一块，就可以对付汉军了。

此时，项羽根本不想退回江东，他知道一旦退到江东，从此再也无法同刘邦抗衡了。

同月，令灌婴率部，西去颐乡增援刘邦。项羽失周殷，固守待援的计划落空，陈下之战大败。[10] 其时，韩信亲统三十万大军已南下截击楚军。

案：高帝五年冬，北方已经下雪了。就在这个时候，却又传来了周殷叛楚降汉的重大消息！这对项羽又是一个沉重打击。

去年七月，为了争取诸侯支持，刘邦封黥布为淮南王。黥布封王后，更加疯狂地与楚军作战，他又得到汉将刘贾的协助，进兵九江。接着，他们派人围困舒城，诱降了周殷。过去周殷一直对项羽忠心耿耿，因此项羽才命周殷为大司马，主持南方军政，统九江军，率部坚守巢湖边的舒城。

巢湖位于长江下游北岸，湖周港汊不下三百，环湖有庐江、舒城等大城邑。其中以舒城的地位、形势最为险要。只要能控制舒城，就可以囊括湖周平畴所生产的大量谷物。因此，舒城也是楚军军粮补给重要基地，一旦失去舒城，楚军的军粮补给，将会受到沉重的打击。降汉后，周殷便率舒城之兵配合汉军攻六安，遭六安军民顽强抗击，城破后，楚军和百姓被杀极多。此后，周殷又率军与黥布、刘贾会合，攻陷城父。

周殷的背叛使项羽尽失淮南地，固守待援的作战方案也落了空。对项羽来说，这时最好的选择是避开与汉军主力决战，向南直插过长江，以长江天堑来固守。可惜，项羽不擅长战略全局的谋划。他想要利用刘邦求战心切的心理，趁汉军包围尚未合拢之际，在陈县补给后，迅速引军改变行军路线，避开汉军主力，走项城—新阳—蕲县一线，南渡沱河，穿过垓下，向东南方下邳紧靠过去。进可夺中原，退可过江东。

当项羽率军退到陈下时，刘邦、彭越及灌婴等率军已经赶到（《史记·曹相国世家》称，"韩信为齐王，引兵诣陈"。也就是说韩信也领兵到了陈下？值得注意），在此展开大战，楚军损失惨重。可以说陈下之战，是固陵之战和垓下之战的中间环节，没有固陵也就不一定会有垓下决战，但《史记》的人物传记中均没有正面提及。而韩信带上三十万大军，运动、补给都是十分困难的，只有沿近地阻击围歼，才是一个比较好的选择。韩信预计项羽将退至垓下一线，他令灌婴西去接应刘邦，灌婴是骑将，所部为骑兵部队，行动快，自己所率三十万大军，不可能满地跑，垓下附近一定会是选择的拦截地。这是个深思熟虑后的方案。[11]

韩信对项羽楚军的作战特点和战力判断是清醒的，欲毕其功于一役，唯有集中优势兵力，打一场歼灭战，这和以往韩信用兵的"以少取胜"之道大相径庭。一战一法，可见他不落俗套、灵活用兵的高超指挥艺术，这在同时代的军事大家中也是无人可比的。

从陈地走出后，项羽的目标就将十万主力带到江南会稽去，当来到今天安徽固镇县和灵璧县之间的淮北平原时，韩信的东南一路大军取下僮县、徐县后，转而西向，在此已等候多时了。前堵后追，境地危险！项羽不得不止军停驻，立即做与汉军决战的准备。

此前，韩信料定项羽误以为汉军定会阻止他北上夺取彭城，于是把决战的重心放在陈城，但项羽却顺水推舟，悄悄地把大军带向东，夺取灵璧粮仓，逼迫汉军不战自退。即使战而不胜，因灵璧与盱眙、淮阴、广陵相接，保住这条东南战略通道，也可将主力带到江南去。不过，因固陵战后的两个多月里，战场形势变化太快，楚、汉在淮南和淮北展开了反复争夺战，其时淮阴、广陵等地也可能已经被灌婴别将夺取。

根据项羽这一心理，韩信做出决定，分兵南下，多路阻击。特别是沿彭城、邳县、僮县南下的大军，设伏在灵璧垓下附近，这个部署大胆之至，预料十分准确。

十二月，汉军会围项王于垓下，齐王韩信受命统率全军。双方兵力：汉方齐王兵三十万，汉王兵十万，梁王彭越、九江王黥布及刘贾兵二十万；楚方兵十万。汉军以六十万优势围楚军十万于垓下。

案：对于独步天下的韩信而言，从没有与项羽正面交过手，始终是一个遗憾。这是韩信第一次正面和项羽交锋，意义非同寻常。也可以说，这是属于两个年轻人的世纪对决，首战即终战！

诚如清人郭嵩焘《史记札记》所言："高祖任韩信为大将，实为楚、汉兴亡一大关键","韩信与项羽始终未一交战,独垓下一战,收楚汉兴旺之全局"。

韩信一向以出奇制胜闻名,但这一次有所不同,他根据楚军善于正面突破,又根据汉军人数绝对占优,直接参战人数可达六十万的情况,慎重地思考之后,制定了"以正合,以奇胜"的战术,部署了堂堂正正"前、左、右、中、后"的五军战阵,打一场前所未有的阵地战和歼灭战。这大概就是元代人称道的"十面埋伏"。其实,就是多路设伏,步步为营,四面八方布下天罗地网。

此前,刘邦见彭越、黥布、刘贾、周殷等诸路人马已到,为吸取彭城大战被打败的教训,他不亲自指挥战斗,把决战的指挥权交给了韩信,许以非常之权,统一调度兵马。也由于诸路兵马的到来,东至泗县,南到五河,北临灵璧,西达城父,这数百平方公里的平原,都成了楚汉决战的战场。

是日,决战开始,齐王韩信将三十万自当之,孔聚将军居左,陈贺将军居右,汉王刘邦在后,周勃、柴武将军在汉王后,经过一天战斗,楚军死伤惨重,几乎全军覆灭。

案: 清晨,汉军露出了头,向山下冲来,势如潮涌。项羽摸了摸乌骓马,似有话,随即跨上了乌骓,士兵呼声大起,项羽率先展开攻击。

楚汉争雄五年,刘邦从来都没有堂堂正正和项羽对战过,一直都是用偷袭骚扰的方式消耗楚军。而这里是一望无际的原野,正适合大兵团野战。项羽依然相信,在这次楚汉对决中,自己一定能够取得最后胜利!

垓下之战的过程,《史记·高祖本纪》做了这样的记载:"淮阴先合,不利,却。孔将军、费将军纵,楚兵不利,淮阴侯复乘之,大败垓下。"

也就是说,齐王韩信自率大军为前阵;将军孔聚[12]率一军为左阵;将军陈贺[13](后封费侯,故史书上称费将军)率一军为右阵;刘邦率一军为中阵;将军周勃[14]、柴武[15]率一军为后阵。此外,黥布和彭越的军队，没有列入五军阵中，放到了楚军之后，主要用以牵制楚军的行动，机动策应。这样布置，说到底就是韩信三十万齐军直接与十万楚军的对阵。

这是韩信与项羽决胜垓下"极得意之阵"。明代正德年间状元杨慎称："陈法、战法之奇皆具，曰'不利'，用奇也，既却而左右兵纵，因其不利而乘之，此战法奇正相生也。"（《史记评林》）

这一部署的特点：正面强、纵深大，规模宏阔，兵力高度集中，两翼策应灵活，能有效地阻止楚军的连续突破。同时，针对楚军哀兵之势，布置了大量的预备部队，防止项羽突围。

两军相接，厮杀展开。经过数个回合较量，汉军抵挡不住，韩信稍稍引军后退。韩信采用的是侧翼进攻打法，避开楚军的锋芒，诱敌深入。当项羽转过一道山冈，孔聚、陈贺率左右两军突然杀出，猛攻楚军两翼。

战斗空前惨烈，楚军面对汉军重重包围，全无惧色。也难怪，他们人数不是很多，却是能征惯战，百战百胜，所向无敌。不一刻，"淮阴侯复乘之"。

项羽可贵之处，在于不向困境低头，他全无惧色，率军冲杀过去。然而，汉军声势浩大，这空寂的谷地，好似埋伏了百万雄兵，楚军已难以坚持，多路被分割包围，死拼无疑将拼光！项羽这才勒住乌骓马。

楚军虽为被动，但在项羽的带领下，经过一天的战斗，这一仗打得非常惨烈，几乎全军覆灭。

在此情况下，项羽只得率二万余众靠向垓下，汉军当即团团围住。垓下也因此成了韩信和项羽绝杀的最后战场。垓下地理位置，历来说法不一，史家多从《汉书·地理志》之说，系今安徽灵璧。[16]

夜闻，歌声大作，四面全是楚人之歌，项羽猛然醒来，难道汉军已全部占领楚地，不然楚人哪有如此之多?![17]

案：楚军围是围住了，二万余人的大家伙到底怎么个吃法呢？

项羽本来是救彭城的，现在却要等人来救，欲出不能，欲守无粮，哪有不败之理？只是如何紧缩包围，尽快地消灭他，还是个难题。现在，天气一天比一天寒冷，粮草难运，六十万大军难以接济，倘若拖上时日，汉军要拿出多少的粮食和柴草，困难啊！到那时，汉军将会白白放走楚军，不战自退！

"不战自退"，这意味着五年拼杀得来的战果又将丧失！要知道，楚军人数不多，但战斗力一点不差！他们以垓下为要塞，修筑营垒坚守，这对汉军很是不利。为了避免楚军困兽犹斗，坚持紧缩楚军于狭小范围之内，必须尽快地消灭他！然而，现在战局虽好，但这家伙吃不掉，时间拖长了，局势又会发生什么变化？有人提议，应用智慧打一场别开生面的心理战，霸王骄横，他依赖支撑战局的是精锐，如有妙计，攻心为上，瓦解军心，使他们离散，霸王虽有盖世本领，一人之力，也难以独守！这大概就是后人所说的"四面楚歌"之计。

《史记·高祖本纪》记载："项羽卒闻汉军之楚歌，以为汉尽得楚地，项羽乃败而走，是以兵大败。"

夜晚，山冈下楚歌声大起，空谷传声，回音震得十里山冈皆响。项羽猛然醒来，不禁心中大惊："难道汉军已全部占领了楚地？！不然哪有如此多的楚人？"

项羽闻言脸色陡变。天要灭楚，无可奈何！项羽一生成名于钜鹿之战，转折于鸿门之宴，惨败于垓下之围。而垓下之围，究其失败的原因，其中重要的一点，是遇到了韩信这样的天才对手。战略上，从北方魏、赵、代、燕、齐等地，撒下一张大网，铺天盖地，逼迫楚军不得不退却徐淮。战术上，步步为营，如今在垓下又玩起十面埋伏，四面楚歌，以致楚军散尽，自己不成了孤家寡人？

那么，"四面楚歌"到底出自韩信，还是张良的计谋呢？《史记》并没有给出答案，有一种说法是张良之计，也有一种说法是韩信所为，另外一种说法，由于胜利在望，汉军将士自发唱起的歌。

夜晚，韩信紧缩包围，项羽集中兵力企图突围，不忍别虞姬[18]，绝唱于垓下。

案：严寒的月夜，笼罩着垓下高岗。汉军的围困弄得项羽无法挣扎下去，四面皆歌，愈使他悲观绝望。他意识到，这种情况下哪里谈得上援兵，死守就是守死！谙战的项羽愈加明白全军突围难以成功。

对于女人，刘邦是一个情种，一生滥情，女人无数，故事最多。韩信这方面却是个空白，史书上只字未提。而项羽的记载也很少见。

《史记·项羽本纪》："有美人名虞，常从幸。"在四面楚歌的困境下虞姬一直陪伴在项羽身边，后项羽为其作《垓下歌》。

虞姬，是我们所知项羽一生中唯一的一位红颜。由于历史的缺漏，也给人们留下了无限的想象空间，后世流传有不少关于虞姬的故事和传说，大多并不可靠，但往往出于世人的情感流露。

且说，在楚歌声中几位楚将匆匆赶来向项羽报告，四面全是楚歌，士兵们根本经不住如此心理打击，闻声相率逃走，无法拦阻，不少跟从大王出生入死的将领，也背楚投汉去了。

项羽伸手将虞姬拉住，这位顶天立地的汉子，这时却也泪珠挂满脸上。他百感交集，端上酒，连饮数樽，乃悲歌慷慨，唱出心中的悲愤和无奈：

> 力拔山兮气盖世，
> 时不利兮骓不逝。
> 骓不逝兮可奈何，
> 虞兮虞兮奈若何！

项羽歌罢，虞姬大恸，泪如涌泉。虞姬在悲愤的气氛中抬起满含泪水的脸，泣不成声，唱和道（《史记·项羽本纪》未载明虞姬的下落，陆贾《楚汉春秋》记载了虞姬所作和诗）：

汉兵已略地，

四面楚歌声。

大王意气尽，

贱妾何聊生！

项羽悲戚，进而哭泣，流下热泪数行！左右将士，也都感动得涕流满面，不能抬头。

直夜溃围，项羽率部出逃，韩信令灌婴率骑兵追击，至东城，羽羞愧而自刎。[19]楚亡，战争终结，信军事生涯亦画上了完美句号。

案：由于连日鏖战，汉军也是人困马乏，半夜时分，项羽带领八百名骑士，出垓下，从汉军将士酣睡声中冲出了重围。

韩信得知情况后，他唤来灌婴，起用早已准备好的五千骑兵。前有长江，后有追兵，项羽在劫难逃。追击战的过程，《史记·项羽本纪》做了详细记载。

项羽等人马不停蹄，向东南方向狂奔，渡过淮水时，仅剩百余人。顾不上休息片刻，他们继续催动着战马急速向阴陵（今安徽定远县西北）方向驰去。项羽迷路了，他问一老农，老农回答："往左边。"于是往左去，陷入了一片沼泽，耽误了时间。他们只得按原路返回，这样一折腾，灌婴已率骑兵追杀来了，他们只好改变方向，逃往东城（今安徽定远县东南）[20]。经过一场激战，到达东城的一座小山上，只剩下了二十八骑，而追击的汉军却有数千人。

项羽未敢回顾，这位昔日统率千军万马的盖世英雄，深知已到了他戎马生涯的末路，心中不安地升腾起一种难言的痛楚。二十八骑无论如何勇猛也难以抵挡数千追兵，何况，经过连夜的奔跑，人马都已困顿不堪，突围肯定难以成功。在这最后时刻，何不冲向敌阵，再杀个痛快？想到此，项羽勒马停住，肃穆地面向从者，做最后一次演讲："诸位，我随先叔父项梁起兵至今已整整八载，身经大小七十余战，所挡者破，所击者服，未曾败北，所以能有天下而称霸王！然而今日，被困于此，竟败于不要脸的刘三之手，真是太冤枉了！"

他分骑兵为四队，此时，汉军围困数重，项羽又对他的骑兵们说："我为你们杀掉对方一将。"于是，他命令骑兵们分四面向山下冲，约在山东面会合。项羽大呼驰下，斩杀一汉将。汉赤泉侯杨喜追项羽，项羽大喝一声，杨喜的人马俱惊，退后数里。项羽与骑兵分为三队，汉军不知项羽在哪队，就也分三队包围。项羽飞驰而出，又斩杀一汉将，同时杀近百人，再会合骑兵，仅损失两骑，项羽问："怎么样？"骑兵们钦佩地回答："和大王说的一样。"

项羽情绪更加激荡起来。从东城下来二三里，大片汉军仍遥遥尾追不舍，前面就是长江的渡口乌江。项羽及从骑沿着乌江岸边继续前行。

已是黄昏时分，要渡江东归。这时，一只小船由岸边苇芦丛中驶出。亭长劝项羽可以回到江东以图东山再起。忽然，项羽改变了主意，感慨地对乌江亭长说："既然天要亡我，我岂敢苟且独生？况且，当年项籍与八千江东子弟渡江，纵横天下，挫灭强秦，今日无一人生还；纵然江东父老们不加苛责，仍尊我为王，我又岂能于心无愧！项籍知道亭长你是一位忠厚长者，这匹神马乌骓跟随我五年多了，南征北战，日行千里，所向无敌，今恐为汉王所得，又不忍杀它，就把它赐给你吧！"他将马缰绳攥在亭长手里，转身下令："下马接战！"

从骑纷纷下马，手持宝剑，列成一排，面向敌人。项羽和从人与潮水般的汉军短兵相接。他挥舞着剑，在敌阵中狂舞，已剩下他一人了！一群汉将围住项羽，但不敢近身。

忽然，只见前面一个熟悉的身影，这不是故人吕马童吗？项羽仍不失霸王的英雄气概，以往的豪气一下子迸发出来："吕马童！听说刘邦赏千金，邑万户，买我这颗头颅，这个人情就送给你吧！"说罢，横剑自刎，慢慢倒下。

项羽死时，年仅三十一岁。项羽死后，郎中骑王翳迅速从惊愕中反应过来，飞身下马，割下项羽的首级，打马而去。余众争抢项羽的尸体，以至纵马相践踏，互相厮杀，数十人死在马蹄、剑戟之下。

东城追击战，自始至终表现了项羽英雄无敌的气概，篇末太史公还概括论述了项羽的功过是非和失败原因，项羽迅速崛起，秦亡以后分封王侯，颁布政令，自号霸王，史未曾有。而他以功劳自负，要以武力统治天下，终至最后失败。[21]

其后，郎中骑杨喜、骑司马吕马童、郎中吕胜、郎中扬武各得项羽尸体一部分，连同王翳得到的头颅，刘邦不失前言，为表彰他们的功劳，五人都被封为列侯，以此载入史册。

垓下之战，是楚汉相争中决定性的战役，既是楚汉相争的终结点，又是汉王朝繁荣强盛的起点，更是中国历史上具有里程碑意义的转折点，结束了秦末混战的局面，奠定了汉王朝四百年基业。因其规模空前，影响深远，被列为世界著名古代七大战役之一，有"东方的滑铁卢"之称。

应该说，韩信是项羽的克星，从登坛以来，连战皆捷，对打败项羽起到了决定性作用。如果没有韩信在军事上取得胜利，就不可能有刘邦的最后胜利。从这个意义上来看，没有韩信，历史上就不一定会出现一个大汉王朝。

同月，汉王刘邦、齐王韩信北上平鲁，刘邦以鲁公之礼，葬项羽于谷城，[22] 封项伯[23]为射阳侯。射阳在今江苏淮安东南。[24]霸王祠位于今安徽和县乌江镇。[25]

案：项羽虽死，但楚地并未完全收复。为了消灭残余楚军，刘邦和韩信随即着令灌婴率军从淮南东进，掠定黄淮，打过长江；刘贾率军从淮南向南，收复不肯顺从的楚临江王共敖；周殷率军回师舒城，截住越江南逃之敌。刘邦、韩信则率军回师北上，围攻心怀霸王旧恩且不肯归降的鲁地。

诸路兵马出发后，刘邦、韩信沿泗水进发，一路顺利，唯独鲁城不肯投降，攻打了多日也没有破城。

张良劝刘邦，鲁城是项羽当初受封鲁公的城邑。鲁是礼仪之邦，周公的封地，是天下尊敬的地方，不能用暴力去强迫他们。如果鲁倡议率义兵为项羽报仇，鼓兵过江，必为后患。这话有道理，刘邦又让使者去告诉鲁城人项羽已死，并将项羽首级挑在竹竿上昭示他们，还好言好语劝慰，只要愿意归顺，就马上以鲁公之礼安葬项羽。鲁城的人一想，觉得像刘邦这样宽宏仁慈之辈，得天下是早晚的事，于是打开城门，欢迎汉军进城。

刘邦率人马入城安抚百姓后，便命人把项羽的首级和躯体缝合起来，以鲁公封号，厚葬于谷城，并令官府在鲁地立庙飨祭。

他想起了项羽威服诸侯，灭掉秦国，分裂天下，才使得他有今天的局面，特别是鸿门宴上没有杀他，睢水胜利后，太公、吕雉在楚三年，好好供养，没有受到委屈，这足见项羽也不是什么罪大恶极的暴君。

刘邦又想起了项羽叔父项伯，鸿门救难、汉中讨封、广武对阵救太公。要是没有他，别说汉室天下，就连我们这帮人尸骨也不知道哪里去找了，虽然他才不及韩信、张良，功不比萧何、曹参，却是奠定汉室基业的特殊功臣，不能亏待他，要好好封他，但一定不能寒碜了那帮抛头颅洒热血的功臣将士，可封得含糊些，给他一块人少地大的地方，让他自己经营去。不久，了解到项伯早已降到张良帐中躲避多日，刘邦立即命人将项伯引来相见。叙谈后，封项伯为射阳侯，划韩信家乡淮阴东南、射水北的大片土地给项伯，算是对他的回报。至于当初和项伯攀儿女亲家的事，现在着实有些尴尬。几年前，为联络诸侯击楚，刘邦早已将女儿鲁元公主[26]嫁给了赵王张耳之子张敖。毁婚约，把项伯改封刘姓，从此不再提及此事。

清末，袁世凯叔叔袁保恒在《过韩侯岭题壁》中道："高帝眼中只两雄，淮阴国士与重瞳。项王已死将军在，能否无嫌到考终？"人们不禁在问，一代西楚霸王轰轰烈烈地死了，能给韩信带来什么样的思考呢？新的矛盾代替了刘邦与项羽之间旧的矛盾，在新旧矛盾的转换中，韩信又会有一个什么样的结局呢？

春正月，汉军到达氾水，韩信发起，韩王信、淮南王黥布、梁王彭越、燕王臧荼、赵王张敖（张耳之子）、故衡山王吴芮共同上书，尊汉王刘邦为皇帝。

《汉书·高帝纪下》记载如下：

于是诸侯上疏曰：楚王韩信、韩王信、淮南王英布、梁王彭越、故衡山王吴芮、赵王张敖、燕王臧荼昧死再拜言大王陛下：先时，秦为亡道，天下诛之。大王先得秦王，定关中，于天下功最多。存亡定危，救败继绝，以安万民，功盛德厚。又加惠于诸侯王有功者，使得立社稷。地分已定，而位号比拟，亡上下之分，大王功德之著，于后世不宣。昧死再拜上皇帝尊号。

案：鲁地平定后，刘邦、韩信还军定陶，韩信和他的三十万齐军，在离刘邦营地不远处安营扎寨。

不久，江南略定的消息传来了，楚临江王共敖请降的消息也传来了，多年梦想的太平实现！至此，历时四年半之久的楚汉战争终于全部结束。

九州同歌，西楚灭汉业兴。千千万万将士们忘情地欢呼着，整个氾水两岸人摩肩接踵。韩信、张良来到这里向刘邦贺喜。随后，淮南王黥布、梁王彭越、赵王张敖、韩王信、燕王臧荼、衡山王吴芮也都来到了。

以韩信领衔，韩信连忙将诸侯联名书写的奏疏呈上。

刘邦知是由齐王韩信及其他诸王拥立自己为皇帝，便道："皇帝乃贤明有大功者居之，空言虚语，非我所守也，不敢当帝位。"

众人极力请求，多次上言："大王崛起于微末中，诛暴秦、平定四海，有功之人即裂土封疆，劳苦功高实无所匹。当践祚帝位，为开国。大王不尊帝号，皆疑不信。臣等愿以死请大王即帝位。"

刘邦假意推辞一番后终于答应，为了国家安定，自己只好做皇帝了。张良、陈平和博士叔孙通当场占卜，得二月甲午为黄道吉日，刘邦便传令太尉卢绾和叔孙通等人排好仪式，准备登上帝位。

同月，为防患于未然，刘邦突然动手，解除了韩信兵权。

案：项羽已死，天下已定，对刘邦来说，韩信已经失去利用价值了，但他总有一块心病挥之不去。

汉之得江山，韩信的功劳最大，威望最高，能有资格和刘邦平起平坐的只有韩信！早在成皋被围时，韩信就以"代理齐王"相胁迫，彻底惹火了刘邦。现在韩信帅印在手，重兵在握，对刘氏新政权的建立和巩固构成了莫大的威胁。特别让人害怕的是韩信的军事才能，还有韩信在军队中的崇高威望，如果让韩信回到齐国地方，必将留下无穷后患，将要登临大位的刘邦能睡得着觉吗？

齐地幅员辽阔，带甲百万，方圆二千里，东临大海，有渔盐之利，自从战国以来，人们就把东方的齐国和西方的秦国，看成天下的两个重心。而齐地又同燕地、赵地相连接，战略地位十分重要，且燕、赵皆为韩信所取，易于互相连成一气。身为"功狗"的韩信此时已成为刘邦的心腹大患。

当时，刘邦亲自统率军队的二十万人，移师定陶，主要意图就是解除齐王韩信的兵权。

冰冻三尺非一日之寒，刘邦早准备对韩信下黑手，只是韩信并没有察觉罢了。其实，自古以来，哪个帝王不是猜忌心甚重，"可与共患难，不可共富贵"，这是帝王的共同特征。刘邦当然也是如此。连忠心耿耿、任劳任怨的萧何，自以为刘邦最信任他，也屡受猜忌，终日战战兢兢。而韩信，有奇谋，善用兵，功最高，王侯将相一人独任，他要是真有野心的话，完全可以韬光养晦，不露声色，有的是时机。可以说，凭借韩信杰出的军事才能，打败刘邦应该有十足把握。可他不懂得权术，缺乏政治人物的奸诈和凶残，他心里根本就没有背叛刘邦另立天下的企图，或许尽忠尽职，就是他唯一的目标。但韩信过于孤傲自信，不善伪装，容易引火烧身。春秋时，范蠡侍奉越王勾践，终于灭亡了吴国，勾践因此称霸诸侯，而范蠡知道勾践不能同安乐共富贵，于是泛舟五湖。如今，韩信功成了，名满天下，却伐已功，矜已能，汉家岂能容忍一个功高震主的大王？人生绚烂过后，总要归于平淡，何不及早抽身，自释兵柄，或跑到家乡淮水边去钓鱼晒太阳。"帝师"张良最为清楚这一点，经历了刘邦夺韩信兵权后，于本年六月，他就主动退出政坛，从"赤松子游"去了。

《史记·高祖本纪》记载："还至定陶，驰入齐王壁，夺其军。"

是日，蓄谋已久的刘邦，突然袭击了韩信大营，以迅雷不及掩耳之势解除了韩信的兵权，将归韩信指挥的大军，改由自己直接统辖，重演了当年"修武夺兵"的一幕。且拟将韩信挪个位置，遣他到楚地去，楚地淮北狭小贫瘠，又无险能守，却名正言顺地算是让他显扬故里。

韩信知恩图报，胸怀坦荡，敏于对敌，却不知如何自全。而刘邦是一政客，疑心太重，像秦始皇一样，怕人威胁他的天下，只要涉嫌如此，不管他功劳多大，不管他是否忠心，都要采取一切手段把他搬开。看来韩信正是犯此大忌！韩信为刘邦构建了汉室大厦，又将刘邦送上了皇帝的宝座，难道还能将刘邦拉下来不成？审毫厘之小计，遗天下之大数，韩信攻城略地，谋划天下的最高目标，不过是做一个诸侯王。以退为进，忍一忍事情就过去了，这是保持君臣大义的办法。他赶紧捧出印符交给刘邦。刘邦接过印符，稍事盘桓，便起身离去。

应该说，韩信兵权被夺，是刘邦防范韩信的重要步骤，只是韩信没有深究其理，忽视了这一个不该忽视的重要信号。否则，韩信以后的历史悲剧就可能不会发生了。

二月，汉王刘邦在定陶汜水南，即皇帝位，改齐王韩信为楚王，并遣各诸侯王就国。

《史记·高祖本纪》有如下记载：

皇帝曰义帝无后。齐王韩信习楚风俗，徙为楚王，都下邳。立建成侯彭越为梁王，都定陶。故韩王信为韩王，都阳翟。徙衡山王吴芮为长沙王（原衡山国地属淮南王），都临湘。番君之将梅鋗有功，从入武关，故德番君。淮南王布、燕王臧荼、赵王敖皆如故。

案：刘邦解除了韩信兵权，控制了军队后，安排了人事，稳定了军心和民心，稳定了政治格局。

据《史记·高祖本纪》记载，二月初一，刘邦在定陶（今属山东菏泽市区）氾水之阳，身披龙袍，祭天祭地，即皇帝位。接着，他昭告天下：追封先母刘媪为昭灵夫人，册封原配吕氏为皇后，儿子刘盈为皇太子，定国号汉，建都洛阳。从此时，即汉高帝五年（前202）二月，刘邦在秦末战乱之后，终于建立起一个统一的新王朝，他成了汉朝的开国之君，史称汉高祖。这一年，刘邦五十五岁，吕雉四十一岁。

氾水是古济水的一条分支，向东北方向流经定陶，注入古菏泽。《高祖本纪》所记载的"氾水之阳"，地处定陶氾水北岸的"官堌堆"，为当时刘邦登基称帝之地，历经两千多年的沧桑巨变，曾见证了刘邦登基的辉煌时刻，铭记着汉王朝兴起的一段峥嵘岁月。

分封并不是刘邦的本意，只是暂时稳定天下的一个缓冲措施。刘邦亲身经历推翻秦王朝的战争，作为项羽分封的十八路诸侯之一，亲见项羽分封诸侯，结果导致了天下大乱，他要牢记项羽的失败教训，绝不能让诸侯们拥兵自重，独占一方，以后不仅要削弱他们，而且要逐步消灭他们，恐怕这个方案，刘邦早已成竹在胸。

紧接着，高帝刘邦重新调整和分封了韩信、吴芮等七个诸侯王。[27]

刘邦把韩信由齐王改封楚王，都下邳，完全剥取了韩信的三齐之地。此时的楚地，南有淮南王黥布，西有梁王彭越，刘邦占据齐地，三面紧紧包围住了韩信，严重削弱了韩信的军事力量。

迁韩信为楚王的理由是，齐王帅印在身，功高权重，难免不引起小人妒忌，万一齐王受了委屈，又怎么对得起齐王？义帝无后，齐王为淮阴人，熟悉楚地风俗，不如使齐王迁楚，一来镇守楚地疆土，二来使其荣归故里，令先人荥陵生辉。

登基大礼完毕，刘邦怕诸侯王会威胁朝廷，于是，又下了道谕旨："天下大战已有八年，百姓所受痛苦非常深重。凡诸侯皆罢兵归国，所有部下士卒，除少量能授职外，亦令遣送还家，本人免输户赋。"各诸侯接到圣旨，心中自然明白刘邦用意，便知趣地依旨行事。

同月，汉高帝置酒洛阳南宫，与群臣共论楚亡汉兴之故，称汉得张良、萧何、韩信三杰而兴，楚失范增而亡。群臣悦服，楚王韩信快意。

《史记·高祖本纪》有如下记载：

高祖置酒雒阳南宫。高祖曰："列侯诸将无敢隐朕，皆言其情。吾所以有天下者何？项氏之所以失天下者何？"高起、王陵对曰："陛下慢而侮人，项羽仁而爱人。然陛下使人攻城略地，所降下者因以予之，与天下同利也。项羽妒贤嫉能，有功者害之，贤者疑之，战胜而不予人功，得地而不予人利，此所以失天下也。"高祖曰："公知其一，未知其二。夫运筹策帷帐之中，决胜于千里之外，吾不如子房。镇国家，抚百姓，给馈饷，不绝粮道，吾不如萧何。连百万之军，战必胜，攻必取，吾不如韩信。此三者，皆人杰也，吾能用之，此吾所以取天下也。项羽有一范增而不能用，此其所以为我擒也。"

案： 定陶登基礼后，随即，刘邦率众浩浩荡荡开进洛阳，以此作为都城。这日，在太尉卢绾、博士叔孙通主持下，白天，先在郊外举行了祭天祭地的大典。傍晚，又在洛阳南宫设宴庆祝。宴会开始，文武百官向新皇帝叩拜。

刘邦斟满酒杯，与众人开怀畅饮。他的心情是多么惬意，当年"大丈夫当如秦始皇"的感慨终于梦想成真，但也勾起了他的心思。现在，人世间已换成了汉家天下，自己既不是秦朝的乡间亭长，也不是楚汉争战中的汉王，作为皇帝，如何总结秦人的治国经验和败亡教训，避免前车之鉴，安定天下，这是十分重要的任务。

他首先出了道题目，叫大家不要有任何顾忌，心里怎么想就怎么回答："诸位，朕在醉人的美酒面前，未敢忘忧，马上得天下，还能马上治天下？由此，想到轰轰烈烈的秦王朝，为什么二世而亡？"

刘邦突然提出这样的问题，大家一时语塞。三个多月来，这些因无伏可打而闲得发慌的功臣勋将，日日谈论、夜夜盼望的只有一件事，就是何时论功封赏！令人不解，刘邦论功行赏的事没有提及，却先提出了"涉及政权建设"的洛阳南宫对话。

刘邦又问："诸位，朕还有一个问题，贵族出身、不可一世的西楚霸王项羽，雄兵百万，挟地千里，却失天下。而我起于丰沛平民，困窘关中，兵微将寡，终有天下，这又是何原因？"吕后看了旁边的审食其一眼，审食其会意。

他阿谀地说："霸王虽强，所到之处，烧杀抢掳，不得民心，失去天下。况且，陛下能有今日，殆天命，非人力所为也！"

王陵仗着刘邦是他早年的朋友，也毫无顾虑地说："陛下平时待人，轻视怠慢，不如项羽宽厚仁爱。但陛下对能攻城略地的将士，每得一城，便作封赏，所以人人都愿意出力。而项羽则不然，他嫉贤妒能，多疑好猜，打了胜仗也不能得到奖励，更别说封王划地，故人心不稳，将士们都不愿拼死效力，所以他失去了天下。"

王陵的话具有一定代表性，汉帝国是从战场上杀出来的，会使人产生一种错觉，以为战争的胜败全靠刀枪剑戟来说话。当时，可能大多数的人都认为，刘邦在楚汉相争中战绩不佳，之所以夺得天下，是这些拼杀战场的人们帮他打下的，特别是韩信定秦、破魏、击赵、胁燕、平齐等十次战役，决战决胜，对最终打败项羽起到了决定性的作用。如果这样看问题，他们的功劳岂不比刘邦还要大？整个帝国全瓜分完了，也不够封赏的，皇帝位置是不是也要让出给韩信去坐？

不过，刘邦一颗悬着的心，暂时放下来了。改封韩信为楚王，韩信并没多大反应。看来韩信拼命地打天下，终极目标，不过是博取富贵罢了。他以市井之心求其利，只想做一个诸侯王，显然和自己追求的目标远远不是一个层次。

战争是政治的继续，是政治统率军事，而不是相反的。韩信和武将们的作用固然有目共睹，但多数情况下起着主导作用的却是我刘邦和萧何、张良这些人。当初，分封天下豪杰，只是为孤立项羽的特殊手段，如今时过境迁，王陵这帮人，还将封王划地看作战胜楚军的主要原因，极为不妥，这是一个舆论导向的问题。

或许，这些正是刘邦经过一段时间认真思索，甚至是痛苦地思索的问题。刘邦又对大家说："你们只知其一，不知其二！朕以布衣提剑取天下，重要的是得人才，用人才。夫运筹帷幄之中，决胜千里之外，我不如张子房；镇国家，抚百姓，供给军需，源源不断，我不如萧何；连百万之军，战必克，攻必取，我不如韩信。这三人都是人杰，是兴汉三杰，我能任用他们，这就是我能夺天下的原因！而项羽仅有一个能人范增，尚且不能任用，逼得他辞职返乡，悲愤而死，所以项羽怎能不被我消灭。"

刘邦语出惊人，谦虚而精辟。论功劳，还是刘邦的功劳大，在刘邦的统领下，知人善任是夺得天下主要原因。他还特别感激萧何、张良和韩信为其帝业建立起的卓越功绩。

在场的人群情鼎沸，都伏拜于地，称赞刘邦说得好。认为刘邦是个有大情怀的君主，有如黄河之水，浩浩荡荡，拥有压倒一切的魄力，识人用人，不拘一格。君臣心悦诚服，应该说，刘邦赢得了这场争论。

"兴汉三杰"论，无疑让韩信心里快意了许多。

其实，我们无须评价刘邦谈话的对与错，而刘邦把张良、萧何、韩信相提并论，并不十分妥当。尽管决定战争胜负，不能缺了任何一个方面。但是，军事的力量必须用军事手段来摧毁，就军事上打败项羽来说，真正起决定性作用的是韩信，而不是张良、萧何这些人。

五月，韩信至楚还乡，赐南昌亭长百钱，召"屠中少年"为楚中尉，千金增漂母陵。[28]漂母墓在今淮安市淮阴区马头镇。[29]

案：沿泗水向南，过了淮泗交会地，泗口至末口之间，南岸的淮阴一派湖光水色。

韩信徙为楚王，定都下邳（今江苏睢宁古邳镇），回到阔别七年的故乡淮阴。看到了迎候的地方官吏和众乡亲，既感到兴奋，又似乎紧张。一个落魄市井少年，岁月悠悠，奋斗不息，终于登上了人生事业的顶峰。对于故乡，他曾有过不安，恨不能早些逃脱。可是，随着岁月的流逝，韩信却愈来愈想念了。

据《史记·高祖功臣侯者年表》推测，这次回乡，淮阴守刘襄接待了韩信一行。刘襄原姓项，赐刘姓，为项羽家族人。而项羽叔父项伯，封地也在淮阴东南射阳。

《淮阴侯列传》载：信至国，召所从食漂母，赐千金。及下乡南昌亭长，赐百钱，曰："公，小人也，为德不卒。"召辱己之少年令出胯下者以为楚中尉。告诸将相曰："此壮士也。方辱我时，我宁不能杀之邪？杀之无名，故忍而就于此。"

韩信是一个宽宏大量之人，且充满同情之心，淮阴是养育自己的故土，难道为报私仇要杀人？现在该是了却当年恩恩怨怨的时候了。他找到了当年"屠中恶少"，意味深长地说："我岂小人，冤冤相报？本王恕你无罪，留在我帐前听用吧。"转而，他对部下说："此人壮士也！让他做个楚国中尉吧。"

韩信对屠夫的处置，展示了他的大将风范。中尉是一个比较高的官职，秦朝和汉朝初期的中尉都是率领禁兵负责京城安全的高级军官。其实，韩信经过多年的征战，特别是当上齐王、楚王后，他对昔日的胯下之辱早已看淡，人们也因为韩信能忍辱而对他更加敬佩。如果此时还要找屠夫报复，传到社会上，会被当成一个大笑话。横扫天下的韩信，就这么一点胸怀，反而会降低自己人生格局。韩信感慨地对屠夫说："若提当年之事，你也有功。你侮辱我的时候，难道我真的不能杀你？当时我若选择了冲动，就会搭上自己的命，也不会有今天如此的成就。"

不久，韩信回到了故里南昌亭。南昌亭为古今名胜地，在古淮水南岸。南宋《舆地纪胜》："相传以为韩信生于此。"现存有"韩信城"和"韩母墓"等古迹遗址。汉武帝年间，司马迁还曾亲临现场，凭吊了韩母墓。

韩信找到当年的南昌亭长，尽管曾经在他家蹭了几个月的饭，韩信对他并没有多少感恩之情，但还是赏赐他百钱，作为当年的吃饭费用，并说："朋友之道，君子以德，你们夫妻丰食而不施，小人也。"

亭长不无叹息，漂母给了几个月饭吃，就是情义，南昌亭长给几个月饭吃，怎么会是小人？亭长夫妻二人心里窝下了一肚子的火。

这次回乡，韩信心中只是念着漂母。在自己最为落魄的时候，是漂母伸出温暖之手，他要履行自己"吾必有以重报母"的诺言，赏赐千金给她。

当得知漂母已经去世时，韩信感慨万千。多年来，无时无刻不想着那一饭之恩，是它重新燃起自己生活的信念，因此才有了今天风光的韩信，可如今，让韩信今生今世无以报答。韩信前后思量，漂母既已作古，那就千金赠陵，给漂母修缮墓地，立一座无字丰碑，以尽韩信的心意。请见"始皇三十四年"条下考释"漂母与韩信在淮安的部分名胜古迹"。

滴水之恩，以涌泉相报，当地的百姓十分感动。除了"漂母饭信""亭长之客""胯下之辱"等故事外，民间故事传说也一直在故乡广为流传。[30] 淮安现存有汉韩侯祠[31]、韩信庙[32]等。此外，历史上赞叹韩信与漂母的诗文也有极多，兹录四诗文于此：

漂 母 冢

〔唐〕罗　隐

寂寂荒坟一水滨，芦洲绝岛自相亲。

青娥已落淮边月，白骨甘为泉下尘。

原上荻花飘素发，道傍菰叶碎罗巾。

虽然寂寞千秋魄，犹是韩侯旧主人。

——《漂母祠志》

千金答漂母行

〔宋〕田　锡

止水明沈沈，鉴貌未鉴心。

丹凤舞跄跄，知声未知音。

楚王欲图霸，不识韩淮阴。

淮阴漂母家，独得千黄金。

——《咸平集》

胯 下 桥

〔明〕沙张白

韩王孙，昔何懦，恶少年，能死我？

勇拔山，新裂土，归来报功次漂母。

——《文史淮安》

漂 母 祠

〔清〕钱大昕

一饭且知报，宁忘推食恩。少年轻国士，老母识王孙。

惠比千金重，名将百代存。娥姁亦巾帼，钟室泪空吞。

——《漂母祠》

这一段时间，称王于故乡的韩信，走街市，访乡亭，真是忙碌又惬意。"大丈夫忍天下人不能忍，故能为天下不能为之事！"当年的抱负已经圆满地实现，从故乡父老的眼神中，他看到了敬仰之意。

应该说，韩信高调的还乡活动，并不只是为了了却当年的恩怨那么简单，自从定陶被剥夺兵权后，韩信就已经和刘邦貌合神离。为了不激化矛盾，他是否在向刘邦传递这样信息：韩信是一个重情重意的人，当年当众使自己胯下受辱的人，也能以德报怨，对于重用我的皇帝，能有不敬之心？放心吧，当个楚王，我已经心满意足，不会再有其他的非分之想了。

殊不知，一场灾难正在逼近，韩信衣锦还乡的荣耀，将要化为过眼的烟云。

考 释

[1] 固陵之战。此战发生在高帝五年（前202）十月，楚军为摆脱汉军追击在固陵（今河南太康南）发起的反击战，楚军大败汉军。

《史记》《汉书》均载，楚、汉两军在荥阳、成皋一带相持的过程中，汉军逐渐居于优势地位。彭越带兵驻梁地，往来袭击骚扰楚军，断绝楚军的粮食供给。九江王黥布早已背楚。韩信统率的军队已经降服了魏国、代国、燕国、赵国和齐国，"是时，汉兵盛食多，项王兵罢食绝"。为了解除困境，项羽不得不与刘邦相约停战，中分天下，然后引兵东归。

此时的形势，诚如张良、陈平所云："汉有天下太半，而诸侯皆附之。楚兵罢食尽，此天亡楚之时也，不如因其机而遂取之。今释弗击，此所谓'养虎自遗患'也。"（《史记·项羽本纪》）于是，刘邦决定乘势追击项羽，追至阳夏南止军，与韩信、彭越相约会师固陵，共击楚军。但刘邦到达固陵后，韩信、彭越等未能及时出兵。"楚击汉军，大破之。汉王复入壁，深堑而自守。"刘邦所部汉军虽表面上深堑自守，这前后有两个月时间，实际上一面等待援军，一面展开全面的部署，在此有意拖住项羽，也为最后消灭项羽，调集各路兵马做好决战准备。

[2] 周殷（？—前158），楚汉战争时期项羽麾下将领，作为西楚大司马（军队最高统帅）主持南方军政，统领九江军队，后来背叛项羽转投汉王刘邦。

《史记·陈丞相世家》载，周殷与范增、钟离眜等人一同被陈平评价为项羽麾下的"骨鲠之臣"，被列为反间的主要对象之一。

汉高帝五年（前202），楚、汉双方在鸿沟达成和约，刘邦本想退兵归去，在张良、陈平的共同建议下，命令全力追击楚军。两军战于固陵，汉军被项羽击破。刘邦以割地、封王笼络韩信和彭越等诸侯。《史记·荆燕世家》卷五十一："汉五年，汉王追项籍至固陵，使刘贾南渡淮围寿春。还至，使人间招楚大司马周殷。周殷反楚，佐刘贾举九江，迎武王黥布兵，皆会垓下，共击项籍。"即，派遣刘贾渡过淮河进入九江，包围寿春，诱降西楚大司马周殷，最终周殷背叛楚国，从舒县进兵屠戮六县，发动九江军队与黥布、刘贾向北攻楚，屠戮城父（安徽亳州东南城父集），与韩信等会师垓下败楚军。

汉文帝后元六年（前158）八月，周殷因谋反在长安被诛杀。

［3］刘贾，见"高帝六年"条下"考释"。

［4］汉王会兵。据《史记·荆燕世家》载，此时，汉军士卒气盛，粮草充足，项王士卒疲惫，粮食告绝。韩信、彭越已率兵攻楚。刘邦又派遣英布与刘贾渡过淮河进入九江，诱降了西楚大司马周殷，周殷发动九江军队与英布、刘贾向北攻楚。刘邦则率部出固陵东进，汉军形成从南、北、西三面合围楚军的战略之势，项羽被迫向陈下、垓下（一说安徽灵璧南，一说河南淮阳、鹿邑间）方向退兵。

［5］张良退隐。张良入关，称病不出岁余，学"辟谷引导"之术，从赤松子游，闭门谢客。不深究史籍者，往往信之。

楚汉战争中，韩信、张良、萧何发挥了巨大作用，但能全身而退的独数张良。在司马迁笔下张良是智慧的化身，刚柔相济，足智多谋，被称"王者师"。在归汉后，整天和刘邦待在一起，他对刘邦的心思最为了解，刘邦登上帝位后，为巩固政权，必定会大肆杀戮功臣，"狡兔死，走狗烹"的命运难说不落到自己头上。他最终托词多病，选择离开政坛，"愿弃人间事，欲从赤松子游"。有些史学家据《史记·留侯世家》中有"乃学辟谷，道引轻身"之语，臆断张良离去，作为功成身退、明哲保身的典型。如《资治通鉴》中，司马光评说："夫功名之际，人臣之所难处。如高帝所称者，三杰而已，淮阴（韩信）诛夷，萧何系狱，非以履盛满而不止耶？故子房（张良）托于神仙，遗弃人间，等功名于外物，置荣利而不顾，所谓明哲保身者，子房有焉。"

不过，张良退隐有他性格的原因，但他在韩信的问题上，从头到尾一言不发，刘邦对张良与韩信的关系，始终十分不安。张良还暗中支持立刘盈为太子，明显有"太子党"的嫌疑。所以，有人认为张良退隐也是万不得已的选择。明代袁黄《了凡纲鉴》卷五，《汉高帝纪·张良谢病辟谷》条下，刘和仲评曰："秦、项灭，英雄之恨已消，可以辟谷矣，非然者，信诛何狱，良弗去，将次及焉。"托赤松子游，可谓想法并不简单。

〔6〕燕王臧荼反汉，见"高帝六年"条下考释"臧荼"。

〔7〕关于韩信要求封王划地的评说。汉高帝四年（前203）十一月，韩信在平定齐地后，派人请求刘邦封为假（代理）齐王。在楚汉决战的关键时刻，韩信没有执行刘邦会师于固陵的命令，致使汉军吃了败仗，直到刘邦接受张良建议，给其封地，韩信才率军出征。对于如何看待这两件事，人们存在着分歧。李修松在《从心态史的视角看韩信的成败》一文中，认为韩信这样做是功高震主，恃才自负，是对刘邦的要挟，反映了他分裂的思想，最终招致灭亡。而薛正昌、靳方前、王永福等代表了另一种主张。

薛正昌在《韩信自请齐王议》一文中，认为自请"假王"的理由，是客观现实需要的反映，是正常的。因为齐虽被击败，但旧势力的残余尚存，情况还很复杂。对于这样一个广大的地盘，非得有名正言顺的镇守者不可。韩信主观上并没有与刘邦分庭抗礼的意图。他的自请"假王"是其"有功者必封必赏"思想支配的结果。

靳方前在《论韩信》一文中亦认为，韩信称王时所提理由是符合历史事实的。齐的伪诈反复是有史为证的，韩信所言并非妄词。对待这样一个封国，需要一个有能力、有实权的人来镇守。齐国同楚接壤，使楚有了随时入侵齐国的便利条件。齐是东方大国，地大物博，人口众多，如果建立一个比较巩固的根据地，这对刘邦无论在军事上还是在政治上都是非常有利的。如果镇守不住，丢掉了这个根据地，不仅对汉军不利，而且非常危险。韩信请封假王无可非议。

王永福在《对韩信要求封王封地问题的看法》一文中，对韩信要求封王封地的原因，除了提出与上述二人相类似的看法外，还从历史渊源、特定的社会背景等方面进行了阐述。指出自春秋末期以来，各国新兴地主阶级为了夺取政权，竞相奖励军功颁行赐爵制度。有功即应被封赏，成了当时通行的法则，这种思想深植于人们的头脑中。在封建时代，土地是人们所极力追求的，是身份和地位的一个重要象征，韩信请求划分土地也不足为怪。对《史记·淮阴侯列传》中关于韩信求封之时为"楚方急围汉王于荥阳"之际的记载，文中还提出了疑问。他通过对照《史记·秦楚之际月表》和《汉书·异姓诸侯王表》指出，韩信请求封王是在形势缓和的情况下发生的，并非乘人之危的要挟。

上引李志军《近年来韩信研究综述》（《韩信研究文集》）。

[8] 灌婴扫荡楚地之疑。汉高帝三年（前204），灌婴以御史大夫的身份率领郎中骑，隶属于相国韩信。齐地平定之后，韩信立为齐王，派遣灌婴深入楚地，率军攻打鲁北、淮南、淮北。

《史记·樊郦滕灌列传》卷九十五："项羽使项声、薛公、郯公复定淮北。（灌）婴度淮北，击破项声、郯公下邳，斩薛公，下下邳，击破楚骑于平阳，遂降彭城，虏柱国项佗，降留、薛、沛、酂、萧、相。攻苦、谯，复得亚将周兰。"就是说，灌婴挥师南下，全部降服了淮北、淮南的城邑。其后项羽派项声、薛公和郯公又重新收复淮北。因此灌婴渡过淮河北上，在下邳击败了项声，郯公，并拿下下邳。在平阳击败了楚军骑兵，接着降服了彭城，俘获了楚国的柱国项佗，降服了留、薛、沛、酂、萧、相等县。攻打苦县、谯县，再次俘获亚将周兰。

对灌婴如此战绩，特别是其后独下楚都彭城，学者郭秀琦在《灌婴攻陷彭城献疑》一文中提出了疑问。本谱亦认为，灌婴所率骑兵，野战奔袭能力很强，但攻城略地攻坚之战不为骑兵所长，以其作为，不足以有如此能力。而且，灌婴长驱千里，手下能有多少兵马？齐军主力主要集中在韩信手中，有"三十万之众"，副将、右丞相曹参防守新占地，兵员也是一个不小数目。灌婴只是韩兵团骑兵纵队，战线拉得特别长，兵力分散，反复争夺于淮北，他的手中应该不会有太多的部队。

《史记》的传记部分与功臣侯表往往会有较大出入，记载得相对混乱，漏洞颇多。就斩杀龙且而言，就有曹参、灌婴、丁复、丁礼等多人记载。灌婴的战绩，可以理解成在齐王韩信的统一指挥下，多支汉军部队参加了扫荡楚地及彭城之战，而这些部队中，又以灌婴部队为主，只因后来韩信是罪臣，韩信的功绩被记在了灌婴名下。

参见"高帝六年"条下考释"韩信属从功臣侯者名录——灌婴"。

[9] 项佗，又作"项他""项它"。是西楚项氏宗族将领，项羽堂兄之子。先后担任魏相，西楚柱国、砀郡长。曾作为主力大将与裨将龙且、亚将周兰出兵救援齐国。在彭城战役中，被韩信军打败。据《史记·高祖功臣侯者年表》载，项羽败亡后，项佗归顺刘邦，赐姓为刘氏。汉高帝七年癸亥，功比戴侯秘彭祖，封平皋侯，五百八十户。

[10] 陈下之战。在《史记》《汉书》记述过程中，并没有正面提及，而通过对在刘邦发布封王令以后，《史记·高祖功臣侯者年表》上的多位参战将领经历，可以看出汉军动向和在陈下大败楚军大致过程。

《史记·项羽本纪》记载如下："韩信乃从齐往，刘贾军从寿春并行，屠城父，至垓下。大司马周殷叛楚，以舒屠六，举九江兵，随刘贾、彭越皆会垓下，诣项王。项王军壁垓下，兵少食尽，汉军及诸侯兵围之数重。"

《荆燕世家》："汉五年，汉王追项籍至固陵，使刘贾南渡淮围寿春。还至，使人间招楚大司马周殷。周殷反楚，佐刘贾举九江，迎武王黥布兵，皆会垓下，共击项籍。"

《魏豹彭越列传》："于是汉王乃发使使彭越，如留侯策。使者至，彭越乃悉引兵会垓下，遂破楚。"

《淮阴侯列传》："汉王之困固陵，用张良计，召齐王信，遂将兵会垓下。项羽已破，高祖袭夺齐王军。"

《汉兴以来将相名臣年表》："（汉五年）冬，破楚垓下，杀项籍。"

《高祖本纪》："汉王败固陵，乃使使者召大司马周殷举九江兵而迎武王，行屠城父，随刘贾、齐梁诸侯皆大会垓下。立武王布为淮南王。五年，高祖与诸侯兵共击楚军，与项羽决胜垓下。……楚兵不利，淮阴侯复乘之，大败垓下。项羽卒闻汉军之楚歌，以为汉尽得楚地，项羽乃败而走，是以兵大败。"

《黥布列传》："汉五年，布使人入九江，得数县。六年，布与刘贾入九江，诱大司马周殷，周殷反楚，遂举九江兵与汉击楚，破之垓下。"

《樊郦滕灌列传》："（灌）婴度淮北，击破项声、郯公下邳，斩薛公，下下邳，击破楚骑于平阳，遂降彭城，虏柱国项佗，降留、薛、沛、酂、萧、相。攻苦、谯，复得亚将周兰。与汉王会颐乡。从击项籍军于陈下，破之，所将卒斩楼烦将二人，虏骑将八人。赐益食邑二千五百户。项籍败垓下去也，婴以御史大夫受诏将车骑别追项籍至东城，破之。所将卒五人共斩项籍，皆赐爵列侯。降左右司马各一人，卒万二千人，尽得其军将吏。下东城、历阳。"

《樊郦滕灌列传》："（夏侯婴）复常奉车从击项籍，追至陈，卒定楚，至鲁，益食兹氏。"

《樊郦滕灌列传》："（樊哙）从高祖击项籍，下阳夏，虏楚周将军卒四千人。围项籍于陈，大破之。"

《曹相国世家》："韩信为齐王，引兵诣陈，与汉王共破项羽，而参留平齐未服者。"

《高祖功臣侯者年表》："（曲城侯虫逢）以都尉破项羽军陈下，功侯四千户。"

《傅靳蒯成列传》："（靳歙）击绝楚饷道，起荥阳至襄邑。破项冠军鲁下。略地东至缯、郯、下邳，南至蕲、竹邑。击项悍济阳下。还击项籍陈下，破之。"

《汉书》的记载与《史记》基本相同。

从上述史料看，可以说，陈下之战是真实存在的，且有着重大影响。因为固陵战后到垓下战前时间不长，《史记》又以记人为主，在叙述有关史事时不免支离破碎，这正是陈下之战等需要结合《年表》《列传》等资料才能知道的原因。

近些年卜宪群、刘晓满《垓下位置研究评议》（《安徽广播电视大学学报》2010 年第 4 期）一文，对陈下之战，做了比较系统的整理。汉五年十月，刘邦在固陵止步，却在做陈战的协调与部署工作，并预先派黥布重返九江，夺取楚国南部数县，派刘贾策反周殷，攻占寿春，截断项羽逃回江东的归路。

十一月，在项羽撤退到陈地时，随后刘邦率领灌婴、靳歙、樊哙、虫逢、夏侯婴等将领陆续会合，以及刚投顺于汉军的楚将灵常，主动出击围项羽于陈下。陈下在今河南淮阳县境内，陈城为战略要地。项羽让将军利几任县令，加强防卫。先是，汉军击败钟离眜的军队，斩杀了十多位楚将。《史记·高祖功臣侯者年表》指出，宣曲侯丁义"破钟离军固陵"；汾阳侯靳强"以中尉破钟离眜"。接着，"羽败，利几为陈令，降"。陈下项羽大败，陈公利几投降，汉军占领陈县。陈战后，利几被刘邦封为颍川侯。

十二月，随着楚军的不断东撤，刘邦的诸路大军也不断改变着行军的路线，其动向则因楚军的动向而改变，方向正是固陵—陈下—垓下。由"韩信乃从齐往，刘贾军自寿春，并行屠城父，至垓下"看，韩信的军队应该是先到了垓下一带，随后的垓下之战正是追击与会合的大决战。

学者马道魁将固陵之战到垓下之战，说成是一次历时两个多月、分为四个阶段的大会战：一是固陵之战，汉军击破钟离眜军，楚军败退；二是陈下之战，汉军降利几，楚军再败；三是城父之战，楚军又受重创；四是垓下之战楚军终被韩信歼灭。陈下之战是固陵之战与垓下之战中间重要的环节，有了项羽陈下之战的败退，才有韩信决胜垓下的全面胜利。

［11］垓下是预设战场。韩信是战略规划大师，汉军重大行动方略主要出自他之手。齐国刚刚取下，深谋远虑的韩信，已经让骑将灌婴从山东沿泗水南下，向楚军大后方淮南淮北进军，先后攻取了项羽老家下相和广陵等地，对楚军产生了极大震动。项羽意识到淮南、淮北对拱卫楚都彭城的重要性，连忙让柱国、丞相项佗从彭城附近抽调兵马，夺回了淮北之地。汉军却乘着彭城军力空虚，迅速"降服"了彭城。由于骑兵运动速度快捷，韩信转而让灌婴向西，到颐乡（今河南鹿邑县东十里）迎接刘邦军，并参加了陈下之战。

垓下决战绝对不是简单的遭遇战、堵击战。此时，韩信所率三十万齐军，行动并不十分方便，不可能尾随追击满地跑。所以在陈下之战时，已率大军南下堵击楚军，提前进入垓下预设战场，这才会有"淮阴侯独当一面"之说，也才有后来的所谓一日围歼十万楚军的辉煌战果。

［12］孔聚（？—前176），一作孔藂，字子彦，孔子第九世孙，汉初鲁县（今属山东）人，西汉开国功臣，属韩信，参加了齐王韩信指挥的垓下决战。

他随刘邦在砀山起兵后，南征北战，先后授左司马、将军、都尉。资格很老，与傅宽、樊哙等人一样，为刘邦的近卫侍从。

汉王刘邦为了扫平北方诸侯，派遣孔聚支援韩信，听命于韩信作战指挥。高帝五年（前202），孔聚率军与韩信合围项羽于垓下，韩信首先率军与项羽交战不利而撤退，立即派蓼侯孔聚从左翼、费侯陈贺从右翼夹击大破项羽。汉高帝六年正月孔聚被封为蓼侯。王安石《韩信》云："但以怯名终得羽，谁为孔费两将军。"孔聚去世，时年五十三岁，谥夷侯。

事见《汉书》卷一上《高帝纪上》。

［13］陈贺（？—前180），汉初名将，西汉开国功臣。以舍人身份从刘邦起事，至霸上，为左司马，入汉中，以都尉属韩信。参加了韩信指挥的垓下决战。韩信引兵三十万为前军，将军孔聚为左翼、陈贺为右翼，刘邦率部跟进，将军周勃断后。《汉书·高惠高后文功臣表》卷十六："击项籍，为将军，定会稽、浙江、湖陵。"高帝六年（前201）封费侯。费侯国国都在今山东费县西北。

［14］周勃（？—前169），泗水郡沛县人，西汉开国功臣，元功十八侯之一，名将周亚夫之父。参加了韩信指挥的还定三秦之战和垓下决战。

据《史记·绛侯周勃世家》载，少时家贫，编织蚕箔为生，亦为吹鼓手。秦二世元年（前209），随沛公刘邦起兵反秦，以其勇武，历任五大夫、虎贲令、将军，封威武侯。楚汉战争中，参与包围章邯，攻打赵贲、大败章平。成皋之战时，留守镇关重地，突入成皋战场。又取泗水、东海二郡，凡得二十二县。高帝六年（前201），封绛侯。后随刘邦平定韩王信、陈豨和卢绾叛乱，以其战功拜为太尉，位列三公。刘邦死前预言"安刘氏天下者，必勃也"。吕后死后，联合陈平夺取吕禄军权，诛杀吕氏诸王，拥立汉文帝即位，两度成为丞相。汉文帝十一年（前169），病卒，谥号武侯。

参见《汉书》卷四十《张陈王周传》。

[15] 柴武（？—前163），西汉开国功臣，属韩信。秦末响应刘邦起义，随刘邦南征北战。参加了与项羽的垓下决战，时韩信为前军，孔将军（蓼侯孔聚）为左军、费将军（费侯陈贺）为右军，绛侯（周勃）和柴将军（棘蒲侯柴武）在汉王刘邦后面。事迹主要在《汉书》卷一上《高帝纪上》。

孝文后元年卒，谥曰刚侯，又称刚武侯。柴武也是高帝定下的汉初十八功侯之一，排名第十三，后曾任大将军。

柴武一作"陈武"，如在《史记·孝文本纪》中即两次称其为陈武，在《汉书》柴武处有注，臣瓒曰："汉帝年纪为陈武，此云柴武，为有二姓。"

[16] 垓下古遗址。垓下之战是楚汉之争的决胜之战，也是历史上著名的战役，战场遗址具体方位在哪里，古代尤其是近代以来颇有争议。一说位于今安徽省灵璧县境内睢水至浍水间开阔的平原地区，即灵璧县韦集垓下村；一说在今安徽省固镇县濠城镇垓下村。本谱从安徽灵璧之说。

垓下之战主要是韩信军与项羽军的战斗。先是汉军三十万人的合围，假装不利后退，两支军队自左右包抄驰骋，导致十万楚军不利而大败。这场战斗差不多七十万人大会战，双方的营地必然有一些距离，所占的地面应该十分广大。需要说明的是，垓下与垓下聚有所不同，垓下即垓之下，而垓下聚则为垓之下的一个聚落、村落。所谓"项王军壁垓下"者，它是这场战斗的核心地带。

"灵璧说"最初见于《史记》，其中多篇都有相关内容。后班固作《汉书》，西汉史的前部分多承《史记》，部分内容也有补充。可以说，叙述较为清楚具体，以后记载也持续不断，为主流学界的共见。

北宋乐史撰《太平寰宇记》卷十七宿州"虹县"条：垓下，在县西五十里。汉兵围项王于垓下，大败之。有庙，在县西五十里。

明李贤等撰《明一统志》卷七凤阳府"古迹"条：垓下，在虹县西五十里，汉兵围项羽垓下大败之，即此。

《清一统志》卷八十七凤阳府"古迹"条：垓下聚：在灵璧县东南。

《史记》：高祖与诸侯兵共击楚军，与项羽决胜垓下。《元和志》：垓下聚在虹县西南五十四里。旧志：在灵璧县东南阴陵山之南。

陈立柱先生在《垓下遗址方位研究评议》一文中指出，"（灵璧说）相比较其他诸说，不仅资料最多，符合司马迁描述的战场情形"，所以最为可信。从地理地势上看，灵璧东南三百多平方公里的地面，也为数十万大军的会战提供了地理基础。古代此地北边有蕲水，南部则为淤水，即今沱河。在这一片广大的地区内，北部靠近蕲水，与泗县接界的有阴陵山，高程有几十米，古代无疑是这一地区的一个制高点。《清一统志》说，垓下之战的战场在阴陵山之南，是符合这里的地势的。所以这里既有低山可以为之依靠，较大的河流为之制限，又有大兵团可以展开作战的、呈起伏状的平原，是古代冷兵器时代大会战的一个理想的地方。这一个地方的选择是否是韩信的设计，虽没有文字明说，而韩信军先到，并且与其他诸路军一起包围楚军，如此的形势背景是可以说明一些问题的。

［17］"四面楚歌"的楚地在哪里？苏诚鉴在《"四面楚歌"再探垓下战场所在》一文中称，汉方各路援军行军路线都指向陈下，"四面楚歌"唱于陈下周围地区。

说楚歌唱于陈下，证据是汝南人善鸡鸣歌，楚歌即鸡鸣歌。其说起于应劭："楚歌者，鸡鸣歌也。汉已略得其地，故楚歌者多鸡鸣时歌也。"陈立柱在《垓下遗址方位研究评议》一文中进行了辨析，认为项羽的垓下歌与鸡鸣歌完全是两回事。鸡鸣歌歌于五更未明三刻时，即天快亮的时候，而项羽听到的楚歌乃在夜间，所谓"夜闻汉军四面皆楚歌"，"直夜溃围南出"者。天快亮即"平明"时，汉军发现项羽早已逃走。所以把楚歌当作鸡鸣歌而与汝南人擅长鸡鸣歌联系起来，未免过于牵强。那么，楚歌与楚地在哪里呢？陈文并没有做出进一步阐述。

对于后世来说，"四面楚歌"不仅是历史范畴的，而且也是地域文化范畴的。本谱现就此问题解析如下：

1. "楚歌"，即楚人之歌、楚地之歌。如《汉书·张良传》："为我楚舞，吾为若楚歌。""楚地"，一般的解释则是在西周时立国于荆山一带，建都丹阳（今湖北秭归东南）。常与周发生战争，周人称为荆蛮。熊渠做国君时，疆土扩大到长江中下游。后建都于郢（今湖北江陵西北）。春秋时兼并周围小国，不断与晋争霸。楚庄王曾为霸主。疆域西北到武关（今陕西商南西北），东南到昭关（今安徽含山北），北到今河南南阳，南到洞庭湖以南。战国时疆域又有所扩大，东北到今山东南部，西南到广西东北。楚怀王攻灭越国，又扩大到今江苏和浙江。

显然，用战国时的荆楚来解释"四面楚歌"中西楚霸王项羽建立的楚地，是含混不清的。在秦统一战争中，楚国屡次被秦打败。公元前278年郢失守，迁都陈。公元前241年又迁都寿春（今安徽寿春）。公元前223年已为秦始皇所灭。那么，"四面楚歌"的"楚地"到底在哪里呢？我们认为是以淮安为中心的"淮楚"地区，这可追寻一下楚汉相争的线索，看看在垓下战场上参战的几支汉军构成和楚军来源情况，就能清楚地说明这一点。

2. 汉高帝五年（前202），汉王刘邦在荥阳正面战场屡遭挫败，而韩信加速进军中原，连续下魏、克代、灭赵、降燕，不久又攻下了齐国；昌邑人彭越已略定梁地（今河南南部），不断威胁楚军粮道；九江人黥布在淮南攻占了九江数县，钳制了楚大司马周殷数十万军队。但是，困在成皋的刘邦，看援兵不至，于是与项羽约定以鸿沟为界，中分天下，从此互不侵犯。可是，不久刘邦听从张良和陈平的规劝，觉得应该趁项羽衰弱的时候消灭他，就又和韩信、彭越、刘贾及不久前从楚军投诚过来的楚大司马周殷会合兵力，追击向东已开往彭城方向的项羽楚军。

终于在韩信指挥下，设下十面埋伏阵，六十万人马布置了几层，把楚军紧紧围在垓下。这时，项羽手下的兵士已很少，粮食又短缺，楚军非常绝望，项羽被逼"霸王别姬"，在此万般无奈之下，带上八百余名骑兵，从南突围而走，到东城时因无脸见江东父老自刎而亡。

从上面不难看出，刘邦集团在关键时刻矛盾得以调整，韩信指挥战略对头，"四面楚歌"更使在垓下的楚军产生了极大的震撼。而当时的楚军中士卒主要来自长江以北、淮河南北的淮楚地区，具有极强战斗力的楚军因之才有速败的可能。

其实，诸侯来到这里同项羽作战的主要有刘邦、韩信、彭越、刘贾及周殷的五支人马。刘邦率领的是从起事初，收沛子弟二三千人，转战于黄河中下游，入咸阳、居汉中，后出关东征，战地多在黄河中下游地区，补充的兵源大多是关中子弟。而韩信来自齐地、燕地、赵地，彭越来自梁地，刘贾来自寿春，只有不久前叛楚投汉的周殷军来自南边楚地六城、舒城。而"四面楚歌"却是淮南、项羽的老家的下相、下邳、楚都彭城、淮阴、盱眙等楚军腹地"楚歌"，"楚歌"传唱意味着汉军已占领楚地，意味着楚军家乡的丢失，动摇了军心。这是韩信瓦解楚军的诡计。传说是张良亲自收集楚地歌谣，利用刘贾的楚军，分散到韩信大军中教歌传唱的。因此，不难看出这里的"楚歌"，是指韩信、项羽、刘邦家乡的歌谣，即以淮安地区为中心的民歌。淮地楚歌确有其独特的艺术魅力，在楚人中广为流传。刘邦所著的《大风歌》及后来的汉乐府民歌存古诗十九首中，有八首是西汉初淮阴人枚乘所作。而"四面楚歌"之楚地，从文化地域看，应该指的是山东西南，江苏、安徽北部的淮河流域中下游地区的淮楚之地。

3. 盱眙、下相、下邳、淮阴等地在战国时属楚。秦统一后是秦国一个统治薄弱地区。在秦末风起云涌的大革命时代，淮楚地区成了革命发源地。秦汉之际最具代表性的历史人物刘邦、项羽、韩信，也都分别出生在淮楚地区的沛县、下相和淮阴。

高帝六年（前201）七月，秦始皇死于沙丘，陈胜、吴广揭竿举义，建立"张楚"，六国的流亡者乘机而起。下相人项梁是战国名将项燕之子。项梁为人忠直，热爱士卒，楚国民众很怀念他。不久，项梁、项羽从会稽精选八千子弟渡江，收黥布、陈婴，在盱眙拥立原楚怀王的一个流落在民间放羊的孙子熊心，仍称楚怀王。项梁、项羽成了反秦事业的中流砥柱，反秦烽火在中原大地上燃起，从此展开灭秦会战。淮楚因此成了项羽楚军的根据地、大后方。

楚汉相争，打败了项羽后，高帝五年（前202）二月，刘邦在定陶即皇帝位，建立汉王朝。怕"功高震主"，夺韩信兵权，左迁韩信为楚王，定都下邳（今江苏邳县南）。一来楚地是项羽的根据地恐怕生变，用韩信来镇守；二来韩信为淮阴人，也算荣归故里。其后，贬谪韩信为"淮阴侯"。高帝六年，刘邦封其弟刘交为楚王，即楚元王，继续镇守淮楚之地。今老淮安仍存有"楚元王庙"。宋以后，这里设楚州，淮楚文化地域基本延续了这一脉络。

[18] 虞姬（？—前202），项羽的美人，名虞，曾在垓下四面楚歌的困境下一直陪伴在项羽身边，项羽为她作《垓下歌》。

汉高帝五年（前202）十二月，项羽困于垓下，兵孤粮尽，夜闻四面楚歌，以为楚地尽失，他在饮酒中，对着虞姬唱起悲壮的《垓下歌》，虞姬为楚霸王起舞，含泪道："汉兵已略地，四方楚歌声。大王义气尽，贱妾何聊生！"宋词词牌"虞美人"据说得名于虞姬。清代诗人何浦《虞美人》云："遗恨江东应未消，芳魂零乱任风飘。八千子弟同归汉，不负军恩是楚腰（虞姬）。"认为八千楚军被迫投降刘邦，没有一人像虞姬那样的坚贞。

史书中对虞姬的记载较少，太史公在《史记·项羽本纪》里仅记："有美人名虞。"因此后来就出现了两种说法：一是有人推测"虞"是美人的名；二则推测"虞"是美人的姓，《辞源》备有此说。而她的真实姓名，却成了一个谜团。

正史未记载虞姬的出生地、墓地等信息。民间出生地流传的说法有两种：一说今江苏沭阳县颜集镇为虞姬故乡。境内有虞姬沟蜿蜒半境，沟畔有胭脂井、霸王桥、九龙口、点将台、项宅等史迹。清代著名文学家、诗人袁枚曾任沭阳知县，离任四十三年后重游沭阳时，特地再到颜集乡凭吊虞姬，作有《过虞沟游虞姬庙》诗，并自注"相传，虞故沭人也"。明朝崇祯年间，在颜集镇西首建立虞姬庙，以祭祀这位巾帼英烈。民国期间，曾对虞姬庙进行修建。园内虞姬墓前有石碑刻一副对联，颇为伤感，上联：虞兮奈何，自古红颜多薄命。下联：姬兮安在，独留青冢向黄昏。横批：巾帼千秋。二说今江苏常熟人。楚国灭亡后，项羽自幼便随叔父逃亡至会稽郡吴县结识虞姬。常熟别称虞城，有虞山，今是著名的虞山风景区，虞姬出生在常熟虞山脚下一个村舍——虞溪村。

[19] 项羽之死。项羽（前232—前202），作为中国军事思想"兵形势"（兵家四势：兵形势、兵权谋、兵阴阳、兵技巧）的代表人物，是一位以武力出众而闻名的政治家、军事家。

秦二世元年（前209）九月，随叔父项梁起兵会稽，响应陈胜、吴广起义。项梁战死后，秦将章邯击赵时，他奉怀王之命，以次将随上将军宋义率军救赵，因宋义行至安阳后按兵不动，遂于帐中斩之，然后亲自领兵救钜鹿，破釜沉舟，大败秦军主力。随后招降章邯，坑杀秦卒二十万，进军关中。时刘邦已先据咸阳，谋臣范增力劝项羽在鸿门宴上杀死刘邦，未能实现，与刘邦暂时达成和解。遂屠咸阳，杀秦王子婴，烧秦宫室，掳掠货宝。汉高帝元年（前206）二月，分封诸侯，以刘邦为汉王，自立为西楚霸王，定都彭城。不久，田荣、陈馀于齐、赵等地举兵反楚，刘邦乘机平定三秦，进逼西楚，楚汉之争随之爆发。项羽虽于战争前期取得胜利，但因分封诸侯，内部矛盾重重，加以战略决策失宜，军事形势日益不利，终被韩信围困垓下，夜闻楚歌四起，以为汉军已得楚地，遂突围至乌江，自刎而死。

清代才女李晚芳评价："羽之神勇，千古无二；太史公以神勇之笔，写神勇之人。亦千古无二。迄今正襟读之，犹觉暗嗯叱咤之雄，纵横驰骋于数页之间，驱数百万甲兵，如大风卷箨，奇观也。"

主要事迹见于《史记》卷七《项羽本纪》、《汉书》卷三十一《陈胜项籍传》。

[20] 项羽自刎于乌江，还是东城？《太史公书》问世至今，项羽自杀于乌江已成定论，其实是历史的讹误。我们认为，项羽应死在东城，即今安徽定远东南。解析如下。

《史记》的《高祖本纪》《樊郦滕灌列传》及《高祖功臣侯者年表》，明确记载"灌婴追杀项羽东城"，"追项籍至东城，破之，所将卒五人共斩项籍"。特别是《项羽本纪》写了项羽与乌江亭长对话之后的悲壮场面，紧接着的"太史公曰"，仍然称项羽"身死东城"。可以说，司马迁是再三再四明确记载项羽死于东城。《史记》对于项羽身死之地，没有异词。班固篡修《汉书》关于项羽死于东城的记载，班固完全认同而没有异议。

《史记·项羽本纪》记载："于是项王乃欲东渡乌江。乌江亭长舣船待，谓项王曰：'江东虽小，地方千里，众数十万人，亦足王也。愿大王急渡。今独臣有船，汉军至，无以渡。'"然而，细心推敲这一段文字，"欲"的意思是"想要"，表示项羽未到乌江。古人说的"乌江"，是指长江自芜湖以下斜北行的那一段。项羽"欲东渡乌江"，是想东去渡过长江。按现代的计算，从东城到长江边，最近的距离也在二百四十里以上。项羽要逃到乌江，又有数千汉军骑兵的围追堵截，他是不可能到达的。

项羽"身死东城"，从来有史为证。高达数米的虞姬墓至今犹在，定远县志载："虞姬墓即嗟虞姬，县南六十里近东城。""东城，县东南五十里。项羽至阴陵迷道，汉追及之，羽复引而至东城即此。"此外，在定远还有十余处遗址，构成了项羽在这块土地上与汉军周旋的完整线路。

[21] 司马迁对项羽的评价。太史公曰：吾闻之周生曰"舜目盖重瞳子"，又闻项羽亦重瞳子。羽岂其苗裔邪？何兴之暴也！夫秦失其政，陈涉首难，豪杰蜂起，相与并争，不可胜数。然羽非有尺寸，乘势起陇亩之中，三年，遂将五诸侯灭秦，分裂天下，而封王侯，政由羽出，号为"霸王"，位虽不终，近古以来未尝有也。及羽背关怀楚，放逐义帝而自立，怨王侯叛己，难矣。自矜功伐，奋其私智而不师古，谓霸王之业，欲以力征经营天下，五年卒亡其国，身死东城，尚不觉寤而不自责，过矣。乃引"天亡我，非用兵之罪也"，岂不谬哉！（《史记·项羽本纪》）

太史公评价说：我从周生那儿听到过，说"舜的眼睛有两个瞳仁"。又听说项羽也是双瞳仁。项羽难道是舜的后代吗？为什么他崛起得这样迅猛呢？那是秦王朝政治差失、混乱的时候，陈涉首先发难反秦，一时间英雄豪杰纷纷起来，互相争夺天下的人数也数不清。但是项羽并没有一尺一寸可以依靠的权位，只不过奋起于民间，三年的时间，就发展到率领五国诸侯一举灭秦，并且分割秦的天下，自行封赏王侯，政令都由项羽颁布，自号为"霸王"。虽然霸王之位并未维持到底，但近古以来未曾有过这样的人物。待到项羽放弃关中要塞而眷恋楚地，放逐义帝而自立为王，反怨恨王侯们叛离了他，这就说不过去了。以功自负，强逞个人智慧而不效法古人，认为自己干的是霸王的事业，想凭着武力征讨来谋夺、统治天下，五年的时间便丢掉了国家政权，自身也死在东城，还不醒悟，又不自我责备，这就大错特错了。却说什么"上天要灭亡我，不是我用兵的过错"，这难道不荒谬吗？

［22］项羽之墓。《史记·项羽本纪》卷七载，刘邦"故以鲁公礼葬项王谷城"。《正义》引《述征记》：项羽墓在谷城西北三里半许，毁坏，有碣石"项王之墓"。谷城，秦置，属济北郡。治所在今山东平阴县西南东阿镇。

另外一处是曲阜五泉庄墓，在曲阜西周鲁国故城东北角之东一百米左右的地方，俗称"霸王坟"。乾隆版《曲阜县志》记载："在鲁城东里许，俗称为霸王冢。"也就是当地传说的"古城大冢"。乾隆二十七年，孔子六十九代孙孔继汾编纂的《阙里文献考》记载："曲阜城东北有古冢，俗名霸王头，相传为项羽首处云。"当地有霸王故事的传说，也有名人记诗，如清代颜光猷《赞霸王坟》诗："四面楚歌霸业移，乌江战败有谁知；鲁人尚自终臣节，闭户弦诵拒汉师。"

［23］项伯（？—前192），名缠，字伯，泗水郡下相（今江苏宿迁市区）人，项羽的叔父。陈直《史记新证·项羽本纪》卷七载，楚左尹项伯者，项羽季父也。秦朝年间曾犯下杀人之罪，随张良在下邳躲避追捕。

秦二世二年（前208），项梁拥立熊心为楚怀王，项伯担任楚国左尹，跟随项羽北上救赵，进入关中。闻刘邦闭关相拒，羽大怒欲攻之，项伯恐张良遇难，乃夜过汉营相告，劝其逃走。张良乃引见刘邦，结为姻亲，并托其向项羽说情。项伯归去，力劝项羽停止进攻刘邦。鸿门宴上，范增设计令项庄借敬酒舞剑助兴趁机杀掉刘邦。项伯见状，立拔剑，亦起舞以身护刘邦，张良急呼樊哙入，事乃解。项羽分封诸侯，刘邦封汉王，封地在巴蜀，赠张良黄金一百镒、珠宝二斗，张良悉数送给项伯，请项伯要回汉中之地，于是刘邦又得到汉中郡。

汉高帝四年（前203），项羽与刘邦在广武相持数月，彭越多次在后方魏地作乱，断绝楚军粮食，项羽十分忧虑，遂在高台上布置了砧板，项羽想杀了刘太公，项伯在一旁制止道："天下的形势尚不清楚，而志在天下的人不会管顾家庭，就算杀了太公也没什么用，只会增加祸端罢了。"项羽听取了他的意见。

汉高帝五年（前202），项羽败亡后，项伯投降刘邦。因其在秦国时起跟随诸侯灭掉秦国，鸿门宴又为刘邦护驾，故汉朝建立后，项伯被赐姓刘氏，受封为射阳侯。司马迁《高祖功臣侯者年表》卷十八："射阳，兵初起，与诸侯共击秦，为楚左令尹，汉王与项羽有郄于鸿门，项伯缠解难，以破项羽缠尝有功，封射阳侯。"汉惠帝三年（前192）项伯去世。

此外，项氏家族的所有旁系亲属，也全部被刘邦赦免。除封项伯为射阳侯外，还封项佗为平皋侯、项襄为桃侯。

事在《史记》卷七《项羽本纪》、《汉书》卷一下《高帝纪下》。

［24］汉射阳县考。华炜的《汉末文学家陈琳籍贯考》一文，最早发表在1987年《淮阴师专学报》（第二期）上，继被《江海学刊》等刊用。项伯所封射阳是个历史疑案，汉射阳县在哪里呢？著名学者程中原当年认为该文"解决了一个有争议的问题"。摘引如下：

陈琳（？—217），字孔璋，主要政治活动和文学创作生涯在东汉末、三国时期。《后汉书》《三国志》以及明、清《淮安府志》均有传记。原有《陈琳集》十卷，已散佚；明代人辑有《陈记室集》；我国编选最早的文集《昭明文选》中收有《饮马长城窟行》《游览诗》《宴会诗》等篇，是现存确属陈琳的作品。

《三国志·陈琳传》称陈琳的籍贯为广陵，因广陵治所多在今扬州，后世诸多著作，包括《辞海》《中国历代名人辞典》等，都称陈琳为江苏扬州人。其实这种说法是不正确的。

据宋郑兴裔《郑忠肃奏议遗集》（下）《嘉庆一统志·扬州府》载，广陵作县名，始于秦，属九江郡，隋初改邗江，后又改江阴；广陵作郡国名，始于战国楚，汉景帝四年为江都国，武帝元狩三年，更名广陵郡。广陵郡辖境相当于今江苏安徽交界的洪泽湖和六合以东，泗阳、灌南以南，串场河以西，长江以北地区。治所多在广陵县，而"三国魏移郡治于淮阴，东晋复以广陵为郡治"。《资治通鉴》六十三卷记载："魏之广陵郡治淮阴，汉之广陵故城废弃不治。"

明《天启淮安府志》淮南淮北沿革表也称："魏吴，广陵郡治淮阴，属徐州，晋统淮阴、淮浦、射阳、盐渎，治淮阴。"可见在陈琳生活的三国魏时期，今扬州市虽属广陵郡，但郡治所并不在今扬州，而在古淮阴。《三国志》署陈琳籍贯为"广陵"，此广陵不能说就是今天的扬州。

那么，陈琳的籍贯究竟在哪里呢？《三国志·魏书》臧洪传提供了重要线索。初平四年（193），曹操围张超于雍邱，东郡太守、广陵射阳人"臧洪闻之，徒跣号泣，并勒所领兵，又从绍（袁绍）请兵马，求欲救超，而绍终不听许，超遂族灭。洪由是怨绍，绝不与通。绍兴兵围之，历年不下，绍令洪邑人陈琳书与洪，喻以祸福，责以恩义"。

从上述记载中我们可以看出，袁绍让陈琳致书臧洪，因为他们同是广陵射阳的"邑人"。"邑"古指区域单位。《周礼·地官·小司徒》："九夫为井，四井为邑"，颜师古注"四井方邑方二里"，这个意义见于《尚书》《诗经》《左传》等书。邑作为城镇，见于苏洵《六国论》"小则获邑、大则得城镇"。邑作为县的别称，见于《汉书·傅宽传》："赐食邑雕阴"，孟康曰："县名，属上郡。"三国魏、晋时期，邑的范畴无非是县或镇，而不会是郡。"邑人"就是"乡人、同村人"，臧洪为广陵射阳人，他的故友、邑人陈琳，也应为广陵射阳人。由清李鸿章题词、著名学者范以煦撰写的《淮流一勺》"陈琳"条中，明确地说："琳为广陵射阳人。"历代的《淮安府志》亦称"琳为广陵射阳人"。

广陵射阳又在今天什么地方呢？《后汉书·志二十一》载，"广陵郡十一城""射阳故属临淮"。《资治通鉴》卷六三："广陵太守陈登治射阳。射阳县前汉属临淮郡，后汉属广陵郡，今楚州山阳县。"《旧唐书·地理志（一）》曰："山阳，汉射阳县也。"《中国古今地名大辞典》亦称："淮安县南齐置，汉射阳县，东晋改曰山阳县。"广陵射阳就是今天的淮安市淮安区，陈琳的籍贯应为淮安。

［25］霸王祠，又称项亭、项王亭、楚庙、项羽庙，位于安徽省和县乌江镇凤凰山。据称，西楚霸王项羽兵败，当时就墓葬了项羽的残骸和血衣，故称"衣冠冢"。后人于此建亭祭祀。唐初建祠，上元三年（762），书法家李阳冰篆额曰："西楚霸王灵祠"。唐会昌元年（841），宰相李德裕撰写《项王亭赋并序》称："自汤武以干戈企业，后之英雄莫高项氏，感其伏剑此地，因此，赋以吊之。"南唐文学家徐铉撰写《项王亭碑》，南宋绍兴二十九年（1159），命名乌江项羽庙为"英惠庙"。历代屡经修葺与扩建，有正殿、青龙宫、行宫、水灵宫等共九十九间半。传说皇帝方可建祠百间，项羽虽功高业伟，但终未成帝业，故少建半间。殿内有项羽、虞姬、范增等人塑像，并有石狮、旱船、钟、鼎、碑等文物。现在门匾"霸王祠"三字，为国防部原部长张爱萍所题。

［26］鲁元公主（？—前187），亦称鲁元。刘邦长女，母吕后，汉惠帝姊。因其年长惠帝，故号元（一说谥元）。食邑于鲁。高帝五年（前202）嫁与赵王张敖，为王后。惠帝四年十月，吕太后以其女配惠帝为皇后。

［27］调整后的七个异姓王。刘邦到汉五年十二月平定项羽前，实际上有七位裂土封王，这七位（七国八王，后为九王）都是刘邦与项羽争夺天下的五年时间内亲自册封的。

刘邦定陶氾水之阳即皇帝位，又做了重新调整和确认（此时，不包括燕王卢绾，卢绾是高帝五年九月臧荼被诛后立为燕王的。详见"汉高帝十二年"条下考释"卢绾"）。他们分别是：楚王韩信、赵王张敖、长沙王吴芮、淮南王黥布、梁王彭越、韩王韩信、燕王臧荼。

楚王韩信，高帝四年（前203）二月，齐王韩信始，汉立之。五年（前202）正月，"齐王信习楚风俗，更立为楚王"。十一年正月吕后以谋反罪名，斩杀韩信于长乐宫钟室，夷三族。

赵王张敖，张耳之子。高帝三年（前204），"汉立张耳为赵王"，大致辖治原赵国故地，都襄国。汉五年，张耳病死。张耳死后其子张敖袭赵王，并娶刘邦之女鲁元公主为妻，高帝九年（前198），贬爵宣平侯。吕后六年（前182），张敖去世。

长沙王吴芮，他是第一个响应秦末农民起义的秦吏，项羽分封诸侯，吴芮被封为衡山王。高帝五年（前202）二月，汉"立吴芮为长沙王"。卒于汉高帝六年，谥"文王"，善终。长沙王爵位一直由其子孙世袭，一直到汉文帝之时其玄孙吴差死时无后，长沙国除。

淮南王黥布，原为楚将，因战功冠于楚诸将领被项羽封为九江王。后降汉，高帝四年（前203）七月，汉"立黥布为淮南王"。十一年起兵反汉，因谋反罪被杀。

梁王彭越，高帝五年（前202）正月，"建成侯彭越，其以魏故地王，号曰梁王"。后因被告发谋反，被刘邦以"反形已具"的罪名诛灭三族，枭首示众。

韩王韩信，高帝二年（前205）十一月，汉"立太尉信为韩王"。六年，刘邦将韩王信迁往太原，太原紧靠匈奴，韩王信的日子很不好过，加上刘邦怀疑其和匈奴勾结，最后投降匈奴。十一年，被将军柴武在参合斩杀。

燕王臧荼，燕王韩广部将，项羽分封天下时立臧荼为燕王。汉高帝三年（前204），臧荼投降刘邦，刘邦仍令其为燕王，但在打败项羽后就把降而复叛的臧荼杀掉。

［28］"赐漂母"涉《史记》《水经注》两个不同记载，本谱采郦道元"投金增陵"之说。

司马迁通过"漂母饭信"一事的记载，韩信帮助刘邦统一天下，仍念念不忘漂母之恩，回乡后，赠千金以报，就是"一饭千金"典故的来源。而北魏著名地理学家郦道元的《水经注》，其书卷三十"淮水"条目记载："又东迳淮阴县故城北。北临淮水，汉高帝六年，封韩信为侯国。王莽之嘉信也。昔韩信去下乡而钓于此处也。城东有两冢：西者，即漂母冢也，周回数百步，高十余丈。昔漂母食信于淮阴，信王下邳，盖投金增陵以报母矣。东一陵即信母冢也。"从《水经注》的记载来看，郦道元也应是实地考察过漂母冢的。可惜漂母已逝，韩信"增陵以报母"，传说韩信下令部属取土圆坟，筑成此冢，以示纪念。也就是"千金增陵"典故的来源。

［29］马头古镇。该镇地处淮水南岸，清河旧县治东五里，近淮阴城故地，旧为马头郡，明设马头巡检司。

马头地当要冲，淮东制置使李庭芝于南宋末始设清河军，置清河县，在淮水北岸（今袁集桂塘附近），御蒙元。元以后，马头多为分界之处。归山阳时属山阳，归清河时属清河。清乾隆中期，因水患清河县治从淮北（今马头镇旧县村）迁至淮水南岸的清江浦，并从山阳县划入近浦十余乡，成为清河新县治。

马头历史悠久，古迹众多，有着丰富的历史文化遗产。现存有漂母墓、甘罗城遗址、荀羡淮阴城遗址、康熙御坝、三闸遗址、御制重修惠济祠碑等。参见"始皇三十四年"条下考释"淮阴故城辨析"。

［30］民间关于韩信故事传说颇多。淮安主要有《韩信葬母得地》《韩信得天书》《韩信过河马蹄石》《韩信从军》《西楚霸王追韩信》《风筝助信败项羽》《吕后杀韩信》《死韩信斩活萧何》等。这里选拾《韩信分油》《韩信与石人》《韩信与中国象棋》等三个故事，供阅读参考。

韩 信 分 油

韩信小时候爱动脑筋，聪明过人。传说有一天，淮阴市口两个卖油人正在争吵不休。路过这里的韩信，出于好奇，呆呆地看着，他终于明白，原来这两个人合伙卖油，因意见不合，准备把油桶里还剩下的十斤油平分后各奔东西，又为了分油不均而争执不下。

韩信仔细端详着，他们手头没有秤，只有一个能装三斤的油葫芦和一个能装七斤的瓦罐，他们用油桶倒来倒去，双方总不满意，因而吵嚷起来。

有没有办法把油分精确呢？韩信面对两个各不相让的卖油人和眼前的油桶、瓦罐、油葫芦，默默沉思着。忽然眼前一亮，大声说：你们不要吵了，没有秤，也能够分均匀！说着，他把办法告诉了卖油人。按照韩信的办法，两个人重新再分，果然都很满意。

先用油葫芦连装三次，共装九斤，将七斤的瓦罐注满后，油葫芦里还剩二斤。然后将瓦罐的七斤再全部倒入油桶，这时油桶里是八斤油。再将油葫芦内的二斤油全部倒进瓦罐。最后用空葫芦在油桶里灌满（三斤），倒进瓦罐。这样，油桶里剩下的油和瓦罐中装的油都正好是五斤。双方各分其一，恰好各人所得完全相等。

韩信与石人

传说，韩信小时到淮安萧家湖钓鱼，那地方有个石头人。一天，韩信又来钓鱼，石头人忽然开口说话了，他说，我告诉你，西边湖心有一只蛤蟆，它有两千年的根本，你得到它口中的宝珠，你就发达了。

韩信问，怎么才能把珠子弄到手？

石人说，等到今年五月初五端午节，蛤蟆要吐珠子晒正午时，你可乘这个机会把珠子拿过来。

五月初五到了，韩信悄悄摸到湖心滩上，看看日头正午了，滩上果然爬上来一只蛤蟆，嘴一张，吐出了一颗红宝珠。韩信冲上去，把宝珠抓了过来。

蛤蟆眼泪汪汪地说，韩信，你真狠心，你抢走了我的珠子，害得我丢了一千多年的根本。你把珠子还我，我保证你出人头地，升官又发财。

韩信说，只要你不骗我，我就把珠子还给你。

蛤蟆说，你知道吗！早先，天下不太平，经常打仗，是上天大神派石人下凡把天下所有兵书都收起来，藏在肚中。只要得到石头人肚中的天书，你就是天下第一的大将了！

韩信问，怎样才能得到石人肚中的天书呢？

蛤蟆说，你向东五十里，那里有个绿草荡。荡中间有个滩，滩上长着三棵菖蒲，你拿最长的一根，向石人一挥，石头人的头就会掉下来了，那时你就取天书吧！

韩信将宝珠还给了蛤蟆。到荡中滩头取回最长的一根菖蒲，来到湖边，对石头人一挥，"轰"的一声，石头人的头真的落地了，只见石人肚中冒出一道红光，接着又冒出一道绿光，韩信急忙把石头人颈项捂住，果然得到一本兵书。

原来第一道红光，跑了一本天文，第二道绿光，又跑了本地理，第三道被捂住的是一本兵书。所以，韩信成了盖世无双的天才军事家。

韩信与中国象棋

殊不知，韩信不仅是军事史上一位极富传奇色彩的伟大人物，还是发明象棋的鼻祖，现在流传极广、历史悠久的中国象棋，还是韩信在狱中发明的。

传说，韩信儿时家中一贫如洗，常浪迹于淮阴城一带。因韩信喜欢棋戏，常与一市井恶少对弈，韩信多次取胜，恶少气急败坏，要与韩信斗拳，韩信不肯，从此结下了怨气。一次相遇，恶少恼羞成怒，提着刀喊道："下棋怕你，动刀子还怕你！老子宰了你！"逼着韩信从其胯下钻过。杀恶少只是一刀之事，韩信没有逞一时之勇，而是平静地从他胯下钻过去。

时隔多年，韩信打败西楚霸王以后，终于帮助刘邦完成了大一统，成了汉天下第一功臣，功封"汉大将""汉丞相""三齐王"，王侯将相一人全担，却因功高震主，被贬为"楚王"，又被贬为"淮阴侯"，后来又被吕后、萧何诱捕入狱。

在狱中，临窗而望，韩信想了很多事情，也想到了未来。自己还有未来吗？韩信觉得生命将会走到尽头，打算在狱中著录一部兵法传之后世。

不料，这事被吕后知道后，说韩信是一特殊人物，"手无缚鸡之力，心有戮山之计"。项羽虽力能拔山，却败于他的手下，如今韩信身为反臣，又怎能擅自著录兵法。其实，韩信反与不反刘邦难道不清楚吗！

韩信悲愤难忍，仰天长叹："汉家不但要我的命，还要除去我的名，太狠了些吧！"当时有一位狱卒听到他这句话后，跪在韩信面前说："大王！你就把用兵之法传给小人吧！"

韩信苦笑了一声说："本王若不知用兵之道，也不会落到今天这个下场。如今悔之晚矣，怎么能再连累你遭受杀身之祸呢？"狱卒再三恳求，韩信只是不允。

没过几天，这位狱卒给韩信送饭时，韩信问狱卒："小兄弟，汉家是不是要对我下手了？"狱卒摇头说不知。韩信笑道："兔死狗烹，从古至今都是这样，这是迟早的事情。"说罢，叫狱卒坐下，韩信取来一根筷子，在地上画了个方框，又在框中画了一条"界河"，河中写上"楚河""汉界"四个字。接着，又在河界两边各画了三十六个小格，并说："我一生助汉灭楚，屡立大功，到头来却要死在狱中。念你对我百般照料，没有什么报答你，那我就把生平所学的奇术传授给你吧。"他说着叫狱卒取来帛和笔，把帛裁成三十二个小块，布在方框内界河两方。一面的十六块帛片上写着帅、仕、相、车、马、兵等字，另一面的十六块帛片上写着将、士、象、车、马、卒等字。

摆好后，韩信边移动帛片边告诉狱卒："这个方框就是千军万马的大战场，两面各代表一方的军力。用兵之道，贵在主帅多谋善变，通盘筹划、奇正配合，以不变应万变……"并具体地教狱卒如何跳马、出兵等。

狱卒边点头边称赞："真了不起！大王真是天下奇人啊！"

从那天起，韩信每天都和这个狱卒守着棋盘研究兵法。

韩信被杀后，这个狱卒就逃走了。他躲藏在一个深山中，搭了间草棚，开荒种地，全家人自耕自食，一有空闲，就专心研究韩信授给他的奇术。又据"奇"的谐音，把"奇"叫作"棋"，还写了一本《棋谱》传给了他的儿子。后人认为棋虽可布阵，但不是真的两军作战，只是一种象征，所以称它为"象棋"——韩信也就成了中国象棋名副其实的发明者，他的奇（棋）术被后人世代相传至今。

[31] 汉韩侯祠，位于淮安市淮安区镇淮楼东侧，初建于隋唐之交，有中唐殷尧藩《韩信庙》诗中"荒凉古庙"为证。后历经几度兴衰，迄明代已有了相当的规模。日本遣明使策彦周良《策彦和尚入明记》中载，明嘉靖年间，东渡来华，在淮安城西淮阴驿里运河边停留三日，拜谒了城中

的韩信庙（时韩侯祠称韩信庙）；隆庆年间知府陈文烛与文坛巨匠、《西游记》作者吴承恩呼酒韩侯祠；万历年间推官曹于汴"置鹰场会于韩侯祠，以讲武事"。这些都成了盛传不衰的佳话。

清康熙末年韩侯祠的规模达到了它的鼎盛期，当时占地面积约三千平方米，坐北朝南，由前、中、后三殿，东西厢房，以及上房楼和花园等建筑组成。祠内韩信立姿塑像，浓眉锐眼，气宇轩昂，戎装佩剑，威风凛然，一派胸藏百万兵的大将风度。共有四联，第一联：生死一知己；存亡两妇人。第二联：力拔山，气盖世，因公束手；歌大风，思猛士，为子伤神。第三联：奠数千里长淮，神留桑梓；开四百年帝业，功冠萧曹。第四联：英雄既许驱驰，固已誓忠汉，讵肯听蒯生之计；豪杰非无智略，顾乃罔筹刘，只为酬萧相之知。

到了晚清，随着国势的倾颓，韩侯祠也日渐衰败，仅存后殿三间。1982年，淮安县人民政府对韩侯祠进行了大修。院内照壁、勒石及回廊式格局，为笔者华炜20世纪90年代所提建议，被当地政府采纳而修建。

［32］韩信庙，位于淮安市淮阴区马头镇韩信湖南岸，2002年重建。其建筑为典型汉代风格，由山门、庭院、回廊、大殿和庙记石碑组成。荀德麟（江苏涟水人、史志学家）《重建淮阴侯庙记》记载如下：

淮阴码头镇，旧有淮阴侯庙，祀汉淮阴侯韩信也。不知始建于何代，唐宋诗人多有题咏，黄山谷"韩信庙前柏十围"之句，足窥其古；亦不知圮毁于何时，有文载宋开禧间即已堂庑倾欹，几不蔽风雨，似见其颓。迄于今垂八百载矣。改革开放以来，经济建设日新月异，社会发展轮飞矢疾，举坠层出，修废靡穷，遂有斯庙之再造也。

码头古镇，乃秦淮阴故城之所在也，得造化之神力，扼淮泗之要津。蜃气龙光，育盖世之奇才；地灵人杰，激万古之雄风。李北海之华章，阐缘朗彻；苏东坡之宝翰，寄慨遥深。沸沸扬扬，几多锦绣，毕倾于是；绵绵邈邈，千秋血脉，流搏至今。至于制作风筝、创为象棋，乃至萧何托孤于赵佗，韦姓播衍为韩裔，种种传说故事，皆英雄建功布德于炎汉、受崇获爱于民众之表征也。祠庙之重建，其微言大义，可谓尽植根导源于斯也。

邑人潘君，蓄鲲举鹏飞之志，抟扶摇羊角之先，腾挪商海，拼打燕赵，聚沙集腋，而欲有以报乡梓者久矣。夙思而慨然曰："吾淮之英风浩气肇起于韩侯也，劲鞭雄策亦肇起于韩侯也，韩侯之光惠吾淮者尚矣！是以古人立祠以褒之。然宋元以降，兵火时加，黄水为虐，遂致庙废址湮，令有心凭吊者失所，无迹瞻仰者抱憾。今吾幸逢盛世，受益良策，得以尘追猗顿，倘或熟视而无动于衷，实愧对前贤，遗噬后昆。"遂慷慨投金凡五百万元，鸠工庀材，仿两汉风格而建斯庙。公元二零零二年，岁在壬午冬月，庙成之日，请记于予，且至嘱曰："吾投资建此，既无求利，亦不留名，否则与吾之初衷左矣"。是以遵命而止乎此。

卷六　淮阴彻侯

高帝六年（庚子，前 201）　三十岁

时 事

正月，高帝刘邦封同姓为王，刘贾为荆王，王淮东；异母弟刘交为楚王，王淮西；子刘肥为齐王，王齐地七十三城。又大封功臣为侯。

春二月，刘邦迁韩王信于太原以北，都晋阳，以防匈奴，信上书要求迁都马邑，刘邦许之。

七月，长沙王吴芮[1]病逝。

九月，匈奴冒顿单于侵太原，韩王信数使人于匈奴求和，汉疑有二心，信恐诛，降匈奴。

行 状

十月，楚将钟离昧[2]逃亡下邳，韩信收留故友。

《汉书·韩信传》载："项王亡将钟离昧（《史记》为"眛"）家在伊庐，素与信善。项王败，眛亡归信。汉怨眛，闻在楚，诏楚捕之。"

案：汉王朝建立的初期，天下并不安定，分封的异姓诸侯王和项羽的一些旧势力，乘国家新立，不能处处做好防范，便积蓄力量，制造混乱，图谋不轨，对汉廷构成了严重威胁。

齐地的田横[3]自从被韩信打败后，率残部投奔了彭越，在那里留居了些日子。后来田横惊恐起来，想到对汉军有罪，彭越已被刘邦封为梁王，如果久居下去只怕是凶多吉少。这样考虑后，他又带领手下，向东海方向逃去。

　　原楚国重要将领中，除了投降的外，钟离眜、季布等一些大佬级人物并没有被抓获。特别是季布，曾在彭城大战后，紧追不舍，险些让刘邦送了性命，至今还在潜逃之中。刘邦立即派人四处缉拿，计划捉到后要好好法办！刘邦下旨："凡能捉到季布的，赏赐千金；凡是藏匿不交的，与季布同罪，灭门三族！"

　　刘邦最为担忧的还是韩信，虽然韩信三十万大军被收编，齐地也被刘邦收回，但他仍保有天下第一大藩的楚国。

　　韩信由齐迁楚，能真心接受吗？齐是大国，有盐渔之利，楚已不是原来的楚国，只限于今天江苏苏北一带，还不包括彭城，且为四战之地，一旦天下有变，于楚不利。但是，韩信就是韩信，天下不会再有第二个韩信！不可思议的是，他职掌赵地、齐地的时间都不算很长，却每次都能在极短的时间内，动员和训练出几十万精兵，让人脊背发凉，若落地生根，韩信会不会在楚地一样地壮大发展起来？

　　近来，刘邦还得到报告，韩信处理了战后许多问题，整顿了治安，建立起一支较为强大的封国军队，巡行楚国各地时，他都带着戒备森严的警卫部队。在刘邦的眼中，这些无疑都给他带来了威胁。所以，刘邦现在不仅要妥善办理建国大事，还要肃清项羽残余和剪除以韩信为首的异姓诸侯势力，这是汉初政策性的大事！而一心想搞好楚国建设的韩信，哪里知道刘邦天天在惦记着他，时时关注着他的一举一动，生怕他一不小心又强大起来。不料，这时发生了一件不该发生的事情，为刘邦提供了所谓口实。

　　楚将钟离眜与韩信具体交往的情况，《史记·淮阴侯列传》上只有一句"素与信善"，没有更多的记载。

　　韩信是个十分讲义气的人，他对漂母一诺千金，说到做到，情义无价，在漂母故去的情况下，还让将士和百姓为其兜土增陵。他对刘邦，更是不忘重用之恩，明知自己可以独立天下时，仍拒绝蒯彻等人劝说，这需要多大的格局和勇气！在经历几个月的逃亡之后，钟离眜打定主意投奔韩信。韩信看到故友落难归来，还是答应收留了他。

收留钟离眜，在后世人眼中，无疑是一种抗命于朝廷的图谋不轨行为。但在秦汉之际，人们特别重视朋友之交，为了朋友，牺牲也在所不惜。当时项羽战死后，为了逃避追捕，项伯潜逃到张良处，张良将他保护了起来。夏侯婴得知季布下落后，同样也将季布保护了起来。这些在当时并不是多大的秘密。自然韩信收留钟离眜也在情理之中。

就在这时，传出两条看似矛盾的信息。

一条就是关于季布[4]的。季布潜逃后，被卖到鲁地一朱姓人家为奴，朱家来到京城见夏侯婴。夏侯婴得知情况后，入朝见刘邦，认为当年各为其主，要是大臣们像季布一样忠心，何患天下不治？愿赦一人，而天下尽像季布。刘邦觉得此话在理，新登基的皇帝为治国不计私怨，可以昭示天下宽大为怀，便依了夏侯婴的话，赦免了季布之罪，并拜他为郎中，使他成为新王朝的一位高级臣工。

韩信得知情况后，心里热乎起来，季布和钟离眜都是项王手下的大将，都是钦点要犯，既然刘邦能赦免季布，也一定能赦免钟离眜。

不久又传来另一条消息，楚将丁公[5]投诚被杀。丁公是季布同母异父的兄弟。在彭城大战中，他与季布的行为刚好相反，当楚军在彭城西追击汉军与刘邦短兵相接之际，放了刘邦的正是丁公。这时，丁公听说季布归顺朝廷后受到了礼遇，心想，季布曾把刘邦逼上绝路，尚且受到了赦免，还得了官职，而自己对刘邦有活命之恩，难道刘邦还能亏待自己不成？便主动谒见。出乎意料的是，刘邦要奖励为主尽职的忠臣，打击吃里爬外、不能一心事主的小人，竟下令将丁公绑出，立刻斩首于洛阳午门！

血腥的气味从朝廷飘出，透露出刘邦对功臣勋将的底线。丁公挟功请赏，也不至于死罪，只能理解为刘邦为了家天下，连自己的救命恩人一样能杀。

现在，韩信收到了刘邦捕捉钟离眜的诏书，他意识到问题的严重性。

但对韩信来说，直接把钟离眜抓起来献给刘邦，这一点却做不到，忠君归忠君，友情归友情，恩怨分明，不能轻易伤害朋友，他决定将刘邦的诏书暂时放一放。

同月，有人上告楚王韩信谋反，刘邦不问是否属实，即着手对付韩信。

案：去年六月，张良说我已帮助皇上完成了一统大业，现在我要告请回乡去。刘邦一听这怎么能行？张良是自己最为信赖的人。但张良已经决定，不再有改变之意，也只好说，我实在舍不得先生离去，既然你要走，我也不好勉强，许你回乡，但朝中若有大事，望你能为天下利益，有召必来！张良回到家中，不是读书静思，就是学习导引吐纳等道家之术，终日不出家门半步，慕道追仙，谢绝一切人的来访。

其实，隐退是张良既定计划，他明白，伴君如伴虎，历史上帝王有几人能共享富贵？在功勋和名位之间，为人臣子是难以长久立足的，君臣一体，自古所难。尽管张良与刘邦关系极不一般，但他还是选择了退居二线，这种明哲保身的态度，何尝不是"帝师"高明的身退之举。那么，居功自傲的韩王孙，能否平安无事，一帆风顺呢？

张良、陈平都是刘邦重要的智囊，历史上有"良平"之称。张良隐退之后，陈平成为刘邦重要的谋臣之一，现在朝廷拿主意、断大事就数陈平了。陈平足智多谋，前后六出奇计，为刘邦夺得天下、安定汉室做出了特殊贡献。他曾自我表白：我多用阴谋，为道家所禁忌。在活着时即使被废，也就算了，如我的后代终至不能被起用，也是因自己多用阴谋的缘故。

是月，也就是韩信当楚王不到一年的时间，楚地有人向刘邦举报韩信谋反，并说韩信在下邳窝藏了楚将钟离眜！这一消息，让刚迁都长安的刘邦心惊肉跳，脊梁直冒冷汗。他根本不考虑举报是否真实，立即着手准备对付韩信。

继利几[6]之后，燕王臧荼[7]不久前反叛，若不是刘邦亲征和燕地百姓不愿再受刀兵之苦，无心支持叛军，结果就很难说，如果韩信再搞叛乱，那可不好对付！说心里话，其他诸侯王没有什么了不起的力量，唯有韩信用兵如神，让人惴惴不安。而钟离昧是项羽手下数得着的大将，楚汉相争，他与刘邦正面对峙时，多次制造麻烦，逼得刘邦狼狈不堪。韩信与钟离昧同为楚人，又有兄弟情谊，这在外界并不是多大的秘密，如果有钟离昧协助，韩信若要造起反来该怎么办？

现在韩信虽然窝藏了钟离昧，但他是否真想谋反，还说不准。韩信从齐移楚，自感失落，不平之心自起，反叛之意或可有之，何不找一借口，利用他和钟离昧之间这点关系，因势利导，提前下手，打残韩信，施重威于天下，或许，其他异姓诸侯的问题，也能迎刃而解。

是日，朝散，刘邦留下心腹谋臣，议征伐韩信，陈平[8]出计，以游云泽为名，召诸侯，诱捕韩信。

《史记·淮阴侯列传》记载：

信初之国，行县邑，陈兵出入。汉六年，人有上书告楚王信反。高帝以陈平计，天子巡狩会诸侯，南方有云梦，发使告诸侯会陈："吾将游云梦。"实欲袭信，信弗知。

《史记·陈丞相世家》也有记载：

汉六年，人有上书告楚王韩信反。高帝问诸将，诸将曰："亟发兵坑竖子耳。"高帝默然。问陈平，平固辞谢，曰："诸将云何？"上具告之。陈平曰："人之上书言信反，有知之者乎？"曰："未有。"曰："信知之乎？"曰："不知。"陈平曰："陛下精兵孰与楚？"上曰："不能过。"平曰："陛下将用兵有能过韩信者乎？"上曰："莫及也。"平曰："今兵不如楚精，而将不能及，而举兵攻之，是趣之战也，窃为陛下危之。"上曰："为之奈何？"平曰："古者天子巡狩，会诸侯。南方有云梦，陛下弟出伪游云梦，会诸侯于陈。陈，楚之西界，信闻天子以好出游，其势必无事而郊迎谒。谒，而陛下因禽之，此特一力士之事耳。"高帝以为然。

案：一听韩信要谋反，几位鲁莽的将领早就按捺不住性子："皇上！我等愿意披挂上阵，发兵捉拿这小子！快下令吧！"

刘邦听了自知并非善策，默不应声。他又问陈平，陈平和将领们形成了鲜明的对比，紧锁眉头，一言不发。

陈平作为谋臣，亲历过韩信讨封齐王和刘邦定陶夺军等重大事件，对刘邦的心思非常清楚。"老大"是不允许"老二"好好过日子的。因为，"老大"一直十分担心"老二"可能取代自己的地位。而韩信这个"老二"，虽能洞察世事，是个天才，但他不识时变，把握不坚，城府不深，不是一个心智成熟的人。刘邦无奈之下给他提供了发挥舞台让他迸发灿烂的光芒，韩信却高傲自负，好伐其功，却没有意识到他的所作所为，已经被刘邦一步一步认定为谋逆之人。因此，最后解决他的问题，只需一个合适的时机和合适的借口而已。

随后，陈平与刘邦进行一段值得玩味的精彩对话（《史记·淮阴侯列传》《汉书·韩信传》《资治通鉴·汉纪三》都有记载），处理韩信的唯一理由，其实就是一个"莫须有"！

陈平问："陛下！韩信佐汉有功，您也没亏待他，要是说他谋反，就要拿出凭证，不能随便去征讨，那会酿成大乱。我要问一声，您是怎么知道韩信要谋反的呢？"

刘邦说："有人密告。"

陈平问："这么说，韩信并不知道有人在告他？"

刘邦很有把握地回答说："朕想，他应该是不知道的。"

陈平是个聪明人，说韩信谋反还是捕风捉影，证据不足，但这也就成了！要是韩信真心谋反，他一定会有所准备，事情还真不好办。要知道他是天下无敌的汉大将。陈平对刘邦说："陛下！韩信非其他诸侯王可比，甲兵强盛，倘若生变，其势无可当。诸将凭一时不平之气，欲与韩信争衡可以理解，但我料定，不战则已，战则必败！"

刘邦知道，陈平既说不行，一定有他的道理。

陈平问："陛下！若发兵讨伐，士卒有没有楚兵精壮？"

刘邦想了想回答："没有。"

陈平又问几位将领："你们用兵,哪位能敌过韩信?"

几个人面面相觑,默不作声。

陈平接着说："陛下!兵不如楚,将不敌韩信,若要举兵强取,必然是轻启战端,恐怕韩信不反也反了。臣以为不应操之过急,否则后果不堪设想!"

刘邦问："如你之言,当如何处之?"

陈平道："陛下!以臣愚见,韩信应智擒!自古以来,天子可按四时巡狩,以观民风,会诸侯,诸侯朝觐述职。臣听说南方有云梦泽[9],历代称为形胜之地,陛下可遍召诸侯,伪游云梦泽。韩信既为楚王,必定随从前往。待他谒见时,可暗伏将校,一举将韩信擒获,这岂不比大张旗鼓,兴兵强讨胜过十倍!"

刘邦非常高兴,当即采纳了陈平的伪游云梦泽的建议。经过一番讨论,最后决定把会集地定在陈城,因陈城正好位于楚国边界。刘邦从洛阳到云梦泽去,陈城是必经之地,同样也便于四方诸侯会集。这样设计名正言顺,顺理成章,韩信必不生疑。

商量好后,刘邦传旨的使者立刻从洛阳出发,分别到各诸侯国传旨下令："如今国事稍安,天时正好,久闻云梦泽是一胜地,朕不日前去巡游,命各路诸侯在陈城集会,不得有误!"

十二月,刘邦会诸侯于陈[10],执韩信,遂械系,信心中不平,高呼:"天下已定,我固当烹!"

《史记·淮阴侯列传》记载:

高祖且至楚,信欲发兵反,自度无罪,欲谒上,恐见禽。人或说信曰:"斩眜谒上,上必喜,无患。"信见眜计事。眜曰:"汉所以不击取楚,以眜在公所。若欲捕我以自媚于汉,吾今日死,公亦随手亡矣。"乃骂信曰:"公非长者!"卒自刭。信持其首,谒高祖于陈。上令武士缚信,载后车。信曰:"果若人言,'狡兔死,良狗烹;高鸟尽,良弓藏;敌国破,谋臣亡。'天下已定，我固当烹！"上曰："人告公反。"遂械系信。

案： 韩信突然接到"巡游"诏书，心情异常沉重。刚刚才立国，天下尚未平静，百废待兴，刘邦怎么能有这般雅兴，且要带着大队人马，千里迢迢地去云梦泽巡游?!

刘邦出游，诸侯必须赴会，那时，他若问起钟离眜之事，该怎么回答？若要杀了钟离眜，韩信不杀，那就要背上违逆圣旨的罪名。若遵旨行事，又怎对得起钟离眜？一股不祥之兆掠过心头。韩信感到事情棘手，可以肯定，刘邦巡游云梦泽是针对他的。他本以为自己为刘邦立下那么多的功劳，又从齐迁楚，一定可以安安稳稳做楚王，没有想到这是自己一厢情愿，消灭了项羽也就等于消灭了自己存在的条件，让人细思极恐。韩信提醒自己不要再上当，游云梦泽，修武夺军，定陶夺印，全都是搞突然袭击、阴谋诡计，绝对不会有什么好事。

他叹息不已，钟离眜乃我朋友，何忍杀之，没想到搭救朋友，反而成了大逆不道的罪柄，如今百口莫辩。

韩信陷入了两难之中。他是个特别注重名声的人，当年胯下受辱，已使自己抬不起头。如今，韩信落落丈夫，盖世英名，却要扯上背叛朝廷的大旗，说什么也不能干。他仍决定去陈城，相信自己有大功于天下，有大功于汉室，而且从来没有背叛过刘邦，到时自己把话讲清楚，当面求情，请刘邦放过钟离眜。韩信再次想用强大的忍耐力，度过人生中这次危机。

不久，韩信的想法为钟离眜所知，钟离眜觉得韩信太幼稚，去陈城是自投罗网，白白送死。刘邦来陈城会集，醉翁之意不在酒，显然是针对韩信的。话说穿了，韩信功高盖主，汉家容不下你，自己就是不在这里，刘邦也会拿你开刀。刘邦之所以不敢直接发兵进攻楚地，恐怕重要的原因，就是怕自己撑你的腰，协助、鼓动楚地百姓造反。刘邦为人狡诈，项王多次吃他这个亏，陈城肯定是诱捕你的陷阱，千万不能再上当！

钟离眜知道韩信心意，不再多说什么了。不过，他有两点判断：其一，韩信缺乏敢作敢为的大气量。陈胜一怒大泽乡揭竿而起，项羽一怒挥刀砍杀会稽郡守殷通，刘邦一怒芒砀山举兵，韩信一怒却钻淮阴屠夫的裤裆。特别是在刘邦修武夺兵，定陶夺印，步步进逼的情况下，他依然选择逆来顺受，这和客观政治情势有关，也与其政治性格密不可分，这样的"隐忍"能干出什么样的大事？其二，做人不厚道。如果你不把钟离眜当朋友，当初何必要收留我？现在又何必要找我"商议"，这不明摆着在要我？但是，钟离眜为了成全韩信最后还是自杀了。

是日，去陈城会集的日期已到，钟离眜的死并未能劝住韩信，主要是韩信对刘邦还存有幻想。在那个时代，都推崇"士"，士为知己者死，这是人生的崇高境界。韩信虽意识到刘邦对他的算计，但仍没有把刘邦想得那么坏。

当韩信郊迎刘邦时，只见刘邦端坐车中，伴驾随行的文武大臣有陈平、樊哙、夏侯婴、灌婴、靳歙、刘钊、灵常等人，声势浩大，这像是来云梦泽巡游的吗？明明足以打一场大规模战争。显然，刘邦此行目的就是对付韩信！

见面之后，刘邦当场喝令武士将韩信绑了，载在车后带走。

韩信非常愤怒，当年蒯彻的话语像幽灵一样穿过韩信的脑海中，那时为了报恩，思维被严重束缚住，很难听从劝告，不相信刘邦会卸磨杀驴，这楚王才做几天，就被刘邦捉拿！他高呼："狡兔死，良狗烹；高鸟尽，良弓藏；敌国破，谋臣亡！天下已定，我固当烹！"

韩信是无辜的，他的话，让刘邦说不出话来。刘邦支支吾吾地道："若毋声！而反，明矣！武士反接之。"（《史记·陈丞相世家》）意思是，你不要叫喊了，凭你这抵触情绪，就是造反的明证！

一场伪游云梦、实擒韩信的骗局，即草草收场。于是，刘邦打发诸侯王各回封地，自己立刻起驾，押解着韩信回长安。

韩信被捕，这是汉初有着重大影响的政治事件，后世反响极大，对刘邦及陈平的卑劣行径多加针砭：

〔三国〕姜维：夫韩信不背于汉，扰攘而见疑于既平，大夫种不从范蠡于五湖，卒伏剑而妄死。彼岂暗主愚臣哉？利害使之然也。（欧阳询

《艺文类聚》卷二十五）

〔唐〕司马贞：索隐述赞：君臣一体，自古所难。相国深荐，策拜登坛。沈沙决水，拔帜传餐。与汉汉重，归楚楚安。三分不议，伪游可叹。（《史记·淮阴侯列传》）

〔北宋〕张耒：或问：韩信服高帝乎？予曰：韩为高帝将数年，常将重兵灭大国，而动以谗，通武涉之邪说，信无所顾，召之而至，令之而行，何为不服？曰：服，则何为卒反？予曰：信服高帝之智力，而不服其为人，是以反也。然则何也？夫信之反，非重失楚也，在于伪游云梦而执也。夫伪游云梦之计，是市井下俚之智，而万乘之主，亲行之，此信所以怏怏，北面而薄其君，以谓不足为其下也。夫暴夺人之富贵，而幽囚之。欲使夫雄杰者，帖然而无怨。非服之以德，屈之以理，则不可夫。以市井下俚之策，而诈韩信，彼身可执心轻其上矣。彼且闻其计于谋臣，则君臣皆轻矣，是不反何待？然则为高祖者，奈何必待？夫反行明白，引天下兵诛之耳。信虽难制，然不数年而定一伪游，而缚韩信自尔，出令天下，谁敢信之钦？自古士有所负而功名见于世者，未尝肯以身就人者也，何者？彼轻人者，其规矩准绳，将在彼矣。夫如是，则我之所有，安得尽布之哉？且保镆铘之利者，不以试薪。售和氏之璧者，不登门。彼皆不求人，而人求之，若不得已焉。而后即之者，亦自其理然也。韩信当亡秦之日，天下之穷士也。非有孔孟进退之节，然萧何独察其非，汲汲于求，显待之不厚，礼之不至，则不为用也。故以高帝之倨，必使之筑坛，斋戒备礼，而后官之，举之三军之下，而加之诸将之上，而不疑知不若是，信将不满而无留心矣。诸葛亮，战国之策士也，高卧于隆中，其主就彼，彼孙武求试兵法、事业、功名，卒以不显，有以也夫。（《读〈汉书·韩信传〉》）

〔南宋〕洪迈：汉高祖用韩信为大将，而三以诈临之：信既定赵，高祖自成皋度河，晨自称汉使驰入信壁，信未起，即其卧，夺其印符，麾召诸将易置之；项羽死，则又袭夺其军；卒之伪游云梦而缚信。夫以豁达大度开基之主，所行乃如是，信之终于谋逆，盖有以启之矣。（《容斋随笔》卷十四）

〔明〕唐顺之：蹑足封齐，屡夺符印，伪游云梦，夺齐封楚，汉高之处心积虑无一不成于杀信也，第无其隙耳，故留之，以待吕媪之残毒。(《两汉解疑（上）》)

〔清〕王鸣盛：陈平，小人也。汉得天下，皆韩信之功，一旦有告反者，阎左蜚语，略无证据。平不以此时弥缝其隙，乃倡伪游云梦之邪说，使信无故见黜。其后为吕后所杀，直平杀之耳。(《十七史商榷》卷四《陈平邪说》)

正月，韩信已捉，刘邦大封同姓为王，堂兄刘贾[11]为荆王，异母弟刘交[12]为楚王，子刘肥[13]为齐王，二哥刘喜（仲）[14]为代王。徙韩王信于晋阳。还大封有功之臣。急于处置韩信，封王封侯，年龄实为一重要原因。[15]

案：为了巩固家天下，刘邦加快实施同姓王取代异姓王的计划，用自己的兄弟、儿子去取代异姓王。

为了显示国害已除，举国欢庆，刘邦还召来群臣朝议，分封有功之臣，但岁余不决。刘邦欲推萧何第一，诸将不服，争言曹参攻城略地之功。

《史记·高祖功臣侯者年表》记载，汉六年十二月甲申日，首批始封侯仅有十人。按照记录顺序他们分别是：平阳侯曹参、信武侯靳歙、清阳侯王吸、汝阴侯夏侯婴、阳陵侯傅宽、广严侯吕欧、广平侯薛欧、博阳侯陈濞、曲逆侯陈平、堂邑侯陈婴。正月丙午，张良、萧何等十七人第二批功臣受封，张良为留侯，食邑万户，萧何为酂侯，仅食邑八千户。萧何、曹参始有隙。

《汉书·高惠高后文功臣表》也记载："汉兴自秦二世元年之秋，楚陈之岁，初以沛公总帅雄俊，三年然后西灭秦，立汉王之号，五年东克项羽，即皇帝位。八载而天下乃平，始论功而定封。讫十二年，侯者百四十有三人。"也就是说，自大汉建国后，到汉十二年高皇帝刘邦平定黥布为止，天下所封功侯总计一百四十三人。然而，这一百四十三位功侯，并不是同时所封，而是分批次和分时间进行的。见"本年"条下考释"高祖功臣侯简表"。[16]其中，属从韩信封侯者多达43人。见"本年"条下考释"韩信属从功臣侯者名录"。[17]其实，因年代久远，史料难以切实统计，实际可能远不止这个数字。

四月，废楚王韩信，徙为淮阴侯，不使就国，软禁于洛阳。[18]

《史记·淮阴侯列传》是这样记载的："至雒阳，赦信罪，以为淮阴侯。"

案：刘邦将韩信押回了洛阳，这个消息在朝野引起了轩然大波。韩信被擒，对刘邦和整个天下来说实在是太重要，如今这位百战百胜的军事强人，成了阶下囚，不能不使人们感到震惊。

从汉中算起，韩信五六年间，以至威行天下，功震人主。他虽不同一般人，他有万变之术，擒而不杀，必然怀恨谋变，务必要采取断然的手段。可是，诛戮韩信，恐怕人心难服。假如当年韩信无功无绩，今日也就没罪了，那么，肯定没有汉家的今天。既然将韩信押回洛阳，事情不会那么简单，朝野对此事反响极大，应该慎重处理。

陇西戍卒田肯还上了一道奏折，内容是祝贺韩信被捕，并明言齐地与关中为韩信夺得，夸耀齐地媲美关中，韩信据险而多兵的时节，不背叛皇上，迁楚之后反要搞谋叛，这有悖于情理。田肯只是隐示而不肯明白地说要留下韩信一命。他最后建议，为消除后患，皇帝一定要封其嫡亲子弟为齐王。

很快，这个奏折引起了刘邦的重视。韩信已经被擒获，可以说他已跳不起来，杀了不过掉个脑袋，不杀，也不过是苟延残喘的庶民而已。韩信的事并不难办，难的是整个异姓王的问题。

朝廷与异姓王矛盾不可谓不激烈，刘邦称帝前后，已经封了七个异姓王，他们掌握的土地，比中央还大，几乎相当于秦统一前东方六国的疆土。他们对重赏和坐食赋税已不满足，尾大不掉，对刚刚建立的汉王朝构成了很大威胁。才一年，已先后发生燕王臧荼、原项羽部将利几，以及后来的韩王信、赵王张敖部将和继任燕王卢绾的叛乱。而刘邦亲子弟都还年幼，力量薄弱，不能成为朝廷真正的帮手。

刘邦叹息，没有当皇帝时，南征北战，提着脑袋打天下。现在打了天下，却整天提心吊胆，唯恐天下生变，原因在于诸侯作乱，难怪当年秦始皇不立功臣为诸侯，无尺土之封，使以后无战攻之患。而韩信这帮人要的是战国时的封王封地，刘邦却要的是汉家天下平安，要的是中央集权，这是体制上的矛盾在政治上的集中表现。往前看，对异姓王不只是削弱，而应该是消灭，其他别无选择！韩信是个标志性的人物，为了确保江山永固，宁可错杀也不能放过。但目前时机尚不成熟，除了韩信、臧荼外，还有其他五个，说韩信谋反没有足够的真凭实据，他功劳最大，威望最高，杀了怕引起异姓王的连锁反应，也让朝臣们惴惴不安，既伤了朝中人心，也等于把黥布、彭越等大小诸侯往外推。所以，不能贸然下手，以免激起意外事变。

这时候，刘邦又频频接到报警讯息，北疆匈奴屡屡来犯，已对洛阳、长安构成威胁。匈奴骑兵从西北突入，打到了离长安仅有七百余里的肤施（今陕西榆林东南），将秦时蒙恬所收复的土地全部夺去了，接近匈奴的郡县、人口和财物都成了他们掠夺的对象。

匈奴成了汉初挥之不去的阴影！内忧外患一齐袭来，事情当分轻重缓急。现在杀韩信还为时过早，急则生变，刘邦终于决定暂时放下手中的刀子。在朝中大臣窃窃议论之际，经过三个月的"审查"，处置韩信的方案出来了。以"坐擅发兵"之罪（《史记·高祖功臣侯者年表》），收回韩信的封国，铲除韩信的势力，将楚地一分为二，东北部划给四弟刘交，仍为楚王，东南部划给堂兄刘贾为荆王。

人可以捉，不可以放。同时，赦免韩信的谕旨也下来了，韩信为开国元勋，累有欺君之心，罪当斩首。但念其立国有功，免除死罪，废其楚王封号，贬为淮阴侯。

韩信获得了一个新的爵位——淮阴侯。虽然淮阴侯比楚王降了一级，可刘邦终究没有杀掉韩信。而韩信失去了封地和军队，对朝廷的威胁小了，就像把一头猛虎牢牢锁住，刘邦心里踏实了许多。

考 释

［1］吴芮（约前241—前201），秦汉之际馀汗县（今江西余干县）人，春秋时吴王夫差后裔。战国末期，父吴申曾任楚国大司马。他是第一个响应秦末农民起义的秦吏，也是西汉长沙国第一代国王。在汉初所封七个异姓王中，吴芮是唯一没有被刘邦除掉的异姓诸侯。

番阳县（今江西鄱阳东北）古称番邑。吴芮青年时，喜欢研究《孙子兵法》《吴起兵法》，经常带领南下军士的后代演练阵法。秦朝时任番阳令，号曰番君，为百越领袖，深受民众爱戴。秦二世元年（前209），率部将梅锔及女婿黥布响应陈胜起义。项羽攻入咸阳，又从入关，项羽分封诸侯时，封其为衡山王，都邾。后来在张良劝导下，转投刘邦。汉朝建立，改封为长沙王。

说起来，刘邦最应该提防的是吴芮。汉立国后，吴芮封长沙王，女婿黥布封为淮南王，一家两王，他们的地盘连起来是最大的一片。但吴芮和张良是好朋友，按照张良的建议，低调做事，表现出一副无欲无求的样子。先是将自己很大一部分土地让给刘邦的子女，还将一部分精兵划到荆王刘贾的帐下。而长沙国是汉朝与南越交界地，军事上需要一个缓冲区，且他在改封长沙王之后，仅一年时间就去世了，其子吴臣影响力不大，不构成威胁。所以吴芮成为唯一善始善终的异姓诸侯。卒于高帝六年，谥"文王"。

［2］钟离眜（？—前201），钟离氏，名眜，伊庐（今江苏灌云县）人。伊庐与韩信的家乡淮阴相距不远，后来两人都投奔到项羽麾下。韩信不被重用改投刘邦，而钟离眜凭借战功，成了项羽麾下和龙且、季布、黥布齐名的大将，在楚地有很大的影响。

汉高帝四年（前203）前后，钟离眜曾经给刘邦制造了许多麻烦，他和范增对汉军威胁最大，被刘邦所记恨。《史记·陈丞相世家》载，钟离昧为项羽的"骨鲠之臣"之一，成了刘邦必欲除之的二号人物，不得已用陈平的离间之计，使钟离昧失去项羽信任，刘邦最终才逃过了一劫。

后楚军前线溃败，唯独钟离昧一路能够固守陈下，虽最终没达到拖延效果，但这主要是因为楚将利几的叛降。垓下之战时，楚军在垓下大本营瓦解，钟离昧见项羽大势已去，他并没有随着项羽一起殉难，也没有在项羽死后投降刘邦，而是从乱军中潜逃了出去。《史记·秦楚之际月表》卷十六：五年九月（是指楚王韩信在位第九个月），"王（楚王信）得故项羽将钟离昧，斩之以闻。"项羽败亡后，钟离昧逃奔韩信，其后刘邦下令搜捕项羽余党，韩信打算交出钟离昧自保，最后钟离昧被逼自杀。

在楚汉战争期间，钟离昧曾与汉军将领郦商、薛欧、丁义、靳强，以及后来归降刘邦的西楚令尹灵常等人有过交战记录。

参见《史记》卷九十二《淮阴侯列传》、《汉书》卷三十四《韩彭英卢吴传》。

[3] 田横（？—前202），秦末狄县（今山东高青东南）人，秦末起义首领。汉击齐时，被相国韩信打败。

据《史记·田儋列传》记载，田横原为齐国贵族，在陈胜、吴广大泽乡起义后，与兄田儋、田荣也反秦自立，兄弟三人先后占据齐地为王。田横平定齐国之后，汉将韩信本来带兵将要向东攻打齐国，此时刘邦又派郦食其到齐国，向齐王田广和丞相田横游说，要他们归顺汉朝。田横认为此事可行，就解除了齐国在历下对汉军的防务。韩信用蒯彻之计，越过平原，突然出击，打败了齐国在历下驻扎的守军，接着又攻入临淄。齐王田广、丞相田横见汉军突然出现，非常愤怒，认为被郦食其出卖，立刻烹杀了他。

刘邦统一天下后，田横不肯称臣于汉，率五百门客逃往海岛。但刘邦怕他以后"为乱"，乃召他来洛阳。田横想到自己曾烹杀刘邦的辩士郦食其，其弟郦商又在汉朝为将，怕受其害，不愿归附汉朝。刘邦安定了郦商之后，又派使臣召田横，并警告他："不来将起兵讨伐！"田横被迫前来，到达距离洛阳还有三十里地的尸乡驿站时，他觉得称臣于汉有耻，烹杀了郦食其有愧，不愿与其弟郦商同朝为官，遂自杀。

田横死后，其随从二人也在他的墓旁掘穴自杀，意为随他而去。其海上五百部卒闻讯也全都自杀。为纪念田横，后人在偃师筑墓立碑，把五百余壮士自杀的海岛称为田横岛，并修墓建祠。蓬莱有田横山、田横寨，原高苑县亦修有田横墓。

［4］季布，生卒年不详，楚地人。"为气任侠，有名于楚"。事迹见《史记》卷一百《季布栾布列传》。

季布效力于西楚霸王项羽，曾屡次使汉王刘邦受到困窘。等到项羽灭亡以后，刘邦出千金悬赏捉拿季布，并下令有胆敢窝藏季布的要灭三族。季布躲藏在濮阳一姓朱的人家。

朱家心里知道是季布，便将其买了下来安置在田地里耕作。朱家便乘坐马车到洛阳去了，拜见了汝阴侯夏侯婴。朱家乘机对夏侯婴说："季布犯了什么大罪，陛下追捕他这么急迫？"夏侯婴说："季布多次替项羽窘迫陛下，陛下怨恨他，所以一定要抓到他才甘休。"朱家说："做臣下的各受自己的主上差遣，这完全是分内的事。项羽的臣下难道可以全都杀死吗？现在陛下刚刚夺得天下，仅仅凭着个人的怨恨去追捕一个人，这不是向天下人显示自己器量狭小吗？再说凭着季布的贤能，陛下追捕又如此急迫，这样，他不是向北逃到匈奴去，就是要向南逃到越地去。这种忌恨勇士而去资助敌国的举动，就是伍子胥要鞭打楚平王尸体的原因了。您为什么不寻找机会向陛下说明呢？"

夏侯婴知道朱家是位大侠客，猜想季布一定隐藏在他那里，便答应说好。夏侯婴等到机会，果真按照朱家的意思向刘邦奏明。刘邦于是就赦免了季布。朱家也因此在当时出了大名。后来季布被刘邦召见，任命他做了郎中。

［5］丁固（？—前202），别称丁公，薛郡薛县（今山东滕州张汪镇）人。西楚霸王项羽的部将，楚将季布同母异父的弟弟。

据《史记·季布栾布列传》记载，汉高帝二年（前205），刘邦在彭城之战中大败而逃，丁公率兵在彭城以西追上了刘邦，两军短兵相接，刘邦急了，回头对丁公说："两条好汉难道要互相迫害吗？"丁公便带兵返回，刘邦因此突围而去。项羽失败后，丁公拜见刘邦，刘邦立即把丁公押到军队中游行示众，说："丁公作为项羽的臣子却不忠诚，让项羽失去天下的人，就是丁公。"于是刘邦杀了丁公并说："让后世做臣子的人不要效仿丁公！"

《史记桃源抄》引《楚汉春秋》也云，薛人丁固与彭城人赖齮骑而追上，上被发而顾丁公曰："吾非不知公，公何急之甚。"于是回马而去之。

［6］平利几之战。利几（？—前202），本为项羽部将，后降刘邦，项氏失败，刘邦封其为颍川侯。汉高帝五年秋，刘邦召见，利几恐，遂反叛，被刘邦击败，下落不明，国除。

陈下之战是一场几乎被遗忘的大战，而汉军在陈下一举击溃项羽，起决定性作用的便是陈公利几。颍川，秦王嬴政置，其地在三川、南阳之间。刘邦将相当于一个省的地盘奖给了利几。因为，楚汉约和后，项羽要退到九江国（今安徽淮南、六安一带）等鸿沟东部地区，利几所在辖区陈地（今河南淮阳、太康一带）是楚军必经之地。楚军撤退时，汉军开始追击。楚军只有在陈集结休整后才能与汉军作战。而利几已被汉策反，与先期抵达的汉军共同对项羽军发起攻击，造成楚将钟离眛等人重大失败。如果利几没有反水而是给项羽提供支援，战争结局可能完全两样。

让项羽没有想到的是，派来加强和监督的楚令尹灵常，却与利几一同降汉了，不过灵常的作用不及利几大。

［7］臧荼（？—前202），前燕王韩广部将，后被立为燕王，是被刘邦逼反的第一个异姓诸侯。

秦二世二年（前208），秦攻赵王武臣，燕王韩广派臧荼率兵救赵，项羽为盟主，破釜沉舟，大胜秦兵。汉高帝元年（前206），项羽分天下为十八路诸侯，立臧荼为燕王，都无终（今天津蓟县）。迁燕王韩广为辽东王。韩广对此不服，不肯搬迁，结果于同年被臧荼击败并杀害，燕及辽东两地皆为臧荼所有。

汉高帝三年（前204），韩信破赵国陈馀，听从广武君李左车的进言，派使者送信给燕王，迫于巨大压力，燕王臧荼归顺韩信，投降刘邦。汉高帝五年（前202），刘邦打败项羽，臧荼和楚王韩信、韩王信、淮南王黥布、梁王彭越、长沙王（前衡山王）吴芮、赵王张敖共同尊奉汉王刘邦为皇帝。后因刘邦大肆捕杀项羽旧部，令臧荼非常恐惧，于是反汉。刘邦遂亲自征伐，臧荼被杀。刘邦改立太尉卢绾为燕王。

事见《史记》卷八《高祖本纪》、卷九十二《淮阴侯列传》。

［8］陈平（？—前178），阳武户牖乡（今河南原阳东）人，西汉开国功臣，史称陈丞相。在楚汉争霸中，其谋略比肩张良，眼光独到，才华横溢，但手段狠辣，"阴谋"是史家最喜欢用来描述他谋略的词汇。高帝六年（前201），出伪游云梦计，诱捕楚王韩信。

陈平少时家贫，好读书，习黄老，有大志。等长大成人，富有的人家却没有人肯把女儿嫁给他，娶穷人家的媳妇他又感到羞耻。过了好长时间，本地有个叫张负的富人，他的孙女嫁了五次人，丈夫都死了，没有人再敢要她，陈平却娶了她。从此，资财日益宽裕，交游也越来越广。

秦二世元年（前209）陈胜、吴广起义后，六国贵族也纷纷起兵，陈平投奔魏王咎。不久受谗亡归项羽，随从入关破秦。刘邦东征时，又间行降汉，拜为都尉，使参乘、典护军。后历任亚将、护军中尉。先后参加楚汉战争和平定异姓王侯叛乱诸役，成为刘邦的重要谋士之一。刘邦困守荥阳时，陈平建议捐金数万，离间项羽群臣，使项羽的重要谋士范增忧愤病死。高帝七年（前200），刘邦为匈奴困于平城（今山西大同北部）七天七夜，后采纳陈平计策，重贿冒顿单于的阏氏，才得以解围。陈平因功先后受封为户牖侯和曲逆侯。

刘邦死后，吕后以陈平为郎中令，辅佐惠帝。吕后死，陈平与太尉周勃合谋平定诸吕之乱，迎立代王刘恒为文帝。文帝初，陈平让位周勃，徙为左丞相，因明于职守，受到文帝赞赏。不久周勃罢相，陈平专为丞相。孝文二年死，谥献侯。

事见《史记》卷五十六《陈丞相世家》、《汉书》卷四十《张陈王周传》。

［9］云梦泽，又称云梦大泽，已消失在历史长河中。《史记·货殖列

传》记载："江陵故郢都，西通巫、巴，东有云梦之饶。"郢都江陵即今荆州市，云梦泽位于江陵以东的江汉平原上。《史记·楚世家》中亦有记载："庚辰，吴人入郢。昭王亡也至云梦。云梦不知其王也，射伤王。王走郧。"伍子胥和孙武率领吴国之兵攻入楚国都城，掘楚平王墓，鞭尸三百，以报父兄之仇。楚昭王逃入云梦泽，被不认识他的子民射伤，后逃到郧（今湖北安陆县）。

现在"云梦"主要是一个地理概念，古今研究者不乏其人，但具体范围并无定论。大致说，"云梦"在今湖北南部、湖南北部，为一大片湖区、沼泽地带。不过，在湖北省孝感市有个云梦县，就是出土著名的云梦秦简的地方，或许，这个名字印证着曾经的云梦泽。

［10］陈，古县名，春秋陈国，秦置县，枢纽要冲，在今河南省周口淮阳县。

秦二世元年（前209），陈胜起义建都于此。汉高帝五年（前202），刘邦领汉军追击到陈下，大破楚军。楚汉战争结束后，刘邦将韩信由齐王徙为楚王，后为了防止韩信再次坐大，便采用陈平"伪游云梦"计策，将韩信逮捕下狱。陈人为缅怀韩信的丰功伟绩，把淮阳城西门的吊桥谓之"平信桥"，城西谓之"平信乡"。思古之忧情，人们无不为功高震主者寒心。"平信桥"已被当地政府列为重点文物保护单位。

［11］刘贾（？—前196），泗水郡丰邑（今江苏丰县）人，西汉诸侯王，与汉高帝刘邦同为一族（一作刘邦的远房堂兄）。事迹在《史记》卷五十一《荆燕世家》、《汉书》卷三十五《荆燕吴传》。

汉高帝五年（前202），刘邦追击项羽至固陵，派刘贾南渡淮河包围寿春。迅速赶到后，刘贾派人招降了项羽的大司马周殷。周殷反叛项羽，帮助刘贾攻下九江，迎接黥布的军队，一齐会兵垓下攻打项羽。同年冬，刘贾与太尉卢绾向西南攻击临江王共敖之子临江王共尉，共尉战败而死，临江设置为南郡。

汉高帝六年（前201）春，刘邦在陈县会合诸侯，废掉楚王韩信的王位，并将其囚禁，将他的封地分为两国。当时，刘邦儿子年幼，兄弟很少，又不贤能，因此想封同姓人为王以镇守天下，于是下诏说刘贾有战功，并说要在刘家子弟中挑选可以为王的人。群臣都推举刘贾。因而刘邦立刘贾为荆王，管辖淮河以东五十二座城邑。立弟刘交为楚王。又立自己的长子刘肥为齐王。从此，刘邦便开始大封刘氏兄弟子侄为同姓王。

高帝十一年（前196），淮南王黥布反叛，攻打荆国。刘贾与之交战，未胜败走富陵，为黥布乱军所杀。

[12] 刘交（？—前179），字游，泗水郡丰邑（今江苏丰县）人。西汉诸侯王，太上皇刘煓第四子，刘邦异母弟，母为太上皇后李氏。年少时好读书，多才艺。秦时与鲁人穆生、白生、申公交往，俱受《诗》于齐人浮丘伯。汉代在众多藩系中，楚藩的地位十分重要，当时统辖薛郡、东海、彭城共三郡三十六县，都彭城，占有华东肥沃地区，是西汉初年势力较大的一个藩国。立二十三年，卒，谥元。淮安市淮安区上坂街有"楚元王庙"，始建于南宋建炎年间。

事见《汉书》卷三十六《楚元王传》。

[13] 刘肥（？—前189），泗水郡丰邑（今江苏丰县）人，西汉诸侯王，刘邦庶长子，汉惠帝刘盈异母兄。母亲曹氏，为刘邦外室，《史记索隐》作曹姬。《汉书·高五王传》称之为曹夫人。

汉高帝六年（前201），继韩信之后，刘肥受封齐王，定都临淄，统辖七十三城，平阳侯曹参为国相，成为西汉最大的诸侯国。汉惠帝即位后，惠帝与之宴饮于吕后前，按家礼，置其上坐，吕后大怒，欲杀之，未遂，刘肥惧无法脱身，于是献城阳郡为吕后女鲁元公主汤沐邑，吕后喜，方得免祸返回。汉惠帝六年（前189）去世，谥号悼惠。事见《史记》卷五十二《齐悼惠王世家》。

[14] 刘喜（？—前193），字仲，泗水郡丰邑（今江苏丰县）人。刘邦的二哥，太上皇刘煓第二子。高帝六年（前201）受封代王。高帝七年（前200）匈奴攻打代国，刘喜逃到洛阳，降封合阳侯。惠帝二年（前193），刘喜逝世，谥号为顷。

[15] 刘邦年龄问题，也是处置韩信重要的原因之一。自从刘邦做了

皇帝，不少内外大事，都会来到内廷同发妻吕雉商议。此时，张良已是用其名，难用其人。萧何执掌政务，不涉军情。而陈平智有余，其实难以独任大事。凡此种种，吕后得以凭借东宫身份，逐步参与国家政事。《史记·吕太后本纪》："吕后为人刚毅，佐高祖定天下，所诛大臣多吕后力。"高帝去世后，又因孝惠帝无所作为，她以女主代行天子之事。以后历史上的武则天临朝称制，慈禧垂帘听政，步的便是吕氏后尘。

对于处置韩信和其他异姓诸侯的问题，吕后持有什么态度，史书上没有明确记载。吕后作为皇太子刘盈的母亲，关注孩子的未来，她应该会有个态度，这个态度会不会就是——不能再等了？

刘邦登基时，已经五十五岁，由于连连征战，积劳成疾，近年创伤也一直未能痊愈。秦汉时人的寿命很短，平均不足三十岁，五十五岁已经算是高龄了。吕后最为担心的是，刘邦一旦百年之后，皇位继承人刘盈，能驾驭得了韩信、黥布、彭越这些如狼似虎的功臣猛将吗？而韩信太年轻了，他二十五岁登坛被拜为大将，二十九岁布下十面埋伏灭掉西楚霸王项羽，结束了持续五年的楚汉战争。如此耀眼的人生经历，历史上恐怕再也找不到第二个人。在高层政治人物中，年轻三五岁便是资本。韩信比刘邦整整小了二十六岁，刘邦应该没有信心活得过韩信，而此年刘盈只是一个九岁小孩，若刘邦死后，就算韩信没有反叛之心，但是他的部下一鼓动，难保韩信不能登高一呼，到时候，还有谁能抵御韩信？大汉江山怎么能传之子孙后世？

吕后还担心儿子性格仁弱，刘邦一直要废掉刘盈，改立果敢的戚姬之子刘如意。为此，吕后曾伤透脑筋，和刘邦之间产生了许多矛盾。高帝十年九月，她让已退隐的张良出面谋划，并请来德高望重的东园公、绮里季、夏黄公、角里先生做太子的师傅，为儿子站台撑腰，才打赢了皇位的保卫战。这样你死我活的争斗，弄得吕后心情极坏，常常像市井泼妇一样抓狂。应该说，吕后的凶狠也都是被刘邦逼出来的。

打天下不易，保天下更难。要想来之不易的江山长治久安，必须对异姓王采取必要的手段，为缺乏刚毅之气的儿子扫清将来登基障碍。其实，令吕后没有想到的是，随着年岁更替，为了权力后来还是爆发了历史上著名的"七国之乱"。

在对待韩信的问题上，吕后与刘邦想法会一致吗？应该是一致的。后来在刘邦征伐叛将陈豨时，吕后先后杀掉韩信、彭越等人，便是一个有力的证明。

［16］高祖功臣侯简表。据《史记》卷十八《高祖功臣侯者年表》和《汉书》卷十六《高惠高后文功臣表》载，高帝自秦二世元年之秋起，三年灭秦，立汉王之号后，五年东克项羽，八载而天下乃平，到汉十二年，共封功臣一百四十三（实际超过了这个数字）人。由于上述两表以封侯时间为侧重，不免出现一些问题，一些功侯没有标注侯第，有些侯第序号重复，两表之间也存在着一些矛盾，等等。本谱现按封国、功侯、时间、谥号、侯第等整理如下：

国名	功侯	高祖	谥号	侯第
酂	萧何	六年正月丙午	文终	一
平阳	曹参	六年十二月甲申	懿侯	二
宣平	张敖	九年四月	武侯	三
绛	周勃	六年正月丙午	武侯	四
舞阳	樊哙	六年正月丙午	武侯	五
曲周	郦商	六年正月丙午	景侯	六
鲁	母侯疵	六年中		七
汝阴	夏侯婴	六年十二月甲申	文侯	八
颍阴	灌婴	六年正月丙午	懿侯	九
阳陵	傅宽	六年十二月甲申	景侯	十
信武	靳歙	六年十二月甲申	肃侯	十一
安国	王陵	六年八月甲子	武侯	十二
棘蒲	陈武（柴武）	六年三月丙午	刚侯	十三
清阳	王吸	六年十二月甲申	定侯	十四
广平	薛欧	六年十二月甲申	敬侯	十五

国名	功侯	高祖	谥号	侯第
汾阴	周昌	六年正月丙午	悼侯	十六
阳都	丁复	六年正月戊申	敬侯	十七
曲城	蛊逢（虫达）	六年三月庚子	圉侯	十八
博阳	陈濞	六年十二月甲申	壮侯	十九
梁邹	武儒	六年正月丙午	孝侯	二十
淮阴	韩信	六年四月		二十一
蒯成	周緤	六年八月甲子	尊侯	二十二
都昌	朱轸	六年三月庚子	庄侯	二十三
厌次	元顷	六年中		二十四
成	董渫	六年正月丙午	敬侯	二十五
故城	尹恢	六年中	庄侯	二十六
阿陵	郭亭	六年七月庚寅	顷侯	二十七
广严	吕欧（召欧）	六年十二月甲申	壮侯	二十八
河阳	陈涓	六年三月庚子	庄侯	二十九
蓼	孔聚（孔藂）	六年正月丙午		三十
费	陈贺	六年正月丙午	圉侯	三十一
平	沛嘉	六年六月丁亥	悼侯	三十二
武强	庄不识	六年三月庚子	庄侯	三十三
隆虑	周灶	六年正月丁未	哀侯	三十四
台	戴野	六年八月甲子	定侯	三十五
贳	吕博国	六年三月庚子	齐侯	三十六
海阳	摇毋馀	六年三月庚子		三十七
芒	耏跖	六年		
柳丘	戎赐	六年六月丁亥	齐侯	三十九
高苑	丙倩	六年七月戊戌	制侯	四十
斥丘	唐厉	六年八月丙辰	懿侯	四十
东武	郭蒙	六年正月戊午	贞侯	四十一

国名	功侯	高祖	谥号	侯第
乐成	丁礼	六年八月甲子	节侯	四十二
宣曲	丁义	六年七月戊戌	齐侯	四十三
魏其	周定	六年六月丁亥	庄侯	四十四
昌武	单宁	六年七月庚寅	靖信侯	四十五
绛阳	华无害	六年七月戊戌	齐侯	四十六
曲逆	陈平	六年十二月甲申	献侯	四十七
菌	张平	十二年六月	庄侯	四十八
东茅	刘钊	六年八月丙辰	敬侯	四十八
复阳	陈胥	七年十月甲子	刚侯	四十九
猗氏	陈速	八年三月丙戌	敬侯	五十
祁	缯贺	六年六月丁亥	谷侯	五十一
鄢陵	朱濞	十二年中	庄侯	五十二
博阳	周聚	十二年十月辛丑	节侯	五十三
故市	阎泽赤	六年四月癸未		五十五
襄平	纪通	八年后九月丙午		五十六
任	张越	六年		
汁方	雍齿	六年三月戊子	肃侯	五十七
柏至	许温	七年七月戊辰	靖侯	五十八
辟阳	审食其	六年八月甲子	幽侯	五十九
高京	周成	九年四月丙寅		六十
安亚	谔千秋	六年八月甲子	敬侯	六十一
留	张良	六年正月丙午	文成	六十二
南安	宣虎	六年三月庚子	庄侯	六十三
平蔋	林执	七年中	懿侯	六十四
北平	张苍	六年八月丁丑	文侯	六十五
肥如	蔡寅	六年三月庚子	敬侯	六十六
高粱	郦疥	十二年三月丙寅	共侯	六十六

国名	功侯	高祖	谥号	侯第
安丘	张说	八年七月癸酉	懿侯	六十七
阳夏	陈豨	六年正月丙午		
朝阳	华寄	七年三月壬寅	齐侯	六十九
彭	秦同	八年三月丙戌	简侯	七十
清	空中	八年三月丙戌	简侯	七十一
强	留胜	八年三月丙戌	简侯	七十二
宁陵	吕臣	十一年二月辛亥	夷侯	七十三
祝阿	高邑	十一年正月己未	孝侯	七十四
煮枣	赤	十二年六月壬辰	靖侯	七十五
堂阳	孙赤	十一年正月己未	哀侯	七十七
宁	魏选	八年四月辛卯	庄侯	七十八
张	毛泽	十二年六月壬辰	节侯	七十九
纪信	陈仓	十二年六月壬辰	匡侯	八十
新阳	吕清（吕青）	六年正月壬子	朝侯	八十一
棘阳	杜得臣	七年七月丙辰	庄侯	八十一
高胡	陈夫乞	六年中		八十二
阳河	其石	七年十月甲子	齐哀	八十三
龙	陈署	八年后九月己未	敬侯	八十四
下相	冷耳	十二年十月乙酉	庄侯	八十五
堂邑	陈婴	六年十二月甲申	安侯	八十六
菅陵	刘泽	十一年		八十八
广阿	任敖	十一年二月丁亥	懿侯	八十九
戚	季必	十二年十二月癸卯	圉侯	九十
枸	温疥	八年十月丙辰	顷侯	九十一
高陵	王周	十二年十二月丁亥	圉侯	九十二
磨	程黑	八年十月癸酉	简侯	九十二
武原	卫胠	八年十二月丁未	靖侯	九十二

国名	功侯	高祖	谥号	侯第
吴房	杨武	八年二月辛巳	庄侯	九十四
繁	强瞻	九年十一月壬寅	庄侯	九十五
汾阳	靳强	十一年二月辛亥		九十六
棘丘	襄（史失姓）	六年		
深泽	赵将夜	八年十月癸丑	齐侯	九十八
宋子	许瘛	八年十二月丁卯	惠侯	九十九
浃氏	冯解敢	八年六月壬子	节侯	百
中水	吕马童	七年正月己酉	庄侯	百零一
杜衍	王翳	七年正月己酉	庄侯	百零二
赤泉	杨喜	七年正月己酉	庄侯	百零三
涅阳	吕胜	七年中	庄侯	百零四
谷陵	冯溪	十二年正月乙丑	定侯	百零五
甘泉	王竟	十二年六月壬辰		百零六
须昌	赵衍	十一年二月己酉	贞侯	百零七
长修	杜恬	十一年正月丙辰	平侯	百零八
昌	卢卿	八年六月戊申	围侯	百零九
成阳	奚意	十二年十月乙酉	定侯	百一十
平州	昭涉掉尾	十一年八月甲辰	共侯	百十一
邔	黄极中	十二年十月戊戌	庄侯	百十一
壮	许倩	十二年正月乙丑	敬侯	百十二
共	卢罢师	八年六月壬子	庄侯	百十四
开封	陶舍	十一年十二月丙辰	闵侯	百十五
临辕	戚鳃	十一年二月乙酉	坚侯	百十六
禾成	公孙耳	十一年正月己未	孝侯	百十七
东阳	张相如	十一年十二月癸巳	武侯	百十八
阳义	灵常	十二年十月壬寅	定侯	百十九
轪	利仓			

国名	功侯	高祖	谥号	侯第
平皋	刘它（项佗）	七年六月癸亥	炀侯	百二十一
土军	宣义	十一年二月丁亥	武侯	百二十二
汲	公上不害	十一年二月己巳	终侯	百二十三
棘	陈错	八年十二月丁未	祗侯	百二十四
中牟	单父圣	十二年十月乙未	共侯	百二十五
戴	秘彭祖	十一年二月癸酉	敬侯	百二十六
德	刘广	十二年十一月庚辰	哀侯	百二十七
衍	翟盱	十一年七月己丑	简侯	百三十
慎阳	栾说	十一年十二月甲寅		百三十一
期思	贲赫	十二年十二月癸卯	康侯	百三十二
便顷	吴浅			
义陵	吴程	九年九月丙午		百三十四
桃	刘襄（项襄）	十二年二月丁巳	安侯	百三十五
陆梁	须毋	九年三月丙辰		百三十七
离	邓弱	九年四月戊寅		
江邑	赵尧	十一年正月辛未		
射阳	刘缠（项伯）	六年正月丙午		
周吕	吕泽	六年正月丙戌	武侯	
建成	吕释之	六年正月丙戌	康侯	
羹颉	刘信	七年中		
合阳	刘喜（刘仲）	八年九月丙午		
沛	刘濞	十一年十二月癸巳		

说明：

刘邦功封列侯，列侯不仅仅作为荣誉称号，而是实行有着实际好处的食封制。即，对这些功臣按功劳大小授予不同数量的食邑，功劳最大的封以万户，最低的也有五六百户。列侯对封邑享有衣食租税的收入，其封地可以世袭。

值得我们注意的是，刘邦还史无前例地封了一位女性侯爵，这就是名将奚涓的母亲。由于封赏时奚涓已在战争中去世（据载奚涓的功劳很大，可以与舞阳侯樊哙相比），刘邦追念他的功劳，而封其母亲为鲁侯，侯第七位。这大概是中国历史上第一次给女性封侯。

郦食其曾自命为高阳酒徒，谁也瞧不起，但独佩服刘邦。投奔刘邦后为汉家事业立下大功，但他本人不幸被烹杀。刘邦没有忘记郦食其的功劳，破格封其子郦疥为高梁侯。同样在战争中替死的纪信，刘邦为追念其功，封赏纪信的儿子纪通为襄平侯。

刘邦是一个念旧的皇帝，无论是什么人，只要是追随他，即使没有做出过什么惊天动地的大事，刘邦也不会忘记为其记功。《史记》所记一位叫秘彭祖（秘彭祖取自《汉书》的称呼，《史记》只记载了他的名字彭祖）的人，他本是沛县守城的小卒，因为在刘邦于丰沛起兵时，他第一个打开城门，所以刘邦在分封时特意封他为戴侯。

刘邦还与这些功臣们剖符、立誓。符分两半组成，受封的功臣拿着一半，另一半存在皇家，以做凭照。誓词是："使河如带，泰山若厉，国以永宁，爰及苗裔。"刘邦告诉他们，即使有一天，宽阔浩瀚的黄河只剩下了窄窄的一条带子宽，巍峨的泰山也只剩下磨刀石那么薄，你们的封国还是永远牢固，而且可以传给你们的后代子孙。这就是所谓的"丹书铁券"。

当时全国一共有三十六郡，经过分封，留给中央政府管理的仅有十五郡，而在这十五郡之中，还分布着若干列侯、公主的食邑。

［17］韩信属从功臣侯者名录。据《史记·高祖功臣侯者年表》《汉书·高惠高后文功臣表》载，韩信从汉元年六月投奔刘邦，到汉五年十二月垓下打败项羽，不足五年时间，在汉初受封为侯的功臣一百四十三人中，注明曾隶属于韩信，或隶属韩信部将，或虽未注明隶属关系，但参加过韩信指挥的侧翼战场的军功人员，包括韩信在内，本谱统计达四十四人（参见"本年"条下考释"高祖功臣侯简表"）。侯者如下：

1. 曹参：以中涓从起沛，至霸上，侯。以将军入汉，以左丞相出征齐、魏，以右丞相为平阳侯，万六百户。侯第二。

2. 张敖：张耳之子。兵初起，张耳诛秦，为相，合诸侯兵钜鹿，破秦定赵，为常山王。陈馀反，袭耳，弃国，与大臣归汉，汉定赵，为王。卒，子敖嗣。其臣贯高不善，废为侯。侯第三。

3. 周勃：以中涓从起沛，至霸上，为侯。定三秦，食邑，为将军。入汉，定陇西，击项羽，守峣关，定泗水、东海。八千一百户。侯第四。

4. 樊哙：以舍人起沛，从至霸上，为侯。入汉，定三秦，为将军，击项籍，再益封。从破燕，执韩信，侯，五千户。侯第五。

5. 灌婴：以中涓从起砀，至霸上，为昌文君。入汉，定三秦，食邑。以车骑将军属淮阴，定齐、淮南及下邑，杀项籍，功侯，五千户。侯第九。

6. 傅宽：以舍人从起横阳，至霸上，为骑将，入汉，定三秦，属淮阴，定齐，为齐丞相，功侯，二千六百户。侯第十。

7. 靳歙：以中涓从起宛、朐，入汉，以骑都尉定三秦，击项羽，别定江陵，侯，五千三百户。以车骑将军攻黥布、陈豨。侯第十一。

8. 陈武（柴武）：以将军前元年率将二千五百人起薛，别救东阿，至霸上，二岁十月入汉，击齐历下军田既，功侯。侯第十三。

9. 王吸：以中涓从起丰，至霸上，为骑郎将，入汉，以将军击项羽，功侯，三千一百户。侯第十四。

10. 丁复：以赵将从起邺，至霸上，为楼烦将，入汉，定三秦，别降翟王，属悼武王，杀龙且彭城，为大司马；破羽军叶，拜为将军，侯，七千八百户。侯第十七。

11. 韩信：兵初起以卒从项梁，梁死属项羽，为郎中，至咸阳亡从入汉，为连敖典客，萧何言为大将军，别定魏齐，为王，徒楚，坐擅发兵废为淮阴侯。侯第二十一。

12. 周緤：以舍人从起沛，至霸上，侯。入汉，定三秦。击项羽军荥阳，绝甬道，从出，度平阴，遇淮阴侯军襄国。楚汉约分鸿沟，以緤为信，战不利，不敢离上，侯，三千三百户。侯第二十二。

13. 吕欧：以中涓从起沛，至霸上，为连敖，入汉，以骑将定燕、赵，得将军，广严侯，二千二百户。侯第二十八。

14. 陈涓：以卒前元年起砀从，以二队将入汉，击项羽，身得郎将处，功侯。以丞相定齐地。侯第二十九。

15. 孔聚：以执盾前元年从起砀，以左司马入汉，为将军，三以都尉击项羽，属韩信。汉五年围项羽垓下，淮阴侯将三十万自当之，孔将军居左，费将军居右是也。侯第三十。费将军即下陈贺也。

16. 陈贺：以舍人前元年从起砀，以左司马入汉，以都尉属韩信，击项羽有功，为将军，定会稽、浙江、湖阳，侯。侯第三十一。

17. 丁礼：以中涓骑从砀中，为骑将，入汉，定三秦，侯。以都尉击籍，属灌婴，杀龙且，更为乐成侯，千户。侯第四十二。

18. 周定：以舍人从沛，以郎中入汉，定三秦迁为郎中骑将，破项籍东城，侯，千户。侯第四十四。

19. 宣虎：以河南将军降晋阳，以亚将破臧荼，侯，封蜀郡南安。侯第六十三。

20. 张苍：以宾客从起阳武，至霸上为常山守，得陈馀为代相，从赵相国，侯，千三百户。侯第六十五。

21. 蔡寅：以魏太仆三年初从，以车骑都尉破龙且及彭城，侯，千户。侯第六十六。

22. 张说：以卒从起方与，属魏豹，二岁五月，以执钺入汉，以司马击籍，以将军定代，侯，三千户。侯第六十七。

23. 高邑：以客从起啮桑，以上队将入汉，以将军定魏太原，破井陉，属淮阴侯，以木罂度军，击籍及攻豨，祝阿侯，八百户。侯第七十四。

24. 杜得臣：从卒起于胡陵。入汉以郎将迎左丞相军，以击诸侯。侯，千户。侯第八十一。

25. 冷耳：以客从起沛，用兵从击破齐田解军，以楚丞相坚守彭城，击布军，功侯，二千户。下相侯。侯第八十五。

26. 季必：以都尉汉二年初起栎阳，攻废丘，破之，因击项籍，别属韩信破齐军，攻臧荼，迁为将军，击信，侯，千户。侯第九十。

27. 王周：以骑司马汉王元年从起废丘，以都尉破田横、龙且，追籍至东城，以将军击布，九百户。侯第九十二。

28. 程黑：以赵卫将军汉王三年从起卢奴，击项羽敖仓下，为将军，攻臧荼有功，侯，千户。侯第九十二。

29. 杨武：以郎中骑将汉王元年从起下邽，击阳夏，以都尉斩项羽，有功，侯，七百户。侯第九十四。

30. 强瞻：以赵骑将从，汉三年，从击诸侯，侯，比吴房侯，千五百户。侯第九十五。

31. 赵将夜：以赵将汉王三年降，属淮阴侯，定赵、齐、楚，以击平城，侯，七百户。侯第九十八。

32. 许瘛：以汉三年以赵羽林将初从，击定诸侯，功比磨侯，五百四十户。侯第九十九。

33. 冯解敢：以代太尉汉王三年降，为雁门守，以特将平代反寇，侯，千户。侯第一百。

34. 吕马童：以郎中骑将汉王元年从起好畤，以司马击龙且，后共斩项羽，侯，千五百户。侯第百零一。

35. 卢卿：以齐将汉王四年从淮阴侯起无盐，定齐，击籍及韩王信于代，侯，千户。侯第百零九。

36. 王翳：以郎中骑汉王三年从起下邳，属淮阴，从灌婴共斩项羽，侯，千七百户。侯第百零二。

37. 杨喜：以郎中骑汉王二年从起杜，属淮阴，后从灌婴共斩项羽，侯，千九百户。侯第百零三。

38. 吕胜：以骑士汉王二年从出关，以郎将击斩项羽，侯，千五百户，比杜衍侯。侯第百零四。

39. 昭涉掉尾：汉王四年，以燕相从击籍，还击荼，以故二千石将为列侯，千户。侯第百十一。

40. 卢罢师：以齐将汉王四年从淮阴侯起临淄，击籍及韩王信于平城，有功，侯，千二百户。侯第百十四。

41. 翟盱：以汉二年为燕令，以都尉下楚九城，坚守燕，侯，九百户。侯第百三十。

42. 吕释之：以吕后兄初起以客从，击三秦。汉王入汉，而释之还丰沛，奉卫吕宣王、太上皇。天下已平，封释之为建成侯。

43. 襄（索隐：襄，名也。史失姓及谥）：以执盾队史前元年从起砀，破秦，以治粟内史入汉，以上郡守击定西魏地，功侯。

44. 陈豨：以特将将卒五百人，前元年从起宛朐，至霸上为侯。以游击将军别定代，已破臧荼封夏阳侯。

[18] 淮阴侯只是名义上的侯。刘邦对一百四十三位开国功臣分封，萧何排名第一倒也没什么话说，韩信排名第二十一位，让人不甚明白，对此史书并没有记载刘邦给出的理由。在当初韩信灭齐时，已经初步形成了天下三分之势，刘邦为了拉拢韩信共同抗击项羽，就封韩信为齐王。韩信一直感念刘邦的知遇之恩，最终选择了追随刘邦，可是楚汉战争刚结束，刘邦便借故改封他为楚王，同时收回了他的兵权。汉朝建立后，又因"涉嫌谋反"的罪名将他贬为淮阴侯。所以韩信排名不高是有原因的。而此时的韩信，纵然功高震主，但已经是戴罪之身，把他排在第二十一位，并不奇怪。

汉初爵位实行的是王、侯两级制度，所不同的是，王有封地，有自己的官僚系统，而侯只能食封地之邑。韩信由大汉英雄，变成了大汉罪人，由王而侯，保住一条性命就算不错了。其实，"淮阴侯"只是一个名义上的侯，不是根据功劳所封，也不享有侯爵的政治权力，不使就国，软禁于长安。说白了，他就是被刘邦软禁的一个高级政治犯，但经济上还是相当不错的，与萧何、曹参、樊哙等人同级别。

高帝七年（辛丑，前 200） 三十一岁

时 事

十月，韩王信反。[1]刘邦率三十二万大军北击匈奴，被困平城白登山七日，用陈平计，离间单于阏氏得以突围。

十二月，匈奴攻代地，代王刘喜（仲）逃归。刘邦还军过赵，立刘如意为代王。[2]如意，戚姬[3]所生子。以列侯陈豨为代国相，统赵、代边兵，负责防御匈奴。

丞相萧何留守关中总理庶事。

二月，长乐宫[4]成。

行 状

淮阴侯失国，软禁于长安，日夜怨望，羞与周勃、灌婴、樊哙[5]等人为伍。韩信如此亦是另有原因。[6]

案： 韩信闭门居家，常常称病不出，过着苦闷而忧伤的日子。

韩信被去掉楚王，改封淮阴侯，这个"淮阴侯"只是一个名义上的侯，不享有侯爵的实质权力。说白了，他就是一个高级政治犯。

《史记·淮阴侯列传》是这样记载的：

信知汉王畏恶其能，常称病不朝从。信由此日夜怨望，居常鞅鞅，羞与绛、灌等列。信尝过樊将军哙，哙跪拜送迎，言称臣，曰："大王乃肯临臣！"信出门，笑曰："生乃与哙等为伍！"

自从被软禁以来，韩信人生落差太大，心绪不佳，心结未能打开，对刘邦怨恨连连。况且，要与昔日的属下曹参、灌婴、靳歙、孔聚、陈贺等人同为列侯，同居庙堂，俯首为臣，感到浑身上下都不舒服。因此，他一般不参加朝廷的政治活动。其实，被贬后为减少刘邦的猜忌，有时是故意为之。尽

管如此，韩信依然被许许多多的人崇拜、敬仰着。但他不因为落难，向现实低下自己高傲的头颅，也不因为受到屈辱，去做一些低三下四的事。

有一次，韩信路过樊哙家门口，顺便进去坐了坐。樊哙对韩信的到来深感荣幸，立即前来迎接。要知道，樊哙是刘邦亲信大将，又是刘邦妻子吕后的妹夫，身份极为特殊。樊哙因卓著的战功，已被封为舞阳侯，级别上同韩信、萧何、张良等人一样，均为侯爵，且樊哙侯第排第五位，韩信侯第排第二十一位。像其他大臣一样，樊哙对韩信仍自称臣下，诚惶诚恐地按过去礼节跪拜。韩信笑称樊将军不必拘于礼节，随性随性，我现在是淮阴侯，早已没有王爵。樊哙仍磕头，口称在樊哙面前韩信永远是大王！

樊哙，在人们心中是一个莽夫，其实并非如此。他有时莽撞，可在很多关键时候的作为，往往不是常人所能做到的。

他曾作为韩信麾下的一员大将，在还定三秦的战役中，韩信以其为先锋，攻城略地，受到嘉奖。他在认识了韩信的不世才华后，对其敬重有加，并在以后的战争中建立了一定友谊。但是，在伪游云梦泽时，执缚韩信的也有樊哙。（《史记·樊郦滕灌列传》："楚王韩信反，哙从至陈，取信，定楚。"）在了解到事件真相后，他同情韩信的遭遇，反感刘邦的无情，却也无能为力。现在，高规格接待，或许有他自己的想法。

叙谈一番，临别时再次跪拜。不管如何，樊哙如此态度足见韩信在刘邦军事集团中无人能及的崇高威望。

离开樊哙家门后，韩信却大笑起来："韩信竟与此等人为伍，实在是可悲！"曾经位高权重、叱咤风云的韩信竟说出这样孩子气的话，人性的本真一览无余。

刘邦留下了韩信的性命，韩信却没有一点感激的意思。他看不透人性虚伪，也看不清现实残酷，只要是家天下，杀害功臣便是一个解不开的死结。

历史上，春秋名将伍子胥被逼自刎身亡，秦国大将白起功劳太大，死而非其罪。宋太祖赵匡胤干脆来了个杯酒释兵权，一了百了。明朝皇帝朱元璋对任何人都不放心，先是杀了开国功臣胡惟庸，后来又杀了大将蓝玉，有名的刘伯温最后还是被猜忌软禁病死。清朝就更多了，八旗中代善、阿敏、莽古尔泰、多尔衮等人，囚的囚，杀的杀。在帝王剪除功臣的情况下，什么事都做得出来，能够保住自身性命就算不错了，否则怨气太大，任性而为，能有什么好下场？

一日，高帝与淮阴侯论兵言将，信自谓多多益善。

案：可以说，刘邦打了一辈子仗，深知军事理论的重要性，而韩信又是军事天才，他总想在韩信那里探知一些用兵的奥秘，用于以后战争。

《史记·淮阴侯列传》记载：

上常从容与信言诸将能不，各有差。上问曰："如我能将几何？"信曰："陛下不过能将十万。"上曰："于君何如？"曰："臣多多而益善耳。"上笑曰："多多益善，何为为我禽？"信曰："陛下不能将兵，而善将将，此乃信之所以为陛下禽也。且陛下所谓天授，非人力也。"

刘邦先问了韩信朝中将领的能力大小、本领高低和各自的优缺点，以利于对他人的识别和驾驭。韩信倒也没有太在意。

刘邦话锋一转问："谈到兵法，天下兵机淮阴侯最识，众将之能淮阴侯也最清楚。依淮阴侯看，朕可将多少兵马？"

韩信说："最多十万！"

刘邦玩弄政治天下无人能及，带兵打仗却不敢恭维。人们记忆犹新，彭城一战，致使几十万的诸侯联军一夜之间灰飞烟灭，无奈之下，刘邦不管不顾，撒腿就跑，结果在围追的过程中，项羽部将丁公手下留情，才让刘邦从眼皮子底下脱身。荥阳保卫战中，刘邦一逃再逃，差一点要了性命，最终，他利用纪信替身假投降才成功逃脱。

"十万？"刘邦当然不认可韩信的说法，脸色顿时陡变，"与你比之如何？"

韩信作答："臣之将兵，多多益善。"

"嘿！"刘邦冷笑一声，带着嘲笑的口吻，"你既多多益善，为何屡为朕所擒！"

韩信知刘邦恶其能，不知说什么好，但也不想过于刺激刘邦："陛下不善统兵，却善驭将。"他接着又补上一句，"陛下是天命神授，非人力所为！"

"嗯？"刘邦听说天命神授，脸色才有好转。但他知道，被贬之事，韩信仍不能释怀，高傲、自负、狂妄和不满情绪溢于言表。一只狂妄的恶狗，竟敢和主人作对，这不仅仅是皇帝的权威问题，而是同诸侯势力一场你死我活的政治斗争！可笑的是韩信，英雄才，市井志，当年身居强齐，威慑天下，足以与楚汉分庭抗礼，那时你不下手，如今还有什么资格与朕摆脸。只是韩信权变太深，难以制服，今闲居独处，一旦有变，他的威胁丝毫不亚于项羽，须预先做好安排！

张良、韩信编次兵书，著录兵法，凡一百八十二家，删取要用，著三十五家。[7]

案：审订兵法，这是韩信贬为淮阴侯后，经萧何提议，刘邦下诏让韩信与张良进行的。在楚汉大战期间，韩信创造那么多经典战例，前无古人，后无来者，兵圣孙武实战也未必如韩信。而韩信落到进不得退不能的地步，闭门总结研究兵法，他倒也十分乐意，人生到头来不就是一个回忆！

关于审订兵法一事，班固《汉书》有所记载，自春秋用兵一百八十二家，韩信序次诸家为三十五家，又著录三篇，引兵法自证，纯用权谋，机理玄深。所谓"序次"，就是编排目次的意思。这是我国历史上第一次大规模地整理古代兵法，为军事学术研究奠定了科学基础。

班固《汉书·艺文志·兵书略》分兵书为兵权谋、兵形势、兵阴阳、兵技巧等四类，以兵权谋为首，将韩信所著三篇兵法，列入兵权谋十三家之一。十分可惜的是，兵书原文无法找寻，《汉书》称，"因诸吕用事而盗取之"，三篇兵法从此湮灭在历史的长河之中。

十二月，陈豨[8]离京赴任，辞别淮阴侯，信携手步入庭院，避左右，与之"通谋"。

《史记·淮阴侯列传》有这样记载：

陈豨拜为钜鹿守（《汉书》称代相），辞于淮阴侯。淮阴侯挈其手，辟左右与之步于庭，仰天叹曰："子可与言乎？欲与子有言也。"豨曰："唯将军令之。"淮阴侯曰："公之所居，天下精兵处也；而公，陛下之信幸臣也。人言公之畔，陛下必不信；再至，陛下乃疑矣；三至，必怒而自将。吾为公从中起，天下可图也。"陈豨素知其能也，信之，曰："谨奉教！"

案：汉朝新立，忙于安抚国内，一时无暇顾及塞外。这时，长城北面的匈奴趁机南下，警报似雪片飞入关中，刘邦初步处理好内部事务后，便迁驻守淮阳的韩王信到太原去守边，开始考虑对付匈奴日益增大的威胁。

可是事与愿违，韩王信不久便投降了匈奴。原因是刘邦夺了韩王信的封地，将他迁徙到马邑，因此，由怨生恨而投降。刘邦大怒，于是下诏亲征。当三十二万大军向北行进至平城时，匈奴冒顿单于集精兵四十万，将刘邦围于白登山，且派大军分扎在重要路口，截住汉兵的后援。

刘邦登上山头瞭望，只见四面八方都有匈奴的骑兵把守。当时正值天气严寒，连日雨雪不断。刘邦和将士们被围了三天后，粮食也快吃完了，汉军饥寒交迫，危在旦夕。陈平忽然心生一计。原来，他看到冒顿对新娶的阏氏（单于的王后）十分宠爱，朝夕不离。陈平想到冒顿虽能出奇制胜，也不免被妇人美色所惑。于是他派遣使臣，乘雾下山，向阏氏献上许多金银珠宝，并取出一幅图画，上面绘着一个美人儿，说是汉帝请阏氏转给单于。阏氏毕竟是女流之辈，见画不禁起了妒意，将图画交还汉朝使者，让他们赶快拿回去。阏氏想，若汉帝不能突围，就要把美人献给单于，那时自己就要受到冷落。阏氏连忙劝说单于，两国不应相逼厉害，现在汉帝被困在山上，汉人怎会就此罢休？单于恐怕惹阏氏不高兴，便于次日，传令让围攻的军队撤离。

刘邦用陈平的美人计，终于躲过了一场劫难，这个"秘密"多年后才被解开。刘邦回来后，又改派他的二哥刘喜去代地守边。

一波未平又起一波。就在刘邦回来不久，匈奴侵犯代境，刘喜竟狼狈地逃回了洛阳。刘邦虽恼他无用，但念手足之情，只贬去他的王爵，降为合阳侯，另封戚姬所生的少子如意为代王。只因代王年幼，未能就国，便命阳夏侯陈豨为代相，并授予他比一般诸侯王更大的权力，监赵、代边兵，防备匈奴再次入侵。

殊不知，在后来讨论韩信、彭越、卢绾被灭的原因时，都会归结到这个陈豨。

陈豨，宛朐人，当初不知是什么原因得以跟随刘邦，后平定燕王臧荼时，立下了赫赫战功，被封为阳夏侯。陈豨有个毛病，他平时仰慕战国养士之风，结交能力绝对不亚于刘邦，回乡跟从的马车有千乘之多，排场之大十分少见。韩信功高盖世，衣锦还乡也不过摆些仪仗。史书上还记载，陈豨有名有姓的部将就有二十人，韩信、黥布、彭越、卢绾有名姓的直系部将加起来也只有二十余人，可见陈豨是一个很有影响力的人。

赵、代一体，然而到了第二年，刘邦改派周昌任赵国相（《史记·高祖功臣侯者年表》"十年八月豨以赵相国将兵守代"），陈豨事实上就下课了，只负责军事防务，一种说不清道不明的失落之感油然而生。

多年征战，陈豨与韩信结下了深厚的友谊。他进京觐见刘邦，因其过去曾是韩信的部将，"以游击将军别定代"（《史记·高祖功臣侯者年表》），临行前，特意来到寂寞的淮阴侯宅第向韩信告别。

难以想象，韩信一直"羞与灌绛樊哙之流为伍"（《史记·淮阴侯列传》），看得起的人并不多，不知道什么原因，他却非常客气地接待了陈豨。

韩信把陈豨让入庭中，手拉手亲切地交谈起来。韩信为自己的待遇不公正发牢骚，他说："将军所去之地，那是天下出精兵的地方。你是皇上所宠爱的大臣，位尊权重。但和皇上隔得远了，皇上猜疑心重，不免就会相信别人的杂话。如若有人告你谋反，皇上不会相信，再有第二、第三次，皇上就会有所怀疑，甚至亲自带兵攻打你！那时，你就危险了，所谓情势所难，反也不好，不反也不好！"对韩信来说，给刘邦以打击，使刘邦尴尬，这能让自己接受。他们的谈话在黯然中结束。

当然，交谈的内容，是由后来的上告韩信"谋反"材料所提供。也就是说，韩信称陈豨若要谋反，他将在京城做内应。明眼人一看，韩信当时可能说了些不恰当的话，但要伙同陈豨谋反令人疑窦顿生。

考释

[1] 韩王信（？—前196），原名韩信，颍川阳翟（今河南禹州）人，韩襄王姬仓庶孙，身高八尺五寸，也是被逼反的异姓诸侯王之一。《史记·韩信卢绾列传》卷九十三：“汉王至河南，韩信急击韩王昌阳城。昌降，汉王乃立韩信为韩王，常将韩兵从。”

汉高帝二年（前205），韩王信平定了韩国的十几座城池。刘邦到达河南，韩王信在阳城猛攻韩王郑昌。郑昌投降，刘邦遂立他为韩王。此后，韩王信常带领韩军跟随刘邦作战。汉高帝五年（前202）春，刘邦和韩王信剖符为信，正式封为韩王，封地在颍川。

汉高帝六年（前201）春天，刘邦认为韩王信雄壮勇武，封地颍川北靠近巩县、洛阳，南逼近宛县、叶县，东边则是重镇淮阳，这些都是天下的战略要地，就下诏命韩王信迁移到太原以北地区，以防备抵抗匈奴，建都晋阳。韩王信上书说，我的封国紧靠边界，匈奴多次入侵，晋阳距离边境较远，请允许我建都马邑。刘邦答应了，他就把都城迁到马邑。这年秋天，匈奴冒顿单于重重包围了韩王信，他多次派使者到匈奴处求和。汉朝派人带兵前往援救，但怀疑韩王信有背叛汉朝之心，派人责备他。韩王信害怕被杀，于是就和匈奴约定好共同攻打汉朝，起兵造反，把国都马邑拿出投降匈奴，并率军攻打太原。

汉高帝十一年（前196）春，韩王信又和匈奴骑兵一起侵入参合（今山西阳高东北），对抗汉朝，于是两军交战，汉将柴武屠平参合城，并将韩王信斩杀。

[2] 刘如意（前204—前194），汉高帝刘邦第三子，汉惠帝刘盈异母弟，母戚夫人。高帝七年（前200），受封为代王。汉高帝九年（前198），改封为赵王。因母亲得宠，刘邦几次想要立他为太子，由于大臣与吕后反对而作罢。刘邦害怕吕后谋害刘如意，便以周昌为赵国丞相护卫。周昌沛

县（今江苏沛县）人，与刘邦是同乡，敢直言，在大秦帝国时期，周昌与兄长周苛都是泗水郡的卒史。刘邦死后，汉惠帝即位，其母吕后专政。汉惠帝元年（前194），吕后仍派人毒死刘如意。事见《史记》卷九《吕太后本纪》、卷九十六《张丞相列传》。

[3]戚姬（？—前194），亦称戚夫人，定陶（今山东菏泽市区）人，汉高帝刘邦宠姬。据《汉书·外戚传》载，刘邦做汉王时娶了定陶戚姬，十分宠爱，戚姬生刘如意。太子刘盈为人仁爱懦弱，刘邦认为他不像自己，常常打算废掉太子改立如意，说"如意类我"。戚姬经常跟从刘邦出征关东，日夜哭泣，希望册立自己的儿子为太子。而吕雉年纪大了，常常留守在关中，很少见到刘邦，越发被疏远。如意被封为赵王，留居长安，有好几次几乎被立为太子，但公卿大臣竭力反对。吕后采用留侯张良之策，才没有更换成太子。

刘邦去世，惠帝刘盈即位，吕后做了皇太后，就下令将戚夫人幽禁在永巷，剃去头发，颈束铁圈，砍断了戚夫人的手脚，剜掉眼珠，喝下哑药，把她扔在窟室里，称为"人彘"，残害至死。

[4]长乐宫。长乐宫意为"长久快乐"之宫，位于长安城东南隅，高踞山地，瞰临全城，是一个巨大的建筑组群，周围十里，面积占长安城四分之一。

长乐宫是高帝五年（前202）天下统一后，刘邦采纳萧何"天子以四海为家，非壮丽无以成重威"的建议，在原秦兴乐宫基础上改建，前后用了两年多时间，至汉高帝七年二月建成。刘邦在位时居于此宫。

前殿矗立于高台之上，是皇帝视朝和举行朝廷大典的地方。前殿前有端门，后有内谒者署门，东建宣德殿，西筑清凉殿，中部以麒麟殿和三重檐的麒麟阁为主。在长乐宫西北，还利用前朝的一座殿址修筑了太子宫，又称作北宫。这里建筑不多，但院落不少，后来王侯宅邸、勋臣公馆、市井民居、商店列肆等纷然杂陈，直达渭水之滨。汉高帝九年（前198），朝廷迁往未央宫，长乐宫改为太后住所。著名的长乐宫钟室就设在这一带。

长乐宫钟室便是当年吕后斩杀韩信的地方。高帝十一年（前196），吕后和萧何合谋，将韩信骗来处死，夷灭三族。汉初一个时期的宫廷内部斗争，也都围绕着长乐宫进行。

[5] 樊哙（？—前189），泗水郡沛县（今江苏沛县栖山镇）人。西汉开国功臣，元功十八侯之一，还定三秦之战时，曾受韩信指挥，后随刘邦在陈地执缚楚王韩信。

樊哙出身寒微，以屠狗为业。早年曾与刘邦一起隐于芒砀山间，因迎娶吕雉之妹吕媭，更得刘邦和吕雉信任。秦二世元年（前209），与萧何、曹参共同推戴刘邦起兵反秦，为刘邦麾下最勇猛的战将，功勋卓著。高帝元年（前206），起义军进入咸阳，与张良力劝刘邦封存府库，还军霸上。鸿门宴时，项羽欲杀刘邦，他不顾安危，斥项羽背信弃义，使刘邦得免于难。不久，随刘邦、韩信平定三秦，升将军。继随刘邦攻项羽，攻占邹县、鲁城等地，大破楚军。汉朝建立后，任左丞相，封舞阳侯，参与平定臧荼、卢绾、陈豨、韩王信等。刘邦去世前，安排陈平处死樊哙，没有实现。

后人了解樊哙是由于鸿门宴，因此，烙上"忠勇神武、足智多谋"印记，而真正的樊哙确是忠勇、威壮。当鸿门宴上已是剑拔弩张、险象环生时，樊哙问张良："今日之事何如？"当得知"项庄拔剑舞，其意常在沛公"时，马上请命"臣请入"，可见与刘邦生死与共、患难同当、赴汤蹈火的君臣之义。接着"带剑拥盾"闯营，"欲止不内"说明戒备森严，而"卫士仆地"也说明了其骁勇、强悍，一个勇敢无惧的武士形象展露得淋漓尽致。孝惠帝六年（前189），樊哙去世，时年五十四，谥号为武侯。

司马迁所著《史记·樊郦滕灌列传》是樊哙、郦商、夏侯婴、灌婴四个人的合传，讲述了这四个人各自追随刘邦，南征北战，创建汉朝的生平。

[6] 韩信瞧不起诸将的原因。汉军中，功勋卓著的将领多出在韩信麾下。据《史记·张耳陈馀列传》和《史记·高祖功臣侯者年表》载，韩信麾下有一人封王（赵王张耳）、四十四人封侯（实际远不止这个数字，如惠帝时受封为平都侯的刘到，从其军功阅历而言，无疑也是归降于韩信的齐将）。这足以说明韩信的军队战功卓著，也足以说明韩信为什么不屑与樊哙等人为伍的"资本"。详见"汉高帝六年"条下考释"韩信属从功臣

侯者名录"。

[7] 修订兵法。韩信序次兵书的时间,大致介于汉高帝六年(前201)被贬,至高帝十一年(前196)被杀这五六年之间。

《咸丰·清河县志》第十三卷"艺文"中记载:"韩信三篇"其小注云:"汉成帝令任宏论次兵书,为四种,其权谋中有韩信三篇。前后《汉书·艺文志》皆载之。且云汉兴,张良、韩信序次兵法,凡百八十一家,删取要用,定著三十五家。"

班固《汉书·艺文志》记载:"汉兴,张良、韩信序次兵法,凡百八十二家,删取要用,定著三十五家,诸吕用事而盗取之。武帝时军政杨仆捃摭(摘取)遗逸,纪奏兵录,犹未能备。至于孝成,命任宏论次兵书,为四种。"

任宏论次的四类兵书共五十三家七百九十篇:一是兵权谋十三家二百五十九篇,其中包括"韩信三篇";二是兵形势十一家九十二篇;三是阴阳十六家三百四十九篇;四是兵技巧十三家一百九十九篇。

兵权谋家,班固言其特点为"以正守国,以奇用兵,先计而后战,兼形势,包阴阳,用技巧者也"。(班固还对兵形势家、兵阴阳家、兵机巧家分别解释为:"形势者,雷动风举,后发而先至,离合背乡,变化无常,以轻疾制敌者也";"阴阳者,顺时而发,推形德,随斗击,因五胜,假鬼神而为助者也";"技巧者,习手足,便器械,积机关,以立攻守之胜者也"。)兵权谋家注重军事战略研究,兼通形势、阴阳、技巧各派之长,实是兵家的魂魄所在。可见四类兵书,"权谋"最为重要。

韩信是我国古代"兵权谋家"主要代表人物,用兵思想备受推崇。他对保存和发扬我国古代军事遗产,对我国古代兵学发展起到了重要推动作用。不过他著有的兵书三篇都已失传。杨仆、任宏在收集过程中,认为韩信兵书最为难寻。《咸丰·清河县志》称,这是史籍中淮阴人著书立说的最早记载。

[8] 陈豨,见"汉高帝十年"条下"考释"。

卷七 钟室之祸

高帝九年（癸卯，前198） 三十三岁

时 事

十月，刘邦派刘敬去匈奴，结和亲之约。

十二月，赵王张敖[1]因赵臣贯高谋害刘邦一事，降为宣平侯。以子刘如意为赵王，周昌任赵相。

行 状

是年，淮阴侯韩信被软禁于长安。

考 释

[1] 张敖（前241—前182），外黄（今河南民权）人，赵王张耳之子，妻子是刘邦独女鲁元公主，女儿张嫣为汉惠帝刘盈皇后。也是被刘邦处理掉的异姓王之一。

秦末随父参加陈胜、吴广起义。汉高帝三年（前204），刘邦封张耳为赵王。汉高帝五年（前202），张耳去世，谥号景王。张敖继承其父赵王爵位。

汉高帝八年（前199），刘邦从东垣回来，路过赵国，张敖献上美人，赵姬得临幸。张敖不敢让赵姬进入宫内，为赵姬建筑外宫居住。之后贯高

等人在柏人县馆舍的夹壁墙中隐藏武士，想要拦截杀死刘邦。刘邦经过那里想要留宿，心有所动，就问道："这个县的名称叫什么？"回答说："柏人。""柏人，是被别人迫害啊！"没有留宿就离开了。

第二年，贯高的仇人知道他的计谋，就向刘邦秘密报告贯高谋反。于是把张敖、贯高等人同时逮捕，十多人都要争相刎颈自杀，只有贯高愤怒地骂道："谁让你们自杀？如今这事，大王确实没有参与，却要一块逮捕，你们都死了，谁替大王辩白没有反叛的意思！"于是被囚禁在囚车里和张敖一起押送到长安。朝廷审判张敖的罪行，张敖确实没有参与其中。刘邦便赦免了张敖。张敖被释放后不久，因娶鲁元公主的缘故，刘邦削去其赵王爵，降封为宣平侯。

事见《史记》卷八十九《张耳陈馀列传》。

高帝十年（甲辰，前197） 三十四岁

时 事

十月，淮南王黥布、梁王彭越等诸侯入京，朝会长乐宫，平安无事。

七月，太上皇去世。

八月，代相陈豨[1]反，勾结匈奴，自立为代王。

九月，刘邦亲自率兵讨陈豨，进至邯郸。

刘邦宠戚姬，欲废太子刘盈，更立戚姬子如意，周昌[2]等大臣强谏不听。吕后使吕泽之要张良划计，张良劝太子厚结平素为刘邦敬重的"商山四皓"。"四皓"年皆八十余，隐于商山，故称"商山四皓"。吕后从其计，夺嫡风波平息。[3]

行 状

本年淮阴侯韩信软禁于长安，陈豨反，刘邦自将而往，信称病不从。

案：汉高帝十年（前197）七月，太上皇崩逝。王、侯、将、相都来栎阳宫治丧。独陈豨未到。

刘邦便派人赴代地调查，陈豨门客确有很多不法行为，但还不想举兵征讨，只严令陈豨回京，陈明内情。不想陈豨为了自保，兵走险着，暗中联络反将王黄和曼丘臣。这两个人曾经是韩王信的部将，与韩王信谋反失败后，逃往匈奴，却时常在边境出没。陈豨派人和他们联络，他们立即答应支持陈豨谋反。这样，陈豨谋叛之名越加坐实。

刘邦白登山上当的主要原因是骄傲，即位后，御驾亲征的次数越来越多，他大概认为自己天下无敌了，现在想想十分可怕，如果换了韩信指挥这支军队，会被骗上白登山吗？

他召集众臣商议，众臣认为陈豨知淮阴侯韩信已罢闲，其余诸侯都不足以御之，自恃其能，无所顾忌。所以陈豨的胆子才会有如此之大。

征讨陈豨关乎国运，众臣一致保举韩信。韩信如能挂帅前往，临威慑服，打败陈豨易如反掌，皇上可以高枕无忧。可是，自韩信从楚地被捕到长安，一直称病不朝，不知他能否出马，为皇上分忧？如能，很好；不能，可着太子监国，吕后与萧相国辅之。皇上则亲统大军，以周勃、郦商为先锋，以樊哙、灌婴为左右翼，以曹参、夏侯婴为接应，使天威下临，群凶丧胆，定能使陈豨畏服。同时，再作诏谕黥布、彭越为策应，此战必获全胜。

刘邦准奏，一面草诏讨伐陈豨，一面差人往关东诸路遣兵布防。可是，黥布、彭越托病不出，他虽大怒，但也无可奈何。

为了集中力量平定陈豨的叛乱，六十岁的刘邦决定亲征。他认为利用软禁在长安的韩信是为一策。韩信正值英年，将韩信留在京都终究是一块心病，如果他能随大军前去，既解除疑心，又能打败陈豨，岂不是一举两得。而韩信同样称病不愿随刘邦出征。

考 释

[1] 陈豨（？—前195），宛朐县（今山东菏泽西南）人，西汉开国

将领，随同刘邦征战天下。平定赵、代时曾受韩信指挥。他的事迹记载在《史记》卷九十三《韩信卢绾列传》、《汉书》卷三十四《韩彭英卢吴传》，其余事迹散见高祖本纪、诸将列传、年表等。

汉高帝七年（前200）十二月，匈奴进攻代国，代王刘喜弃国自己逃回洛阳，被贬为合阳侯。刘邦改立儿子刘如意为代王。由于代地与匈奴接壤，是非常重要的地方，刘邦觉得陈豨素来办事可靠，所以当年军职为郎中的陈豨被封为列侯，以代相的身份督统赵、代两国部队（《史记·淮阴侯列传》称陈豨辞别韩信时已拜为钜鹿守，《高祖功臣侯者年表》称为赵相国；班固《汉书》同一段则称代相），镇守赵代边疆，防范匈奴入侵。

时陈豨前去向淮阴侯韩信辞行，韩信拉着他的手避开左右侍从在庭院里漫步，仰望苍天叹息说："你可以和我聊一聊吗？有些话想对你说。"陈豨说："任凭将军吩咐！"经淮阴侯韩信的煽动，以及后来赵国相周昌的告发，汉高帝刘邦的猜忌和调查，心存不臣之心，最终被韩王信策反。

汉高帝十年（前197）九月，陈豨兴兵叛汉，自封代王，与韩王信、匈奴势力联合。刘邦因此御驾亲征，合天下之兵，集结汉军多位名将，共同前往征讨陈豨等人。已知的将领有：燕王卢绾、右丞相郦商、太尉周勃、齐相国曹参、舞阳侯樊哙、颍阴侯灌婴、曲逆侯陈平、太仆夏侯婴、代丞相傅宽、车骑将军靳歙、将军郭蒙、将军刘泽、御史大夫赵尧等人。除了汉军，还有梁、赵、齐、燕、楚等地的诸侯军队参与大战。

汉高帝十二年（前195）冬，陈豨遭到周勃和樊哙率领的军团合攻，兵败于灵丘，被汉军郎中公孙耳追击斩杀。陈豨之乱先后牵扯多位异姓诸侯王，汉军中则有多位将领通过对陈豨的作战而以军功封侯，足以证明其反叛影响之大。

《史记》中陈豨的身死之地有两种说法：一说在灵丘县（在今山西大同东南），一说在当城县（在今河北蔚县东北）。《汉书·高帝纪》中记载："周勃定代，斩陈豨于当城。"

［2］周昌（？—前192），泗水郡沛县人，西汉开国功臣，元功十八侯之一。据《汉书·张周赵任申屠传》载，秦时为泗水卒，秦末农民战争

中，随刘邦入关破秦，任御史大夫，封汾阴侯，耿直敢言。刘邦欲废太子，他直言谏止。后为赵王刘如意相，刘如意为吕后所杀，周昌自觉辜负了刘邦，郁闷不乐，遂托病不朝见，三年而死，谥悼侯。班固评价："周昌，木强人也。"

[3] 夺嫡风波。刘邦在高帝二年（前205）六月即已立吕雉之子刘盈为太子，但即位为皇帝后，以刘盈仁弱，"不类我"为理由，想要改立戚姬子刘如意为太子，因为"如意类我"。戚夫人受到宠幸，常常跟随刘邦出征关东，日夜哭泣，想立她的儿子为太子。周昌、叔孙通等朝中大臣都坚决反对废长立幼。

有人为吕后设谋，让其找张良。吕后就让她的哥哥建成侯吕泽劫持张良，逼着张良献计。张良对吕泽说："陛下在战争困难的时候确实能够听我的意见，但是，如今是因为爱而要废长立幼，这已经不是靠说能了结的事。但是，陛下非常看重的商山四皓，却始终请不来，因为他们认为陛下对臣下态度一贯傲慢。如果你们想办法把商山四皓请出来辅佐太子，让他们天天陪着太子，特别上朝之时陪伴太子，陛下一定会看见。陛下知道商山四皓辅佐太子，也许会有用。"吕后立即付诸实施，又让吕泽使人带了太子的亲笔信，还带了一份厚礼，请"商山四皓"出山，这四位高士竟然全来了。

高帝十二年（前195），刘邦平定黥布叛乱，但是，刘邦也在这次平叛中第二次受到致命箭伤，且由箭伤引发的疾病更加严重，此时的刘邦已经预感到生命将到尽头。因此，他废立太子的愿望也更加强烈。张良劝阻无效，托病不再上朝。作为太子太傅的叔孙通以死相谏，刘邦假装听从，实际上废立太子的想法毫无改变。

一次朝宴，刘邦发现太子身边有四位八十多岁的老人，胡须、眉毛都白了，服装、帽子非常讲究。刘邦很奇怪，就问他们是谁。四位老人上前回答，并各自报了姓名：东园公、甪里先生、绮里季、夏黄公。刘邦听说后大为吃惊："我请你们多年，你们逃避我。为什么要随从我的儿子呢？"四位老人回答："陛下轻视读书，又爱骂人，我们坚决不愿受辱，所以才因为恐惧而逃亡。如今听说太子仁孝恭敬，爱护天下读书人，天下人都愿意为太子效死力，所以我们就来了。"刘邦说："烦请诸位好好替我照顾好太子。"

四位老人敬完酒，离去。刘邦看着离去的四位老人，指着他们对戚夫人说："我本想更换太子，他们四个人辅佐他，太子的羽翼已经形成，难以更动了，吕后真是你的主人了。"戚夫人听说后，立即失声痛哭，刘邦说："为我跳一曲楚舞，我为你唱一首楚歌。"歌词说："鸿鹄高飞，一飞千里。羽翮已就，横绝四海。横绝四海，当可奈何！虽有矰缴，尚安所施！"从此之后，刘邦再也不提废立太子的事了。

事见《史记》卷五十五《留侯世家》、《汉书》卷四十《张良传》。

高帝十一年（乙巳，前196） 三十五岁

时 事

十二月，刘邦大破陈豨于东垣，豨逃亡匈奴。[1]立子刘恒[2]为代王。

刘邦派使任丞相萧何为相国，益封五千户，置一都尉率五百士卒为警卫。萧何知其疑忌，用召平之谋自保，让封辞谢，尽输家财以助军饷。

三月，梁王彭越[3]反，被夷三族。封子刘恢[4]为梁王、刘友[5]为淮阳王。

五月，为和百越，诏立赵佗为南越王。

七月，淮南王黥布见韩信、彭越死，被逼举兵反，东向击荆，杀荆王刘贾，破楚（荆）军。

九月，刘邦亲自率军攻黥布，封子刘长[6]为淮南王。

行 状

正月，淮阴侯舍人弟栾说[7]告韩信与陈豨谋反，吕后[8]与萧何设谋，骗韩信入长乐宫。

《史记·淮阴侯列传》载：

其舍人得罪于信，信囚，欲杀之。舍人弟上变，告信欲反状于吕后。吕后欲召，恐其党不就，乃与萧相国谋，诈令人从上所来，言豨已得死，列侯群臣皆贺。相国绐信曰："虽疾，强入贺。"

案：刘邦没有绝情到底，非但没有杀掉韩信，还不失封侯之赏。其实，封侯是假，监禁是真，这让自尊心很强的韩信一直难以接受。

想当年，如果自立天下，就不会有今日猖狂的刘邦，也就不会有如此窝囊的韩信。扪心自问，与刘邦相比他到底差在哪里？良知，非也。才能，非也。天时，非也。韩信心没有刘邦那么狠，胆子没有刘邦那么大，这大概是他"隐忍"的性格和良心使然。

韩信这年约三十五岁，从二十三岁那年投奔项梁，已整整过去十二年，但被关在鸟笼子里却有六年。

在军事上，韩信无敌于天下，破秦、魏、代、赵、齐、楚，并一脚把项羽从神坛上踢了下来。在政治上，韩信完全不是刘邦的对手，被刘邦玩弄于股掌之间。而韩信的失败，主要也是因为政治原因，项羽也是栽在了政治上。韩信的政治能力很平庸，即使当年听从武涉、蒯彻等的建议，也未必一定能玩得过刘邦。可以说，韩信是一个天才军事家，却不是一个高明的政治家，也不是一个完美无缺的道德家。

不过，就在韩信哀怨不止的时候，更大的灾祸已经从天降临。在平定陈豨的叛乱中，刘邦有意扩大事态，他们首要的目标，自然就是认为威胁最大的韩信。韩信功劳太大，名声太响，又不拘小节，任性率真，可以说，韩信在世一天，刘邦、吕后就多一块心病。

而萧何，推崇无为，在刘邦集团中是一个"好好先生"，有人形象地称他为老奴，唯刘邦、吕雉马首是瞻。但萧何也有难言之处，尽管自己忠心耿耿，而君臣之间的猜疑，还是不可避免。刘邦对握有重兵的一方异姓王，必欲铲除而后快，而对于位高权重的内臣也一样。自己虽功封第一，可是他并不放心，有时君权与相权的矛盾还很尖锐。

据《史记·萧相国世家》载，楚汉在荥阳、成皋间激战，汉王刘邦却不断从前线派使者来慰问萧何，为消除疑心，萧何把子侄兄弟中凡能上战场的，等于人质，都送到了军中，这才消除了刘邦疑虑。现在刘邦在征战陈豨时，还派了一个都尉及五百士卒来充当萧何的卫队，明眼人一看就知道，这分明是怕淮阴侯在内谋反，刘邦也在疑心萧何了。

这一天，有传闻从前方传回捷报，说陈豨叛军已被打败，陈豨已被杀死。这突如其来的消息让韩信感到十分意外。陈豨多谋善断，刘邦平叛才四个月时间，怎会败得这样迅速？

这时，相国萧何驾到了。韩信对萧何是深知、深信，多少年以来，他感激萧何，崇敬萧何，平心而论，不怀疑他的为人。相见后，萧何告诉韩信，皇上御驾亲征，平定了叛乱，皇后请大臣们入宫庆贺，我是特意来接你同往的。萧何还说，淮阴侯身体不好，此事在我疏忽，没有及时向监国太子和皇后奏明。若能支撑，我看还是去一去的好，在这欢欣鼓舞、举国同庆的日子里，显得君臣同心一致！

韩信沉吟一下。自己多日足不出户，萧何来请，若不从命，就显得有失交情。当然，皇帝打败了叛臣，列侯也是应该去祝贺的。于是，他同萧何坐二马车，向长乐宫驶去。但他哪里知道，萧何是故意设下圈套，将他引入魔窟，此次去宫中竟成了韩信人生中的绝唱。

人生就是一个选择，成败天定。救韩信的是漂母，举荐韩信的是萧何，追杀韩信的是吕雉，而如今，萧何却成了吕雉的帮凶！怎么连最为敬重的萧何也给韩信设下圈套？

吕后以"人告公反"为由，斩韩信于长乐宫钟室，夷三族。韩信之死，死因为何？[9]有没有谋反？[10]后世一直存在较大争议。民间传言，见天不死，见地不死，见君不死。[11]还传言，萧何救三岁孤子，韩侯有后。[12]

《史记·淮阴侯列传》是这样记载的：

信入，吕后使武士缚信，斩之长乐钟室。信方斩，曰："吾悔不用蒯通之计，乃为儿女子所诈，岂非天哉！"遂夷信三族。

案：谋杀韩信的计划，是由萧何提出来的。《史记·萧相国世家》："淮阴侯谋反关中，吕后用萧何计，诛淮阴侯。"韩信会想到刘邦，也会想到吕雉，但他绝对不会想到萧何会对自己下此狠手。

萧何留给后人的印象是忠厚长者。不过，这是他给自己涂抹了保护色，他与刘邦一样都是"变色龙"。相信人们都对"萧何月下追韩信"的故事记忆犹新，韩信之所以能被刘邦重用，完全是萧何的功劳。现在韩信已经没有利用价值，作为汉王朝杀戮的主要对象，不是光环，而是避之不及的祸害，他只能设计除掉韩信，以求自保。萧何出的主意是，将韩信与远在代地的陈豨叛乱牵连在一起，让韩信有口莫辩，并由自己出面，将韩信从侯府骗进宫来参加庆功宴，到时可以一举轻松拿下。自然，由恩人萧何出手，杀掉韩信的社会舆论也会大不一样。

在诛杀韩信的事件中，萧何充当了不光彩的角色，但吕后才是真正主谋。南宋文学家陈亮就曾指出："汉高帝所籍以取天下者，故非一人之力，而萧何、韩信、张良盖杰然于其间。天下既定，而不免于疑。于是张良以神仙自托；萧何以谨畏自保；韩信以盖世之功，进退无以自明。萧何能知之于未用之先，而卒不能保其非叛，方且借信以为自保矣。"（《陈亮集》卷九《论》）

吕后虽是女流之辈，在历史画卷中，她以巾帼不让须眉之势左右着汉朝的历史。

她懂政治，头脑会转弯，也更了解刘邦的心思，而除掉韩信，正是刘邦想下手却不想留下骂名的头痛之事，那好，她来帮他承担这个责任。因为，在那个年代，吕后既不擅长战争，也没有统御诸将的经历，唯一控制权力的机会，就是以杀立威，通过诛杀异己，为不久的将来儿子和自己亲政打下基础，第一个被她选中的就是已被废为淮阴侯并监视居住的韩信。她趁刘邦在外征战之机，与萧何用计杀掉了韩信，从而成功震慑了其他功臣。不久后，梁王彭越被刘邦废为庶人，削职流放蜀地，途中遇吕后，彭越诉说无罪，吕后答应为他说情，将其带回咸阳。她对刘邦说："你把彭越放走，等于放虎归山。"刘邦遂将其处死。刘邦称帝八年间，吕后协助刘邦镇压叛逆、打击割据势力，客观上对巩固汉朝统一政权起了重要作用，并为她日后掌权做了充分准备。

就在韩信惊悸之余，吕后、萧何出现了。吕后给出的罪名是：和叛臣陈豨勾结，欲乘皇帝陛下亲征，与陈豨内应外合来对付朝廷，且栾说已供出韩信和陈豨来往的事情。

《史记·淮阴侯列传》载，汉十年，陈豨果反。上自将而往，信病不从。阴使人至豨所，曰："弟举兵，吾从此助公。"信乃谋与家臣夜诈诏赦诸官徒奴，欲发以袭吕后、太子。部署已定，待豨报。

受了韩信提拔多年，陈豨一直深深佩服韩信的才华，对韩信唯命是从。钜鹿之行陈豨更是踌躇满志，就想将韩信的计划付诸实施。而韩信为皇上打下了天下，如今被贬为列侯，满肚怨气，于是他同自己家臣密谋，准备在某日夜里突然行动，假传圣旨，释放京城里的囚犯和奴隶，去袭击皇后和太子，夺取长安。如今一切已布置妥当，只等陈豨回音。

应该说，栾说是在栽赃陷害。栾说原是韩信准备处死的一个门客罪徒的弟弟。门客的弟弟对韩信怀恨在心，他的供述是公报私仇，不足为凭。或者说，仅凭栾说的一面之词，就能确定一个开国元勋谋反了？更何况，上月初刘邦已攻下代地东垣，陈豨叛军已经瓦解，韩信在京城又如何接应兵败的陈豨，这是不是在开一个天大的玩笑？

韩信明白，凡是功高猛将，不管反也好，不反也好，到头来总要找出理由将其杀掉。他们的手段就是使用—限制—诛杀，战争中用其所长，为他们效力，随着战争的结束，逐渐限制，一旦夺取了政权，难免于一死。在这一刻，他喊出了一句深藏在心底的话："早知如此，悔不听蒯彻之言，鼎足而三夺天下，以致今日落入吕雉和萧何设下的圈套，看来这是天意啊！"

到了第二年叛乱平息后，陈豨部下投降，一切真相大白，没有一人招认同韩信有任何预谋和联系。让人高度怀疑的却是这个"举报"人栾说，早在一个月前已被封为慎阳侯，是不是因为举报有功，吕后已事先允诺，再由刘邦回来加以确认？

现在，吕后将韩信押进长乐宫钟室，目的是要拿到韩信"谋反"的口供，这将关系到刘邦、吕雉及汉王朝的政治声誉和威望，以及后代的评说。

长乐宫悬钟之室，怎么变成了审问大臣的地方？吕后和萧何这样做，实际上无异于私设公堂，无异于暗杀，若有谋反确凿证据，为什么不把韩信送交廷尉公审，以昭示韩信之罪！韩信的态度，也在预料之中，吕后恼怒地宣布，韩信谋反罪名成立，夷灭三族（父族、母族和妻族），并立即斩韩信于钟室！一代将星，大汉开国元勋，就这样以秘密的方式被处决了。

看得出，戮杀韩信是一场经过精心策划的重大阴谋。吕后先是设下一个局，收买韩信门客诬告韩信，再利用萧何来诱骗韩信入宫。接着，罗列罪名，编造材料，将其记入官方档案，使"韩信谋反"变成铁案，让其永世不得翻身。

杀掉韩信后，吕后令刽子手割下韩信的头颅，着人写好申奏之表，连夜赍表赶往山西战场，驰报刘邦。刘邦接函后依礼葬韩信首级于高壁岭之上。

现在，山西省灵石县和陕西省西安市灞桥区各存有一处"韩信墓"，当地史志均有记载。[13]

十二月，刘邦还至洛阳，闻淮阴侯已死，且喜且怜之。又捉来蒯彻拷问，为何要唆韩信谋反？

《史记·淮阴侯列传》有这样精彩的记述：

高祖已从豨军来，至，见信死，且喜且怜之，问："信死亦何言？"吕后曰："信言恨不用蒯通计。"高祖曰："是齐辩士也。"乃诏齐捕蒯通。蒯通至，上曰："若教淮阴侯反乎？"对曰："然，臣固教之。竖子不用臣之策，故令自夷于此。如彼竖子用臣之计，陛下安得而夷之乎！"上怒曰："烹之。"通曰："嗟乎，冤哉烹也！"上曰："若教韩信反，何冤？"对曰："秦之纲绝而维弛，山东大扰，异姓并起，英俊乌集。秦失其鹿，天下共逐之，于是高材疾足者先得焉。蹠之狗吠尧，尧非不仁，狗因吠非其主。当是时，臣唯独知韩信，非知陛下也。且天下锐精持锋欲为陛下所为者甚众，顾力不能耳。又可尽烹之邪？"高帝曰："置之。"乃释通之罪。

案：回到洛阳，刘邦"且喜且怜之"。吕后用如此招式，果断地除了韩信，一块千斤重石从心头倏然落地，从此，再没有任何人可以对大汉江山构成重大威胁了。

而韩信尽忠臣服，屡建奇功，虽古之名将，未能与其并论。从筑坛拜将以来，不足五年间，他却创造了无数以少胜多、以弱胜强的奇迹，并长期在无后方的环境中孤军奋战。破魏、下代、击赵、胁燕、平齐，从西向东完成了对楚军战略包围。然后，他又亲率所部，南下攻取楚都彭城，进而挥师西进，与黥布、彭越等聚歼项羽于垓下。在最后一役中，韩信指挥联军，以直辖军队担当攻坚主力，对最终打败项羽发挥了决定性的作用。吕后既已杀之，甚为惋惜。

刘邦一脸凝重，内疚不已，不觉眼圈红了。但他没有责备吕后，率军回到长安后只是问，韩信临死时有没有遗言留下？吕后告诉刘邦，蒯彻曾教他谋反，如今真是后悔！

刘邦早就听说过蒯彻这个人，他是齐国的一个能言善辩之士。刘邦下令将蒯彻捕捉来，一定要烹了这个狂徒！事已至此，蒯彻被捉后只得如实回答："秦失其鹿，天下共逐之，有本事、跑得快的人先得到。盗跖的狗冲着尧帝吼叫，不是说尧帝不仁，是因尧帝不是狗的主人。当时，臣唯知韩信，不知陛下。况且，天下披坚执锐想做皇帝的人多得很，只是力所不能，陛下难道能将他们全烹了吗？"

刘邦听了这番话，觉得有一些道理。韩信已死，蒯彻不过是出谋划策的一介辩士，杀了他没有意义，只会给自己留下骂名。这样，刘邦就把他释放了。

韩信之死，让人唏嘘不已，又疑虑重重。那么谁该对此负责？是吕后自己所为，还是刘邦授意？"生死一知己（萧何），存亡两妇人（漂母、吕雉）。"拘泥于史书一些说法，后世不少人认为，吕后是下令杀掉韩信的罪魁祸首。其实不然，吕后果断下手，只不过是执行刘邦的旨意，没有刘邦的旨意在前，纵有天大的胆子，她也不敢轻易出手斩杀开国元勋。就是吕后现在不杀，刘邦迟早也会下此毒手的。

事实上，在此前后，刘邦、吕后已不顾君臣大义，借机除掉一批异姓诸侯王，先后牵连到韩信、彭越、卢绾，逼反了黥布。[14]

考 释

[1] 平陈豨之战。汉高帝十年（前197）九月，监赵、代边兵的陈豨，外联韩王信等举兵叛汉，自立为代王。叛军分两路进军，西路由韩王信攻马邑南下，陈豨等自东垣分兵略地。汉军亦分兵两路，周勃军自晋阳北击，刘邦率东路军自邯郸北击，并采用分化瓦解策略，赦赵、代守尉吏民，以重金收买陈豨将领。东路汉军樊哙在襄国、柏人败叛军，灌婴在曲逆破叛军，郭蒙等在聊城败叛军，并合兵急攻东垣，屠城。叛军向代南溃败，与韩王信军合。赵地初平。时刘邦退兵，留周勃等扫灭余寇。周勃军与叛军大战于参合，斩韩王信等人；又转战雁门、云中郡，在灵丘败叛军，并于次年十月追斩陈豨于当城，动乱平息。

[2] 刘恒（前203—前157），西汉第三位皇帝（前180—前157年在位），刘邦第四子，汉惠帝刘盈异母弟，母为薄姬。

汉高帝十一年（前196）受封代王。刘邦去世后，吕后临朝称制，汉惠帝英年早逝，诸吕掌握朝中大权。吕后去世后，太尉周勃联合丞相陈平等人粉碎诸吕势力，迎立代王刘恒进京继位，史称汉文帝。即位之后，励精图治，兴修水利，厉行节俭，废除肉刑，实现国家强盛，百姓小康，开启"文景之治"。汉文帝谨慎对待诸侯国势力过大及匈奴入侵中原等问题。对待诸侯王，采用以德服人、以武平乱的态度。对待匈奴，采用和亲止战的方式，营造安定团结、休养生息的政治局面。后元七年（前157）驾崩于未央宫，庙号太宗，谥号孝文皇帝。

[3] 彭越（？—前196），字仲，昌邑（今山东金乡西北）人，常渔钜

野泽中。与韩信、黥布并称汉初三大名将。也是继韩信后，被吕后杀害的又一位异姓诸侯王。他的主要事迹记载在《史记·魏豹彭越列传》之中。

秦末响应陈胜起义，彭越常为游兵，后归顺刘邦。高帝三年（前204），彭越经常往来出没替刘邦游动出兵，攻击楚军，在梁地断绝楚军的后援粮草，史称"彭越挠楚"。高帝四年（前203）秋，项羽的军队向南撤退到夏阳，彭越又攻克昌邑旁二十多个城邑，缴获谷物十多万斛，用作刘邦的军粮。刘邦在固陵被打败，按照留侯张良的策划行事，派使者让彭越合力攻楚，封其为梁王。汉军转入反攻，率兵南下攻打垓下，与韩信等会歼楚军。

高帝十年（前197）秋，陈豨在代地造反，刘邦亲自率领军队前去讨伐，到达邯郸，向彭越征兵。彭越说有病，只派出将领带着队伍到邯郸。刘邦很生气，派人去责备。彭越很是害怕。他的部将扈辄说："大王当初不去，被他责备了才去，去了就会被捕。不如就此出兵造反。"彭越没有听从他的意见，仍然说有病。彭越对他的太仆很生气，打算杀掉。太仆慌忙逃到刘邦那里，控告彭越和扈辄阴谋反叛。刘邦遂派使臣出其不意地袭击彭越，彭越被逮捕，刘邦把他囚禁在洛阳。经主管官吏审理，认为彭越谋反的罪证俱备，请求刘邦依法判处。刘邦赦免了他，废为平民百姓，流放到蜀地青衣县。彭越向西走到郑县，正赶上吕后从长安来，打算前往洛阳，路上相遇，彭越对着吕后哭泣，分辩没有罪行，希望回到故乡昌邑。吕后答应下来，和他一块向东去洛阳。吕后向刘邦陈述说："彭王是豪壮而勇敢之人，如今把他流放蜀地，这是给自己留下祸患，不如杀掉他。所以，我带着他一起回来了。"于是，吕后就让彭越的门客告他再次阴谋造反。廷尉王恬开呈报请诛灭彭越家族，刘邦批准，诛杀了彭越，灭其家族。

彭越是世界战争史上第一个正规使用游击战战术的军事家，可以说是游击战的始祖。论军事谋略与指挥才能，他不如韩信，但论功绩，他与汉初其他诸侯王相比却是十分突出的。

［4］刘恢（？—前181），刘邦第五子，西汉初年诸侯王。高帝十一年

（前196），受封梁王，定都于定陶。吕后时期，因赵王刘友饿死，便被改封为赵王，被迫娶吕后侄吕产的女儿为王后。高后七年（前181），吕产之女毒杀刘恢的宠妃，刘恢因此闷闷不乐，于同年六月殉情自杀。汉文帝时追谥为恭王。

[5]刘友（？—前181），刘邦第六子，西汉初年诸侯王。高帝十一年（前196），受封淮阳王。汉惠帝元年（前194），吕后派人毒杀赵隐王刘如意，改立刘友为赵王。高后七年，刘友的王后（吕氏之女，可能是吕后的侄女）因刘友宠爱其他姬妾，心生妒忌，便向吕后诬告刘友谋反。吕后大怒，于是召刘友进京，将他软禁起来，后饿死，谥号幽王。

[6]刘长（前198—前174），刘邦第七子，西汉初年诸侯王。力能扛鼎。高帝十一年（前196）立为淮南王。文帝时，图谋叛乱，事泄被拘，流放蜀郡，途中不食而死，谥号厉王。

[7]栾说，淮阴侯舍人之弟，告韩信反。高帝十一年（前196）十二月，受封慎阳侯，二千户。而栾说能够封侯也就是因为告发了韩信谋反，由此被汉廷封赏，从而成为列侯。一直以来，关于韩信之死，人们总是有着各种猜测。其中虽然有史书明确记载，韩信是因谋反失败而死，但更多人还是对此表示强烈的质疑。

慎阳侯国都在今河南正阳县北，武帝元狩五年（前118）国除。

[8]吕雉（？—前180），字娥姁，砀郡单父（今山东单县）人，汉高帝刘邦皇后，通称吕后、汉高后、吕太后等。她是历史上有名的女性政客，与唐朝的武则天并称为“吕武”。

她的父亲吕公，善相面，在刘邦微时，以吕雉妻之，生子刘盈，即惠帝，生女即鲁元公主。吕雉从楚营释放归汉后，成为汉决策集团重要人物。高帝五年（前202）二月，立为皇后。次年立盈为太子。为人刚毅，兄与父皆封列侯。为了巩固自己的权势，她以杀诸侯而立威，第一个被她开刀斩杀的就是淮阴侯韩信，此举成功震慑了天下。

刘邦卒，惠帝即位后，被尊为皇太后，成为史上有记载的第一位皇后和皇太后，也是秦始皇统一后第一个临朝称制的女性。执政八年，尊崇黄老之学，实行与民休息的政策，支持汉惠帝废除挟书律，鼓励民间藏书，恢复旧典。实行无为而治，为后来的"文景之治"打下了坚实的基础。统治期间，先后杀赵王如意、赵幽王友、共王恢、燕王建，大封吕家兄弟姐妹为王为侯，开启了汉代外戚专权的先河。

吕后去世后，陪葬于长陵。《史记·吕太后本纪》评价她执政期间"政不出房户，天下晏然"，她虽然行事雷厉，搅动了整个汉廷，却对安定天下做出一定贡献。

［9］韩信的死因。汉高帝十一年（前196），吕后和萧何密谋，将韩信诳到长乐宫钟室处死，并夷灭三族。对于韩信的死因，历来争论颇多，大体归纳起来有以下三种：

一、韩信死于谋反，罪有应得。郭秀琦在《从战国时期地主阶级人生价值看刘邦与韩信的关系》一文中，认为刘邦在秦朝的废墟上，建立西汉初年的郡国并行制度。他为儿孙消除隐患的行为，虽然出于维护"家天下"的目的，但正反映了加强中央集权的客观需要，代表了历史发展的趋势。对于韩信，刘邦称之为"人杰"，对他十分倚重，韩信的军事才能得到了充分发挥，刘邦成就帝王之业，韩信功不可没。但韩信对刘邦并非忠心耿耿，他为刘邦出力是有条件的，最后竟然阴谋和勾结匈奴的陈豨联合反叛，欲使天下重遭战祸，实在是咎由自取。韩信不是死于愚忠，而是死于谋反和处处想出人头地的性格和置之死地而后生的冒险精神。

此外，中仁、启予在《韩信的悲剧》一文中，指出韩信请求封王的要求，是逆历史潮流而动。国强、洁芒在《韩信为什么会发展到谋反这一步》一文中，对韩信从不反到想反以至真反的发展过程，做了详细的分析与阐述。林田在《也谈"谁把韩信引向绝路"》中则说，韩信走到绝路，主要缘于这位善于用兵的军事奇才却不善自处。

二、韩信没有谋反，是刘邦罗织罪名。史继瑝认为，《淮阴侯列传》中韩信与陈豨商量谋反的对话，是官方制造的"莫须有"罪证，是不足信的。字里行间每每流露出一些破绽和矛盾，不能自圆其说。司马迁正是在这些地方给读者留下疑问。而韩信被贬为侯后，虽无一兵一卒，但其功高震主的威望，仍是刘邦夙夜忧虑的。韩信的悲剧也就成为不可避免的了。

赵玉良在《对韩信被诛杀原因之异见》一文中，对韩信的死因提出不同看法。第一，缺乏政治识见。要求裂土封王就是明证，大一统的封建帝国是决不容若干异姓诸侯侧卧其旁的。第二，深陷封建伦理道德的误区。报答刘邦的"知遇之恩"成了韩信的行动规则，不管刘邦待他如何，他始终未生叛逆之心，终于招来杀身之祸。第三，依附型人格的一曲挽歌。韩信自投汉受到刘邦的重用后，君臣名分就此认定，至死未改。这样，他放弃了数次极好的摆脱羁绊、自强自立的机会，终使自己一误再误，坠入绝境。

三、韩信之死为吕后所为，以杀立威。陈学文在《韩信谋反考辨》中说，在杀害韩信及汉初诸侯功臣的过程中，吕后则怀着不可告人的目的，起了推波助澜的作用。司马迁说："所诛大臣多吕后力。"（《史记·吕太后本纪》）"今上病，属任吕后。吕后妇人，专欲以事诛杀异姓王者及大功臣。"（《史记·卢绾列传》）

俞爽勋在《韩信被诛的真正原因是什么？》中，分析了当时的时代背景，认为刘邦杀功臣特别是剪除异姓王，是他为了巩固新王朝而必然采取的政治方针，韩信死于正想揽权的吕后之手，这也不是偶然的事。韩信谋反的罪名出于莫须有，刘邦也并没有立即杀掉韩信的意思。而吕后偏偏趁刘邦出兵讨伐陈豨的机会，迫不及待地设下圈套把韩信骗进长乐宫，绑到钟室斩首，而诛灭三族，则是为自己以后篡权扫除一大障碍。这就是韩信被杀的真正原因。

上引李志军《近年来韩信研究综述》（《韩信研究文集》）。

［10］韩信谋反辩诬。韩信谋反，这是一个人们没有想到的韩信人生结局。《史记》记载，韩信谋反言之凿凿。班固的《汉书》认为韩信罪有应得。司马光的《资治通鉴》也补充说，后来谋反是真实的。那么，韩信到底谋反了没有？本谱辨析如下：

当读完《淮阴侯列传》后，种种质疑便会涌现在眼前。然而，最初为韩信鸣冤洗雪的，就是著名史学家司马迁。

要知道，为本朝开国皇帝钦定的谋反罪臣写一篇传记，需要多么大的胆识和勇气。司马迁在《淮阴侯列传》前半部分，主要写韩信"战必克，攻必取"的英雄事迹，读后使人倾倒。后半部分，则主要写韩信被陷谋反的冤屈，读后令人心碎。虽不能公然推翻钦定大案，却以"曲笔"为韩信辩诬。

先看看汉高帝六年韩信"谋反"一事。

韩信被改封楚王后，楚将钟离昧前去投奔。刘邦用陈平计，以"伪游云梦"的阴谋，骗韩信到陈地会集。钟离昧看破了陈平的计谋，告诫韩信，汉帝所以不敢攻打楚国，是因为我在你这儿，你若送我去讨好他，我今天死，你明天也会灭亡。韩信不听，仍面见刘邦。而刘邦抓捕韩信的唯一根据是"人有上书告楚王反"，这个可靠性实在令人怀疑。

当时"兵不如楚，将不及韩信"。如果韩信真想谋反，何不将计就计，趁刘邦来到陈地举兵发难？但韩信没有这样做，他逼迫收留下来的钟离昧自杀，带着钟离昧的首级，"郊迎"刘邦，以示忠于朝廷，这哪里能看出有谋反迹象？

韩信拜谒时，即被刘邦侍卫绑架。他感叹道："果若人言，'狡兔死，走狗烹；高鸟尽，良弓藏；敌国破，谋臣亡。'"早在平定齐国时，武涉、蒯彻等人就对韩信说过这样的话，敲响了警钟，韩信当时尚不理解，未能接受，直到这时，韩信方才明白在这个家天下时代颇带规律性的道理。这说明韩信并没有谋反之心。

再看看汉高帝十一年韩信勾结陈豨"谋反"问题。

《史记》记载的谋反材料，同样漏洞百出，无法自圆其说。

疑问之一，韩信被诛杀的起因，始于门客弟弟的告发。这位门客得罪了韩信，韩信将他囚禁起来并准备处死，门客的弟弟对韩信怀恨在心，便悄悄地上报吕后说，韩信"诈诏赦诸官徒奴，欲发以袭吕后、太子"，试图与叛将陈豨里应外合，准备密谋叛乱。

试想，如果韩信真想谋反，按照韩信的精明，办事怎会不小心谨慎？此事绝不可能会让门客的弟弟知道。再说，对韩信这样一个大汉元勋，吕后也绝不会轻信一面之词，而不加考证地就置韩信于死地，何况这里还有一个"挟怨诬告"的嫌疑。吕后捉拿韩信后未加审讯，立斩之于长乐宫钟室，能够解释这样做的理由，只能是刘邦和吕后早欲除之而后快。门客弟弟的告发，仅是一个不成理由的理由，吕后抓住了一次机会。

其实，在此前后，吕雉已经开始恣意妄杀。七个异姓王中，被杀、被逼造反的有六个，最后仅留下一个势力最小、不起眼的长沙王吴芮。

疑问之二，韩信谋反，为何不选择更为强大的合作对象？韩信手无兵权，就必须选择实力强大的合作者，如淮南王黥布、梁王彭越等人，他们都是雄踞一方的诸侯王。可韩信最终却选择了实力平平的陈豨。

陈豨是刘邦的宠臣，当时韩信失宠于刘邦，怎么可能会口无遮拦地对陈豨说出自己的想法？陈豨封阳夏侯，为钜鹿郡守、代相国，监赵、代边兵，爵位上与韩信相当，实际权力比韩信更高，却怎么会随便听从韩信的一句话而谋反？事实上，陈豨后来反汉，是因为有人密报陈豨贪赃枉法，刘邦派人对陈豨进行核查，陈豨害怕，才暗中与投降了匈奴的韩王信及其部将王黄、丘曼臣联系。不久刘邦父亲去世，他又装病不去吊丧，从而得罪了刘邦。陈豨反汉，从某种原因上分析，也是迫于当时的形势，但不可能和韩信牵扯在一起。

况且，刘邦平定陈豨是在汉高帝十一年（前196）十月，十二月攻下东垣，而韩信被诛却是在第二年春正月。陈豨已经兵败瓦解，韩信又怎能与他合作？

疑问之三，司马迁在《淮阴侯列传》之后，还附上了自己的论断。肯定了韩信开国之功，于汉家勋可比周朝的"周（公）、召（公）、太公之徒"，并感叹道："天下已集，乃谋畔逆，夷灭宗族，不亦宜呼！"却让我们从中看出，韩信手握重兵、举足轻重之时，该反不反，现在手无一兵一卒，不该反时，却要谋反。这样谋反的成功率几乎为零，以韩信智商，会做这样的傻事吗？

韩信临刑前说："吾悔不用蒯通之计，乃为儿女子所诈，岂非天哉！"大祸临头之际，韩信才后悔未用蒯彻反汉之计，这足以说明，韩信终其一生，始终没有谋反之念。连刘邦平叛归来，"见信死，且喜且怜之"。这是为何？所喜者，韩信已被除掉；所怜者，功臣无辜遭诛。从这种心情可以看出，刘邦本人也不相信韩信真会谋反。在《韩信卢绾列传》中，司马迁还通过燕王卢绾之口喊出："往年春，汉族淮阴，夏，诛彭越，皆吕后计！"似一语道破天机。

由于分析史料角度的不同，千百年来，相信韩信谋反的人不少，但受司马迁的影响，同情韩信、挞伐刘邦者更多。

唐代诗人刘禹锡在《韩信庙》中，将矛头直指猜忌、阴险、屠戮功臣的刘邦："将略兵机命世雄，苍黄钟室叹良弓。遂令后代登坛者，每一寻思怕立功。"对韩信下场，寄予无限同情。

宋代政治家、史学家司马光也以他犀利的笔锋直刺刘邦："汉之所以得天下者，大抵皆信之功也。观其距蒯彻之说，迎高祖于陈，岂有反心哉！……臣以为高祖用诈谋禽信于陈，言负则有之。"（《资治通鉴》卷十二）

北宋名将韩琦路过井陉淮阴侯庙时，目睹荒祠残垣，遥想韩信的忠勇英姿及其被害的情景，义愤填膺，作《过淮阴侯祠》诗以鸣不平："破赵降燕汉业成，兔亡良犬日图烹。家僮上变安知实，史笔加诬贵有名。功盖一时诚不灭，恨埋千古欲谁明？荒祠尚枕陉间道，洇水空传哽咽声。"

明代茅坤指出：韩与陈"谋反""此情似诬"（《史记评林》卷九二）。归有光说韩信"谋反"的材料"此必吕后与相国文致之者"（《史记评林》卷九二）。

清人梁玉绳曾明确指出："信之死冤矣！前贤皆极辩其无反状，大抵出于告变者之诬词，及吕后与相国文致之耳。史公依汉廷狱案，叙入传中，而其冤自见。一饭千金，弗忘漂母；解衣推食，宁负高皇？不听涉、通于拥兵王齐之日，必不妄动于淮阴家居之时；不思结连布、越大国之王，必不轻约边远无能之将。宾客多，与称病之人何涉？左右辟，则絜手之语谁闻？上谒入贺，谋逆者未必坦率如斯；家臣徒奴，善将者亦复布置有几！是知高祖畏恶其能，非一朝一夕，胎祸于蹑足附耳，露疑于夺符袭军，故禽缚不已，族诛始快。从豨军来见信死且喜且怜，亦惊其无辜受戮

为可怜也。"（《史记志疑》卷三十二）

清人刘何对刘邦、吕后诬害韩信的恶行进行了批判，他说："信以佐命元勋而死疑狱，高帝、高后信寡恩矣。"（刘宝楠辑《清芬集·书淮阴侯传后》）他在《喻世明言》和《三国志评话》中，还巧妙应用因果报应，曲折地反映了人们的愿望：曹操为韩信转世，刘备为彭越转世，孙权为黥布转世，三人瓜分天下；汉献帝为刘邦转世，亦让其死于曹操之手。

清人许汝衡在《汉高杀淮阴说》中更是一针见血："淮阴之诛，千载冤之。论者或归罪于陈平，诛心于萧相，切齿于吕后，而独恕汉高，此皆不足与知人论世者也。谚云：兔死狐悲，物伤其类。平、何何恨于信，而必欲杀之？况吕后者，方妒戚氏之宠，忧太子之废，信又何毒于后，而必欲杀之？其必欲杀信者，汉高也。"

应该说韩信的悲剧，是由刘邦、吕后及萧何一手造成的。他的谋反，不论是出自有意罗织和诬陷，还是被逼无奈死中求生存，其实质都是由于刘邦、吕雉的嫉贤妒能、残杀功臣。它揭示了古代君主专制制度下，君臣关系中最黑暗、最冷酷的一面。韩信之死，标志着一个英雄时代的结束，留下的只是人们的深思和叹息。

［11］民间传言"三不杀"。所谓"三不杀"是指，见天不杀、见君不杀、见铁不杀。也就是说，大白天有太阳照着的地方不能杀韩信，刘邦在场不能杀韩信，刀剑等一切铁质的武器都不能用来杀韩信。这样一来，韩信如"金钟罩"护身，不能杀，也杀不死。

刘邦为什么要赐韩信这样的保命符呢？《西汉演义》中是这样说的，刘邦与项羽在荥阳一带混战时，韩信占领了齐国。这时，楚军频频进攻，刘邦有些顶不住了，于是命韩信前来援助。但是，韩信接到命令后却按兵不动。这下，刘邦就像热锅上的蚂蚁，不知如何是好。其实演义本就是为娱乐大众而来，可信度不高。"三不杀"在历史上并没有记载，不管是距离韩信生活时代时间间隔最小的史书《史记》，还是东汉时班固写的《汉书》。而韩信也并不是被竹竿捅死的，"信入，吕后使武士缚信，斩之长乐钟室"。而这两部史书也都记载，韩信是被"缚"并"斩"的。"三不杀"

还有另外一种说法，即"见天不杀，见地不杀，见铁器不杀"。

[12] 民间传言，萧何救韩信三岁孤子。韩信所在朝代的《史记》和后来的《汉书》都记载韩信被灭三族，无后。然而，唐代以来，特别是明代，韩信有后之说在坊间广为流传。

明天启年《淮安府志》（卷二十一）有记载如下：

山阳人张大龄《支离漫语》载，淮阴侯信夷三族，世皆云无后矣！而予会广中人言曰：予乡有韦土官（又称土司，由当地首领世袭，与中央政府派驻的流官相对）者，自云淮阴侯后。当钟室难作，淮阴家有客匿其三岁儿。知萧何素与侯知己，不得已为皇后所劫。私往见之，示侯无后意，相国仰天叹曰："冤哉！"泪淫淫下。客见其诚，以情告。何惊曰："若能匿淮阴侯儿乎？！中国不可居矣，急往南粤，我与赵佗善，佗亦素重侯，必能保此儿！"遂作书，遣客匿儿于佗。曰："此淮阴侯儿，公善视之。侯功塞宇内，天必不绝之。"佗养以为己子，而封之海滨，赐姓韦，用韩之半也。今其族世豪于海濡，闻有赵佗所赐之诏，酂侯所遗之书，勒之鼎器。夫吕氏当惠帝末，已无血胤，而淮阴后至今存，是亦奇闻，史家不识也。惜其客名不传，比于婴杵有幸不幸耳。

张大龄《支离漫语》是用文言文写下的故事，内容是：

张曾遇到过一个广西人，这人对他说，他们家乡有一姓韦的土官，自称他们是韩信的后人。他讲述了事情的前因后果。韩信被满门抄斩时，韩信的一个门客私自藏匿了韩信三岁的小儿，以后跑到萧何家中，责问萧何，为什么要将韩信斩尽杀绝呢？萧何认为这是一桩冤案，自己也无能为力，并流泪不止。家人看萧何的态度很诚恳，不像作伪，于是以实情相告，请萧何想办法将韩信仅存的骨肉隐藏起来。萧何很同情，他认为这个小儿在国内不可居留，否则迟早还会被发现。他想到了赵佗。南粤王赵佗与他友善，而且也敬重韩信，必肯收养韩儿。萧何便给赵佗写了一封信，要这个家人立即带着这封信，将韩信的小儿送到岭南去。

赵佗原为秦朝一都尉，秦始皇灭六国统一中国后，便征发五十万将士南下开辟疆土。当时，任嚣与赵佗分别担任秦军统帅和副统帅，率大军逾五岭攻百越，秦二世继位后，任嚣病逝，已任龙川令的赵佗接任南海尉。此时秦末农民起义如火如荼，赵佗即令横浦、阳山、湟溪三关绝道自守，并杀了秦朝长吏，以自身的亲信代理郡县守令。其疆域东至汀江以南与闽越相接；北以五岭山脉与长沙王吴臣相连；西至广西环江、百色一带，与句町国、夜郎国为界；南达大龄，与马来人原始部落相邻，奠定了汉代中国南疆规模。

到了清代，韩信有后说又有发展。翰林院检讨张鸿烈的《淮南诗钞》云，顺治初年，苏州推官吴百朋的父亲吴思穆在广西某县任县令，他巡行山峡时见到一个破庙，庙里供一少年将军，"黄风雅慨，敬而拜之"，并命工修饰其堂庑。当即就有一姓韦的土官，率同族数百人来拜谢。据他自己说，此庙所供少年乃韩信之子，韩信被杀之后，萧何托人将他送来，由赵佗收养封于此地。后来子孙繁衍，立庙供养，自汉至今奉祀不绝。他还将当年萧何托孤的信和赵佗所赐敕谕拿给他看。吴思穆从广西回来后，便将此事告诉了大理寺（一说为吏部）司务赵时楫。赵晚年客游淮上，又将此事告之张鸿烈。康熙二十九年（1690），张鸿烈在翰林院遇见编修余艳雪，余为澄海人，便问及此事。余云，韦土官确为韩信之后，在广西与广东接壤处。在淮安的史书中也确有记载。另明代的潘淑旸、清代学者吴玉搢的著作中均言及此事。

此外，《樵书》《灵渠引来百家姓》《淮阴志征访稿》和《凤山县志》《东兰县土司族谱》上也有韩信有后的记载。1915 年商务印书馆出版的《辞源》也记有"萧何匿韩信子于南粤，取韩之半，改为姓韦"的词条。广西关于韩姓改韦姓，其远祖是汉初韩信的说法流传更广。《南宁晚报》1996 年 11 月 25 日刊登单稚琛《韦姓的来历》的文章，《广西日报》也有类似文章。

笔者认为，上面相关韩信有后的传说和记载，应该不会是真实史实，有没有后人也不是关心的重点，这只是千百年来善良的人们同情韩信的一种美好心愿罢了。

［13］两个"韩信墓"。一般认为，山西韩墓为首级冢，陕西韩墓为

身躯冢。或者说，韩信头在山西，身在陕西。这样的情况，在古代历史人物中极为少见。

1. 陕西韩信墓，位于今陕西省西安市灞桥区新筑街道龙王庙村。据清嘉庆《咸宁县志》载，淮阴侯韩信墓在古长安城东三十里新店，墓前有庙。造型奇特，五丈见方，形似馒头，上有四棵千年古柏。《灞桥文史资料》记载，清乾隆年间，陕西巡抚兼左都御史毕沅为韩信墓立碑"汉淮阴侯韩公信墓"。后来，碑楼遭到破坏，墓碑被推倒，墓冢被夷为平地，部分残存文物被灞桥区政府文物保护部门收存。

2. 山西韩信墓，在今山西省灵石县南焉乡高壁村的高壁山岭上。由于岭上有韩墓，此岭改名为韩侯岭。此地乃秦汉时古官道，为历代兵家必争之处。明万历年《灵石县志》载："韩信岭在县南二十里。汉高帝远征，吕后杀信未央，乃遣人函首而送帝，值帝还兵此处，葬其首级于岭上，后人即以墓庙祀之。"《中国古今地名大词典》载："韩信岭，在山西灵石县南，亦称韩侯岭。昔名高壁岭，为晋省南北要隘。上有韩信庙，金明昌年建。汉高祖击陈，吕后斩信，函首东来，帝师还此，葬于岭上。今庙后即韩信墓。"庙门有楹联："西望关中，百战十年空鸟兔；北临绵上，千秋一例感龙蛇。"墓前有砖砌围墙，内有一米多宽的通道，墓前有青石刻"汉淮阴侯墓"碑一方。

历代文人过韩侯岭多有感怀和记述。归旸（1305—1367），字彦温，元朝大臣，汴梁（今河南开封）人，至顺进士，授颖州同知，屡迁至同修国史兼礼部尚书，撰有《重修汉淮阴侯庙记》。黥布天下不祀，韩信天下独祀。天下所知韩信之功，其罪汉独知之，诬也。碑记见地不凡，道理深刻。

碑文如下：

灵石南二十里有庙，祀汉淮阴侯。庙岿然踞道上，南北过者多入谒。至正庚子夏，前陕西诸道行御史台中丞某、河南行中书参知政事某，过而谒焉。愍其久不治且入于坏，各出私钱付县主者重修之。侯，汉佐命臣也。有大功，世咸思之，故祀之也。侯之功在汉，汉祀之可也，夫何祀乎今？尊有德，贵有功，古与今一也。侯之功可贵也，贵之斯祀之矣。又因以为劝，非有私于侯也。世之称侯者，类曰善战。吾以为不知侯。夫善战者，以杀人为功者也。杀人为功者庸可祀乎？杀人而祀之，是率天下以杀人也。方项羽去咸阳、归彭城也，诸侯皆其所树置，天下莫强焉。高帝失职，王汉中，崎岖山谷间，栖栖然如迁人尔。天下之势以为在项王者什九。侯一起为将，汉遂为雄。拜而上坐，从容数十百语。而项王之为人与其所以亡，及汉之所以取楚者，莫不具。汉卒用以帝四海，其得与张留侯、萧相国号三人杰。识者以为在此，不独以其战也。天下不为汉，则项王帝。项王帝，则生民之祸未有所息也。有功于汉，亦有功于天下也。有功于天下者，可无祀乎？或曰："侯以大逆死，功固不足以尽之矣。虽不祀，亦可也。"夫天下之所知者，侯之功也，其罪则汉独知之。汉知之而天下不知，孰明其不为诬。天下公论之所在也。淮南王布亦有功于天下者也，未闻有祀之者，以其反也。反而祀之，则乱臣接迹矣。灵石之有庙，何也？侯所经也。灵石者，自汉适赵之道也。侯尝王齐与楚矣，而本侯之功者史所称也。且言祀侯者，以其功不以其爵也。庙始金明昌，大德尝增葺之。闻有故记，石勒而文不属，所可见者，如此也。

清光绪《淮安府志》亦有记载，韩王被害于未央，传首于太原，遇高祖破陈狶军返。即命葬其首于霍岭之上，在霍州灵石县，今祠墓并存。世称"韩岭"。又淮安"汉韩侯祠"内有一方石碑，碑上刻有《汉韩侯祠》诗一首："曾于古岭奠公坟，故里初来访旧闻。胯下有人驱壮士，冢旁何处葬将军？假王生死权相国，震主功勋失后君，飒爽英姿遗恨在，灵祠日暮吊寒云。"于首句之下，作者自注云："山西灵石有岭曰'韩侯岭'，上有韩侯墓。余于乾隆辰经过，曾有诗句。"

[14] 剪除异姓王。剪灭异姓诸侯王是汉初的重大政治事件，分析其根源，有助于加深对韩信所谓谋反事件的了解和认识。笔者以为有三点值得关注：

1. 从背景来看，当初分封异姓王是刘邦和诸侯的各自需要。刘邦攻破咸阳后，争夺天下最大的敌人就是项羽。为了达到孤立和击败项羽的目的，刘邦先后册封了韩信等七个异姓王。分封始于公元前205年，至公元前202年为止，一共分封了七国九王。即韩国韩王信，赵国张耳、张敖，燕国臧荼、卢绾，淮南国黥布，楚国韩信，梁国彭越，长沙国吴芮。

这些王又可以分为三类：一是没有战功的张耳和韩王信，但他们是刘邦的亲信，需要他们的名望去安抚赵地和韩地的本土豪强；二是有战功的刘邦部将韩信，因为功劳太大迫使刘邦不得不封王；三是陈胜、吴广起义时，就已经存在的地方割据人物臧荼、黥布、彭越、吴芮，只是他们的利益被项羽剥夺，只好同刘邦结盟打倒项羽，然后恢复自己的地位和利益。此外，张敖、卢绾接受分封，是为继承死去和除掉的异姓王才让这两人登上王的位置。这些人都是以时势裂土封王，算是与刘邦各取所需。

2. 从现实来看，异姓王逐渐强大，成了刘邦心腹大患。刘邦仅是凭借自身力量无法独立赢取天下，分封异姓王是与他人合作的权宜之计，等到目的达到，对有着"家天下与大一统"思想的刘邦，就是一种直接的威胁。

一是前车可鉴，对项羽裂土分封形成的政治格局提出挑战的，正是项羽自己。他封王授爵，人为地造成许多新的矛盾，是招致秦亡后天下大乱的根源。

二是异姓王多是从战争中打出来的，野心勃勃，能力很强，让人极为忌惮。仅韩信就先后打败了章邯、司马欣、董翳、魏豹、柏直、赵歇、陈馀、田横、田广、龙且、周兰、项佗、项羽等秦汉之际几乎所有的名将，定秦、克魏、下代、破赵、击齐、灭楚。而异姓诸侯王的年龄大多要比刘邦年轻，刘邦百年之后，一定没有人能压住他们。

三是异姓王掌握的土地比中央还多，几乎相当于秦统一前东方六国的疆土，他们对重赏和坐食赋税已不满足，事实上处于半独立状态。一旦出手，朝廷难以做到有效应对，而刘邦亲子弟都还年幼，力量薄弱，不能成为真正的帮手。

3. 从制度来看，分封制和郡县制都存在着重大危险。刘邦少年的时候，还处于战国后期，他亲眼见证了秦始皇横扫天下，以及大秦帝国的灭亡。但是，作为秦灭亡的见证者，刘邦比任何人都清楚，搞分封制，诸侯定会慢慢坐大，之后危及汉帝国的安全。如果不搞分封制，汉帝国也可能与秦王朝一样短命。秦统一天下后，全面推行郡县制，十四年就灭亡了。刘邦称帝后，立即提出了"秦为何二世而亡"的疑问，须"惩戒亡秦孤立之败"（班固《汉书·诸侯王表序》）。那时，他在郡县和分封制之外，自觉已找到长治久安的第三条路——"郡国并行制"。

郡县制的好处是高度集权，上行下效，政令统一，自己的政令一下能够毫无阻碍地传达到帝国的每一个角落，有助于对皇权的巩固。但秦兴盛于郡县制，也亡国于郡县制。郡县制对皇族并不分封土地，导致在秦末农民起义时，几乎看不到皇族亲王的身影，而地方行政长官没有军权，无法直接压制住反民，导致叛乱势头更盛。刘邦的第三条路，就是"郡国并行制"，即在关中等主要区域实行郡县制，原山东六国仍实行分封制。不过，这个分封制却是用同姓诸侯王取代异姓诸侯王。这样，诸侯都是刘家人，即便被诸侯篡位，那也是刘家人取代刘家人，本质上说天下还是姓刘。从这个意义上来讲，除掉异姓王是迟早的事，这是体制上的矛盾在政治上的集中表现。异姓诸侯王必死，年轻而又功高震主的楚王韩信更是必死。

事实上，刘邦在坐住天下以后，就开始千方百计想剪除异姓王，并用庶出儿子甚至侄儿们取代他们。先是以企图谋反罪逮捕楚王韩信，贬为淮阴侯。将韩信的封地一分为二，划分为两个诸侯国，任命从兄、将军刘贾为荆王，弟刘交为楚王。接着，刘邦以谋反罪诛杀彭越，并率兵征伐英布，逼得韩王信、卢绾投奔匈奴。又以谋反罪废除赵王张敖，改为宣平侯。这样，除国小势弱的长沙王吴芮外，异姓王陆续都被消灭。

随之，刘邦以天下刚刚平定、儿子幼小、兄弟少等为借口，立兄刘喜为代王，又立自己的私生子刘肥为齐王。

此后，刘邦还封子刘长为淮南王、刘建为燕王、刘如意为赵王、刘恢为梁王、刘友为淮阳王、刘恒为代王，侄子刘濞为吴王等。到公元前195年，共封刘姓十一人为诸侯王。

高帝十二年（丙午，前195） 去世后一年

时 事

十月，黥布[1]兵败逃走，被诱杀。高帝刘邦负箭伤。樊哙别将兵定代，斩陈豨于当城。立兄刘喜之子刘濞[2]为吴王。

十一月，刘邦平定黥布，还至长安。关中民拦路告萧何以低价强买民田宅千万，又收受贾人贿赂，刘邦笑，转诉状于萧何令其自理。萧何于是为民请上林苑空地，使无田之民有地耕种。刘邦知萧何故为自污，大怒，械系下狱，后数日王卫尉为言，乃释放。[3]

十二月，燕王卢绾[4]谋反。

二月，刘邦使樊哙、周勃将兵击燕王卢绾。封子刘建[5]为燕王。

三月，刘邦刑白马盟誓，非刘氏而王，天下共击之。[6]

四月，刘邦崩逝于长乐宫，[7]太子刘盈[8]即位，史称孝惠帝。吕后临朝摄政。

案：韩信被杀，震动了天下诸侯，给汉初政局造成了严重影响，以致汉初军事中枢几近无人。这导致了一个直接恶果，一旦面对叛乱或外敌入侵，刘邦内外交困，只能自己东征西讨，疲于奔命。

汉高帝十二年（前195），刘邦亲率大军征讨九江王黥布负箭伤，途中返回了阔别多年的故乡沛县。据《史记·高祖本纪》记载，刘邦召集父老子弟，并召来一百二十名沛中少年唱歌。他大宴家乡父老，恣意欢乐，酒酣人醉，击筑高唱，乃起舞："大风起兮云飞扬，威加海内兮归故乡，安得猛士兮守四方！"他对自己的伤势与病情已有相当的认识，仍然念念不忘皇权巩固和社会的安定。不禁悲从中来，泪流满面。

环顾海内，内忧外患，韩信安在？有谁再像韩信那样，尽忠臣服，攻必克，战必取，为刘氏江山撑起一片天空？其实，《大风歌》的浩叹，只

不过是刘邦杀害功臣的一块遮羞布而已。

同年四月甲辰（阴历四月二十五），刘邦崩逝于长乐宫（《集解》言年六十二），葬长陵，十六岁的太子刘盈即皇帝位，是为惠帝，尊吕后为皇太后。

考 释

[1] 黥布（？—前195），偃姓，英氏，名布，秦时坐罪，受到黥刑，俗称黥布，九江六县（今安徽六安北）人，与韩信、彭越并称汉初三大将，是被刘邦逼反的异姓诸侯王之一。

秦末农民起义时，黥布率骊山刑徒起兵，属项梁。娶番阳令吴芮之女。拥立楚怀王继位，封为当阳君。项梁阵亡后，成为项羽帐下主要将领，屡破秦军，封九江王。受到随和游说，叛楚归汉，为楚将龙且所败，后帮助刘邦打败项羽。

刘邦称帝，黥布被封为淮南王，以六为都城（今安徽六安），治下的地区包括九江、庐江、衡山、豫章等郡。汉高帝十一年（前196），吕后诛杀了淮阴侯，黥布内心恐惧不安。这年夏天，刘邦又诛杀了梁王彭越，并把彭越剁成了肉酱，把肉酱装好分别赐给诸侯。送到淮南时，黥布正在打猎，看到肉酱特别害怕，便暗中使人部署，集结军队。

不久，黥布叛变。他的军队向西挺进，在蕲县以西的会甄和刘邦的军队相遇。黥布的军队非常精锐，刘邦就躲进庸城壁垒，坚守不出。见他列阵一如项籍的军队，非常厌恶，远远地对黥布说："何苦要造反呢？"他说："我想当皇帝啊！"刘邦大怒，随即两军大战。黥布的军队战败逃走，渡过淮河，几次停下来交战，都不顺利，最后和一百多人逃到长江以南。长沙哀王吴回（吴芮之孙）派人诱骗黥布，谎称和他一同逃亡，逃到南越去，所以黥布相信了吴回，随之到了番阳，番阳人在一所民宅中将其杀死。

事见《史记》卷九十一《黥布列传》、《汉书》卷三十四《韩彭英卢吴传》。

[2] 刘濞（前215—前154），西汉宗室，刘邦之侄，代顷王刘喜之

子，西汉诸侯王，"七国之乱"的发起者。后被汉军主将周亚夫击败。刘濞兵败被杀，封国被中央废除。

［3］萧何免祸自全。萧何与刘邦，一生相伴，交情最长，共创天下。刘邦曾亲自为萧何争功第一，两人看似亲密无间，实则萧何并未免于刘邦猜忌。韩信被杀，张良退隐，萧何难道认为自己能善终吗？事见《史记》卷五十四《萧相国世家》。

汉高帝三年（前204），当成皋之战陷于胶着时，刘邦"数使使劳苦丞相"。这时一个叫鲍生的人，看出了刘邦的心思，经点拨，萧何遣子孙亲赴前线从军，实为人质，刘邦大悦。汉高帝十一年（前196）韩信被斩于长乐宫钟室，刘邦闻萧何协助吕后，于是拜丞相萧何为相国，益封五千户，增派五百人和一都尉随护，荣宠至极。只有一人看出了其中的不寻常，此人就是秦东陵侯召平。他对萧何说："新近淮阴侯谋反，汉王已怀疑到你了。"萧何从召平计，用自己的钱财赞助国家的军队，支持平叛，"高帝乃大喜"。

汉高帝十一年（前196）秋，黥布造反，刘邦带病出征讨伐黥布，再次"数使使问相国何为"。萧何亦未识刘邦用意。一日，萧何偶尔问及门客，门客说："公不久要满门抄斩了。"萧何大骇，忙问其故。那门客说："公位在百官之首，还有什么职位可以再封给你呢？况且你一入关就深得百姓的爱戴，到如今已经十多年了，百姓都拥护你，你还在想尽方法为民办事，以此安抚百姓。现在皇上所以几次问你的起居动向，就是害怕你借助关中的民望有什么不轨行动！试想，一旦你乘虚号召，闭关自守，岂非将皇上置于进不能战、退无可归的境地？如今你何不贱价强买民间田宅，故意让百姓骂你、怨恨你，制造些坏名声，这样皇上一看你也不得民心了，才会对你放心。"萧何说："我怎么能去剥削百姓，做贪官污吏呢！"门客说："你真是对别人明白，对自己糊涂！"

刘邦平定了黥布的叛乱，撤军返回长安。百姓们拦路上书告状，控告相国萧何用低价强行购买民间的土地房屋，价值数千万之多。刘邦回到宫中，萧何前来拜见。刘邦笑着说："当相国的竟然侵夺民众的财产，为自己谋利!"他把百姓们的控告信全部交给萧何,说道:"你自己去向民众谢罪吧!"萧何乘机为百姓请求说:"长安一带地方狭窄,而上林苑中空地很多,白白地抛荒,希望下令让民众进去耕种。"刘邦大发雷霆,说:"相国你大收商人的财物,却来讨取我的上林苑!"于是就下令把萧何交给廷尉拘禁起来,还给他上了刑具。

过了几天,一个姓王的卫尉侍从刘邦,上前问道:"相国犯了什么大罪,陛下怎么突然把他关起来了?"刘邦说:"我听说李斯担任秦始皇的宰相,办了好事都归功于主上,有了错误则自己承担。如今相国大量接受那些下贱的商人们的金钱,却来为百姓求取我的上林苑,想以此来讨好百姓,所以我要把他关起来治罪。"王卫尉说:"要说在自己职责范围之内,如有对民众有利的事就为他们向陛下请求,这真是相国应做的事,陛下怎么竟然怀疑相国接受了商人的贿赂呢?况且当初陛下与楚军相持不下,有几年之久,陈豨、黥布反叛时,陛下亲自率军外出平叛,在那时,相国留守关中,如存异心,只要稍有举动,函谷关以西的地方就不属陛下所有。相国不在那时为自己谋利,如今难道会贪求商人的金钱吗?再者,秦始皇是因为不知道自己的过错而失去天下,李斯为主上分担过错的做法,又有什么值得效法的呢?陛下怎么能用这种浅陋的眼光来怀疑相国。"刘邦听了,心中很不愉快。当天,派遣使者手持符节赦萧何出狱。

萧何当时年岁已高,见刘邦开恩释放了他,更是诚惶诚恐,谨慎恭敬。虽然因为身戴刑具,害得他手足麻木,连路都快走不动了,而且蓬头赤足,污秽不堪,但又不敢回府沐浴再朝拜刘邦,只得这样上殿谢恩。刘邦见萧何如此狼狈,也觉得有些过意不去,便安抚萧何道:"相国不必多礼!这次的事,原是相国为民请愿,我不允许。我不过是夏桀、商纣那样的无道天子罢了,而你却是个贤德的相国。我之所以关押相国,就是要让百姓知道你的贤能和我的过失!"可以看出刘邦有意滋事,若不是王卫尉力谏辩诬,则萧何必会死于狱中,这再次暴露了刘邦疑忌萧何的真实心态。

由于刘邦为平民出身而得政权,故防范他人夺取政权最为严密。萧何自污,实在是出于免祸自保的一种办法。萧何就是在这种情况下,伴君如伴虎，一生也真不容易。

[4]卢绾（前256—前194），泗水郡丰邑（今江苏丰县）人，被逼反的异姓诸侯王之一，历史上的名声远不如韩信、黥布、彭越等其他异姓王。

卢绾的父亲与刘邦的父亲既是同乡，关系又很好，到了生孩子时，卢绾与刘邦恰巧同日出生。乡里因为两家的交情，又拿出羊肉和酒水来庆贺。卢绾和刘邦两人长大后一起读书，又互相敬爱。刘邦在平民时期，曾因为吃官司而躲躲藏藏，卢绾常常追随前后。

秦末农民战争爆发，卢绾随刘邦起兵于沛。刘邦被封为汉王入汉中，卢绾被任命为将军，并常常担任侍中。在楚汉战争中，卢绾官至太尉，封长安侯。由于卢绾与刘邦的关系，他可以随意出入刘邦的卧室。他的衣被、饮食、赏赐，都是群臣莫敢相望的。虽然萧何、曹参等能够因为才能过人、忠于职守而得到刘邦的礼遇，但若论亲密的关系和被宠信的程度，都无法与卢绾相比。

汉高帝五年（前202）冬天，刘邦派卢绾作为别将，与刘贾、靳歙攻打叛汉的临江王共尉。七月，燕王臧荼谋反，卢绾随同刘邦率军征讨。九月，击灭臧荼。同年后九月，被封为燕王。高帝十一年（前196），燕王卢绾亦率兵自东北攻打陈豨。陈豨派遣王黄求救于匈奴，而卢绾也派他的臣僚张胜出使匈奴，称陈豨已经战败，让匈奴不要发兵。但此事却被陈豨的降将告诉了刘邦，卢绾伙同代国陈豨和匈奴叛乱。刘邦于是使樊哙和周勃攻打燕国，卢绾退保沮阳（今河北怀南）。城陷，卢绾携家人与残余骑兵数千人逃往匈奴，被单于封为东胡卢王。汉惠帝元年（前194），卒于匈奴。

事在《史记》卷九十三《韩信卢绾列传》、《汉书》卷三十四《韩彭英卢吴传》。

[5]刘建（？—前181），刘邦第八子，母不详，西汉诸侯王。汉高帝十二年（前195），封为燕王。高后七年，刘建去世，谥号灵。

[6]刑白马盟誓。汉高帝十二年（前195）十一月，刘邦率军击破黥布的主力后，带着箭伤返回长安。二月甲午，刘邦册封最小的儿子刘建为

燕王。至此，除了封地偏远的长沙王吴臣外，岭北的诸侯王都姓刘了。为此刘邦还专门发了一个命令，允许长沙王继续姓吴（制诏御史："长沙王忠，其定著令。"即"长沙王忠诚，要把这个写在法律上"）。

三月，刘邦去世前一个月，杀白马为盟，与诸将订下誓约："非刘氏而王者，若无功上所不置而侯者，天下共诛之。"（《史记·汉兴以来诸侯王年表序》）就是说，非刘氏皇族成员不得封王，没有军功的不得封侯，否则，天下人要一起去诛灭他！刘邦这一举措，真可谓心机费尽，这对于巩固新生的政权，稳定政局，对后来驱杀诸吕，都起到了积极作用。

《史记·吕太后本纪》载："王陵让陈平、绛侯曰：'始与高帝啑血盟，诸君不在邪？今高帝崩，太后女主，欲王吕氏，诸君从欲阿意背约，何面目见高帝地下？'"也由此可知，白马之盟是刘邦代表刘氏皇族与功臣集团订立的盟约。

［7］高帝崩逝。刘邦（前256/前247—前195）是历史上杰出的政治家、战略家，汉朝开国皇帝，对汉民族的发展以及国家的统一有突出贡献。公元前202年至公元前195年在位。

秦二世元年（前209），陈胜起义后，作为泗水亭长的刘邦集合三千子弟响应，攻占沛县，自称沛公，投奔反秦义军首领项梁，任砀郡长，受封武安侯。秦二世三年（前207）率军进驻霸上，接受秦王子婴投降，废除秦朝苛法，约法三章。鸿门宴之后，受封为汉王，辖巴蜀及汉中一带。他能够知人善任，虚心纳谏，充分发挥部下的才能，积极整合反对西楚霸王项羽的力量，最终击杀项羽，于汉高帝五年（前202）赢得楚汉之争，统一天下。定陶汜水北岸即帝位，建立西汉王朝。此后，陆续消灭臧荼、韩王信、韩信、彭越、英布等异姓诸侯王，分封十一个同姓诸侯王。同时建章立制，休养生息，励精图治，兵员归家，豁免徭役，重农抑商，恢复社会经济，安抚百姓，稳定统治。高帝十二年（前195），刘邦在讨伐黥布叛乱时中箭受伤，本来他年事已高，到了长安后，病情日益严重。吕后找来名医，问他病情，医生说能治，刘邦却拒绝就医："我的命数在天，即使扁鹊再生，又有什么用处！"同年四月二十五日（公元前195年6月

1 日），刘邦崩于长安长乐宫，享年六十二岁（一说五十三岁）。葬于长陵（在今陕西咸阳东窑店），谥号高皇帝，庙号太祖。历代史家对刘邦多有称赞。

主要事迹在《史记》卷八《高祖本纪》、《汉书》卷一《高帝纪》。

［8］刘盈（前210—前188），西汉第二位皇帝，汉高帝刘邦嫡长子，母为汉高后吕雉。

汉高帝五年（前202），册立为皇太子，因生性柔弱，刘邦一度欲废。十六岁时继承皇位，在位七年。对母亲吕后毒死赵王如意，断戚夫人手足，挖眼熏耳，置于厕中曰"人彘"等残暴行为颇不满，因此精神抑郁，不理朝政，大权被吕后操纵。在位期间，实施仁政，减轻赋税，任用萧何和曹参为相国，实行休养生息的政策。在思想和文化方面，崇尚黄老哲学。在强势的吕太后辅佐下，平衡功臣和诸王。死后葬安陵，谥孝惠皇帝。

元朔四年（丙辰，前125） 去世后约七十年

约于本年，年仅二十岁的司马迁奉汉武帝之命，巡行天下，从长安出发，过长江，北涉江淮，亲自来到淮阴侯故乡，观风问俗，访求韩信年轻时的故事，作《淮阴侯列传》。[1]

该传记载了西汉开国元勋韩信一生的事迹，记述其胸怀大志，百战百胜，名高天下，却落个夷灭三族的下场，作者倾注了无限同情和感慨。这是后世研究韩信最重要也是最具权威性的历史资料。继司马迁之后，东汉史学家班固历二十余年修成一部详尽记载西汉一代史事的《汉书》，且专门写了一篇《韩信传》。其后，北宋司马光的《资治通鉴》等经典史书，大体以《史记》《汉书》为蓝本记载了韩信的生平事迹。除史载外，韩信的功绩还在民间广为流传。这些都是后世研究韩信的不可或缺的重要资料。而司马迁为韩信树碑立传，使其丰功伟绩、文韬武略得以历代传承，

产生了广泛而深远的影响。军事韩信，所指挥的三秦之战、京索之战、安邑之战、破代之战、井陉之战、胁燕之战、击齐之战、潍水之战、彭城之战、垓下之战等十次战役，成为我国后世兵家学习效法的经典。文化韩信，丰富多彩，内涵深刻，更是成为民族文化的一部分。[2]

《淮阴侯列传》全录如下：

淮阴侯韩信者，淮阴人也。始为布衣时，贫无行，不得推择为吏，又不能治生商贾。常从人寄食饮，人多厌之者。常数从其下乡南昌亭长寄食，数月，亭长妻患之，乃晨炊蓐食。食时信往，不为具食。信亦知其意，怒，竟绝去。

信钓于城下，诸母漂，有一母见信饥，饭信，竟漂数十日。信喜，谓漂母曰："吾必有以重报母。"母怒曰："大丈夫不能自食，吾哀王孙而进食，岂望报乎！"

淮阴屠中少年有侮信者，曰："若虽长大，好带刀剑，中情怯耳。"众辱之曰："信能死，刺我；不能死，出我袴下。"于是信孰视之，俯出袴下，蒲伏。一市人皆笑信，以为怯。

及项梁渡淮，信杖剑从之，居麾下，未得知名。项梁败，又属项羽，羽以为郎中。数以策干项羽，羽不用。汉王之入蜀，信亡楚归汉，未得知名，为连敖。坐法当斩，其辈十三人皆已斩，次至信，信乃仰视，适见滕公，曰："上不欲就天下乎？何为斩壮士！"滕公奇其言，壮其貌，释而不斩。与语，大说之。言于上，上拜以为治粟都尉，上未之奇也。

信数与萧何语，何奇之。至南郑，诸将行道亡者数十人，信度何等已数言上，上不我用，即亡。何闻信亡，不及以闻，自追之。人有言上曰："丞相何亡。"上大怒，如失左右手。居一二日，何来谒上，上且怒且喜，骂何曰："若亡，何也？"何曰："臣不敢亡也，臣追亡者。"上曰："若所追者谁何？"曰："韩信也。"上复骂曰："诸将亡者以十数，公无所追；追信，诈也。"何曰："诸将易得耳。至如信者，国士无双。王必欲长王汉中，无所事信；必欲争天下，非信无所与计事者。顾王策安所决耳。"王曰："吾亦欲东耳，安能郁郁久居此乎？"何曰："王计必欲东，能用信，信即留；不能用，信终亡耳。"王曰："吾为公以为将。"何曰："虽为将，信必不留。"王曰："以为大将。"何曰："幸甚。"于是王欲召信拜之。何曰："王素慢无礼，今拜大将如呼小儿耳，此乃信所以去也。王必欲拜之，择良日，斋戒，设坛场，具礼，乃可耳。"王许之。诸将皆喜，人人各自以为得大将。至拜大将，乃韩信也，一军皆惊。

信拜礼毕，上坐。王曰："丞相数言将军，将军何以教寡人计策？"信谢，因问王曰："今东乡争权天下，岂非项王邪？"汉王曰："然。"曰："大王自料勇悍仁强孰与项王？"汉王默然良久，曰："不如也。"信再拜贺曰："惟信亦为大王不如也。然臣尝事之，请言项王之为人也。项王喑噁叱咤，千人皆废，然不能任属贤将，此特匹夫之勇耳。项王见人恭敬慈爱，言语呕呕，人有疾病，涕泣分食饮，至使人有功当封爵者，印刓敝，忍不能予，此所谓妇人之仁也。项王虽霸天下而臣诸侯，不居关中而都彭城。有背义帝之约，而以亲爱王，诸侯不平。诸侯之见项王迁逐义帝置江南，亦皆归逐其主而自王善地。项王所过无不残灭者，天下多怨，百姓不亲附，特劫于威强耳。名虽为霸，实失天下心。故曰其强易弱。今大王诚能反其道，任天下武勇，何所不诛！以天下城邑封功臣，何所不服！以义兵从思东归之士，何所不散！且三秦王为秦将，将秦子弟数岁矣，所杀亡不可胜计，又欺其众降诸侯，至新安，项王诈坑秦降卒二十余万，唯独邯、欣、翳得脱，秦父兄怨此三人，痛入骨髓。今楚强以威王此三人，秦民莫爱也。大王之入武关，秋豪无所害，除秦苛法，与秦民约，法三章耳，秦民无不欲得大王王秦者。于诸侯之约，大王当王关中，关中民咸知之。大王失职入汉中，秦民无不恨者。今大王举而东，三秦可传檄而定也。"于是汉王大喜，自以为得信晚。遂听信计，部署诸将所击。

八月，汉王举兵东出陈仓，定三秦。汉二年，出关，收魏、河南，韩、殷王皆降。合齐、赵共击楚。四月，至彭城，汉兵败散而还。信复收兵与汉王会荥阳，复击破楚京、索之间，以故楚兵卒不能西。

汉之败却彭城，塞王欣、翟王翳亡汉降楚，齐、赵亦反汉与楚和。六月，魏王豹谒归视亲疾，至国，即绝河关反汉，与楚约和。汉王使郦生说豹，不下。其八月，以信为左丞相，击魏。魏王盛兵蒲坂，塞临晋，信乃益为疑兵，陈船欲度临晋，而伏兵从夏阳以木罂缶渡军，袭安邑。魏王豹惊，引兵迎信，信遂虏豹，定魏为河东郡。汉王遣张耳与信俱，引兵东，北击赵、代。后九月，破代兵，禽夏说阏与。信之下魏破代，汉辄使人收其精兵，诣荥阳以距楚。

信与张耳以兵数万，欲东下井陉击赵。赵王、成安君陈馀闻汉且袭之也，聚兵井陉口，号称二十万。广武君李左车说成安君曰："闻汉将韩信涉西河，虏魏王，禽夏说，新喋血阏与，今乃辅以张耳，议欲下赵，此乘胜而去国远斗，其锋不可当。臣闻千里馈粮，士有饥色，樵苏后爨，师不宿饱。今井陉之道，车不得方轨，骑不得成列，行数百里，其势粮食必在其后。原足下假臣奇兵三万人，从间道绝其辎重；足下深沟高垒，坚营勿与战。彼前不得斗，退不得还，吾奇兵绝其后，使野无所掠，不至十日，而两将之头可致于戏下。原君留意臣之计。否，必为二子所禽矣。"成安君，儒者也，常称义兵不用诈谋奇计，曰："吾闻兵法十则围之，倍则战。今韩信兵号数万，其实不过数千。能千里而袭我，亦已罢极。今如此避而不击，后有大者，何以加之！则诸侯谓吾怯，而轻来伐我。"不听广武君策，广武君策不用。

韩信使人间视，知其不用，还报，则大喜，乃敢引兵遂下。未至井陉口三十里，止舍。夜半传发，选轻骑二千人，人持一赤帜，从间道萆山而望赵军，诫曰："赵见我走，必空壁逐我，若疾入赵壁，拔赵帜，立汉赤帜。"令其裨将传飧，曰："今日破赵会食！"诸将皆莫信，详应曰："诺。"谓军吏曰："赵已先据便地为壁，且彼未见吾大将旗鼓，未肯击前行，恐吾至阻险而还。"信乃使万人先行，出，背水陈。赵军望见而大笑。平旦，信建大将之旗鼓，鼓行出井陉口，赵开壁击之，大战良久。于是信、张耳详弃鼓旗，走水上军。水上军开入之，复疾战。赵果空壁争汉鼓旗，逐韩信、张耳。韩信、张耳已入水上军，军皆殊死战，不可败。信所出奇兵二千骑，共候赵空壁逐利，则驰入赵壁，皆拔赵旗，立汉赤帜二千。赵军已不胜，不能得信等，欲还归壁，壁皆汉赤帜，而大惊，以为汉皆已得赵王将矣，兵遂乱，遁走，赵将虽斩之，不能禁也。于是汉兵夹击，大破虏赵军，斩成安君泜水上，禽赵王歇。

信乃令军中毋杀广武君，有能生得者购千金。于是有缚广武君而致戏下者，信乃解其缚，东乡坐，西乡对，师事之。

诸将效首虏，毕贺，因问信曰："兵法右倍山陵，前左水泽，今者将军令臣等反背水阵，曰破赵会食，臣等不服。然竟以胜，此何术也？"信曰："此在兵法，顾诸君不察耳。兵法不曰'陷之死地而后生，置之亡地而后存'？且信非得素拊循士大夫也，此所谓'驱市人而战之'，其势非置之死地，使人人自为战；今予之生地，皆走，宁尚可得而用之乎！"诸将皆服曰："善。非臣所及也。"

于是信问广武君曰："仆欲北攻燕，东伐齐，何若而有功？"广武君辞谢曰："臣闻败军之将不可以言勇，亡国之大夫不可以图存。今臣败亡之虏，何足以权大事乎！"信曰："仆闻之，百里奚居虞而虞亡，在秦而秦霸，非愚于虞而智于秦也，用与不用，听与不听也。诚令成安君听足下计，若信者亦已为禽矣。以不用足下，故信得侍耳。"因固问曰："仆委心归计，愿足下勿辞。"广武君曰："臣闻智者千虑，必有一失；愚者千虑，必有一得。故曰'狂夫之言，圣人择焉'。顾恐臣计未必足用，原效愚忠。夫成安君有百战百胜之计，一旦而失之，军败鄗下，身死泜上。今将军涉西河，虏魏王，禽夏说阏与，一举而下井陉，不终朝破赵二十万众，诛成安君。名闻海内，威震天下，农夫莫不辍耕释耒，褕衣甘食，倾耳以待命者。若此，将军之所长也。然而众劳卒罢，其实难用。今将军欲举倦弊之兵，顿之燕坚城之下，欲战恐久力不能拔，情见势屈，旷日粮竭，而弱燕不服，齐必距境以自强也。燕齐相持而不下，则刘项之权未有所分也。若此者，将军所短也。臣愚，窃以为亦过矣。故善用兵者不以短击长，而以长击短。"韩信曰："然则何由？"广武君对曰："方今为将军计，莫如案甲休兵，镇赵抚其孤，百里之内，牛酒日至，以飨士大夫釂兵，北首燕路，而后遣辩士奉咫尺之书，暴其所长于燕，燕必不敢不听从。燕已从，使谖言者东告齐，齐必从风而服，虽有智者，亦不知为齐计矣。如是，则天下事皆可图也。兵固有先声而后实者，此之谓也。"韩信曰："善。"从其策，发使使燕，燕从风而靡。乃遣使报汉，因请立张耳为赵王，以镇抚其国。汉王许之，乃立张耳为赵王。

楚数使奇兵渡河击赵，赵王耳、韩信往来救赵，因行定赵城邑，发兵诣汉。楚方急围汉王于荥阳，汉王南出，之宛、叶间，得黥布，走入成皋，楚又复急围之。六月，汉王出成皋，东渡河，独与滕公俱，从张耳军修武。至，宿传舍。晨自称汉使，驰入赵壁。张耳、韩信未起，即其卧内上夺其印符，以麾召诸将，易置之。信、耳起，乃知汉王来，大惊。汉王夺两人军，即令张耳备守赵地。拜韩信为相国，收赵兵未发者击齐。

信引兵东，未渡平原，闻汉王使郦食其已说下齐，韩信欲止。范阳辩士蒯通说信曰："将军受诏击齐，而汉独发间使下齐，宁有诏止将军乎？何以得毋行也！且郦生一士，伏轼掉三寸之舌，下齐七十余城，将军将数万众，岁余乃下赵五十余城，为将数岁，反不如一竖儒之功乎？"于是信然之，从其计，遂渡河。齐已听郦生，即留纵酒，罢备汉守御。信因袭齐历下军，遂至临菑。齐王田广以郦生卖己，乃烹之，而走高密，使使之楚请救。韩信已定临菑，遂东追广至高密西。楚亦使龙且将，号称二十万，救齐。

齐王广、龙且并军与信战，未合。人或说龙且曰："汉兵远斗穷战，其锋不可当。齐、楚自居其地战，兵易败散。不如深壁，令齐王使其信臣招所亡城，亡城闻其王在，楚来救，必反汉。汉兵二千里客居，齐城皆反之，其势无所得食，可无战而降也。"龙且曰："吾平生知韩信为人，易与耳。且夫救齐不战而降之，吾何功？今战而胜之，齐之半可得，何为止！"遂战，与信夹潍水陈。韩信乃夜令人为万余囊，满盛沙，壅水上流，引军半渡，击龙且，详不胜，还走。龙且果喜曰："固知信怯也。"遂追信渡水。信使人决壅囊，水大至。龙且军大半不得渡，即急击，杀龙且。龙且水东军散走，齐王广亡去。信遂追北至城阳，皆虏楚卒。

汉四年，遂皆降平齐。使人言汉王曰："齐伪诈多变，反覆之国也，南边楚，不为假王以镇之，其势不定。愿为假王便。"当是时，楚方急围汉王于荥阳，韩信使者至，发书，汉王大怒，骂曰："吾困于此，旦暮望若来佐我，乃欲自立为王！"张良、陈平蹑汉王足，因附耳语曰："汉方不利，宁能禁信之王乎？不如因而立，善遇之，使自为守。不然，变生。"汉王亦悟，因复骂曰："大丈夫定诸侯，即为真王耳，何以假为！"乃遣张良往立信为齐王，征其兵击楚。

楚已亡龙且，项王恐，使盱眙人武涉往说齐王信曰："天下共苦秦久矣，相与戮力击秦。秦已破，计功割地，分土而王之，以休士卒。今汉王复兴兵而东，侵人之分，夺人之地，已破三秦，引兵出关，收诸侯之兵以东击楚，其意非尽吞天下者不休，其不知厌足如是甚也。且汉王不可必，身居项王掌握中数矣，项王怜而活之，然得脱，辄倍约，复击项王，其不可亲信如此。今足下虽自以与汉王为厚交，为之尽力用兵，终为之所禽矣。足下所以得须臾至今者，以项王尚存也。当今二王之事，权在足下。足下右投则汉王胜，左投则项王胜。项王今日亡，则次取足下。足下与项王有故，何不反汉与楚连和，参分天下王之？今释此时，而自必于汉以击楚，且为智者固若此乎！"韩信谢曰："臣事项王，官不过郎中，位不过执戟，言不听，画不用，故倍楚而归汉。汉王授我上将军印，予我数万众，解衣衣我，推食食我，言听计用，故吾得以至于此。夫人深亲信我，我倍之不祥，虽死不易。幸为信谢项王！"

武涉已去，齐人蒯通知天下权在韩信，欲为奇策而感动之，以相人说韩信曰："仆尝受相人之术。"韩信曰："先生相人何如？"对曰："贵贱在于骨法，忧喜在于容色，成败在于决断，以此参之，万不失一。"韩信曰："善。先生相寡人何如？"对曰："原少间。"信曰："左右去矣。"通曰："相君之面，不过封侯，又危不安。相君之背，贵乃不可言。"韩信曰："何谓也？"蒯通曰："天下初发难也，俊雄豪桀建号壹呼，天下之士云合雾集，鱼鳞杂遝，熛至风起。当此之时，忧在亡秦而已。今楚汉分争，使天下无罪之人肝胆涂地，父子暴骸骨于中野，不可胜数。楚人起彭城，转斗逐北，至于荥阳，乘利席卷，威震天下。然兵困于京、索之间，迫西山而不能进者，三年于此矣。汉王将数十万之众，距巩、雒，阻山河之险，一日数战，无尺寸之功，折北不救，败荥阳，伤成皋，遂走宛、叶之间，此所谓智勇俱困者也。夫锐气挫于险塞，而粮食竭于内府，百姓罢极怨望，容容无所倚。以臣料之，其势非天下之贤圣固不能息天下之祸。当今两主之命悬于足下。足下为汉则汉胜，与楚则楚胜。臣愿披腹心，输肝胆，效愚计，恐足下不能用也。诚能听臣之计，莫若两利而俱存之，参分天下，鼎足而居，其势莫敢先动。夫以足下之贤圣，有甲兵之众，据强齐，从燕、赵，出空虚之地而制其后，因民之欲，西乡为百姓请命，则天下风走而响应矣，孰敢不听！割大弱强，以立诸侯，诸侯已立，天下服听而归德于齐。案齐之故，有胶、泗之地，怀诸侯以德，深拱揖让，则天下之君王相率而朝于齐矣。盖闻'天与弗取，反受其咎；时至不行，反受其殃'。愿足下孰虑之。"

韩信曰："汉王遇我甚厚，载我以其车，衣我以其衣，食我以其食。吾闻之，乘人之车者载人之患，衣人之衣者怀人之忧，食人之食者死人之事，吾岂可以向利倍义乎！"蒯生曰："足下自以为善汉王，欲建万世之业，臣窃以为误矣。始常山王、成安君为布衣时，相与为刎颈之交，后争张黡、陈泽之事，二人相怨。常山王背项王，奉项婴头而窜，逃归于汉王。汉王借兵而东下，杀成安君泜水之南，头足异处，卒为天下笑。此二人相与，天下至欢也。然而卒相禽者，何也？患生于多欲而人心难测也。今足下欲行忠信以交于汉王，必不能固于二君之相与也，而事多大于张黡、陈泽。故臣以为足下必汉王之不危己，亦误矣。大夫种、范蠡存亡越，霸句践，立功成名而身死亡。野兽已尽而猎狗烹。夫以交友言之，则不如张耳之与成安君者也；以忠信言之，则不过大夫种、范蠡之于句践也。此二人者，足以观矣。愿足下深虑之。且臣闻勇略震主者身危，而功盖天下者不赏。臣请言大王功略：足下涉西河，虏魏王，禽夏说，引兵下井陉，诛成安君，徇赵，胁燕，定齐，南摧楚人之兵二十万，东杀龙且，西乡以报，此所谓功无二于天下，而略不世出者也。今足下戴震主之威，挟不赏之功，归楚，楚人不信；归汉，汉人震恐。足下欲持是安归乎？夫势在人臣之位而有震主之威，名高天下，窃为足下危之。"韩信谢曰："先生且休矣，吾将念之。"

后数日，蒯通复说曰："夫听者事之候也，计者事之机也，听过计失而能久安者，鲜矣。听不失一二者，不可乱以言；计不失本末者，不可纷以辞。夫随厮养之役者，失万乘之权；守儋石之禄者，阙卿相之位。故知者决之断也，疑者事之害也，审豪牦之小计，遗天下之大数，智诚知之，决弗敢行者，百事之祸也。故曰'猛虎之犹豫，不若蜂虿之致螫；骐骥之局躅，不如驽马之安步；孟贲之狐疑，不如庸夫之必至也；虽有舜禹之智，吟而不言，不如喑聋之指麾也'。此言贵能行之。夫功者难成而易败，时者难得而易失也。时乎时，不再来。原足下详察之。"韩信犹豫不忍倍汉，又自以为功多，汉终不夺我齐，遂谢蒯通。蒯通说不听，已说狂为巫。

汉王之困固陵，用张良计，召齐王信，遂将兵会垓下。项羽已破，高祖袭夺齐王军。汉五年正月，徙齐王信为楚王，都下邳。

信至国，召所从食漂母，赐千金。及下乡南昌亭长，赐百钱，曰："公，小人也，为德不卒。"召辱己之少年令出胯下者以为楚中尉。告诸将相曰："此壮士也。方辱我时，我宁不能杀之邪？杀之无名，故忍而就于此。"

项王亡将钟离昧家在伊庐，素与信善。项王死后，亡归信。汉王怨昧，闻其在楚，诏楚捕昧。信初之国，行县邑，陈兵出入。汉六年，人有上书告楚王信反。高帝以陈平计，天子巡狩会诸侯，南方有云梦，发使告诸侯会陈："吾将游云梦。"实欲袭信，信弗知。高祖且至楚，信欲发兵反，自度无罪，欲谒上，恐见禽。人或说信曰："斩昧谒上，上必喜，无患。"信见昧计事。昧曰："汉所以不击取楚，以昧在公所。若欲捕我以自媚于汉，吾今日死，公亦随手亡矣。"乃骂信曰："公非长者！"卒自刭。信持其首，谒高祖于陈。上令武士缚信，载后车。信曰："果若人言，'狡兔死，良狗烹；高鸟尽，良弓藏；敌国破，谋臣亡。'天下已定，我固当烹！"上曰："人告公反。"遂械系信。至雒阳，赦信罪，以为淮阴侯。

信知汉王畏恶其能，常称病不朝从。信由此日夜怨望，居常鞅鞅，羞与绛、灌等列。信尝过樊将军哙，哙跪拜送迎，言称臣，曰："大王乃肯临臣！"信出门，笑曰："生乃与哙等为伍！"上常从容与信言诸将能不，各有差。上问曰："如我能将几何？"信曰："陛下不过能将十万。"上曰："于君何如？"曰："臣多多而益善耳。"上笑曰："多多益善，何为为我禽？"信曰："陛下不能将兵，而善将将，此乃信之所以为陛下禽也。且陛下所谓天授，非人力也。"

陈豨拜为钜鹿守，辞于淮阴侯。淮阴侯挈其手，辟左右与之步于庭，仰天叹曰："子可与言乎？欲与子有言也。"豨曰："唯将军令之。"淮阴侯曰："公之所居，天下精兵处也；而公，陛下之信幸臣也。人言公之畔，陛下必不信；再至，陛下乃疑矣；三至，必怒而自将。吾为公从中起，天下可图也。"陈豨素知其能也，信之，曰："谨奉教！"汉十年，陈豨果反。上自将而往，信病不从。阴使人至豨所，曰："弟举兵，吾从此助公。"信乃谋与家臣夜诈诏赦诸官徒奴，欲发以袭吕后、太子。部署已定，待豨报。其舍人得罪于信，信囚，欲杀之。舍人弟上变，告信欲反状于吕后。吕后欲召，恐其党不就，乃与萧相国谋，诈令人从上所来，言豨已得死，列侯群臣皆贺。相国绐信曰："虽疾，强入贺。"信入，吕后使武士缚信，斩之长乐钟室。信方斩，曰："吾悔不用蒯通之计，乃为儿女子所诈，岂非天哉！"遂夷信三族。

高祖已从豨军来，至，见信死，且喜且怜之，问："信死亦何言？"吕后曰："信言恨不用蒯通计。"高祖曰："是齐辩士也。"乃诏齐捕蒯通。蒯通至，上曰："若教淮阴侯反乎？"对曰："然，臣固教之。竖子不用臣之策，故令自夷于此。如彼竖子用臣之计，陛下安得而夷之乎！"上怒曰："烹之。"通曰："嗟乎，冤哉烹也！"上曰："若教韩信反，何冤？"对曰："秦之纲绝而维弛，山东大扰，异姓并起，英俊乌集。秦失其鹿，天下共逐之，于是高材疾足者先得焉。蹠之狗吠尧，尧非不仁，狗因吠非其主。当是时，臣唯独知韩信，非知陛下也。且天下锐精持锋欲为陛下所为者甚众，顾力不能耳。又可尽烹之邪？"高帝曰："置之。"乃释通之罪。

太史公曰：吾如淮阴，淮阴人为余言，韩信虽为布衣时，其志与众异。其母死，贫无以葬，然乃行营高敞地，令其旁可置万家。余视其母冢，良然。假令韩信学道谦让，不伐己功，不矜其能，则庶几哉，于汉家勋可以比周、召、太公之徒，后世血食矣。不务出此，而天下已集，乃谋畔逆，夷灭宗族，不亦宜乎！

考 释

[1] 司马迁（约前 145—前 87），字子长，西汉夏阳（今陕西韩城）人，出身史学世家，是我国古代伟大的史学家、思想家、文学家，被后世尊为"史圣"。所著《史记》是中国最早的一部纪传体通史，记载了从上古传说中的黄帝时期，到汉武帝元狩元年（前 122）长达三千多年的历史，不论在史学还是在文学上都有其巨大的价值，故被鲁迅称誉为"史家之绝唱，无韵之离骚"，对后世影响巨大。《淮阴侯列传》出自《史记》卷九十二。

[2] 文化韩信简述。自汉以降，许多关于韩信的事迹，已经升华为文化经典，是历史留给后人的珍贵遗产。主要体现在六个方面：

一、历史评价。对于韩信的盖世功绩，后世政治家、历史学家、兵学家、文学家多加赞赏。

〔汉〕刘邦："连百万之军，战必胜，攻必取，吾不如韩信。"（《史记·高祖本纪》）

〔汉〕蒯彻以"略不世出"来赞誉韩信。（《史记·淮阴侯列传》）

〔汉〕司马迁："楚人迫我京索，而信拔魏赵，定燕齐，使汉三分天下有其二，以灭项籍。"（《史记·太史公自序》）

〔唐〕李世民："汉以六合为家，是赖淮阴之策。"（《帝范·求贤》）

〔北宋〕司马光："世或以韩信为首建大策，与高祖起汉中，定三秦，遂分兵以北，禽魏，取代，仆赵，胁燕，东击齐而有之，南灭楚垓下，汉之所以得天下者，大抵皆信之功也。"（《资治通鉴·汉纪四》）

〔南宋〕陈亮："信之用兵，古今一人而已。"（《酌古论·韩信》《乾隆淮安府志·韩信论》）

〔明〕茅坤："予览观古兵家流，当以韩信为最。破魏以木罂，破赵以立汉赤帜，破齐以囊沙，彼皆从天而下，而未尝与敌人血战者。予故曰：古今来，太史公，文仙也；李白，诗仙也；屈原，词赋仙也；刘阮，酒仙也；而韩信，兵仙也！然哉！"（《史记评林》卷九二）

〔明〕文学家胡应麟推许韩信用兵是"古今圣于智"，赋予韩信以"兵家智圣"。（《少室山房笔丛》卷十四）

〔清〕郭嵩焘："韩信与项羽始终未有一战，独垓下一战，收楚汉兴亡之全局。云'淮阴将三十万自当之'，以项羽劲敌，韩信自操全算以临之。先为小却，以待左右两翼之夹击，而后回军三面蹵之，是以项羽十万之众一败无余。"（《史记札记》卷一）

〔清〕方包："太史公于汉兴诸将，皆列数其成功而不及其方略，以区区者不足言也；惟于信，详哉其言之。盖信之战，刘项之兴亡系焉，且其兵谋足为后世法也。"（《望溪先生文集·书淮阴侯列传后》）

二、兵家事典。韩信先后指挥了三秦之战、京索之战等十次战役，留名千古，为后世兵家顶礼膜拜。

唐代政治家、史学家杜佑，在编著《通典·兵典》时，多次征引韩信兵略和战例：《兵三·料敌制胜》和《兵十二·乘卒初锐用之》，分别征引了韩信登坛拜将时纵论天下大势的宏论；《兵六·示形在彼而攻于此》，即以韩信伐魏之战的"临晋设疑，夏阳潜渡"为例证；《兵七·引退设伏潜兵袭其营》和《兵十二·死地勿攻》以及《兵十三·绝粮道及辎重》，分别从不同的角度，征引了韩信所指挥的井陉之战；《兵十三·水攻》则引征了韩信的潍水之战为实例；《兵七·佯败引退取之》则征引了韩信垓下之战中诱敌伏击而获胜的战例，杜佑不厌其烦地多次征引韩信所创造的战争奇迹，其尊崇之情可见。

南宋的军事谋略家华岳，以其"汗血之心"撰成的《翠微北征录》，被人称为"奇伟瑰怪非常之观"，是南宋最重要的军事著作之一。在这部书中，华岳也曾多处征引韩信的战例。

被称为"秘本兵书"而民间广为流传的《三十六计》，其成书年代和作者虽不可详考，但其影响之巨大是无可置疑的。这部书中的"暗度陈仓"之计，就是以韩信所指挥的著名战役命名的。"声东击西"之计的得名与韩信的伐魏之役也可能有一定关系。

实际成书于宋元时期而被人托名为明初军事谋略家刘基所作的《百战奇谋》，在《客战》一略中，征引了井陉之战为实例，论证了只有敢于深入敌境作战才能克敌制胜的理论；在《远战》一略中，征引了伐魏之役为实例，论证了与敌隔水对峙时应在附近处佯诱敌而在远处偷渡击敌的原则；在《水战》一略中，又征引了潍水之役为实例，说明了诱敌渡河而伏兵击敌半渡的兵家秘诀。可见这部兵书的作者对韩信及其所创造的战争奇迹，都是很推崇的。

明代学者刘畿所撰《诸史将略》，清代军事家胡林翼所著的《读史方略》，都对韩信用兵谋略和辉煌战功津津乐道。（上引孙家洲《韩信评传》）

三、武庙祭祀。武庙和文庙都是信仰文化的一部分，韩信在武庙配祭武成王中的地位十分显赫。

武庙最早起源于唐朝，唐玄宗对姜子牙十分推崇。唐德宗建中三年（782），唐德宗决定为被尊奉为"武成王"的姜太公祠庙安置古代名将配祭，其规模、典礼完全依照"文宣王（孔子）庙"的成规办理。选择了十位名将充当武庙中的"十哲"，他们分别是：春秋时代的田穰苴、孙武，战国时代的吴起、乐毅、白起，汉代的张良、韩信，三国时期的诸葛亮，唐初的李靖、李勣。另外，还设立了七十二位智将参与配祭。（《唐会要》卷二十三"武成王庙"条）他们之中，有孙膑、廉颇、王翦、彭越、关羽、张飞、周瑜等人。自此武庙文化便在中国开始盛行。

宋太祖开宝三年（970）下诏，褒奖前代功臣，有司选定孙膑、韩信、关羽、诸葛亮等二十三人为"勋德高迈，为当时之冠"的一等功臣，由朝廷为他们设立专职护墓民户。韩信再一次得到了后世皇帝的褒奖及"恩遇"。（《文献通考》卷一百三《宗庙考十三》）

信仰文化在东南亚也很盛行，目前在越南顺化武庙中，供奉有十二位中国人，其中包括韩信。

四、文化习俗。有关韩信的文化遗产除军事艺术外，在文学艺术领域也非常丰富，其美德广受称颂。他受胯下之辱，能屈能伸，不逞匹夫之勇；他受封楚王衣锦还乡，知恩图报，赐漂母千金；他手握重兵，鼎足天下，仍不背叛汉王刘邦，等等。这些都是文学创作的基本素材。

宋代的隐士张预在他《百将传》中，就袭用《史记》《汉书》的材料，为韩信作传。以后编著的各种《广百将传》《名将传》《广名将传》，无不为韩信立传。而古代大凡有成就的文人骚客，也留下了许多脍炙人口的名篇佳作——李白、黄庭坚、王安石、曹雪芹咏韩信的诗，刘禹锡、苏轼、梅尧臣、张耒等咏韩侯祠的诗，唐代诗人崔国辅、文学家罗隐、进士刘长卿等咏漂母的诗等。各地有关韩信遗迹地都有关于韩信的题咏。这些题咏从不同的层面揭示韩信文化的深刻内涵，把韩信文化用诗意的语言表达出来。

在戏剧发展史上，从宋代杂剧到明清传奇，以及后来的京剧和地方戏曲，都涌现出大量以韩信为题材的戏剧。如《十大功劳》《淮阴记》《登坛记》《汉高祖哭韩信》《遇漂母韩信乞食》《吕太后使计斩韩信》《萧何月下追韩信》《霸王别姬》《四面楚歌》《亡乌江》《千金记》，等等。虽然大多数戏曲文本已亡佚，但我们仍可从文献记载中窥见其流传之盛。

在民俗方面，不同地区的人们还将韩信奉为"仓神""财神""门神""赌神"。如北方民间，正月二十五为传统的"填仓节"，所谓"填仓"是指充实仓廪的节日。这一天各家各户要往粮仓里加一些粮食。清韶公《燕京旧俗志·岁时篇·添仓》云："相传仓神为西汉开国元勋韩信，俗称之曰韩王爷。"因为韩信当的第一任官职是仓官，所以被奉为仓神。在北京的东岳庙里，就有韩信的神像供人们拜祭，旧时还有很多民间香会活动。在我国东南沿海特别在港、澳、台等地，韩信还被奉为财神。在民间还流传韩信设赌安军心，并发明象棋与麻将，被尊为偏财神的故事，等等。

五、成语典故。经过《史记》《汉书》记述，韩信的故事逐渐被作为成语固定下来。据不完全统计，涉及韩信的主要成语、俗语、典故就达一百二十多个，这里选拾八十四个（义同者多未被收录）。

用兵方面：十面埋伏，四面楚歌，背水一战，拔旗易帜，拔帜传餐，置之死地而后生，明修栈道、暗度陈仓，临晋设疑，夏阳偷渡，木罂渡军，先声后实，锐不可当，多多益善，韩信用兵、愈少愈精，大张旗鼓，秋毫无犯，人自为战，各自为战，逐鹿中原，囊沙壅水，沈沙决水，半渡而击，群雄逐鹿，捷足先得，淮阴猛士，反其道而行之，案甲休兵。

功绩方面：国士无双，兵仙神帅，不赏之功，威震天下，勋冠三杰，灵武冠世，略不世出，兴汉三杰，汉中高对，传檄而定，登坛拜将，气吞山河，名高天下，三足鼎立，百战百胜，战必克、攻必取，推陈出新，独当一面。

操守方面：一饭千金、胯下之辱、解衣推食、匹夫之勇、妇人之仁、人心难测、肝胆照人、晨炊蓐食、昌亭之客、掉三寸舌、为民请命、为德不卒、痛入骨髓、肝脑涂地、一竿之微、不计前嫌、乡利倍义、人心难测、鸟尽弓藏。

其他方面：一军皆惊；执戟之郎；伪游云梦；钟室之祸；居常鞅鞅；伐功矜能；智者千虑、必有一失，愚者千虑、必有一得；功高震主；能屈能伸；萧何月下追韩信；成也萧何、败也萧何；寒溪夜涨；修武高眠；羞与哙伍；兔死狗烹；头足异处；以长击短；不可胜算；时不再来；万乘之权。

六、古迹遗址。不论是韩信的故乡，还是其曾征战过的古战场，为表达敬仰之意，当地多建祠竖碑立庙以示纪念。

江苏淮安市是韩信出生地，在清江浦区城南街道境内有韩母墓、韩信城。淮阴区马头镇有漂母墓、韩信庙。老淮安城中有汉韩侯祠、胯下桥、漂母井、淮阴市碑，城西北隅运河堤畔有建于明清的漂母祠、千金亭和韩侯钓台。

陕西汉中市是汉王朝的发祥地，这里有拜将坛，城北有刘邦退入汉中的褒斜栈道遗址。留坝县有萧何追韩信处"寒溪夜涨"景点。西安市灞桥区新筑镇有一座韩信墓，为埋葬韩信身驱之地，墓高十米，占地超过二亩，墓前亦有庙。

山西平定县是韩信破赵的大本营，传说韩信在此试剑劈山，从大山上削下一座石山，叫"试剑峰"。后人为了纪念韩信，还在试剑峰上修建了一座韩信庙。灵石县韩信岭上亦有韩信墓，传说埋有韩信的首级，墓前有韩信祠。

河北井陉县井陉关是背水之战的古战场，这里有井陉古道、背水列阵处、淮阴侯谈兵处等历史遗存。与井陉县毗邻的石家庄市鹿泉区，这里的白鹿泉、抱犊寨是与背水之战有关的古迹和纪念建筑。

山东诸城市是潍水之战的发生地，韩信阻水淹楚齐联军的地方被称为韩信坝。潍水之战胜利后，韩信被封为齐王，都临淄，其宫殿遗址被称韩信岭。

安徽固城县濠城镇一说为垓下之战的古战场，核心区有项羽营，附近有"吹箫台"相传是韩信吹箫散楚兵之处，"望台"被当地群众称为"韩信点将台"。

此外，全国各地还有很多以韩信名字命名的山川、河流和村落，至今仍以其独特的魅力，吸引着四方游人前往观瞻。

文化韩信，涉及政治、军事、文化、历史等多个方面。笔者建议，相关地方院校应尽快开展"韩信学"研究，包括韩信军事理论、文化风俗、诗词文章、地方史志、当代价值等，其意义重大，任重道远。

建武三十年（甲寅，54）　去世后约二百五十年

这一年，班固的父亲班彪过世，班固从京城迁回扶风安陵老家居住，开始在班彪《史记后传》的基础上撰写《汉书》。[1]《韩信传》也约于本年整理写作，韩传进一步巩固了韩信的历史地位。

《汉书》记载的时代与《史记》有交叉，汉武帝中期以前的西汉历史，两书都有记述。有关韩信的传记，虽然班固承继了司马迁的大部分内容，但叙述与议论有不少相异之处，特别是对韩信"谋反"一事的处理，存在

微妙而本质性区别，这一切源于两位史学家对韩信历史定位和自身形象的评价。司马迁出生于史官世家，不以儒家思想作为是非标准。而班固后于司马迁 177 年出生于仕宦家庭，受正统的儒家思想影响极深。司马迁突出了韩信不背叛的思想与感情基础，而班固的"忽略"暗含某些看法在里面。蒯彻劝说韩信自立天下超过了一千五百字，几乎是《淮阴侯列传》的七分之一篇幅，韩信没有听从蒯彻建议。在韩信被杀后，《史记》接着写了给韩信出谋划策的蒯彻的命运。《汉书》则删除了这两段，降低了韩信"三分天下"关键地位和"不忍背汉"的事实。在《史记》中，韩信谋反疑问多多，前后文矛盾，疑窦丛生，所以许多学者认为韩信的"谋反"是被诬陷的。班固则批评司马迁"论是非颇谬于圣人（孔子）"。

《韩信传》全录如下：

韩信，淮阴人也。家贫无行，不得推择为吏，又不能治生为商贾，常从人寄食。其母死无以葬，乃行营高燥地，令傍可置万家者。信从下乡南昌亭长食，亭长妻苦之，乃晨炊蓐食。食时信往，不为具食。信亦知其意，自绝去。至城下钓，有一漂母哀之，饭信，竟漂数十日。信谓漂母曰："吾必重报母。"母怒曰："大丈夫不能自食，吾哀王孙而进食，岂望报乎！"淮阴少年又侮信曰："虽长大，好带刀剑，怯耳。"众辱信曰："能死，刺我；不能，出跨下。"于是信孰视，俛出跨下。一市皆笑信，以为怯。

及项梁度淮，信乃仗剑从之，居戏下，无所知名。梁败，又属项羽，为郎中。信数以策干项羽，羽弗用。汉王之入蜀，信亡楚归汉，未得知名，为连敖。坐法当斩，其畴十三人皆已斩，至信，信乃仰视，适见滕公，曰："上不欲就天下乎？而斩壮士！"滕公奇其言，壮其貌，释弗斩。与语，大说之，言于汉王。汉王以为治粟都尉，上未奇之也。

数与萧何语，何奇之。至南郑，诸将道亡者数十人。信度何等已数言上，不我用，即亡。何闻信亡，不及以闻，自追之。人有言上曰："丞相何亡。"上怒，如失左右手。居一二日，何来谒。上且怒且喜，骂何曰："若亡，何也？"何曰："臣非敢亡，追亡者耳。"上曰："所追者谁也？"曰："韩信。"上复骂曰："诸将亡者已数十，公无所追；追信，诈也。"何曰："诸将易得，至如信，国士无双。王必欲长王汉中，无所事信；必欲争天下，非信无可与计事者。顾王策安决。"王曰："吾亦欲东耳，安能郁郁久居此乎？"何曰："王计必东，能用信，信即留；不能用信，信终亡耳。"王曰："吾为公以为将。"何曰："虽为将，信不留。"王曰："以为大将。"何曰："幸甚。"于是王欲召信拜之。何曰："王素嫚无礼，今拜大将如召小儿，此乃信所以去也。王必欲拜之，择日斋戒，设坛场具礼，乃可。"王许之。诸将皆喜，人人各自以为得大将。至拜，乃韩信也，一军皆惊。

　　信已拜，上坐。王曰："丞相数言将军，将军何以教寡人计策？"信谢，因问王曰："今东乡争权天下，岂非项王邪？"上曰："然。"信曰："大王自料勇悍仁强孰与项王？"汉王默然良久，曰："弗如也。"信再拜贺曰："唯信亦以为大王弗如也。然臣尝事项王，请言项王为人也。项王意乌猝嗟，千人皆废，然不能任属贤将，上特匹夫之勇也。项王见人恭谨，言语姁姁，人有病疾，涕泣分食饮，至使人有功，当封爵，刻印刓，忍不能予，此所谓妇人之仁也。项王虽霸天下而臣诸侯，不居关中而都彭城；又背义帝约，而以亲爱王，诸侯不平。诸侯之见项王逐义帝江南，亦皆归逐其主，自王善地。项王所过亡不残灭，多怨百姓，百姓不附，特劫于威，强服耳。名虽为霸，实失天下心，故曰其强易弱。今大王诚能反其道，任天下武勇，何不诛！以天下城邑封功臣，何不服！以义兵从思东归之士，何不散！且三秦王为秦将，将秦子弟数岁，而所杀亡不可胜计，又欺其众降诸侯。至新安，项王诈坑秦降卒二十余万人，唯独邯、欣、翳脱。秦父兄怨此三人，痛于骨髓。今楚强以威王此三人，秦民莫爱也。大王之入武关，秋豪亡所害，除秦苛法，与民约，法三章耳，秦民亡不欲得大王王秦者。于诸侯之约，大王当王关中，关中民户知之。王失职之蜀，民亡不恨者。今王举而东，三秦可传檄而定也。"于是汉王大喜，自以为得信晚。遂听信计，部署诸将所击。

　　汉王举兵东出陈仓，定三秦。二年，出关，收魏、河南，韩、殷王皆降。令齐、赵共击楚彭城，汉兵败散而还。信复发兵与汉王会荥阳，复击破楚京、索间，以故楚兵不能西。

汉之败却彭城，塞王欣、翟王翳亡汉降楚，齐、赵、魏亦皆反，与楚和。汉王使郦生往说魏王豹，豹不听，乃以信为左丞相击魏。信问郦生："魏得毋用周叔为大将乎？"曰："柏直也。"信曰："竖子耳。"遂进兵击魏。魏盛兵蒲坂，塞临晋。信乃益为疑兵，陈船欲度临晋，而伏兵从夏阳以木罂缶度军，袭安邑。魏王豹惊，引兵迎信。信遂虏豹，定河东，使人请汉王："愿益兵三万人，臣请以北举燕、赵，东击齐，南绝楚之粮道，西与大王会于荥阳。"汉王与兵三万人，遣张耳与俱，进击赵、代。破代，禽夏说阏与。信之下魏、代，汉辄使人收其精兵，诣荥阳以距楚。

信、耳以兵数万，欲东下井陉击赵。赵王、成安君陈馀闻汉且袭之，聚兵井陉口，号称二十万。广武君李左车说成安君曰："闻汉将韩信涉西河，虏魏王，禽夏说，新喋血阏与。今乃辅以张耳，议欲以下赵，此乘胜而去国远斗，其锋不可当。臣闻'千里馈粮，士有饥色；樵苏后爨，师不宿饱。'今井陉之道，车不得方轨，骑不得成列，行数百里，其势粮食必在后。愿足下假臣奇兵三万人，从间路绝其辎重；足下深沟高垒勿与战。彼前不得斗，退不得还，吾奇兵绝其后，野无所掠卤，不至十日，两将之头可致戏下。愿君留意臣之计，必不为二子所禽矣。"成安君，儒者，常称义兵不用诈谋奇计，谓曰："吾闻兵法'什则围之，倍则战。'今韩信兵号数万，其实不能，千里袭我，亦以罢矣。今如此避弗击，后有大者，何以距之？诸侯谓吾怯，而轻来伐我。"不听广武君策。

信使间人窥知其不用，还报，则大喜，乃敢引兵遂下。未至井陉口三十里，止舍。夜半传发，选轻骑二千人，人持一赤帜，从间道萆山而望赵军，戒曰："赵见我走，必空壁逐我，若疾人，拔赵帜，立汉帜。"令其裨将传餐，曰："今日破赵会食。"诸将皆莫然，阳应曰："诺。"信谓军吏曰："赵已先据便地壁，且彼未见大将旗鼓，未肯击前行，恐吾阻险而还。"乃使万人先行，出，背水陈。赵兵望见大笑。平旦，信建大将旗鼓，鼓行出井陉口，赵开壁击之，大战良久。于是信、张耳弃鼓旗，走水上军，复疾战。赵空壁争汉鼓旗，逐信、耳。信、耳已入水上军，军皆殊死战，不可败。信所出奇兵二千骑者，候赵空壁逐利，即驰入赵壁，皆拔赵旗帜，立汉赤帜二千。赵军已不能得信、耳等，欲还归壁，壁皆汉赤帜，大惊，以汉为皆已破赵王将矣，遂乱，遁走。赵将虽斩之，弗能禁。于是汉兵夹击，破虏赵军，斩成安君泜水上，禽赵王歇。

信乃令军毋斩广武君，有生得之者，购千金。顷之，有缚而至戏下者，信解其缚，东乡坐，西乡对，而师事之。

诸校劾首虏休，皆贺，因问信曰："兵法有'右背山陵，前左水泽'，今者将军令臣等反背水陈，曰破赵会食，臣等不服。然竟以胜，此何术也？"信曰："此在兵法，顾诸君弗察耳。兵法不曰'陷之死地而后生，投之亡地而后存'乎？且信非得素拊循士大夫，经所谓'驱市人而战之'也，其势非置死地，人人自为战；今即予生地，皆走，宁尚得而用之乎！"诸将皆服曰："非所及也。"

于是问广武君曰："仆欲北攻燕，东伐齐，何若有功？"广武君辞曰："臣闻'亡国之大夫不可以图存，败军之将不可以语勇。'若臣者，何足以权大事乎！"信曰："仆闻之，百里奚居虞而虞亡，之秦而秦伯，非愚于虞而智于秦也，用与不用，听与不听耳。向使成安君听子计，仆亦禽矣。仆委心归计，愿子勿辞。"广武君曰："臣闻'智者千虑，必有一失；愚者千虑，亦有一得。'故曰'狂夫之言，圣人择焉。'顾恐臣计未足用，原效愚忠。故成安君有百战百胜之计，一旦而失之，军败鄗下，身死泜水上。今足下虏魏王，禽夏说，不旬朝破赵二十万众，诛成安君。名闻海内，威震诸侯，众庶莫不辍作怠惰，靡衣偷食，倾耳以待命者。然而众劳卒罢，其实难用也。今足下举倦敝之兵，顿之燕坚城之下，情见力屈，欲战不拔，旷日持久，粮食单竭。若燕不破，齐必距境而以自强。二国相持，则刘项之权未有所分也。臣愚，窃以为亦过矣。"信曰："然则何由？"广武君对曰："当今之计，不如按甲休兵，百里之内，牛酒日至，以飨士大夫，北首燕路，然后发一乘之使，奉咫尺之书，以使燕，燕必不敢不听。从燕而东临齐，虽有智者，亦不知为齐计矣。如是，则天下事可图也。兵故有先声而后实者，此之谓也。"信曰："善。敬奉教。"于是用广武君策，发使燕，燕从风而靡。乃遣使报汉，因请立张耳王赵以抚其国。汉王许之。

楚数使奇兵度河击赵，王耳、信往来救赵，因行定赵城邑，发卒佐汉。楚方急围汉王荥阳，汉王出，南之宛、叶，得九江王布，入成皋，楚复急围之。四年，汉王出成皋，度河，独与滕公从张耳军修武。至，宿传舍。晨自称汉使，驰入壁。张耳、韩信未起，即其卧，夺其印符，麾召诸将易置之。信、耳起，乃知独汉王来，大惊。汉王夺两人军，即令张耳备守赵地，拜信为相国，发赵兵未发者击齐。

信引兵东，未度平原，闻汉王使郦食其已说下齐。信欲止，蒯通说信令击齐。语在通传。信然其计，遂渡河，袭历下军，至临菑。齐王走高密，使使于楚请救。信已定临菑，东追至高密西。楚使龙且将，号称二十万，救齐。

齐王、龙且并军与信战，未合。或说龙且曰："汉兵远斗，穷寇久战，锋不可当也。齐、楚自居其地战，兵易败散。不如深壁，令齐王使其信臣招所亡城，城闻王在，楚来救，必反汉。汉二千里客居齐，齐城皆反之，其势无所得食，可毋战而降也。"龙且曰："吾平生知韩信为人，易与耳。寄食于漂母，无资身之策；受辱于跨下，无兼人之勇，不足畏也。且救齐而降之，吾何功？今战而胜之，齐半可得，何为而止！"遂战，与信夹潍水陈。信乃夜令人为万余囊，盛沙以壅水上流，引兵半渡，击龙且。阳不胜，还走。龙且果喜曰："固知信怯。"遂追度水。信使人决壅囊，水大至。龙且军太半不得度，即急击，杀龙且。龙且水东军散走，齐王广亡去。信追北至城阳，虏广。楚卒皆降，遂平齐。

使人言汉王曰："齐夸诈多变，反覆之国，南边楚，不为假王以填之，其势不定。今权轻，不足以安之，臣请自立为假王。"当是时，楚方急围汉王于荥阳，使者至，发书，汉王大怒，骂曰："吾困于此，旦暮望而来佐我，乃欲自立为王！"张良、陈平伏后蹑汉王足，因附耳语曰："汉方不利，宁能禁信之自王乎？不如因立，善遇之，使自为守。不然，变生。"汉王亦寤，因复骂曰："大丈夫定诸侯，即为真王耳，何以假为！"遣张良立信为齐王，征其兵使击楚。

楚以亡龙且，项王恐，使盱台人武涉往说信曰："足下何不反汉与楚？

楚王与足下有旧故。且汉王不可必，身居项王掌握中数矣，然得脱，背约，复击项王，其不可亲信如此。今足下虽自以为与汉王为金石交，然终为汉王所禽矣。足下所以得须臾至今者，以项王在。项王即亡，次取足下。何不与楚连和，三分天下而王齐？今释此时，自必于汉王以击楚，且为智者固若此邪！"信谢曰："臣得事项王数年，官不过郎中，位不过执戟，言不听，画策不用，故背楚归汉。汉王授我上将军印、数万之众，解衣衣我，推食食我，言听计用，吾得至于此。夫人深亲信我，背之不祥。幸为信谢项王。"武涉已去，蒯通知天下权在于信，深说以三分天下，鼎足而王。语在通传。信不忍背汉，又自以功大，汉王不夺我齐，遂不听。

汉王之败固陵，用张良计，征信将兵会陔下。项羽死，高祖袭夺信军，徙信为楚王，都下邳。

信至国，召所从食漂母，赐千金。及下乡亭长，钱百，曰："公，小人，为德不竟。"召辱己少年令出跨下者，以为中尉，告诸将相曰："此壮士也。方辱我时，宁不能死？死之无名，故忍而就此。"

项王亡将钟离眜家在伊庐，素与信善。项王败，眜亡归信。汉怨眜，闻在楚，诏楚捕之。信初之国，行县邑，陈兵出入。有变告信欲反，书闻，上患之。用陈平谋，伪游于云梦者，实欲袭信，信弗知。高祖且至楚，信欲发兵，自度无罪；欲谒上，恐见禽。人或说信曰："斩眜谒上，上必喜，亡患。"信见眜计事，眜曰："汉所以不击取楚，以眜在。公若欲捕我自媚汉，吾今死，公随手亡矣。"乃骂信曰："公非长者！"卒自刭。信持其首谒于陈。高祖令武士缚信，载后车。信曰："果若人言，'狡兔死，良狗烹'。"上曰："人告公反。"遂械信。至雒阳，赦以为淮阴侯。

信知汉王畏恶其能，称疾不朝从。由此日怨望，居常鞅鞅，羞与绛、灌等列。尝过樊将军哙。哙趋拜送迎，言称臣，曰："大王乃肯临臣。"信出门，笑曰："生乃与哙等为伍！"

上尝从容与信言诸将能各有差。上问曰："如我，能将几何？"信曰："陛下不过能将十万。"上曰："如公何如？"曰："如臣，多多益办耳。"上笑曰："多多益办，何为为我禽？"信曰："陛下不能将兵，而善将将，此乃信之为陛下禽也。且陛下所谓天授，非人力也。"

后陈豨为代相监边，辞信。信挈其手，与步于庭数匝，仰天而叹曰："子可与言乎？吾欲与子有言。"豨因曰："唯将军命。"信曰："公之所居，天下精兵处也；而公，陛下之信幸臣也。人言公反，陛下必不信；再至，陛下乃疑；三至，必怒而自将。吾为公从中起，天下可图也。"陈豨素知其能，信之，曰："谨奉教！"

汉十年，豨果反，高帝自将而往，信称病不从。阴使人之豨所，而与家臣谋，夜诈赦诸官徒奴，欲发兵袭吕后、太子。部署已定，待豨报。其舍人得罪信，信囚，欲杀之。舍人弟上书变告信欲反状于吕后。吕后欲召，恐其党不就，乃与萧相国谋，诈令人从帝所来，称豨已死，群臣皆贺。相国绐信曰："虽病，强入贺。"信入，吕后使武士缚信，斩之长乐钟室。信方斩，曰："吾不用蒯通计，反为女子所诈，岂非天哉！"遂夷信三族。

高祖已破豨归，至，闻信死，且喜且哀之，问曰："信死亦何言？"吕后道其语。高祖曰："此齐辩士蒯通也。"召欲烹之。通至自说，释弗诛。语在通传。

考 释

[1] 班固（32—92），字孟坚，扶风安陵（今陕西咸阳东北）人。东汉大臣、史学家、文学家，与司马迁并称"班马"。班固一生著述颇丰，作为史学家，他修撰了《汉书》，后唐朝颜师古为之释注。其中《汉书》八表由班固之妹班昭补写而成，《汉书》天文志由班固弟子马续补写而成。《汉书》是继《史记》之后中国古代又一部重要史书，与《史记》《后汉书》《三国志》并称为"前四史"。《汉书》全书主要记述了上起汉高帝元年（前206），下至新朝王莽地皇四年（23）近二百三十年的史事。《汉书》包括纪十二篇，表八篇，志十篇，传七十篇，共一百篇，后人划分为一百二十卷，全书共八十万字。《韩信传》出自《汉书》卷三十四《韩彭英卢吴传》。

谱

后

韩信与孙武

"言兵无若孙武，用兵无若韩信。"这句名言出自北宋武学博士何去非的《何博士备论》，作者为适应北宋王朝重整军备的需要，对战国至五代各王朝重要军事人物的用兵得失进行了评述。他认为，孙武、韩信分别是古代战争史上理论和实战的第一人。

孙武（约前545—约前470），春秋末齐国乐安（今山东广饶）人，被称兵圣或孙武子。他由齐至吴后，向吴王阖闾进献所著兵法十三篇，在柏举之战率领吴国军队大败楚国军队，占领楚国都城郢。其巨著《孙子兵法》，为后世兵法家所推崇，被誉为"兵学圣典"，在中国乃至世界军事史、军事学术史和哲学思想史上都占有极为重要的地位，并在政治、经济、军事、文化、哲学等领域被广泛运用。孙武由此与孔子、老子并称为春秋末期思想界上空的三颗恒星。

孙武是如何获取强大的军事才能的，历史上并没有详细记载。据说孙武是舜的后裔，本人生于齐国，后来经伍子胥推荐效力吴国，伍子胥非常看重孙武，曾经"七荐孙子"，为什么如此赏识孙武不得而知。但从时间上来看，孙武此时已经写成《孙子兵法》。一个没有作战经验的人，竟能写出如此神奇的兵法，这真是一件不可思议的事情。韩信虽有三篇兵法，在兵法理论方面与前辈孙武仍无从相比，无论是战国四大名将白起、王翦、廉颇、李牧，还是后世的孙膑、项羽、诸葛亮、李靖、岳飞、常遇春、徐达也都无法与孙武相比。就在军史理论上的地位而言，孙武可以说是中华五千年兵家第一人。

韩信（约前230—前196），泗水郡淮阴县（今江苏淮安）人。西汉开国元勋、"汉初三杰"，被后人奉为"兵仙""神帅"。作为军事指挥家，他是继先轸、白起之后最为卓越的将领，率军出陈仓、定三秦、破魏、灭赵、降燕、伐齐，直至垓下全歼楚军，天下莫敢与之相争，其指挥的井陉之战、潍水之战更是人类战争史上的杰作。作为军事战略家，其在拜将时所提出的"汉中对"以及"北举燕、赵，东击齐"对楚实施战略包围的建议，均成为楚汉战争胜利的根本方略。作为军事理论家，他熟谙兵法，洞察人心，擅长因敌以制敌，是战争史上最善于灵活用兵的将领。其一生为后世留下了大量的经典战例，暗度陈仓、背水列阵、拔旗易帜、半渡而击、四面楚歌、十面埋伏等军事学典故均出于他的手中，用兵之道亦为历代兵家所推崇。

同样令人称奇的是，韩信的出身历史上也没有交代，虽推测他可能是韩国贵族的后裔，但没有找到足够证据，也没有记载他是否系统地学过军事理论，但韩信拜将后基本保持了百分之百胜率，军事才能得到淋漓尽致的体现，短短几年时间，吞并了各诸侯，击破项羽百万楚军，演化成为千古无二的大将。孙武实际上是军事理论家，独立指挥的军事战役很少，著名战役也不多。就军事理论和实战的影响而言，韩信是我国古代第一人，成就要远高于孙武。人们不禁要问，出现这种状况的原因是什么？韩信兵学思想源于哪里？他究竟有没有学习过《孙子兵法》？历史上许多兵法家对此都进行过深入的研究和探讨。

清乾隆朝王鸣盛说："（韩信）寄食受辱时，揣摩已久，其连百万之众，战必胜，攻必取，皆本于平时学问。"（王鸣盛《十七史商榷》）明人茅元仪说："前孙子者，孙子不遗；后孙子者，不能遗孙子。"（茅元仪《武备志·兵诀评》）就是说，孙武以后历朝历代的军事家没有不学习《孙子兵法》的。清末王先谦《汉书补注》引初唐大军事家李靖的话说："韩信所学，《穰苴》《孙武》是也。"（李靖《唐太宗李卫公问对》）《穰苴》的作者是春秋时期齐国著名的军事家田穰苴，《穰苴》也是早期古代著名的兵书。《唐太宗李卫公问对》为《武经七书》之一，被历代兵家视为经典，其言堪称允当。也就是说，理论十分重要，先秦诸家兵法，特别是《孙子兵法》，对韩信军事思想产生了重要影响，并为日后战争的实践提供了强大的理论基础。

李靖还说："先教之以奇正相变之术，然后语之虚实之形可也。"唐太宗则说："朕观诸兵书，无出孙武。孙武十三篇，无出虚实。"认为《孙子兵法》的核心是虚实理论，所谓的虚实就是要讲权谋。汉成帝时任宏将韩信的三篇兵法归入兵权谋十三家。

就楚汉战争主要战例来看，韩信最讲求虚实，其战术与《孙子兵法》一脉相承。他是中国古代军事思想"兵权谋家"主要代表人物，对古代军事科学的丰富和发展做出了重大贡献。纵观韩信的军事思想和用兵艺术，主要体现在以下七个方面。

一、未战庙算

兵者，诡道也。战争事关国家存亡，不能不特别重视，所以"用兵之法，以谋为本"，"谋"者，就是谋划，落实在战役、战略规划上则体现为"未战庙算"的战争决策。

《孙子兵法·计篇》："夫未战而庙算胜者，得算多也；未战而庙算不胜者，得算少也。多算胜，少算不胜，而况于无算乎！吾以此观之，胜负见矣。"

所谓"庙算"，指的是古代用兵前在庙中举行一定仪式，讨论决定作战的方针、策略和计谋，类似于今天的战前军事会议。就是说，要取得战争的胜利，首先是正确地"庙算"，只有正确地分析形势，预测未来，防范化解不利因素，发展扩大有利形势，才能取得成功。韩信先计后兵驾驭全局的"庙算"，其代表就是对整个楚汉战争起着首要战略指导的"汉中对"，其关键是通过分析和比较，对如日中天的项羽提出了"其强易弱"的判断，即弱者可以打败强者的战略思想，这对于偏居南郑一隅的刘邦来讲有着重大意义。

匹夫之勇。项羽确是一个叱咤风云的人物，一声怒吼，千人为之失色，但他只知道凭个人的勇敢去战斗，不懂得怎样任贤用能，取悦人心，以智谋经略天下。匹夫之勇易见，妇人之仁难言。若有人立功该封赏时，他把刻好的印信攥在手里玩磨得没了棱角，也舍不得给人。但历史上从未有过仅凭个人勇力取得胜利而能统治天下的。

战略失当。项羽称霸天下，让诸侯称臣，但他却放弃了关中有利地形，回老家建都彭城，失却地利，犯了立足无本的战略错误。应该说，建都关中是唯一的选择，放弃关中意味着放弃天下。彭城四面受敌，进退失据，说明他缺乏战略远见。

政治失信。项羽违约失信，分封不公，造成诸侯不平。他迁徙义帝，产生重大矛盾，一些诸侯回到封国纷纷效仿，驱逐故王，抢夺地盘。他一向残暴凶狠，大军所过之处，无不残灭，民众怨恨，人心失尽。而刘邦入关中，废除秦国苛法，与百姓约法三章，深得秦人的拥护，只要果断出击关中，势必一呼百应，三秦之地，可指日而收。

韩信的"汉中对"是未战庙算的成功杰作，为刘邦在至暗时刻送来了光明，以后刘邦军事集团东进争天下种种攻略皆基于此。后人把这番宏论，比作三国时期诸葛亮对刘备分析天下大势的"隆中对"。（明）唐顺之："孔明之初见昭烈论三国，亦不能过。予故曰：淮阴者非特将略也。"（《史记评林》卷九二）他认为，韩信首建大策时所表现的政治远见、军事谋略，都超过了诸葛亮的"隆中对"。

战争是人类的一种特殊而有效的组织活动。当楚汉战争进入相持阶段，韩信又提出了对楚作战新建议："北举燕、赵，东击齐，南绝楚之粮道，西与大王会于荥阳。"（《汉书·韩信传》）这个建议的主要内容，就是刘邦坚守荥阳，持久地同楚军周旋，拖住项羽。而韩信率军向东进军，占领楚国后方，完成对楚战略合围。即，通过正面防御疲惫消耗敌人，通过侧翼进攻发展壮大自己，最后夺取全局的胜利。

由于韩信遵循孙子"庙算"的思想，庙算而战是决定楚汉战争胜负的重要环节，这对刘邦最终打败项羽起到了难以估量的作用。

二、出奇制胜

韩信用兵，最大的成就就在"奇"字上。一战一法，每战必胜，变化无穷，这一点在古代军事家中是绝无仅有的。所谓"奇"与"正"是相辅相成的。《孙子兵法·势篇》：

> 凡战者，以正合，以奇胜。故善出奇者，无穷如天地，不竭如江河。终而复始，日月是也；死而复生，四时是也。声不过五，五声之变，不可胜听也。色不过五，五色之变，不可胜观也。味不过五，五味之变，不可胜尝也。战势不过奇正，奇正之变，不可胜穷也。奇正相生，如循环之无端，孰能穷之？

韩信的"暗度陈仓"之计，就是历史上有名的战例，这一战奠定了刘邦大业的基础。后来兵法家探寻源流，究其真谛，使"暗度陈仓"成为三十六计中的一计。该计解释为："示之以动，利其静而有主，益动而巽。"意思是说：有意展示佯动，利用敌方已决定固守的时机，暗地里悄悄实行真实的行动，出奇制胜。"奇正"中的"正"指的是正面的、常规的军事行动和军事谋略，"奇"指的是侧面的、反常的军事行动和军事谋略，其二者互相配合因敌变化，则构成了用兵作战的基本方法。

汉高帝元年（前206）八月，韩信在还定三秦的战略构想中，就采用出奇制胜的战术手段。古代的汉中盆地，是通往秦、陇、蜀、楚的重镇要隘。进出汉中最大的难题是交通。秦岭山脉东西长四百公里，平均海拔在二千米以上。从汉中到关中，必须通过贯通秦岭的几条山间古道。他首先精于欺骗，匠心独运，为了达成战役发起的突然性，攻敌无备，献上"明修栈道、暗度陈仓"之计。根据这个计策，刘邦派人开始大张旗鼓地抢修褒斜道，准备择日东征。就地缘关系来看，控制关中盆地以西的是雍王章邯。章邯以废丘为雍都，作为第一重门户。所以他是汉军北出的直接对手。韩信这个计划就是做给据守关中的章邯等人看的，只是一个迷惑敌人的伎俩。

如上所言，章邯认定褒斜道只是虚晃一枪，汉军将向西占西县、上邽，走祁山之道攻击关中。因此雍军必须提前分兵堵截汉军，以防万一。与此同时，汉军主力却翻山越岭，经过艰难的跋涉，走中段的陈仓古道穿越峡谷，倒攻散关，出奇用兵，控制了进入关中这一最为关键的战略要地。紧接着汉军渡过渭水，如神兵天降出现在关中平原上。到了这个时候，章邯如梦方醒，汉军主力的出击方向，是陈仓而非陇西，攻打陇西是虚张声势的佯攻，可是许多雍军已经调出，无法回防，他对自己的轻敌和误判后悔不已。经过几番大战后，章邯的军队几乎损失殆尽。

军事是手段，政治是关键。要与项羽争锋天下，三秦王在关中地区毫无政治基础，一旦军事力量被摧，其政治统治便会顷刻瓦解。章邯退守后，韩信更是出奇用兵，他并不屯兵于坚城之下，而是大胆放开废丘城，留下少量兵力围困章邯，自己则与刘邦率汉军主力神速东进，果断拿下了咸阳，这是战略上的出奇制胜。然后又马不停蹄地分兵东进北上，以凌厉攻势，迫降了塞王司马欣、翟王董翳。虽然废丘未下，但其已是孤城，难成气候。这样，总共不到一个月时间，韩信就基本上平定了关中各地，确保了"还定三秦"战略目标的实现。

韩信"出奇制胜"战争指导正是解决了具体战法和作战目标，旗开得胜，因而获得了首战胜利。

三、避实击虚

"避实击虚"是孙子提出的一条克敌制胜的妙法，它是进攻者在选择进攻目标，确定进攻路线和主攻方向时所用的重要谋略之一。实，坚实，这里指力量强大；虚，空虚。"避实击虚"，是兵家用兵作战的一条基本原则，也是韩信军事思想的显著特色。《孙子兵法·虚实篇》：

夫兵形像水，水之形，避高而趋下，兵之形，避实而击虚。水因地而制流，兵因敌而制胜。故兵无常势，水无常形。能因敌变化而取胜者，谓之神。

孙子是说，用兵作战方式像水的运动规律那样，水的流动是避开高处向下奔流，作战规律是避开敌人坚实的地方而攻击敌人的薄弱之处。

"避实击虚"的内涵十分丰富。在两军对垒的战场上，实与虚既有数的含义，也有势与形的含义。就数而言，以众击寡无疑是避实击虚；就形而论，以饱待饥、以逸待劳也是避实击虚的具体体现；而势指的是军队所依赖的外部条件。敌对力量的虚与实不是静止的，在一定条件下会发生转化。或以虚化实，或以实待虚，战争中攻守的形式有多少种，避实击虚的战术也就有多少种。

汉高帝二年（前205）五月，彭城大战后，汉军退至荥阳一线，原先归附的"五军"联军之一的魏豹，在楚将项佗的利诱下弃汉投楚。他以探望母亲为由回到封国后，封锁河关，切断汉军退路，与楚军形成对汉军的前后夹击之势。为解除侧翼威胁，刘邦派郦生说服魏豹不成，八月任命韩信为左丞相率兵击魏。魏王豹陈兵蒲坂，封锁黄河渡口临晋关，以阻止汉军渡河。韩信故意在敌人眼皮底下集结大量的船只，并布置兵营，营造渡河强攻的假象。这只是他避实击虚、声东击西调动敌人的计谋。他在暗中调遣一支精锐部队，沿黄河北进到九十公里处的夏阳，用坛罐结成简易的木筏以渡河。这里没有任何魏军的防守，汉军轻而易举地渡过黄河，大踏步行军，迅速插入魏国后方，实施对魏军的大包抄。他的军队出其不意地出现，魏豹猝不及防，急忙率军回战。魏军主力一调走，韩信立即下令士兵乘船渡河，一举突破魏军的临晋关防守，然后南北两路大军合拢，将魏豹兵团合围。陷入包围圈中的魏军既无援兵，补给线也被切断，很快便陷入混乱之中。在韩信兵团的强攻下，魏军悉数被歼，魏王豹也沦为俘虏。平定魏国后，刘邦改魏地为河东郡。

同样，在"还定三秦"之后，韩信大胆地继续挥军东出洛阳，利用项羽击齐，齐人起而叛之，楚军主力困在齐地之际，打乱了楚军的部署，与诸侯联军直击楚都彭城，给项羽造成很大伤害。

《孙子兵法》曰："兵者，诡道也。故能而示之不能，而用示之不用，近而示之远，远而示之近。""不可胜在己，可胜在敌。"所谓能与不能，用与不用，近与远，远与近，全是灵活的精神。要使自己不被战胜，要把主动权掌握在自己手中；敌人能否被战胜，在于敌人是否给我们以可乘之机。

韩信灵活地运用了《孙子兵法》的精髓"兵不厌诈"，采取"避实击虚"的战略战术，运用"示形""造势""奇正""分合"等手段，赢得了一场又一场战争胜利，从而丰富和发展了孙子"避实而击虚"的军事思想。

四、死地则战

《孙子兵法·九地篇》曰："投之亡地然后存，陷之死地然后生。夫众陷于害，然后能为胜败。故为兵之事，在顺佯敌之意，并敌一向，千里杀将，此谓巧能成事者也。"

孙子意思是说：将士卒置于危地，才能转危为安；使士卒陷于死地，才能起死回生。军队深陷绝境，然后才能赢得胜利。所以，指导战争的关键，在于谨慎地观察敌人的战略意图，集中兵力攻击敌人一部，千里奔袭，斩杀敌将，这就是所谓巧妙用兵，实现克敌制胜的目的。

韩信取下魏国后，提出了"北举燕赵"的战略新建议，刘邦予以采纳，并增兵三万，命其率军东进，开辟北方战场。

他引兵离赵国井陉口三十里驻扎下来，半夜选二千轻骑，人持一面赤帜，从小路来到山坡上伪装隐蔽起来，窥视赵军，并且告诫将士们，赵军见我军出击，一定会倾巢而出，你们就乘机迅速冲入赵军营地，拔掉赵国旗帜，插上汉军赤帜。同时传令，今天打败赵军之后会餐。

韩信又召集将领们分析认为，赵军已先占据了有利的地势，他们在未见到汉军大将旗鼓之前，因担心我们遇到阻险而退兵，是不肯轻易发兵攻打我们的。于是，韩信派一万人为先头部队，背靠绵蔓水摆开阵势，摆出只有前进而无退路的绝阵。天刚亮，韩信打起了大将的旗号和仪仗，击鼓进军井陉口。

赵军见此果然倾巢而出，追逐韩信、张耳。不久，韩信、张耳弃旗鼓，佯装被打败，退到绵蔓水边的背水阵中。真正决战的时刻到了，求生的本能点燃了汉军将士决死的信念，拼杀成仁，成了共同吼声！赵军根本无法把他们打败。

这时韩信所派的二千轻骑，等赵军倾巢而出追击汉军、争夺战利品的时候，立即冲入赵军营垒，拔掉赵军旗帜，竖起汉军的赤帜。赵军久战不胜，想退回营垒，却见营中遍是汉军的赤帜，大惊失色，认为汉军已经把赵王及其将领全部打败了，遂阵势大乱，四处奔走逃跑。赵将虽斩数人，竭力阻止，却不见成效。这时汉军两面夹击，大破赵军，在泜水斩杀了成安君陈馀，活捉了赵王歇。

战争总在一定空间进行的，高明的将帅往往能根据不同的地形条件布兵排阵，在地势险阻的围地与敌争锋，用生死关系调动将士战斗激情，将对作战缺乏信心，"未肯用命"的士兵，"陷之死地"，使其抱定必死之志去战斗，方能出奇取胜。值得注意的是，背水一战并不等同于项羽的破釜沉舟之战，其目的不是在绵蔓水边拼死决战，而是连环之谋，正面拖住赵军，再"用而示之不用"（《孙子兵法·计篇》），制造假象，伪装攻击方向，以造成敌方错觉，导致决策失误，然后再以明确而突然行动出奇制胜。

三国时期，魏国玄学家何晏（？—249），字平叔，南阳宛城（今河南南阳）人，他对韩信的战术，叹为观止！何晏说："此两将者（白起和韩信），殆蚩尤之敌对，开辟所希有也，何者为胜也？或曰：'白起为秦将，攻城略地，功多不可胜数，所向无敌，前史以为出奇无穷，欲窥沧海，白起为胜；若夫韩信，断幡以覆军，拔旗以流血，其以取胜，非复人力也。亦可谓奇之又奇者！'白起破赵军，诈奔而断其粮道，取胜之术，皆此类

也。所谓可奇于不奇之间矣，安得比其奇之又奇者哉。"（《书钞》卷一百十五）

何晏所提到的白起是战国时期秦国名将。白起素以深通韬略、"出奇无穷"著称，然而，在何晏看来，白起与韩信的"奇之又奇"的战术相比，还是大为逊色的。

五、不战而胜

韩信用兵并不是一味以战斗为主，而是根据战争发展的走向，采取灵活多样的战略战术，"胁燕之战"就是一则经典战例，为历代兵家所推崇。《孙子兵法·谋攻篇》：

> 凡用兵之法：全国为上，破国次之；全军为上，破军次之；全旅为上，破旅次之；全卒为上，破卒次之；全伍为上，破伍次之。是故百战百胜，非善之善者也；不战而屈人之兵，善之善者也。

孙子说：大凡用兵的原则，使敌人举国屈服，不战而降是上策，击破敌国就次一等；使敌全军降服是上策，打败敌人的军队就次一等；使敌人一个"旅"（五百人）的队伍降服是上策，击破敌人一个"旅"就次一等；使敌人全"卒"（百人）降服是上策，打败敌人全"卒"的就次一等；使敌人全"伍"（五人）降服是上策，击破敌人全"伍"就次一等。因此，百战百胜，不算是最好的用兵策略，只有不战而使敌屈服，才算是高明中最高明的。

平定赵国后，北方诸国中只剩下燕、齐两国。而燕国虽然没有像太行山这样的险阻，但国大兵众，城池坚固，此时的汉军由于远离后方，又连续征战，士卒疲惫。在这样的情况下，韩信不得不认真思考，到底用什么样的战法去降服燕国？

在井陉口大败赵军之后，韩信告诫将士能生擒赵国谋士李左车赏黄金千两，不久李左车即被擒获。韩信亲自为其松绑，并请他面东而坐，自己则执弟子礼西向作陪，真心诚意向其请教伐燕伐齐的方略。经过几番推托，李左车才为韩信分析了当时的形势。他认为，汉军涉西河，虏魏王豹，擒夏说于阏与，未足半日击溃赵国二十万大军，诛杀成安君，名震海内，威及天下，此为汉军的长处。然而由于长途奔袭，将士疲惫，难以再度连续用兵，此则汉军的短处。即便强行进兵，疲惫的士卒也未必能形成足够的战斗力，一旦顿兵于燕国城池之下，实情暴露，燕国一定不肯降服，齐国也必然固守以图自强。进而李左车建议韩信以己之长击敌之短，按兵不动，休整士卒，安定赵地，抚恤遗孤，摆出攻打燕国的态势，之后遣辩士游说燕国，把汉军的优势充分展示在燕王面前，迫使燕国屈服。此兵法为"先声而后实"之计。

韩信采纳李左车的计谋，随后将军队屯于赵地边界休整，并摆出要大举攻燕的态势。同时，遣使者入燕，致书燕王臧荼，说以利害，劝其归降。臧荼见到韩信派来的使者，很是恭敬。鉴于魏、代、赵等国败亡的教训，慑于汉军的强大和韩信的声威，他果然如李左车所言，凭一纸书信，便率军归降。

同样，垓下决战中，项羽失败后，不得不率二万人马退回壁垒据守。项羽虽遭失败，但剩下楚军仍有一定的战斗力。为彻底瓦解楚军，韩信使出一条计策，命令汉军夜间传唱楚地歌谣。被围困的楚军，听到四面都是家乡的歌声，思乡之情顿起，人人伤心感怀，楚军的士气降到了最低点。不仅士兵们的斗志下降，项羽也非常吃惊，他猜测汉军已全部占领了楚地，否则汉军当中怎会有这么多楚地来人？！

"四面楚歌"，这是军事史上最早的一次真正意义上的心理战。韩信实施心理打击战术，使楚军统帅项羽都失去了战斗意志，做出了放弃军队、独自逃走的决定，这在项羽一生战斗中是绝无仅有的。

善攻者，先攻其心，后攻其城。攻心者，智也；攻城者，力也。"不战而屈人之兵"既是境界，又是手段。作为境界，它倡导兵不血刃，击败对手，获得全胜，复民众以和平。作为手段，则指的是以绝对的军事优势、强大的战略态势作为基础，综合运用政治、经济和外交等一切非军事手段，辅助必要迅捷的军事打击，通过击垮对手的信心和瓦解敌军的斗志，在避免直接交战或将战争行动降至最低的情况下，迫使敌人屈服，以尽可能小的代价获得尽可能大的胜利。

六、疑兵示形

半渡而击之，是指两军隔水对垒，敌方主动进攻，我方在敌军渡过一半时发动攻击，这种战术称为"半渡而击"，也称作"沈沙决水"，出自《史记·淮阴侯列传》。其时，韩信利用敌人实行"半渡击"的作战原则，在潍水战役中，因形设伏，利用水位落差，壅水上流，引军半渡出击，先佯败而退，以诱敌半渡，而后决水，分割歼敌，一气呵成，制敌于死命。

其实，韩信的半渡而击，"能而示之不能"，本质上是疑兵示形。示就是示形、伪装。这是孙子在《计篇》中提出的诡道十二法之一。之所以有奇效，一是由于示弱能麻痹敌人，造成判断的失误；二是可以让敌人先机而动，使其作战意图暴露无遗，从而创造战机，战而胜之。

汉高帝四年（前203）十月，韩信率兵攻打齐军，齐王田广引兵撤退至高密，并向项羽求救，项羽派龙且率兵救齐，号称二十万，田广的齐军也不少，两军合在一起准备迎击韩信率领的汉军。部队集结后，有人建议龙且按兵不动，深沟高垒，让齐王田广派人通知所有齐城坚壁清野，使敌军"无所得食"，从而"不战而降之"。

龙且一向瞧不起韩信，他自以为战胜毫无问题，而且战胜了就可以得到一半齐地的奖赏。在重赏的诱惑面前，龙且拒绝采纳任何不战意见。

十一月，楚齐联军与汉军在潍水两岸对垒。是日，韩信引军半渡击龙且，佯装不能胜，败退而还。龙且笑道："我本来就知道韩信是个胆小鬼！"龙且亲自率领大军渡河追击汉军，韩信使人决壅囊，水大至，联军大半不能渡。原来，会战的前夜，他令汉军士兵用沙包堵截潍水上游。决战时，他亲率一部兵力，强渡潍水，去攻击龙且军队，然后又佯装不支，撤退涉过沙河。龙且只当韩信胆怯，立即渡河追击。此时，韩信命令部队在上游决口开堤，河水急涌而下。龙且的主力无法再渡，军队被分割成为两部分。河心的，被水头席卷而去；靠近岸边的，纷纷登岸逃命。

韩信见对方阵势大乱，率兵攻打对方已上岸的先头部队。东岸齐楚联军见西岸部队被歼，四处逃散，韩信挥军急渡潍水追击至城阳。楚将龙且、齐王田广逃走不久均被斩杀，韩信与汉将曹参、灌婴等迅速平定了齐国。

《孙子兵法·行军篇》说："客绝水而来，勿迎之于水内，令半济而击之，利。"孙子提出"半渡而击"，是因为敌人有一部分已上岸，另一部分还在渡河，这时候向敌方发动攻击，敌人就会首尾不接，行列混乱。而韩信"半渡而击"，是"能而示之不能"，示弱的过程只是为创造战机，一旦战机成熟，即刻收弱逞强。示弱在前，只是引诱龙且渡过潍水，示弱不是目的，而是要暗中设下沙囊，出奇在后，乘隙水淹破敌。

龙且有勇无谋，而且轻敌，如何能与有"战神"之称的韩信相匹敌！机不可失，时不再来，抓住战机，这是高明的军事将领的战术。创造战机，出其不意，攻其不备是英明的军事统帅的谋略。

七、十则围之

"十则围之"，这一句话流传了千年之久，正是韩信战略思想的核心。他多打"以少胜多""以弱胜强"之战，这是当时客观条件下的一种选择。其实，人们忽视另一种情况，"韩信用兵，多多益善"，他更善于打进攻战、速决战和歼灭战。高帝刘邦曾称其："连百万之军，攻必克，战必取。"

《孙子兵法·谋攻篇》："故用兵之法，十则围之，五则攻之，倍则分之，敌则能战之，少则能逃之，不若则能避之。故小敌之坚，大敌之擒也。"

在孙子看来，攻击性作战当中，以"十倍围之"为打击敌人的最有效手段。刘邦说他用兵"连百万之军",指的就是"十则围之"的歼灭战,更准确地说,是指大兵团决战。楚汉相争最后阶段的彭城之战、垓下决胜,正是韩信多多益善"十则围之"战略的具体实践。

汉高帝四年(前203)八月,楚汉订立和约,九月,项羽按约东归,放回了刘太公和吕后。刘邦采纳张良、陈平建议,乘项羽不备,突然对撤退途中的楚军发动战略追击。十月,刘邦追击项羽至固陵,楚军奋起反击,汉军大败,只得筑垒待援。韩信接到刘邦的驰援令后,没有挥师径驰固陵,而是做出了占领楚都彭城的战略决策。当时,楚军主要兵力集中在固陵和寿春等地战场,彭城防守比较薄弱,他命曹参留守齐国,自己亲率数十万齐师迅速南下。

大军所过,楚军望风而靡。不过十数日,击败了项声、郯公、薛公,攻克下邳,再克薛、留、沛等县,一举降服彭城,俘虏了项羽的柱国项佗。转而西上,势如破竹,连克萧、相、酂、谯、苦等县邑,并让汉将灌婴先期与刘邦会师于颐乡。韩信不至固陵而先攻楚国国都彭城,然而彭城一失,楚军便失去了根基,项羽立即从固陵撤围朝垓下方向退却。十一月,在韩信东线大捷的胜利形势鼓舞下,九江王黥布、汉将刘贾渡过淮水,围攻寿春,遣人诱降了楚大司马周殷。与此同时,梁王彭越也率军南下,与刘邦会师。汉军四面云集,项羽于十二月由陈下败退至垓下,汉军跟踪追至。这时,楚军的后方已大半被汉军占领,项羽退却江东已十分困难,遂下定决心同刘邦一决胜负。

在垓下会战中,汉军总兵力约六十万人,项羽的军队约十万人。韩信一向以弱胜强而闻名,但在垓下因握有绝对优势兵力,制定了规模庞大的"五军战阵"。其特点是,纵深大,兵力密集,两翼策应灵活,能有效地阻止楚军的正面突破。

决战开始后,韩信率军与项羽正面对阵,他的部将孔将军在左边、费将军在右边,刘邦领兵随后,绛侯周勃、柴将军跟在刘邦的后面。韩信先跟楚军交锋不利,先退一步,诱敌深入,孔将军、费将军从左右两边纵兵攻上去,楚军不利,他乘势再次回攻,大败楚军于垓下。夜晚,当项羽的士兵听到四面唱起楚歌时，以为汉军已经完全占领了楚地，因此全部崩溃。项羽逃走，汉将灌婴率骑兵追至东成，项羽自刎，楚国灭亡。

韩信指挥的垓下之战，是楚汉相争中决定性的战役。董份（1510—1595），字用均，号浔阳山人，浙江乌程县（今浙江湖州）人，明嘉靖二十年（1541）进士。董份对韩信的军事谋略佩服得五体投地，他在《史记选注集说》中称："观信智略如此，真有掀揭天下之心，不但兵谋而已也，所以谓之'人杰'。"

韩信多多益善的"十则围之"的战略思想，就是在人心所向的前提下，充分运用现有条件尽量地扩张增兵，以压倒对方，确保大兵团决战最大成功，这在军事上具有十分重要的意义。

楚汉相争大事月表

汉高帝元年·前206年

十月　沛公刘邦先诸侯进军霸上，子婴降，秦亡。

　　　殷墟之盟，项羽降章邯，将兵四十万行略地至河南。执戟郎中韩信随军征战。

十一月　新安之变，项羽坑杀秦降卒二十万。羽使黥布等攻破函谷关。

　　　刘邦出令三章，使人与秦吏行县乡邑，告谕之，秦民大悦。

十二月　项羽、刘邦会于鸿门宴上，楚汉相争开始。羽入咸阳，杀秦王子婴。屠咸阳，烧秦宫，大火三月不灭，掘始皇冢。

正月　项羽大封十八路诸侯王。自立西楚霸王，王梁楚九郡，都彭城。封刘邦为汉王，都南郑。三分关中，立三秦降将为王。尊楚怀王为义帝，徙都于长沙郴县。

四月　诸侯罢兵戏下，各自就国。刘邦入汉中，用张良之计，烧绝栈道，示意项羽无东归之意。韩信屡呈干策不为所用，弃楚归汉。

　　　项羽还都彭城，逐义帝。又怨张良从刘邦，不遣韩王成就国，劫持至彭城。

五月　田荣反击齐王田都，都走楚，反齐地。彭越反于梁地。陈馀逐赵王张耳，迎立赵王赵歇，反赵地。韩信约于此时升治粟都尉。

六月　田荣击杀胶东王田市。

　　　韩信未得重用，弃汉出走，萧何不及以闻，策马自追之。

七月　田荣击杀济北王田安，统一三齐。项羽北上伐齐。

　　　经萧何力荐，韩信被刘邦拜为大将。信献争权天下之策，汉王大悦，相见恨晚，遂听其计。

八月　刘邦用韩信计，出其不意从故道袭雍王章邯，还定三秦，都栎阳。张良遗书项王，云汉王欲得关中而已。项羽惑，不救章邯。

九月　　　刘邦乘胜东出伐楚。项羽杀韩王成，张良归汉。

　　　　　项羽以郑昌为韩王拒汉。

汉高帝二年·前205年

十月　　　项羽遣黥布等击杀义帝于江中，大失人心。

十一月　　赵王张耳归汉。

正月　　　刘邦使韩王信破郑昌，汉置河内郡。

　　　　　项羽坑杀齐降卒，田横起而叛之，齐复反。

二月　　　刘邦立汉社稷，赐民爵。

　　　　　项羽立田假为齐王。

三月　　　刘邦、韩信率众大出，渡临晋，降西魏王魏豹、殷王司马卬，东至洛阳，为义
　　　　　帝发丧，征兵诸侯，诸侯皆从，兵锋直指彭城。

　　　　　项羽陷于齐地，连战不能下，因留。田横击走田假，羽怒而杀之。

四月　　　刘邦率五十六万联军进占彭城，置酒高会。项羽率三万精骑奔袭，刘邦大败而
　　　　　逃，史称彭城大战。黥布坐观。刘邦败退至下邑，谋破楚大计，张良献策，提
　　　　　出重用黥布、彭越、韩信三人的"下邑画策"。韩信由此独当一面。汉遣随何
　　　　　策反九江王黥布。

　　　　　项羽追击刘邦，虏其父太公及妻吕后。

五月　　　韩信复收兵，连破楚军于京、索间，荥阳、成皋一线得以坚守，楚兵不能西
　　　　　进。构筑成皋防线，楚汉转入相持。

六月　　　汉军引水灌废丘，章邯自杀。

七月　　　项羽派项佗援魏王豹。

八月　　　刘邦拜韩信为左丞相，令其率一部击魏。

九月　　　韩信破魏豹，尽定河东三郡五十二县。同月，提出对楚作战新建议。刘邦遣张
　　　　　耳与信，引兵东去，北取赵、代。

后九月　　韩信擒夏说于阏与。

汉高帝三年·前204年

十月　　　韩信兵出井陉口，背水布阵，大破赵军，斩陈馀，得李左车。且用李左车计，
　　　　　不战降燕。信乃遣使报刘邦，请立张耳为赵王，以镇抚其国。许之。

　　　　　彭越扰楚后方。

　　　　　黥布反淮南，项羽派龙且击之。

十一月	项羽急攻汉，郦食其献策立六国后以树党。刘邦问张良，张良发八难以为不可，刘邦立即销毁封王印。
三月	刘邦被项羽围荥阳，范增急劝攻汉军。
四月	陈平使离间之计，瓦解楚军核心层。范增怒回彭城，疽发背死。黥布兵败归汉。
五月	汉将纪信替死，刘邦荥阳突围，南走宛、叶。项羽克成皋。其间，韩信多次"发卒佐汉"，刘邦仍屡遭挫失。彭越深入楚后方下邳，大肆活动，破薛公军。项羽被刘邦调动，还军东击彭越，刘邦还军荥阳，收复成皋。
六月	项羽击走彭越，复围成皋，下荥阳，杀周苛，仍未乘胜西进，丧失战机。刘邦出逃，北渡黄河，暗夺韩信军，拜韩信为相国，令其征兵击齐。
八月	刘邦使刘贾助彭越渡河深入梁地，下外黄、睢阳，断楚粮道。项羽被迫回救，留曹咎守成皋，脱离主战场。
九月	刘邦渡河破曹咎，复夺成皋，围钟离昧于荥阳东。项羽回师，僵于广武。刘邦派郦食其劝降齐国。

汉高帝四年·前 203 年

十月	韩信引兵破齐历下军，齐王田广因而烹郦生。项羽遣龙且、周兰救齐。
十一月	韩信大破楚齐联军于潍水。在追击中，斩龙且、田广、田既，尽定齐地。项羽闻龙且亡，震恐。韩信请为假王。汉王怒，欲攻之，张良、陈平谏止。
二月	迁延数月，刘邦仍遣张良为使，立韩信为齐王。项羽使武涉说韩信，三分天下，无果。蒯彻说韩信，仍不为所动，扶汉击楚之心不变。
四月	项羽悍战，范增死，龙且亡，黥布反，众叛亲离，无力进取。刘邦虽众，却不能独胜项羽。汉三年十月至第二年八月，刘邦、项羽僵持于广武，史称"智力俱困"。
七月	刘邦封黥布为淮南王。
八月	汉兵食盛，楚兵乏食。刘邦请和于项羽。楚、汉以鸿沟为界，中分天下。
九月	太公、吕后归汉，项羽引兵东归。刘邦发起战略追击，约韩信、彭越共同围歼项羽。

汉高帝五年·前 202 年

十月	刘邦追项羽至固陵，因韩信、彭越未能如期会合兵败，纳张良建言，以实地封韩、彭等。

十一月　齐王韩信挥师南下，占楚都彭城，遣灌婴西向与汉王会师。淮南王黥布策反楚大司马周殷。楚汉进入决战。

十二月　垓下决胜，韩信受命统率全军。双方兵力：汉方齐王兵三十万，汉王兵十万，梁王彭越、九江王黥布及刘贾兵二十万；楚方兵十万。汉军以六十万优势围楚军十万于垓下。信设十面埋伏，大破楚军，项羽兵败而逃，自刎于乌江。楚亡，战争终结。

　　　　刘邦、韩信北上平鲁。刘邦以鲁公之礼葬项羽于谷城。

正月　　齐王韩信发起，与韩王信、淮南王黥布、梁王彭越、赵王张敖、燕王臧荼、长沙王吴芮等共同上书，尊刘邦为皇帝。

　　　　刘邦以义帝无后，齐王韩信习楚风俗为由，徙封为楚王，都下邳。

二月　　刘邦于定陶称帝。

　　　　高帝刘邦置酒洛阳南宫，称汉得张良、萧何、韩信三杰而兴，群臣悦服。

主要参考书目

一、古籍类

司马迁:《史记》,商务印书馆 1933 年版。

司马迁:《史记》,中华书局 2006 年版。

班固:《汉书》,中华书局 2007 年版。

司马光:《资治通鉴》,中华书局 1976 年版。

陈曦译注:《孙子兵法》,中华书局 2011 年版。

曾公亮等:《武经总要》(《中国兵书集成》),解放军出版社 1987 年版。

郦道元:《水经注》中的《淮水淮阴》,中华书局 2020 年版。

苏东坡:《苏轼文集》,中华书局 1986 年版。

王象之撰,赵一生点校:《舆地纪胜》,浙江古籍出版社 2012 年版。

王鸣盛:《十七史商榷》,上海书店出版社 2005 年版。

钟基、李先银、王身钢译注:《古文观止》(上、下册),中华书局 2011 年版。

《正德淮安府志》,方志出版社 2009 年版。

《天启淮安府志》,方志出版社 2009 年版。

《咸丰清河县志》,中国文史出版社 2017 年版。

《同治重修山阳县志》,江苏古籍出版社 1991 年版。

二、著述类

杨宽:《战国史》,上海人民出版社 1980 年版。

梁玉绳:《史记志疑》,中华书局 1981 年版。

张大可：《史记问题研究》，甘肃人民出版社 1985 年版。

傅平安：《中国古代军事家评说》中的《韩信》，湖北人民出版社 1985 年版。

杨燕起等编：《历代名家评史记》中的《淮阴侯列传》《高祖本纪》《吕后本纪》《萧相国世家》《留侯世家》，北京师范大学出版社 1986 年版。

霍印章：《韩信》，军事科学出版社 1988 年版。

司马迁原著、姚苧田节评：《史记菁华录》，上海古籍出版社 1988 年版。

沈星棣、冯凤珠：《秦汉人物》，上海人民出版社 1988 年版。

郭志坤：《秦始皇大传》，上海三联书店出版社 1989 年版。

羊春秋主编：《中国历代谋士》，中国人事出版社 1991 年版。

霍印章：《秦代军事史》（《中国军事史》），军事科学出版社 1998 年版。

李兴斌：《门外谈兵》，齐鲁出版社 2004 年版。

韩兆琦：《韩兆琦〈史记〉新读》，北京燕山出版社 2007 年版。

张大可、徐日辉：《张良萧何韩信评传》，南京大学出版社 2007 年版。

李开元：《复活的历史——秦帝国的崩溃》，中华书局 2007 年版。

吕恩勉：《秦汉史》，吉林出版集团 2017 年版。

严安政编著：《史记大事年表》，商务印书馆 2020 年版。

尹志英：《孙子兵法·三十六计》，吉林大学出版社 2010 年版。

张国浩编著：《不战而胜：孙子谋略》，蓝天出版社 2012 年版。

赵志强：《韩信》，辽海出版社 2012 年版。

程步：《真韩信·心态荣辱》，青岛出版社 2013 年版。

徐业龙编著：《韩信百迷》，南京大学出版社 2013 年版。

孙家洲：《韩信评传》，解放军出版社 2014 年版。

李开元：《楚亡：从项羽到韩信》，生活·读书·新知三联书店 2015 年版。

华炜、何爱临：《韩信大传》，北岳文艺出版社 2021 年版。

江苏省淮阴市民间文学集成编委会：《神话·传说》，1989 年版。

淮安方志办：《运河之都——淮安》，方志出版社 2005 年版。

花法荣主编：《韩信研究文集》（第三册），黑龙江人民出版社 2006 年版。

金志庚主编：《爱我楚州》，黑龙江出版社 2006 年版。

淮安市淮阴区政协文史委员会编：《文化韩信》（《淮阴区政协文史资料 18 辑》），

2003 年版。

淮安市文物局编：《人文淮安——淮安考古文选》，南京大学出版社 2009 年版。

淮安市政协等：《清江浦研究文集》，中国文史出版社 2015 年版。

葛以政编著：《淮阴清河口研究文集》，河海大学出版社 2020 年版。

安旗、薛天纬：《李白年谱》，齐鲁书社 1982 年版。

蔡铁英：《吴承恩年谱》，中国社会科学出版社 2014 年版。

卫洪平编著：《张瑞玑先生年谱》，北岳文艺出版社 2020 年版。

三、传记类

鲍方改编：《大风遗响》，上海古籍出版社 1990 年版。

常万生：《西楚霸王》，大连出版社 1992 年版。

徐东晓、周法之、毛立发：《少年韩信》，香港亚洲出版社 1992 年版。

张文洲：《一代帝王刘邦》，国际文化出版公司 1995 年版。

陈国柱：《西楚霸王》（上、下卷），国际文化出版公司 2006 年版。

谈永华：《孙武》，北京联合出版公司 2013 年版。

姜狼：《千古一战神：韩信》，现代出版社 2013 年版。

华炜：《天汉韩信》，中国文史出版社 2016 年版。

〔日〕堀敏一：《曹操》，北京联合出版社 2019 年版。

四、工具类

中国历史地图集编辑组编辑：《中国历史地图集》（第二、第三册），中华地图学社 1975 年版。

方诗铭编：《中国历史纪年表》，上海辞书出版社 1980 年版。

张传玺、杨济安：《中国古代史教学参考地图集》，北京大学出版社 1982 年版。

陈显泗主编：《中外战争战役大辞典》，湖南出版社 1992 年版。

胡国珍主编：《中国古代名人分类大辞典》，华语教学出版社 2009 年版。

后　记

　　韩信是历史上久负盛名的"兵仙""神帅"，也是家喻户晓的悲剧英雄，在秦汉史上占有非常重要的地位。

　　对于韩信的研究，不仅涉及政治、军事、文化等诸多方面，也涉及军事理论、文学创作、诗词文章、地方史志、当代价值，意义重大，任重道远。而就目前市场情况来看，韩信作品并不算少，但零散碎片化、阶段性较多，整体不整，细节不清，缺少一部置于时代大背景中，还原其一生事迹的编年著作。

　　秦汉史上重要人物的年谱，目前史学上几乎为一空白。韩信、刘邦、项羽皆如此。究其原因，历史久远，资料缺失，编撰相对比较困难。虽如此，有《史记》《汉书》《资治通鉴》《淮安府志》等历史文献做基础，有历代解析、评论和各类文学作品做支撑，却也并不是完全不可为。经过思考，遂不揣浅陋，迎难而上，决定尝试整理、写作一部韩信年谱，解历史之谜，越时空叙事，再现韩信三十五年的人生之路。

　　此前，1997 年江苏文艺出版社推出了拙作《韩信》（历史小说），2016 年中国文史出版社推出了《大汉韩信》（历史小说），2018 年再版。2017 年北岳文艺出版社推出了《忍者为王：解读兵圣韩信传奇一生》（通俗读物），2021 年更名为《韩信大传》再版。崇敬大汉英雄，与韩信结缘，写作韩信，已成为自己一生挥之不去的情结。

应该说，从写作历史小说、通俗读物，到写作人物年谱，于我既是水到渠成，也是重大的挑战。所谓"水到渠成"，尽管上述作品有不少虚构情节和艺术加工，但也未敢胡编乱造，许多内容都是通过长期的收集资料，悉心推论，有些是经过实地考察后获得的。这些，也都为年谱的写作整理打下了一定基础。所谓"重大挑战"，一是资料难觅。年谱不同于纪实创作，只能有多少史实说多少话。韩信一生中充满了谜团，又有两千多年的时间跨度，唯有从离韩信年代最近的《史记》和《汉书》入手，去大量阅读原文，通过《史记》与《汉书》（包括《资治通鉴》）有关内容的对比，通过人物与人物之间特定时段的对比，通过传记与列表细节的对比，找出相关问题所在。二是牵涉面广。秦汉是一个大时代，韩信是时代风云人物，同历史重大事件和人物有着广泛联系，涉及当时政治、军事、文化等一些重大问题的理论探讨，某种程度上讲，评述韩信就是评述一部缩小版秦汉之际的历史，唯有尽可能多地吸收当代研究成果，加以综合分析和研究，才能够准确地把握那个时代的脉搏和勾勒出谱主应有的形象。三是结构方式难定。年谱系特有的一种传记体裁，年谱结构方式如何确定，也是一个全新课题。通过反复推敲论证，确定以"时事"、"行状"（包括"案"）、"考释"来表达，希望这样做能眉目清楚，利于内容的展开，可读性强，使年谱既是《大传》的延伸，又比《大传》更具史料性和历史的真实性。

"莫数千里长淮神留桑梓，开四百年帝业功冠萧曹。"几经努力，如今《韩信年谱》终于编撰完成，它是迄今为止国内外第一部韩信年谱，填补了一个空白，也了却了自己多年的心愿。而此举的主要目的，在于引起学界足够的重视，抛砖引玉，提供一本人物研究的基础书籍，有利于帮助人们更好地展开对淮阴侯韩信系统性的认识和研究，重塑一代英雄形象。

值得提及的是，我与中国文史出版社也是十分有缘的，《大汉韩信》一、二版均由他们出版。此次，考虑到专业方向，仍选择了中国文史出版社。2022 年 7 月份，我将年谱的相关内容，通过电子邮件交给素不相识的刘华夏编辑，她很感兴趣，认为本书有历史依据，也有自己的思考和论证，不遗余力给予了大力支持，在编辑出版的过程中，更是得到了刘老师的亲切指导和帮助！没有她的严格把关、善加督促，这部作品就不会这么快面世。值此付梓之际，谨向中国文史出版社和刘华夏老师致以衷心的感谢！

下面，就几个相关的具体问题说明如下：

一、本谱写作整理的过程中，以韩信生平经历为纵线，以军事和政治生涯为横线，勾画出韩信波澜壮阔的一生和时代风云变幻。或者说，本谱主要由三个部分组成，一是军事韩信，二是政治韩信，三是文化韩信。这样的组合，有助于对韩信的全面了解和认识；有助于对汉初政治生态和刘邦、吕后、项羽、萧何、张良、范增等诸多历史人物的了解和认识；也有助于对韩信有没有谋反等重大事件做出客观的评价。同时，禀承实事求是的态度，不虚美不隐恶，尽可能做到客观公正，并在此基础上，亮明自己的态度。

二、本谱提供了一些史实、一些思路，以及一些素材，而收录的素材，如《史记·淮阴侯列传》、《汉书·韩信传》、苏东坡《淮阴侯庙记》、吴文楠《确考汉淮阴侯韩信背水阵碑记》等，并没有单独列出，主要怕影响整体阅读效果，而将其整合到"案""考释"中去。

三、本年谱时间表示，采用朝代纪年，折成公历在括号内注明，其月、日均为农历，与朝代纪年相一致。但这里换算成公历有一个时间差的问题。例如，秦、汉的历法，以每年十月为岁首，即一年之中十月、十一月、十二月在端月（正月）、二月、三月、四月、五月、六月、七月、八月、九月之前，至十月又进入下一年。年谱中，涉及地名很多，均采用当时名称，在括号内注明现今地名。行文中，凡引用的原文一律照录，以存真伪。有的为了阅读方便，则须作出必要解释。

四、《史记》《汉书》在人物、时间和事件上有前后不一的现象，本谱以《史记》的《高帝本纪》《淮阴侯列传》为主为先。对于引用的一般资料，同样出于避繁的考虑，不一一随文注出，但在全书最后准备的"主要参考书目"中，将会提供所引资料的详细信息。

年谱准备是个较长的过程，但真正写作整理时间仅用了一年。一年中，可谓废寝忘食，日夜难安，孜孜以求。因准备时间长，极个别零星资料已找不到出处和作者，对此，不能不表示遗憾。

由于受时间、条件和能力的限制，年谱疏漏错误在所难免。祈望师友同好批评指正，不胜感激之至。

华　炜

2022 年 12 月于清江浦